DIE MÄRCHEN DER WELTLITERATUR

Begründet von Friedrich von der Leyen

Ungarische Volksmärchen

Herausgegeben von

Agnes Kovács

„Einmal war's, keinmal war's ...",

Zweimal wird ...

Ein frohes
Weihnachtsfest
für die drei Jakobs

EUGEN DIEDERICHS VERLAG

Übertragen von Jeanette Hajdu

CIP-Kurztitelaufnahme der Deutschen Bibliothek

Ungarische Volksmärchen
hrsg. von Agnes Kovács.
[Übertr. von Jeanette Hajdu].
11.–12. Tsd. – Düsseldorf ; Köln : Diederichs, 1982.
(Die Märchen der Weltliteratur)
ISBN 3-424-00329-8 Hln
ISBN 3-424-00330-1 Ldr.

NE: Kovács, Agnes [Hrsg.]

11.-12. Tausend 1982

Einbandentwurf: Hans Hermann Hagedorn
Gesamtherstellung: Passavia Passau
Printed in Germany
ISBN 3-424-00329-8 Hln
ISBN 3-424-00330-1 Leder

1. Das ungläubige Königsfräulein

Es lebte einst eines mächtigen Reiches König, der hatte eine einzige, jedoch ausnehmend schöne Tochter; zudem war diese so wohlerzogen, daß der Ruf ihrer Schönheit wie auch ihres edlen Betragens bis in ferne Länder drang. Allein mit der Zeit kam auch das Fräulein in die Jahre, da an ihre Verehelichung gedacht werden mußte. Aus zahlreichen Ländern erschienen nun Tag für Tag die Jünglinge königlichen, herzoglichen, gräflichen Geblüts oder sonstiger hochadeliger Herkunft mit dem Vorhaben, die Tochter des Königs für sich zu gewinnen. Indes ein jeder sah seine Hoffnung vereitelt, hatte das Fräulein doch beschlossen und es allerorts auch kundgetan, daß sie sich keinem andern vermählen wolle – daß sich auch kein anderer darum bemühen solle – als jenem Jüngling, sei er gleich armer adeliger Herkunft, der eine Sache vorzubringen vermöge, die ihr unglaubhaft erschiene. Sonst aber müßten alle, die sich der Probe unterzögen und sie nicht bestünden, darauf gefaßt sein, daß sie in den Turm geworfen würden.

Obwohl demnach jedermann wußte, daß man nicht ohne Gefahr an das Fräulein herankommen könne, ließen sich doch gar manche davon nicht abschrecken und gingen trotzdem hin, sich der Probe zu unterziehen. Bald aber mußten sie zu ihrem nicht geringen Leidwesen erkennen, daß das Fräulein auf alles, was sie vorbrachten, selbst auf die ausgefallensten und unmöglichsten Dinge, nur eine Antwort hatte:

»Ich glaub' es wohl.«

Und da das Fräulein auf diese Weise über jeden den Sieg davontrug, ließ sie – wie kundgetan – alle in den finsteren Kerker werfen, wo die armen, unglückseligen Freier ihr Unheil nicht wenig beklagten, allein zu spät, denn ändern ließ sich daran nichts mehr. Und weil dies also geschah, erschraken die freienden Jünglinge so sehr, daß es selbst die verwegensten unter ihnen für gefahrvoll hielten, um diesen Ehestand sich zu bewerben.

Das Gerücht, welches – wie es bei Gerüchten eben zu sein pflegt – überall hingelangt, kam auch einem edlen Jüngling zu Ohren, der zwar auserlesen schön war, jedoch unter großer Armut zu leiden hatte. Durch diese war er, als er noch den Soldatenrock trug, ganz dem Trübsinn verfallen, so daß er auch sein Leben aufs Spiel setzte, meinte er doch, daß ihm wegen seiner Armut ohnehin nichts glücken könne.

Als er die Kunde von jener Königstochter vernahm, empfand er sogleich ein heißes Verlangen, sie zu erobern und als Gefährtin für sich zu gewinnen. Mit diesem Entschluß sattelte er sein Roß, schwang sich auf dessen Rücken und brach auf, dem Fräulein zu begegnen.

Unweit des königlichen Hofes traf er einen alten Mann, der ihn in folgender Weise anredete:

»Wohin des Weges, wackerer Jüngling? Ich weiß, du gehst hin, um dein Glück zu versuchen. Nimm mich als deinen Diener mit, dann wird deinem Unternehmen bestimmt Erfolg beschieden sein.«

Gerne nahm er den alten Mann in seinen Dienst, und gemeinsam machten sie sich auf den Weg zu dem König, bei dem sie dann auch einkehrten und ihre Absicht bekundeten. Freudig empfing der König den Jüngling, zumal er wähnte, daß diesen das Glück begünstigen werde, und er somit den Freudentag der Vermählung seiner einzigen Tochter noch erleben könne. Und so führte er den Jüngling zu der Tochter, zog sich dann selber aber in sein Gemach zurück.

Die Königstochter unterhielt sich vorerst mit dem Jüngling, alsdann geleitete sie ihn in den Garten hinunter; der Diener des Jünglings aber folgte ihnen beiden. Während sie im Garten lustwandelten, wies das Mädchen auf einen großen Kohlkopf und begehrte von dem Jüngling zu wissen, ob er einen so gewaltigen Kohlkopf je gesehen hätte. Der Jüngling entgegnete hierauf:

»Ei, gewiß sah ich einen solchen, ja einen viel größeren noch!«

Damit wandte er sich zu seinem Diener:

»Ist dem nicht so, mein guter Diener?«

Dieser, die Gelegenheit wahrnehmend, erwiderte:

»Ei fürwahr! Wir sahen einen Kohlkopf, in dessen Schatten ein ganzes Regiment ruhte, dieweil die Sonnenglut doch keinen einzigen erreichte.«

Das Fräulein nahm dies entgegen, indem sie sagte:

»Ich glaub' es wohl.«

So war die erste Probe entschieden, und sie setzten den Spaziergang fort.

Nun wollte das Mädchen von ihnen Neuigkeiten hören, und der Diener erzählte ihr hierauf, was sich jüngst zugetragen hatte:

»Erlauchtes Fräulein, dieser Tage zogen wir mit meinem Herrn auf die Jagd. Mein Herr erlegte einen Hasen, den auszunehmen er mir befahl. Ich nahm mein Messer hervor und ging damit zu meinem Herrn. Auf dem Wege gewahrte ich ein Straußenei. Mein Herr und ich betrachteten es höchst erstaunt. Gerade wollte ich das Loch im Ei untersuchen, als mir das Messer aus der Hand in eben dasselbe Loch fiel. Schnell griff ich danach, allein vergebens, weil mir dies durch das große Loch nicht gelingen wollte; so kroch ich denn selber hinein. Ich suchte lange, da kam mir auf einmal ein Rinderhirt entgegen und fragte mich, was ich denn drin im Ei täte. Ich erwiderte:

›Guter Freund, ich ließ mein Messer in das Eiloch fallen und bin eben dabei, es zu suchen.‹

›Oho, mein Freund‹, entgegnete jener, ›vergeblich ist dein Suchen! Ich trieb meine zwölf Rinder hinein, und schon sind es zwei Wochen, daß ich sie suche und noch immer nicht gefunden habe. Wie willst du dann dein Messer finden?‹

So ich dies vernahm, blieb mir nichts anderes übrig, als ohne mein Messer aus dem Ei zu kriechen.«

Die Königstochter hörte sich die Geschichte an und ließ sie gelten, indem sie sagte:

»Ich glaub' es wohl.«

Diese Worte erfüllten den Jüngling mit Entsetzen. Seines Unterganges gewiß, warf er sich laut klagend zu Boden. Als das Fräulein den Jüngling so auf dem Boden liegen sah, fragte sie seinen Diener:

»Was treibt dein Herr da auf dem Boden?«

Der Diener antwortete:

»Erlauchtes Fräulein, er jammert und schreit.«

»Was? Er schreibt? Was schreibt er denn?« Sie hatte nämlich »schreibt« verstanden.

Erbost über das Fräulein, rief der Diener:

»Er schreibt: des Fräuleins Mutter war eine Hure, und eine Hure ist das Fräulein selber auch!«

Das Fräulein, darüber höchst aufgebracht, rief voll Zorn: »Nein, das ist nicht wahr, das glaub' ich nicht!«

Als der Diener den Ausruf »das glaub' ich nicht!« vernahm, frohlockte er über die Maßen, lief hin zu seinem Herrn und berichtete ihm die Sache. Erfreut sprang der junge Herr auf, trat auf das Fräulein zu und umfing sie:

»Seht, mein Fräulein, ich bin der Glückliche, dem es gelang, Euch dahin zu bringen, meine Geschichte nicht zu glauben. Und so seid Ihr denn mein!«

Das Fräulein sah sich besiegt und ergab sich willig. Sie faßte den Jüngling an der Hand und führte ihn als künftigen Gemahl zu ihrem königlichen Vater.

Bald darauf vermählten sie sich. Aus Anlaß des Hochzeitsfestes befreiten sie alle eingekerkerten Jünglinge, die sich zur Probe gestellt hatten, und luden sie zur prunkvollen Hochzeitstafel.

Und so geschah es, daß der schmucke arme Jüngling die auserlesen schöne Königstochter heimführte, um die sich so viele unselig beworben hatten.

2. Das trauernde Weib erhängt ihren toten Gatten

Einem jungen Weib ward der Gatte zu Grabe getragen. Nicht weit von dem Kirchhof hatte man den Galgen errichtet, wo gleichen Tags – nach gefälltem Urteilsspruch – ein Soldat gehenkt wurde. Wie es der Brauch gebot, beorderte man neben den Gehenkten eine Wache.

Des Abends, als sich die Frau an das Grab ihres Gatten begab, weinte und jammerte sie gar sehr. Dies hörte der zum Gehenkten aufgebotene Wachsoldat, ging hin, sah das trauernde Weib und erfuhr den Grund ihrer Trauer. Er tröstete sie nach besten Kräften, doch die Frau war keiner Tröstung zugänglich. Der Soldat versicherte ihr, daß sie doch jung und wohlgestalt sei und noch bestimmt ihr Glück finden könne. Sie aber hob darauf noch mehr zu jammern an und rief:

»Weh mir, hab' mein herrliches teures Täubchen verloren, brauch' keinen mehr auf dieser Welt!«

Solcherart ward das Gespräch längere Zeit fortgeführt, bis die Nacht hereinbrach. Der Soldat begab sich zurück zur Wache neben dem Galgen. Inzwischen jedoch, während er die Zeit mit der Tröstung des trauernden Weibes verbrachte, ward der Gehenkte vom Galgen gestohlen. Er erschrack fürchterlich, ging wieder zu der Trauernden hin und klagte ihr den entsetzlichen Fall. Weil er den Wachtposten verlassen hätte – so sagte er –, werde man nun ihn selber aufhängen.

Die Frau hielt mit Klagen inne und, indem sie ihn genau musterte, sagte sie:

»Nehmt Ihr mich zum Weibe, Herr Soldat, so will ich Euch von all Euren Sorgen befreien.«

Der Soldat gelobte es unter Eidesschwur.

«Nun denn«, sagte die Frau, »laßt uns geschwind den Leib meines Mannes ausgraben und an die Stelle des anderen hängen.«

Eiligst ward dieser ausgegraben und an den Galgen gehängt. So entging der Soldat dem Tode und ehelichte das trauernde Weib.

Eine Frau beweint ihren toten Gatten nur so lange, als bis sie einen lebendigen kriegt.

3. Der Kantor und der Glöckner

Eine gutmütige Bauersfrau vermachte in ihrem Testament dem Kantor und dem Glöckner zehn Eimer Wein. Weil jedoch keiner der beiden ein Faß besaß, sie aber den Wein in Geld umsetzen wollten, kamen sie überein, jeder für sich von unten in den Faßboden einen Zapfen einzuschlagen, der eine von dieser Seite, der andere von jener.

Darauf gaben sie im Dorfe bekannt, zu welcher Zeit der Verkauf stattfinden werde, und ließen sich dann beide neben dem Faß nieder. Die Bauern erkundigten sich nach dem Preis eines Halben, den der Kantor auf einen Groschen festsetzte. Dies schien dem Glöckner allzu wohlfeil, und er bot den seinen für einen Siebener an. Jedermann kaufte bei dem Kantor, ja der Glöckner selber trank vom Weine des Kantors und bezahlte auch dafür.

Bald hatte der Kantor seinen Wein verkauft und trollte sich mit dem Geld nach Hause. Frohgemut setzte sich nun der Glöckner an seinen Zapfen und harrte seines guten Glücks. Die Leute kamen von neuem und fragten nach dem Preis des Weines. Der Glöckner hielt an seinen sieben Groschen fest. Was blieb den verdurstenden Bauern anderes übrig, als auch darauf einzugehen. Nun drehte er den Zapfen herum, konnte aber keinen Wein heraustropfen sehen. Dies verdroß ihn sehr, und weil die Leute sich verziehen wollten, rief er:

»Wartet doch, der Wein stockt ja nur, ich will ihn gleich anlassen!«

Sie warteten auf das Anlassen des Weines und schimpften dabei gehörig, bis einer aus ihrer Mitte rief:

»Nicht der Wein stockt, mein lieber Herr Gevatter! Es ist Euer Verstand, der stockt!«

4. Die geizige Bäuerin

Es war einmal eine Bäuerin, die hieß Margit und war so knauserig und geizig, daß sie weder ihren Angehörigen noch sich selbst je einen guten Bissen vergönnte.

Erfuhr sie von einem Schmaus bei den Nachbarn, so ward sie ganz gelb vor Neid, schalt jene heimlich Schwelger und Verschwender, fand sich aber doch jedesmal zur rechten Stunde ein, um ihnen die besten Brocken vom Munde wegzuschnappen. Da sich aber derlei Gelegenheiten im Dorfe nur selten boten, und sie zu Hause auch nicht viele fette Bissen genoß, so ward sie bald so dürr und hager, daß nur noch Haut und Knochen an ihr zu sehen waren.

Damit sie sich keine Schere zu kaufen brauchte, biß sie sich die Fingernägel mit den Zähnen ab und verlor bei diesem Geschäft einen Zahn nach dem andern, so daß sie in kurzer Zeit keinen einzigen mehr im Munde hatte. Dieser Verlust bekümmerte sie jedoch wenig, vielmehr hoffte sie dadurch ihrer Eßlust leichter als vordem widerstehen zu können und sich auf diese Weise gar manchen Pfennig zu ersparen. So wußte sie auch alles, was ihr nur einigermaßen entbehrlich schien, beiseite zu schaffen und zu Geld zu machen. Nicht nur sich selber und ihrem Manne Istok, sondern auch ihrem Sohne rupfte sie zweimal im Jahre die Haare aus, trug sie nach der Stadt und verkaufte sie dem Perückenmacher. So sauer dies den beiden Männern ankam, so geduldig mußten sie es sich aber gefallen lassen, wenn sie von ihr nicht jämmerlich zerkratzt, verprügelt und aus dem Hause gejagt werden wollten, denn nebst den bereits gerühmten Tugenden war sie auch noch von einer derartigen Zanksucht befallen, daß sie weit und breit als das böseste aller Weiber galt.

Ihr Mann war gutmütig und fromm. Er lebte, wenn auch in großer Not und steter Bedrängnis, seine Tage um so friedlicher dahin, als er sein Erdendasein als ein reines langes Dulderlos betrachtete, wofür er im Jenseits mit zahlreichen Himmelsfreuden belohnt werden würde. Diese Erwartung ging zum großen Leidwesen seines Sohnes auch bald in Erfüllung. Er starb, hatte aber nicht einmal im Tode die Genugtuung, sein Haupthaar mit ins Grab nehmen zu dürfen, obwohl er Margit kurz vor seinem Ende gebeten hatte, ihm diesen einzigen Schmuck zu belassen, und sie schon mit brechender Stimme warnte, wer einen Sterbenden seiner Haare beraube, müsse eines fünffachen Todes sterben. Sie blieb ihrer alten Gewohnheit treu und rupfte ihm, noch ehe er die erwarteten Himmelfreuden zu kosten anfing, jedes einzelne Härchen aus.

Fortan versorgte sie mit ihrem Sohne Miklos die Wirtschaft. Da sie aber von Jahr zu Jahr älter und durch das fortwährende Hungern schließlich so gebrechlich wurde, daß die ganze Last der Haus- und Feldarbeit auf ihm allein ruhte, fühlte er bald das Bedürfnis, sich nach einer Gattin umzusehen. So lebhaft sich auch Frau Margit gegen diese Absicht sträubte, so unverhohlen erklärte er ihr doch eines Tages, daß er sich nächstens verheiraten wolle. Sie geriet in gräßliche Wut, schalt ihn, gab ihm alle erdenklichen Schimpfnamen und drohte ihm mit dem Besen. Da er aber, fest auf seinem Vorsatz beharrend, sie auf immer zu verlassen schwor, willigte sie endlich ein, sofern er sich eine Braut nähme, die nebst einer reichen Mitgift auch noch die Tugend besäße, jahraus jahrein sich mit nicht mehr als täglich einem einzigen Stück Brot zu begnügen. Diese strenge Forderung ließ ihn wenig Freude erwarten. Wo hätte er auch solche Bedingungen anbringen können, da ihn ohnehin jedes Mädchen im Dorf wegen seines Kahlkopfes verlachte und seine böse Mutter obendrein mehr als alle Hexen und Unholdinnen scheute? Er erklärte daher entschlossen, daß er, wenn sie in Zukunft seine Haare nicht verschonen wollte, Haus und Hof verlassen und fort in die weite Welt ziehen würde. Die Alte merkte, daß es ihm ernst war und erkannte wohl, daß ihr bestimmt nicht das beste Los bevorstände, wenn er diesen Vorsatz ausführte, denn sie konnte auf keines Menschen Beistand im ganzen Dorf rechnen. Nach langem Überlegen versprach sie ihm schließlich, seine Haare bis zum dritten Tag nach seiner Hochzeit schonen zu wollen, doch mußte er den Bedingungen, die sie hinsichtlich der Braut gestellt hatte, aufs Genaueste entsprechen.

Miklos ging darauf ein, zumindest tröstete ihn die Hoffnung, einmal wieder zu Haaren zu kommen und so dem Gespött der Leute entgehen zu können.

Einige Monate verstrichen und des Freiers Kahlkopf behaarte sich allmählich. Da er ungeachtet seiner Hagerkeit recht gefällige Gesichtszüge besaß, verlieh ihm nun sein natürlicher Hauptschmuck ein Ansehen, das er im Kreise der übrigen Dorfburschen mit Vorteil zu behaupten wußte.

Im sechsten Monat nach der letzten Haarlese war Kirmeß in einem etliche Stunden entfernten Flecken. Es war dies ein für die ganze Umgebung lang erwartetes Fest, bei Heiratslustigen besonders willkommen, und so säumte auch Miklos nicht, dort zu erscheinen. Die hübschesten Mädchen von nah und fern, die schmucksten Witwen waren da versammelt. Lustig klangen Fiedel und Sackpfeife um die Wette und munter drehte sich alles was hüpfen und springen konnte. Miklos war auch nicht blöde, faßte eine junge schwarzäugige Witwe am Arme und wirbelte mit ihr so schnell im Kreise herum, daß die beiden kaum den Boden zu berühren schienen. Bald wurde das Paar zutraulich, volle Gläser wechselten von Mund zu Mund, mit ihnen manch heimliches Wort und Liebesgeflüster und endlich auch manch verstohlener Kuß. Mit einem Wort, die junge Witwe empfand in kurzer Zeit eine so innige Zuneigung für den schlanken Freier, daß sie ihm, ungeachtet der bedenklichen Bedingungen von Mutter Margit, ohne Zaudern die Hand reichte. Ehe noch sechs Tage verstrichen, kündete der Pfarrer der beiden Verlobung an, und bald darauf waren ihre Ringlein eingesegnet.

Da sich aber Frau Margit kostspielige Hochzeitsfestlichkeiten in ihrem Hause nachdrücklich verbat, wurde die Hochzeit auf Rechnung der Braut an derem Wohnsitz gefeiert. Die Schwiegermutter füllte dabei ihren Magen so voll, daß sie, um ein dreifaches dicker als sonst, für leblos nach Hause gebracht werden mußte; denn obschon sie anfangs nach dem Braten und nach dem Kuchen, als Zeugen der Verschwendungssucht ihrer Schwiegertochter, nicht ohne Bitterkeit geschielt hatte, wußte sie aus diesen guten Dingen doch den Vorteil zu ziehen, sich für einige Wochen im voraus zu sättigen, um dann zu Hause desto mehr Brot sparen zu können. Am dritten Morgen nach der Hochzeit war ihre Unpäßlichkeit jedoch schon überwunden, und sie selbst wieder so dürr und hager, als hätte sie seit Monaten gefastet. Keifend ging sie im Hause hin und her und ehe noch der Tag zu grauen anfing, stand sie schon hinter dem Brautlager und rupfte dem jungen Ehemann die Haare aus. Eingedenk der Bedingungen, die er zu erfüllen versprochen hatte, fügte er sich geduldig in den alten Hausbrauch. Wie heftig aber erschrak Borbála, seine Gattin, als das alte Gerippe nun auch sie am Schopfe faßte und ihr gleich eine ganze Handvoll Haare ausriß, daß ihr davon die Augen übergingen! Mit Entsetzen sprang sie aus dem Bett, warf sich in ihre Kleider und wollte auf und davon laufen. Dieser Auftritt setzte auch den kahlen Miklos in Bewegung, auch er sprang auf die Beine und drohte, die Alte in Stich zu lassen und seinem Weibe zu folgen. Aber da erschrak Margit gar sehr; sie beteuerte, sie hätte nur einen Versuch machen wollen, und versprach, ihn nicht so bald zu wiederholen. Doch wäre sie über die Flucht ihrer Schwiegertochter bald getröstet gewesen, hätte diese nur alles Mitgebrachte zurückgelassen.

Mutter und Tochter lebten von nun an in steter Spannung, und bald verging kein Tag ohne Zank und Hader. Borbála erkannte in Frau Margit einen leibhaften Hausteufel, und diese schielte mit Begierde nach dem schönen Haarschopf ihrer Schwiegertochter, ja wünschte nicht selten, mit ihr handgemein zu werden, um auf diese Weise Anlaß und Gelegenheit heraufzubeschwören, sie nach Herzenslust rupfen zu können. Bedenklich schien ihr der Umstand, daß die junge Ehefrau bei all ihrer scheinbaren Enthaltsamkeit von Speise und Trank nicht nur nichts von ihrem Leibesumfang und ihrer blühenden Gesichtsfarbe verlor, sondern mit jedem Tag an Kraft und Gesundheit noch zunahm. Indessen ging dies sehr natürlich zu, denn Borbála fastete nur in Gegenwart der alten Knauserin, um sie von ihren Haaren abzuhalten, verstohlen aber verschaffte sie sich und ihrem Manne doch manch Gutes und sparte wahrlich nicht ihre Groschen, wenn sie Hunger verspürte. Obgleich sie dabei stets mit der möglichsten Vorsicht zu Werke ging, konnte sie sich trotzdem nicht der Verdächtigungen der Alten erwehren. Margit ahnte das Geheimnis und mit der Zeit wurde ihr Argwohn noch bestärkt, so daß ihr Borbála immer verhaßter wurde, um so mehr, da sie ihr in nichts nachgab, bei allen Zänkereien stets das letzte Wort haben wollte und zudem noch den sonst so geduldigen Miklos gegen seine Mutter aufhetzte, so daß dieser, gleich seiner Gattin, von nun an Gleiches mit Gleichem vergalt. Diese Schmälerung ihrer Hausgewalt brachte sie zu dem Entschluß, sich an der Schwiegertochter aufs grimmigste zu rächen.

Eines Tages, als Sohn und Tochter mit den Schnittern auf dem Felde waren, sollte Frau Margit zu Hause das Mittagessen bereiten. Da sie im voraus wußte, daß Borbála allein kommen werde, um das Mittagessen abzuholen, benutzte sie diese Gelegenheit, ihren Anschlag auszuführen. Sie kochte den Brei in einem großen Topf und mischte gleich viel Kleie darunter, um das Erntemahl ergiebiger zu machen. Dann begab sie sich auf den Dachboden, nahm einige Stricke mit und suchte ein passendes Plätzchen aus, ihrer Schwiegertochter eine Schlinge zu legen. Sie meinte, die Schlinge am besten über einem der Dachfenster anzubringen, da jene zuweilen über die Dächer hinaus zu gukken pflegte. Sie kletterte also an einer Leiter hinauf und befestigte die Schlinge so, daß Borbála, wenn sie nach den Schnittern auf dem Felde hinausspähe, die Leiter aber unter ihren Füßen plötzlich wegrückte, am Strick hängen bleiben müßte. Nachdem die Alte auf diese Weise alle Vorrichtungen getroffen hatte, versuchte sie die Schlinge behutsam am eigenen Halse. Doch der Strick schien ihr zu hoch angebracht, und so ließ sie ihn etwas tiefer herab und schlang ihn sich nochmals um den Hals. Kaum war die Schlinge aber um den Hals, glitt ihr die Leiter unter den Füßen weg, und sie selbst blieb am Stricke hängen.

Ein Stündchen später kam Borbála vom Felde heim in der Hoffnung, das Mittagessen bereit zu finden. Sie durchsuchte die Küche und die Stube, den Stall und die Scheuer, rief nach allen Seiten des Hauses hin, bekam aber von nirgends eine Antwort. Wohl sah sie den Topf voll Brei auf dem Herd, aber das Feuer war ausgebrannt und der Speise fehlte noch die Butter. Da sie die Türe des Dachbodens, zu welchem von der Küche eine Leiter hinaufführte, offen stehen sah, stieg sie hinauf und rief Frau Margit mit lauter Stimme; auch hier vernahm sie keinen Laut.

Nun fiel ihr Blick auf das Dachfenster, wo sie voller Entsetzen ihre Schwiegermutter hängen sah. Sie wollte sich zuerst schnell davonmachen, aber Staunen und Schrecken hielten sie geraume Zeit wie angewurzelt zurück. Endlich faßte sie sich wieder und überlegte, was sie tun sollte. Margit war mausetot, keinerlei Beistand konnte ihr mehr helfen. Und doch schien es Borbála gefährlich, über Staunen und Zögern noch länger Zeit zu verlieren. Die Gehässigkeit, die zwischen ihnen beiden schon längst alle Eintracht zerstört hatte, war im Dorfe allzu bekannt, als daß man nicht Anlaß finden könnte, sie der verübten Untat zu beschuldigen. So überlegend, sann die Beängstigte nach einem

Mittel, dieser Gefahr zu entgehen. Sie band die Erstarrte aus der Schlinge los, hob sie nicht ohne Mühe auf die Schulter und trug sie hinab in die Stube. Da setzte sie die Tote hinter die Türe auf einen Stuhl und stellte den ganzen Topf Brei auf einen Tisch vor sie hin. Mit dem Brei stopfte sie ihr den Mund voll und gab ihr noch einen großen Kochlöffel in die Rechte. Dann aber schloß sie die Türe hinter sich und stellte sich vor das Haustor, um die Rückkehr ihres Mannes abzuwarten.

Da inzwischen über zwei Stunden verstrichen waren, konnte Miklos draußen nicht länger verharren. Er kam voll Unwillen über die lange Verzögerung der Mahlzeit nach Hause und schalt Weib und Mutter die saumseligsten Weiber, die er je gesehen. Borbála wehrte diese Beschuldigung sehr lebhaft von sich ab, indem sie sagte, die Mutter hätte ihr den Brei hartnäckig verweigert, den ganzen Topf in die Stube mitgenommen und sie mit den schmählichsten Schimpfworten aus dem Hause getrieben. Als Miklos dies vernahm, eilte er wutschnaubend auf die Türe zu und stieß diese – da sie verschlossen war – mit Gewalt auf. Aber wie erschrak er, als er seine Mutter, durch den heftigen Anprall der Türe getroffen, vom Stuhle herabfallen sah, den Mund voll Brei und den großen Löffel in der Hand. »Ach!« rief er, nachdem er sie gerüttelt hatte, »sie ist tot, so wahr ich lebe!«

Eine schreckliche Angst befiel ihn, denn er glaubte, sie selbst getötet zu haben. Nicht wenig trug auch Borbála zur Vermehrung seines Schreckens bei, indem sie ihm alle schlimmen Folgen ausmalte, welche dieses Ereignis für ihn haben könnte. Zudem beunruhigte ihn der Gedanke an seine Schnitter auf dem Felde, die bereits so lange über die übliche Zeit hinaus auf den Brei warten mußten und in seiner Abwesenheit bestimmt faulenzten oder gar selbst kommen würden, das Mittagessen abzuholen.

Nachdem er sein Weib eine gute Weile höchst nachdenklich betrachtet hatte, faßte er endlich den Entschluß, die tote Mutter so schnell als möglich beiseite zu schaffen, um ja aller Unbill zu entgehen. Beide nahmen sie die Erstarrte auf die Arme und trugen sie zur Hintertüre des Hauses hinaus auf des Nachbarn Feld. Da lehnten sie die Tote aufrecht gegen ein Getreidemandel und legten ihr noch eine Garbe in die Schürze. Sodann aber gingen sie schleunigst weg und mit dem schon längst erwarteten Breitopf aufs Feld hinaus.

Die Schnitter fielen mit Heißhunger über den Brei her und verschlangen ihn in wenigen Augenblicken. Bald fühlten sie ihre Bäuche so voll und schwer von dem Schweinefutter, das Frau Margit seligen Angedenkens dem Brei beigemischt hatte, daß sich alle nur noch auf den Erdboden niederlegen und erst um Mitternacht wieder aufstehen und nach Hause gehen konnten.

Indessen hatte sich aber Miklos' Nachbar auf sein Kornfeld begeben, um noch vor Einbruch der Nacht seinen Erntesegen zu besehen. Da es schon zu dämmern anfing, hatte er einen Stock mitgenommen, mit diesem etwaige unberufene Zehendherren von seinem Grunde zu verscheuchen. Plötzlich erblickte er eine dunkle Gestalt hinter einem Getreidemandl und zweifelte keinen Augenblick daran, einen Korndieb entdeckt zu haben. Rasch sprang er auf ihn zu und traf den versteckt Lauernden von hinten so derb mit seinem Stock, daß er ihn tüchtig verbleut zu haben glaubte. Aber es war Frau Margit. Lautlos sank sie durch die Erschütterung der getroffenen Garben zu Boden und blieb starr hingestreckt auf der Erde liegen. Des Nachbars Entsetzen war grenzenlos, denn er hielt sich selber für ihren Mörder. Um allem Verdacht zu entgehen, ergriff er die Tote, schleppte sie von seinem Felde weg und legte sie quer über die Straße, damit sie von Vorübergehenden gefunden und begraben werden könnte.

Kaum war ein Stündchen vergangen, kam der Müller des Dorfes mit zwei munteren Hengsten herangefahren, die schon von weitem ihrem Abendfutter entgegenwieherten. Auf einmal bäumten sich die Hengste auf, schlugen vor und hinter sich aus und wollten nicht von der Stelle. Der Müller sparte seine Peitsche nicht, doch plötzlich gewahrte er die auf dem Wege liegende Gestalt. Er sprang vom Wagen, verwünschte sich und seine Hengste und war ganz trostlos, denn er beschuldigte sich selbst, Frau Margit getötet zu haben. Schon hatte sich die Nacht über Berg und Tal gesenkt, und er wollte weder länger von seinem Hause fern bleiben noch die Tote unbegraben auf offener Straße liegen lassen. Er lud sie auf seinen Wagen und fuhr nun in aller Stille nach dem Pfarrhof hin.

Im Pfarrhof führte hinten eine kleine Treppe abwärts zu der Wohnung des Pfarrers. Dort lehnte er die Tote mit dem Gesicht gegen die Türe, pochte rasch dreimal und machte sich dann in größter Eile aus dem Staube.

Der Pfarrer hatte das Pochen sogleich vernommen und mehrmals herein! gerufen. Da aber niemand eintrat, vermutete er Kinderpossen, ging erbost die Treppe hinauf und öffnete hastig die Türe. Da fiel ihm der starre Gast entgegen und stürzte die ganze Treppe hinunter bis in die Stube. Der Schrecken des Pfarrers läßt sich kaum beschreiben; er war überzeugt, durch sein hastiges Öffnen der Türe den Sturz der Fremden und damit ihren Tod verschuldet zu haben. Um allen Verhören und Untersuchungen vorzubeugen, begrub er Frau Margit am nächsten Morgen in aller Stille.

So war die letzte Warnung ihres Mannes in Erfüllung gegangen, daß derjenige, der einen Sterbenden seiner Haare beraube, eines fünffachen Todes sterben müsse.

Das junge Paar aber lebte von nun an im besten Ehefrieden; Borbála konnte fortan nach Lust essen und trinken, und der kahle Miklos, von seines Weibes Kost und Liebe genährt, erfreute sich bald eines stattlichen Schmerbauches sowie eines nunmehr ungefährdeten Haarwuchses.

5. Die redende Weintraube, der lachende Apfel und der klingende Pfirsich

Einmal war's, keinmal war's, war einmal jenseits von sieben Ländern ein König, der hatte drei Töchter. Einmal rüstete sich der König zur Reise auf den Jahrmarkt und fragte seine Töchter:

»Was soll ich euch vom Markt mitbringen, meine lieben Töchter?«

Die Älteste sagte:

»Mir ein goldenes Kleid, lieber königlicher Vater.«

Die Zweite sprach:

»Mir ein Kleid von Silber.«

Die Dritte aber sagte:

»Mir eine redende Weintraube, einen lachenden Apfel und einen klingenden Pfirsich.«

»Gut, meine Töchter«, sagte der König und fuhr weg.

Auf dem Jahrmarkt kaufte er sogleich die Kleider für seine beiden älteren Töchter, allein die redende Weintraube, den lachenden Apfel und den klingenden Pfirsich konnte er trotz allen Bemühungen und Nachforschungen nicht finden. Betrübt, daß er gerade seiner liebsten Tochter nichts mitbrachte, trat er den Heimweg an.

Es geschah aber, daß die königliche Kutsche, obgleich die Pferde gehörig anzogen, im Schlamm stecken blieb. Sofort holten sie einen Vorspann, aber vergebens – die Pferde vermochten die Kutsche nicht von der Stelle zu bringen, weder nach vorwärts noch nach rückwärts. Schon war alle Hoffnung aufgegeben, die Kutsche wieder flott zu machen, da kam ein widerlicher borstiger Eber herzu und sprach:

»Röch, röch, röch! König, gib mir deine jüngste Tochter, dann befreie ich dich!«

Der König, um nur loszukommen, versprach es. Darauf gab der Eber mit seinem Rüssel der Kutsche einen Ruck, daß diese mitsamt den Pferden nur so aus dem Schlamm herausflog.

Zu Hause angelangt, gab der König seinen beiden älteren Töchtern die Kleider und grämte sich jetzt noch mehr, daß er seiner geliebten Tochter nicht nur nichts mitbringen konnte, sondern sie noch dazu jenem widerlichen Ungeheuer zum Weibe versprochen hatte.

Nicht lange danach erschien der Eber mit einem Karren auf dem Hof des Palastes und rief laut:

»Röch, röch, röch! König, da bin ich, um deine Tochter komm' ich!«

Der König erschrak heftig; um seine Tochter zu bewahren, ließ er eine Magd in ein reiches goldbesticktes Gewand kleiden und schickte sie hinunter. Sie setzte sich auf den Karren, jedoch der Eber schrie:

»Röch, röch, röch! König, das ist nicht deine Tochter!« und warf sie von dem Karren.

Als der König sah, daß er ihn nicht täuschen konnte, schickte er schließlich – wie versprochen – seine Tochter hinunter, aber in lumpigen, schmutzigen Kleidern, weil er hoffte, daß sie dem Eber so nicht gefallen werde. Allein der hob das Mädchen mit Freudengebrüll auf den Karren, indes ihr Vater jammerte, daß er durch sein leichtsinniges Versprechen seiner lieben Tochter ein solches Schicksal bereitet hatte.

Das Schwein zog fort mit dem schluchzenden Mädchen. Sie zogen dahin, bis sie nach langer Fahrt vor einer schäbigen Kaue anhielten. Der Eber rief:

»Röch, röch, röch! Steig herunter vom Karren, Mädchen!«

Das Mädchen stieg herunter.

»Röch, röch, röch! Geh hinein in deine künftige Wohnung!« rief er wiederum, und das Mädchen gehorchte in Tränen aufgelöst.

Nun machte sich der Eber daran, füllte ihr den Trog mit Mais als Speise und bereitete ihr eine Streu aus zusammengescharrtem Stroh als Lager. Lange kam dem betrübten Mädchen kein Schlaf über die Augen, bis sie, von dem schmerzerfüllten Klagen ganz ermattet, endlich in tiefen Schlaf fiel. Immer tiefer wurde ihr Schlaf, so daß sie anderntags erst gegen Mittag erwachte. Sie blickte um sich und staunte sehr, denn sie befand sich in einem zauberhaft schönen Palast, auf einem weißen Seidenbett, dessen Purpur-Baldachin mit Goldquasten behangen war.

Auf das erste Anzeichen ihres Erwachens eilten Kammerzofen herbei, die kostbare Gewänder für sie bereithielten und ihrer Befehle harrten. Wie gebannt von alldem, was sie sah, ließ sich das Mädchen wortlos ankleiden. Dann führten sie die Kammerzofen zum Frühstück in einen prunkvollen Saal, wo sie ein junger Mann mit bezauberndster Anmut empfing.

»Ich bin dein Gatte, so du es willst«, sprach er, »und alles, was du hier siehst, ist dein!«

Nach dem Frühstück geleitete er sie in einen wundervollen Garten. Das Mädchen wußte nicht recht, wie ihr geschah, war's Traum oder Wirklichkeit? Auf ihre Fragen antwortete der Jüngling mit ausweichenden Scherzen.

Jetzt betraten sie den Obstgarten, da redeten die Weintrauben zu ihr: »Schöne Königin, pflück uns doch!« Die Äpfel lachten ihr zu, und die Pfirsiche erklangen im schönsten Silberton.

»Du siehst, Liebste«, sagte jetzt der schöne junge Mann, »hier ist alles, was du dir gewünscht hast und was dir dein Vater nicht geben konnte. Wisse denn: Ich war ein Fürst, jedoch verflucht, ein Eber zu sein. Aus diesem Zustand konnte ich nicht eher erlöst werden, als bis sich ein Mädchen eine redende Weintraube, einen lachenden Apfel und einen klingenden Pfirsich wünschte. Du warst dieses Mädchen, und so bin ich durch dich erlöst worden. Wenn ich dir gefalle, bleibst du die meine für alle Ewigkeit!«

Das Mädchen war von dem schönen Jüngling und der königlichen Pracht ringsum so sehr entzückt, daß sie gerne einwilligte.

Sie gingen nun zu ihren Vätern und teilten ihnen freudig ihre Glückseligkeit mit.

6. János Csorha, der Zaubermann

János Csorha kam mit zarten Fohlenzähnen auf die Welt; eben deshalb war er ein Zaubermann. Als er das zwölfte Lebensjahr vollendete, befiel ihn eine solche Unrast, daß er sich nirgends zurechtfand. Er schied von seinem Vater und zog fort, zog über Berg und Tal, bis er zu dem See der Zaubermänner gelangte.

Hier versammelten sich die Zaubermänner zu ihren Beratungen, doch ihn, den jungen Zaubermann, nahmen sie noch nicht in ihren Kreis auf. Ein alter Zaubermann schickte ihn wieder heim und sagte ihm, er solle erst nach zwölf Jahren zu ihnen zurückkommen.

Er gab ihm auch zu wissen, daß der Esel des Nachbarn am Pfingstmorgen ein Maultier werfen werde, da solle er mit dem Halfter in der Hand bereitstehen, sonst würden sich die Hexen des Füllens bemächtigen. Und dieses Füllen werde ein Zauberhengst sein.

Das Füllen ward geboren und verschwand gleich darauf. Zwölf Jahre später erschien es wieder und gab dem János Csorha einen Striegel, eine Bürste und einen Filzlappen; damit solle er genau nach seiner Weisung vorgehen.

Nicht lange, da türmten sich Wolken am Himmelsrand – die Hexen kamen. János Csorha schwang sich auf sein Füllen und sprengte fort über Berg und Tal. Als ihn die Hexen einholten, hielt er ihnen – genau wie ihm das Füllen geraten – rückwärts den Striegel entgegen. Da ward plötzlich ein Wald daraus, so dicht wie der Striegel. Die Hexen mühten sich lange, bis sie sich durch den dichten Wald durchgehauen hatten; immerhin haben sie sich schließlich durchgehauen.

Später, als ihn die Hexen beinahe wieder ereilten, hielt er die Bürste nach hinten; jetzt hatten die Hexen einen bürstendichten Wald vor sich. Auch durch diesen – recht mühsam zwar – schlugen sie sich durch.

Zuletzt hielt er ihnen den Filzlappen entgegen, aber bevor die Hexen auch da durchbrechen konnten, war er bereits an den See gelangt. Hier entließ János Csorha sein Füllen, er selber aber ging hinunter nach Unter-Indien. Dort hatte der König soeben austrommeln lassen, wer sich verstecken könne, ohne daß ihn die Königstochter fände, der bekäme diese zur Frau.

János Csorha unternahm es, begab sich an den Rand des Meeres und kroch in den Magen des Walfisches. Die Königstochter aber stieg auf die Spitze des Diamantenberges, von wo man die ganze Welt überblicken kann. Sie blickt über die Erde und sieht ihn nicht, blickt hinauf in den Himmel und sieht ihn nicht, blickt in das Meer hinunter und spricht:

»János Csorha, komm heraus aus dem Magen des Walfisches!«

János Csorha hatte dies auf Anraten eines grauhaarigen alten Mannes getan. Nun stieg er, wieder dem Rate des grauhaarigen alten Mannes folgend, auf den höchsten Berg hinauf, und als die Sonne aufging, sprang er ihr auf den Rücken.

Mittags steigt die Königstochter auf den höchsten Berg hinauf, blickt über die Erde und sieht ihn nicht, blickt über den Himmel und sieht ihn nicht. Schon wollte sie verzagen, da blickte sie zufällig in die Sonne und hieß ihn hervorkommen.

Am dritten Tag verwandelte er sich auf Anraten des Alten in einen Floh und verkroch sich in eine Rose. Die Rose ward zu einem Kranz gewunden, und als die Königstochter sich anschickte, wieder auf den Berg zu steigen, band man ihr den Kranz um die Stirne. Die Königstochter blickte ringsumher über Himmel, Erde und Meere, über die ganze Welt, aber den János Csorha vermochte sie nirgends zu sehen; dabei hätte sie ihn leicht sehen können, war er doch an ihrer Stirne. So sprach sie denn:

»Komm hervor, ich sehe dich nicht!«

Darauf erschien János Csorha vor dem Mädchen. Sie heirateten alsdann und leben jetzt noch glücklich, wenn sie nicht gestorben sind.

7. *Die hufbeschlagene Frau Körmöndi*

Einmal war's, keinmal war's, war einmal eine Schmiedemeistersfrau, und die war eine Hexe. Dieses Frauenzimmer hieß Frau Körmöndi. Wenn dieses Frauenzimmer irgendwem feind war, schlug sie ihn mit ihrem Blick, daß ihm Hände und Füße zusammenschrumpften, bannte ihn mit ihrem Blick, daß ihn außer ihr – außer Frau Körmöndi selber – keine lebendige Seele davon lösen konnte.

Wenn sich ein Mädchen in einen Mann verliebte und dieser sie nicht wiederliebte, brauchte sie nur zu Frau Körmöndi zu gehen. Die gab dem Mädchen ein Mittel, wovon der Bursche fortan nur hinter diesem einen Mädchen her war, fortan nur die eine liebte.

Wenn einem die Kuh blutige Milch gab, brauchte er nur zu Frau Körmöndi zu gehen. Die gab ihm ein Mittel, mit dem man die Kuh ringsherum anräuchern mußte, und dann gab die Melkekuh nichts Blutiges mehr.

Wenn einer mit jemandem verfeindet war, brauchte er nur zu Frau Körmöndi zu gehen; die behexte den Gegner dann so, daß er sein ganzes Leben lang elend dahinsiechte. Dabei gab sie ihm bloß ein Töpfchen Gemüse, aber darin war alles enthalten, was unter dieser Erde gedeiht, rein alles war darin: Bohnen, Erbsen, Linsen, Hirse, Mais, Weizen, Gerste und Gries ... nur mußte dieses Gemüse vor seinem Haus längsseits verschüttet werden, und wenn jener Gewisse darüber schritt, schlug ihm alles auf dem Leibe aus, jede Bohne, Linse, jedes Hirse- und Maiskorn, der Weizen, die Gersten und die Graupen, alles schlug ihm wie blutiger Kot auf dem Leibe aus.

Diese Hexe erhob sich des Nachts vom Lager neben ihrem Mann und legte an ihrer Statt einen Besen an seine Seite. Wäre ihm gleich ein brennender Docht ins Ohr gesteckt, rührte man gleich tausend Trommeln vor seinem Bett, nichts hätte ihn wecken können, er schlief wie der Kürbis, wie der Schäferpelz so tief.

Dieses Frauenzimmer erhob sich also, sag' ich, nahm ein Halfter zur Hand und schlug es dem Schmiedegesellen dreimal auf den Kopf. Meiner Seel'! der Schmiedegesell springt aus dem Bett, steht auf allen vieren, schüttelt sich und verwandelt sich auf einmal in ein Pferd. Die Hexe warf ihm nun das Halfter über den Kopf, legte ihm einen Knochensattel auf – irgendein herumliegendes schäbiges Lammfell war die Satteldecke –, schwang sich aufs Pferd und sagte:

»Hipp-Hopp! dort wo ich will, dort soll ich sein!«

Darauf setzte sich das Pferd in Trab, schlüpfte durch die Türspalte, durch den Schornstein hinaus und hielt nicht eher an, als bis der Sankt Gellertberg erreicht war, wo sich bereits eine ganze Hexenschar eingefunden hatte. Da ward getanzt und gesungen, dann ging's ans Essen und Trinken, sie machten einen gehörigen Klamauk, fast wie bei einem kleineren Hochzeitsgelage.

Die Hexen tanzten, bis der Hahn krähte; aber beim ersten Hahnenschrei – wie entzweigehackt! – brachen sie die Lustbarkeit ab, und jede für sich ritt mit ihrem Pferd nach Hause.

Als der arme Schmiedegesell bei Tagesanbruch aufstehen wollte, merkte er, wie müde er war; er konnte die Hand kaum heben, als hätte er die ganze gottgeschaffene Nacht nicht geschlafen, nicht geruht, sondern fortwährend mit einem halbzentnerschweren Hammer Eisen geschmiedet.

Nun, es blieb dabei. Aber auch am nächsten, am dritten und am vierten Tag fühlte sich der Schmiedegesell, als er aus dem Bett steigen wollte, so müde, daß er kaum imstande war, die Hand zu heben. War ja auch kein Wunder, hat ihn doch diese gottlose alte Schlampe – hol' sie der Teufel! – alle gottgeschaffenen Nächte gesattelt und ist mit ihm zum Sankt Gellertberg hin und her galoppiert. Der arme Schmiedegesell trocknete ganz aus, wurde dürrer und dürrer, bis er so dürr wie ein Besenstiel war.

Nun aber hatte dieser Schmiedegesell einen Kameraden, es war ein verabschiedeter Soldat, und diesem verabschiedeten Soldaten fiel es auf, daß sein Brotkumpan immer dürrer und dürrer wurde, hinwelkte wie die wurmstichige Rebe. Schließlich konnte er nicht mehr an sich halten und stellte seinen Kameraden zur Rede, indem er sagte:

»Du, Pista, was ist eigentlich los mit dir? Deine Portion ißt du zwar ordentlich, doch sie schlägt dir nicht an, wirst ja immer dürrer und dürrer, bist nur noch Haut und Knochen?«

»Ich weiß nicht, was mir fehlt, mein Freund«, antwortete der Schmiedegesell. »Wenn ich des Morgens erwache und aufstehen will, bin ich so müde, daß ich beinahe ins Bett zurückfalle; meinen ganzen Körper zieht es zur Erde hinab, als wären mir drei Zentner Eisen um den Hals gehängt.«

»Na, wenn du nicht weißt, was dir fehlt, so werden wir's gleich wissen. Hol mir nur ein klein wenig Blei, ich will einen Guß machen.«

Der Schmiedegesell holt ein klein wenig Blei, der Verabschiedete legt es in eine Eisenkelle und hält es übers Feuer. Als das Blei geschmolzen war, warf er es in einen Eimer mit Wasser. Dann nahm der Verabschiedete den Guß aus dem Wasser heraus und – du mein Gottes Sohn! – der Guß stellte ein Pferd dar, das hatte sogar Ohren und Schwanz und seine vier Beine.

»Na also, Pista, ich weiß schon, was dir fehlt!«

»Was denn?« fragte der Schmiedegesell.

»O je, frag nur nicht! Du wirst alle gottgeschaffenen Nächte von den Hexen geritten; wie mit einem Pferd galoppieren sie mit dir herum. Jetzt aber, Pista«, setzte der Verabschiedete seine Rede fort, »die Frage ist jetzt, welche von ihnen dich reitet? Ja, das wäre gut zu wissen! Wir können's aber nur dann wissen, wenn wir's auf dem Rost drehen. Hol schnell einen Rost und eine kleine Schere, das übrige ist meine Sache!«

Der Schmiedegesell holt den Rost und die kleine Schere, gibt sie dem Verabschiedeten, der läßt die kleine Schere auseinanderklaffen und sticht sie so in den Rost hinein. Dies getan, hebt er mit der kleinen Schere den Rost auf und legt ihn dem Pista und sich selber auf die Nagelspitze des unbenamsten Fingers, so daß sich der Rost ganz frei darauf drehen konnte. Dann murmelte der Verabschiedete etwas in sich hinein – was das war oder nicht war, das weiß ich nicht ganz sicher – kurz und gut, mit erhobener Stimme stellte er dem Rost diese Frage:

»Sankt Peter, Sankt Paul! Wer hat den Pista geritten?

War's die Frau Bogos oder eine andere?«

Der Rost drehte sich nicht herum, obwohl der Verabschiedete seinen Spruch dreimal wiederholte.

»Sankt Peter! Sankt Paul! Wer hat den Pista geritten?

War's die Frau Csókás oder eine andere?«

Auch diesmal drehte sich der Rost nicht herum, obwohl der Verabschiedete auch bei dieser seinen Spruch dreimal wiederholte.

»Sankt Peter! Sankt Paul! Wer hat den Pista geritten?

War's die Frau Körmöndi oder eine andere?«

Siehe da! Der Rost hub an, ohne daß auch nur einer mit dem kleinen Finger dran gerührt hätte, hub von selbst an sich zu drehen und drehte sich dreimal herum.

»Na also, Pista«, sprach der Verabschiedete. »Deine Meisterin hat dich geritten, dieses Hurenweib! Aber sie wird es büßen, das weiß ich bestimmt! Heute nacht schlafe ich bei dir, ich liege außen und du innen, das übrige ist meine Sache.«

Ein Tausendsassa war diese Frau Körmöndi, allein der Verabschiedete war's um kein Haar minder. Als nämlich der Abend kam und die Zeit, schlafen zu gehen, da legte sich der Verabschiedete auf die Schlafstelle des Schmiedegesellen. So gegen elf Uhr kam die Schmiedemeisterin und brachte auch gleich das Halfter mit, den Schmiedegesellen damit zu schlagen, dreimal auf den Kopf zu schlagen. Aber der Verabschiedete, als ihm die Hexe das Halfter auf den Kopf schlagen wollte, schlug es dreimal mit dem Arm zurück. Siehe da, die Hexe fiel auf allen vieren zu Boden und verwandelte sich in ein Pferd, bloß die

Lefzen und die Pferdeklauen fehlten. Mit einem Satz springt der Verabschiedete aus dem Bett, zieht der Hexe das Halfter um den Kopf, wirft ihr den Knochensattel über – irgendein herumliegendes schäbiges Lammfell war die Satteldecke – und schwingt sich in den Sattel. Dann gibt er dem Pferd die Sporen, schlüpft durch die Türspalte, durch den Schornstein hinaus und reitet dreimal um das Dorf herum.

Nachdem sie dreimal um das Dorf herumgeritten waren, hielt der Verabschiedete vor dem Haus des Schmiedes an und rief durchs Fenster hinein, der Meister solle aufstehen, weil er es eilig hätte, und seinem Pferd seien die Hufe von allen vier Füßen abgefallen.

Was konnte der Schmied anderes tun? Er mußte zur Nachtzeit aus dem Bett steigen, ging mißmutig in die Werkstatt und beschlug das Pferd. Dieses rührte sich nicht, schlug nicht aus, stand unbeweglich da, als wären ihm die Beine aus dem Erdboden herausgewachsen. Der Verabschiedete bezahlte für den Hufbeschlag und ritt davon, der Schmied aber legte sich wieder schlafen.

Und nun, meiner Seel'! wie wird diese Sache wohl ausgehen?

Anderntags, als wenn sie krank wäre, erhebt sich die Schmiedemeisterin nicht von ihrem Lager, zieht die Hände und die Füße ein, so bleibt sie im Bett liegen. Der Schmied geht zu der Kranken und fragt sie mit diesen Worten:

»Was fehlt dir, mein süßes Weib?«

Allein das Weib, ein einziges Wort wär' nicht viel gewesen, doch nicht einmal soviel spricht sie, sondern liegt dort im Bett wie ein Stück Holz mit eingezogenen Händen und Füßen.

»Aber mein süßes Weib«, sprach der Schmied, »warum streckst du die Beine nicht aus? Was liegst du so zusammengekauert wie das Armleute-Ferkel?«

Allein das Weib, ein einziges Wort wär' nicht viel gewesen, doch nicht einmal soviel spricht sie, sondern liegt dort im Bett wie ein Stück Holz mit eingezogenen Händen und Füßen.

»Aber mein süßes Weib«, sprach der Schmied von neuem, »warum streckst du deine Hand nicht aus? Was liegst du so zusammengekauert wie das Armleute-Ferkel?«

Allein das Weib antwortete immer noch nicht, sondern lag im Bett wie ein Stück Holz.

»Aber mein süßes Weib«, fragte der Schmied wieder, »warum gibst du mir nicht die Hand? Zeig sie her!«

Allein das Weib gab ihm die Hand nicht, sondern lag da im Bett wie ein seelenloses Stück Holz.

Der Schmied wird zornig und will die Hand seiner Frau ergreifen, aber die Frau läßt es nicht zu. Doch der Mann ist ja immer stärker als das Weib, und so brauchte der Schmied eben Gewalt und besah sich die Hand seiner Frau. Da sieht er, daß diese hufbeschlagen ist. Schaut die andere an, auch die ist hufbeschlagen. Schaut die beiden Füße an, auch diese sind hufbeschlagen. Mit einem Mal geht ihm, wie die Sonne, ein Licht auf, wen er gestern beschlagen hat und daß seine Frau eine Hexe ist.

Drei Tage darauf hat die Frau diese Schattenwelt verlassen. An ihr Grabkreuz hat man die Hufe angeschlagen zum Zeichen, daß hier die hufbeschlagene Frau Körmöndi ruht.

8. Wunderliche Dörfer

Es gibt hierzulande Ortschaften, über deren Bewohner das Gerede von unzähligen Possenstücken umgeht. Einmal vernahm ich eine ganze Litanei von Spottsprüchen, derenthalben sich die Bewohner der betroffenen Dörfer und Städte gegenseitig die Köpfe einzuschlagen pflegten. Es ist aber ganz und gar nicht notwendig, drum auch meinen Kopf einzuschlagen, denn ich erwähne sie ja nicht, um Spott zu treiben, sondern nur als kennzeichnenden Charakterzug des humoristischen Einfallsreichtums unseres Volkes.

Die Litanei klang folgendermaßen:

»In Kecskemét ward der Hamster im Flug abgeschossen«
»In Koka hat man die Linsen zweimal genossen«
»In Nagylédec hat man die Leiter breitseits getragen«
»In Okikinda hat man wegen Mücken Alarm geschlagen«
»In Hetény ward der Fuchs wie ein Wolf gehalten«
»Die Szentgalier durch's Heidekorn schwimmen wollten«
»Die Ratotier denn Krebs als Schneider bestallten«.

Von diesen und noch vielen anderen Ortschaften werden zahlreiche Schwänke erzählt. Freilich sind es nur erfundene Geschichten und nichts Wahres ist dran.

Warum sie in Nagylédec die Leiter breitseits durch den Wald trugen? Der Grund war das Verbot des Gutsherrn, im Walde Holz zu fällen. Er hatte ihnen aber gleichzeitig befohlen, die Rabennester zu vertilgen. Die Bauern zogen also mit der Leiter in den Wald, um die Rabennester herunterzuholen.[1]

In Kikinda kreiste eines Tages ein riesiger Mückenschwarm um die Kirche, und da das Volk glaubte, es sehe Rauch aus dem Kirchturm steigen, ließen sie die Sturmglocken läuten.

Die Geschichte des Fuchses aus Hetény trug sich folgendermaßen zu: Sie fingen auf der Wiese irgendein wildes Tier und meinten, es sei ein Wolf. Sie wagten aber nicht, ihm den Garaus zu machen, bevor es nicht erwiesen sei, daß es sich tatsächlich um einen Wolf handle.[2] Das Tier wurde nun auf Gemeindekosten gehalten, bis sie ein Durchreisender aufklärte, daß das Fell des Tieres die gehabten Spesen nicht wert sei.

Das Heidekorn hat schöne Blüten. Von weitem, besonders wenn der Wind drin Wellen schlägt, hat man tatsächlich den Eindruck, einen See zu sehen. Den redlichen Szentgaliern unterschob man nun, sich an einem solchen »Meer« wagemutig entkleidet zu haben, in der Absicht, es zu durchschwimmen – was immerhin ihre Verwegenheit bezeugt.

Und endlich die Rátotier, die braven Rátotier, die für alle Ulke herhalten müssen, wo immer sie sich zugetragen oder nicht zugetragen haben. Sie, die noch nie einen Krebs zu Gesicht bekommen hatten, fischten einmal einen aus dem See. Was für ein Tier mochte das wohl sein? Keiner kam darauf. Schließlich fanden sie heraus, da es Scheren habe, müsse es ein Schneider sein. Der sollte ihnen nun die Kleider und Mäntel zuschneidern. – Bleibt nur noch jenes Tier ausfindig zu machen, welches sie auch zusammennäht.

[1] So waren sie »gezwungen«, die ihnen im Wege stehenden Bäume zu fällen.

[2] Die Jagd auf wilde Tiere war damals den Bauern untersagt; eine Ausnahme machten die Wölfe, die sich stark vermehrt hatten.

Folgendes muß sich offenbar später zugetragen haben, als in Rátot zwei Schneider wohnten, jedoch nur ein Schmied. Einmal verging sich der Schmied in irgendeiner Sache gegen die Komitatsobrigkeit und sollte dafür am Galgen büßen. Die wackeren Rátotier gelangten mit einem Gesuch an den Gerichtshof: Da sie nur einen einzigen Schmied hätten, der Schneider aber zweie, möge es dem Komitatshaus belieben, den Schmied zu entlassen und an seiner Statt einen Schneider zu henken.

Man erzählt sich von ihnen auch, daß sie einmal im Wald eine Flinte fanden und nicht wußten, was das sei. Das muß bestimmt eine Flöte sein! doch braucht's dazu zwei Mann: der eine zum Blasen, der andere zum Niederdrücken der Klappen. Das Gewehr ging los und nahm den Kopf des Bläsers mit. Der bei den Klappen wunderte sich eine Weile, wo der Kopf seines Kameraden hingeraten sei. Dann ging er nach Hause zu dessen Frau, um sie zu fragen, ob ihr Mann, als sie gemeinsam aufbrachen, seinen Kopf mitgenommen hätte.

Von den Rátotiern, in deren Gemarkung es weit und breit keinen Weinbau gab, ist noch aufgezeichnet, sie hätten, als sie einmal auf dem Wege etliche Weintrauben fanden, diese zwischen glühende Kohlen gelegt und sie gebraten.

Lustig ist auch, was über die Szekler aus Oláhfalu in Erdély gemunkelt wird. Da ihr Land nur aus Berg und Tal besteht, sagt man, der Oláhfalver wage es nicht, seinen Boden bis zum Rande zu beackern, weil er fürchte, die Erde würde mit ihm umkippen, wenn er zu nahe an den Rand herankäme.

In früheren Zeiten mußten sie zum Landtag jedesmal einen Deputierten entsenden. Die Wahl dieses Deputierten vollzog sich auf die einfachste Weise: Die Stadt besaß einen uralten Festrock – Deputierter wurde jeweils derjenige, dem dieser Festrock am besten paßte. Die Erfahrung zeigte, daß die solcherart getroffene Wahl stets die richtigste war.

Handel trieben sie hauptsächlich mit Brettern. Ganz Oláhfalu ist aus Brettern gebaut, aus dem gleichen Material sind die Mauern und Dächer ihrer Häuser. Sie durften ihrem Bretterhandel jedoch nur im Umkreis von zwei Meilen nachgehen. Einmal gelangten sie an Maria Theresia mit der Bitte, sie möge von nun an die Entfernung zwischen Oláhfalu und Kolozsvár (die Bezirkshauptstadt) auf zwei Meilen festsetzen. Die Königin, belustigt über diese wunderliche Bitte, gewährte sie ihnen. Von nun an fuhren sie ihre Bretter unbeanstandet bis nach Kolozsvár, welche Stadt für sie nunmehr zwei Meilen entfernt war.[1]

Ein andermal wandten sie sich mit einem Gesuch an den Fürsten Mihály Apafi, er möge mittels Dekret verfügen, daß derjenige, der kein Pferd besitze, zu Fuß zu gehen habe. Der Fürst entsprach diesem schlauen Ansuchen. Daraus ergab sich dann, daß sie die berittenen Kuriere, die bei ihnen jeweils Vorspänne requirierten, auf das Dekret des Fürsten verwiesen, wonach derjenige, der kein Pferd besitze, zu Fuß zu gehen habe.

9. Prinz Brennessel

Einmal war's, keinmal war's, jenseits von siebenmal sieben Ländern und noch weiter, in der umgefallenen Seite eines eingefallenen Ofens war ein Pappelbaum. Dieser Pappelbaum hatte sechsundsechzig Zweige, und auf jedem dieser Zweige waren sechsundsechzig Krähen. Wer meiner Erzählung nicht zuhört, dem sollen sie die Augen aushacken!

War einmal ein Müllergesell, der war so hochnäsig, daß nicht mal ein Ei, träte er darauf, zerbrechen würde. Doch in der Mühle war's eine reine Plackerei, und weil er genug vom Hungern hatte, sagte er:

»Mein lieber Gott, nimm mich doch aus dieser Mühle heraus!«

Dieser Müllergesell besaß einen Bohrer, eine Säge und ein Beil. Er zog also fort durch siebenmal sieben Länder; aber Gott schenkte seiner Rede Gehör, und so fand er nirgends eine Mühle für sich. Er wanderte und irrte lange herum, bis er just hier am Ufer der Gagy, unterhalb Martonos, auf eine öde, verlassene Mühle stieß, die war schon ganz mit Brennesseln bewachsen – ich seh' sie jetzt noch vor mir! Er machte sich daran, sie instandzustellen und baute so lange an dieser Mühle, bis ihm nichts mehr verblieb als die bloßen Hosengurtschlingen mit dem Hosengurt darin.

1 Oláhfalu ist ungefähr 200 km von Kolozsvár entfernt.

Als die Mühle fertig dastand, hätte er schon gerne was gemahlen, doch kein Mensch kam, um was mahlen zu lassen. Hingegen kam ein Fuchs gelaufen, auf den hatten die zwölf Jäger des Königs ihre Spürhunde gehetzt. Sagt der Fuchs zu dem Müller:

»Verbirg mich irgendwo, du Müller! Für die gute Tat erwarte Gutes!«

»Ei, du Fuchs, wo soll ich dich denn verbergen? Siehst ja, ich besitze nichts als Leib und Seele, und an Kleidern auch nur, was auf mir ist!«

Sagt der Fuchs:

»Du Müller, ich sehe da vor dem Trog einen schäbigen Sack liegen. Wenn die Spürhunde kommen, wirf ihn über mich und jag sie mit dem Besen fort.«

Wie die Jäger kommen, fragen sie:

»Du Müller, hast du den Fuchs nicht gesehen?«

»Wie sollt' ich ihn gesehen haben? Ihr seht ja, hab' nichts als Leib und Seele da!«

So gingen die Jäger fort. Als sie fort waren, sagte der Fuchs nach einer kleinen Weile:

»Du Müller, sei bedankt für deine Freundlichkeit! Du hast mich behalten und so mein Leben bewahrt.«

Und dann sagt der Fuchs:

»Hör mal, möchtest du dich nicht verheiraten?«

»Mein lieber kleiner Fuchs«, sagt der Müller, »sofort würde ich heiraten, wenn eine von selber herkäme. Aber so splitternackt wie ich bin kann ich ja keine kriegen, kann nicht mal auf Freite gehen.«

Der arme Fuchs verabschiedete sich von dem Müller. Doch keine Viertelstunde vergeht, und der Fuchs ist wieder da. Im Maul trägt er ein Kupferstück.

»Da nimm, du Müller, nimm dieses Kupferstück und leg's weg, kannst es später mal brauchen.«

Der Müller legt es weg, und der Fuchs geht wieder. Doch er kommt abermals, diesmal mit einem Silberstück im Maul.

»Leg auch das weg, du kannst es später mal brauchen! Sag, möchtest du dich nicht verheiraten?« fragt er wieder.

»Ach, mein lieber kleiner Fuchs, von Herzen gern! Zu jeder Stunde wollt' ich heiraten, mein Leben gäb' ich drum!«

Wieder verschwindet der Fuchs, und wie er zurückkommt, hat er ein Goldstück im Maul.

»Nun, du Müller«, sagt er, «ich will nicht länger fragen, ob du heiraten möchtest, ich selber werde dich verheiraten. Bring nur jenes Kupferstück her!«

Der Müller gibt ihm das Kupferstück, der Fuchs hält es im Maul und macht sich auf den Weg durch siebenmal sieben Länder. Er reist lange herum, bis er den König Sarman findet. Geht hinein zu dem König und grüßt höflich:

»Gott gebe Euch einen guten Tag, erhabener König, König Sarman!« spricht der Fuchs. »Erhabener König, mein Leben und mein Tod sind in deiner Hand! Ich höre, du hast eine heiratsfähige Tochter. Nun, mich hat Prinz Brennessel zum Gesandten bestellt, er schickt mich, für ihn um deine Tochter zu werben.«

»Herzensgerne geb' ich sie ihm, lieber kleiner Fuchs, ich sag' nicht nein! Doch lieber wär's mir, wenn ich sehen könnte, wem ich sie gebe. Aber auch so will ich dich nicht abweisen.«

Gleich am selben Abend erhielt der Fuchs das Verlobungsversprechen, und sie setzten den Tag fest, wann der Müller kommen sollte.

Gut und schön, der Fuchs verabschiedet sich vom dem König und nimmt gleich den Verlobungsring für den Müllergesellen mit. »He, du Müller, du bist kein Müller mehr, sondern Prinz Brennessel! Sei bereit an diesem Tag und zu dieser Stunde.«

Nach einer Weile sagt der Fuchs:

»Du Prinz Brennessel, hol das Goldstück her, damit ich es seiner Majestät dem König Sarman bringe. Er soll nicht meinen, du seist irgendein Habenichts.«

Wieder macht der Fuchs seine Aufwartung bei König Sarman.

»Gebe Gott Euch einen guten Tag, mein erhabener Vater König! Prinz Brennessel schickt Euch dieses Goldstück, damit Ihr etwas Kleingeld für die Hochzeitsauslagen habt. Er besitzt nämlich nur solches Kleingeld.«

Da denkt sich der König Sarman:

»Anscheinend kommt meine Tochter in kein schlechtes Haus.

Ich bin zwar ein König, aber selbst ich hab' solche Goldstücke nicht einfach herumliegen!«

Darauf verabschiedet sich der Fuchs und geht heim zu Prinz Brennessel.

»Na, du Prinz Brennessel, bin glücklich wieder da. Sieh zu, daß wir morgen aufbrechen können!«

Frühmorgens kommt der Fuchs:

»Bist du bereit, Prinz Brennessel?«

»Gewiß bin ich bereit«, sagt dieser, »wir können gehen.« Sie machen sich also auf und wandern durch siebenmal sieben Länder. Wie sie gerade dort am Eichenwald von Rugonfalva vorbeiziehen, sagt der Fuchs:

»Du, Prinz Brennessel, siehst du jenes prächtige Schloß?«

»Gewiß seh' ich es, lieber kleiner Fuchs.«

»Dort drin ist deine Frau«, sagt er.

Nach einer Weile sagt der Fuchs:

»Du, Prinz Brennessel, es wird am besten sein, du legst alles ab, was du anhast! Wir stecken dein Bauernkleid in einen hohlen Baum und verbrennen alles zusammen, dann sind wir's los.«

»Nicht übel, was du da sagst! Hab's dann nicht mehr, aber auch kein anderes.«

Nach einer Weile sagt der Fuchs:

»Du, Prinz Brennessel, steig ins Wasser und nimm mal ein rechtes Bad!«

Und dann sagt Prinz Brennessel zu dem Fuchs:

»No, jetzt hab' ich gebadet.« Sagt der Fuchs zu ihm:

»Bleib hier ruhig sitzen, ich will vorerst allein zu dem König hineingehen.«

Er geht hinein und heult:

»Weh mir, erhabener König, mein Leben und mein Tod sind in deiner Hand! Bin aufgebrochen mit Prinz Brennessel, mit drei Ochsenkarren, sechs Pferden und der Kutsche, und ... ach, kaum konnte ich Prinz Brennessel mit dem nackten Leben aus dem Wasser retten!«

König Sarman schlägt die Hände zusammen:

»Wo hast du meinen lieben Schwiegersohn gelassen, lieber kleiner Fuchs?«

»Im Wald, an der und der Stelle, erhabener König!«

Eiligst befiehlt der König, zwei Pferde vor die Karosse zu spannen. Unterdessen sucht er sein Kleid aus der Junggesellenzeit hervor und trägt es zur Karosse hinaus. Dann heißt er den Diener und den Kutscher in die Karosse steigen und den Fuchs daneben.

Wie sie so vornehm in den Wald kommen, steigt der Fuchs aus der Karosse, der Diener nimmt das Kleid über den Arm und trägt es zu Prinz Brennessel. Sagt der Fuchs zu dem Diener:

»He, du Diener, hilf doch dem jungen Herrn beim Ankleiden!«

Ganz fein wird nun Prinz Brennessel herausgeputzt; da winkt ihn der Fuchs beiseite:

»Wenn du dort ankommst, du Prinz Brennessel, bestaune dich nur nicht zuviel in diesem Gewand! Der König könnte sonst meinen, du hättest ein schöneres besessen, oder vielleicht auch gar keins.«

Gut und schön, er zog sich an, und als er fertig angezogen war, setzten sie sich in die Karosse und fuhren zu dem König Sarman. Wie sie ankommen, schließt der König Sarman seinen Schwiegersohn in die Arme:

»Dank sei dem Herrn, daß Er dich aus jenem großen Wasser errettet hat, mein lieber zukünftiger Schwiegersohn!«

Gut und schön, man ließ gleich den Priester und den Henker holen, und sie wurden getraut.

Nach dem großen Hochzeitsfest verweilten sie dort noch einen Monat oder zwei. Aber eines Tages sagte die Frau:

»Mein süßer Schatz, laß uns doch einmal auch dein Gut aufsuchen.«

Prinz Brennessel, der junge Herr, geht hinaus, auf dem Misthaufen zu pissen, und wie er dort pißt, fließen ihm gleichzeitig die Tränen herab. Neben dem Misthaufen aber lag der Fuchs, und der fragte ihn:

»Was fehlt dir denn, Prinz Brennessel?«

»Ach, lieber kleiner Fuchs, mir fehlt nicht wenig! Meine liebe Frau will, daß wir jetzt auch mein Gut aufsuchen.«

Sagt der Fuchs:

»So gehn wir halt, mach dich nur bereit, du Prinz Brennessel!«

Er geht hinein zu seiner Frau:

»Na, meine liebe Frau, mach dich bereit, wir gehen!«

Sogleich werden sechs Pferde vor die Karosse gespannt.

Der König läßt dazu noch drei Lastfuhrwerke mit Edelsteinen und Geld beladen, damit sie unterwegs nicht Not zu leiden brauchen.

Sagt der Fuchs zu Prinz Brennessel:

»Hör zu, Prinz Brennessel, du mußt immer den Weg nehmen, den ich gehe!«

Sie machen sich also auf den Weg durch siebenmal sieben Länder. Wie sie so reisen, begegnen sie einmal einer Ochsenherde.

Sagt der Fuchs zu dem Ochsenhirten:

»Du Ochsenhirte, mußt nicht sagen, daß diese Herde der eisenbezahnten Hexe gehört! Sag lieber, sie gehört Prinz Brennnessel. Dafür bekommst du dann auch ein Geschenk von mir!«

Sie machen Halt und bleiben hier, der Fuchs aber verschwindet und eilt geradewegs zu der eisenbezahnten Hexe.

»Gott gebe Euch einen guten Tag, Frau Mutter!«

»Willkommen mit Gott, mein Sohn!« sagt sie. »Dein Glück, daß du mich Mutter genannt hast, sonst würden deine Knochen bald winziger als Mohnkörner.«

»Ach, liebe Mutter«, sagt er, »lassen wir die unnützen Reden. Der verfluchte Franzose naht!«

»O weh, mein lieber Sohn, versteck mich irgendwo!«

Der Fuchs aber wußte von einem bodenlos tiefen See und führte die Hexe an dessen Ufer.

»Na, meine liebe Großmutter, wascht Euch hier die Füße und wartet, bis ich zurückkomme.«

Der Fuchs läßt die eisenbezahnte Hexe dort, damit sie sich die Füße wasche, und eilt Prinz Brennessel entgegen. Allein der steht mit den anderen noch auf demselben Fleck, wo ihn der Fuchs zurückgelassen hat. Der stößt eine Verwünschung aus:

»Verdammt, warum bist du mir nicht nachgefahren? Komm, fahr mir jetzt nach!«

Sie fahren nun los und ziehen in das große Schloß der eisenbezahnten Hexe ein. Dort gab es wahrhaftig alles, was in einer Hauswirtschaft nötig ist. Sie waren nun beruhigt, denn es gab wirklich alles dort. Doch der Fuchs besinnt sich plötzlich, daß er die eisenbezahnte Hexe noch nicht am richtigen Ort hat.

»Ich höre schon die sporenklirrenden Rosse nahen, mein lieber Sohn! Bring mich fort von hier, irgendwo anders hin!«

Der Fuchs schleicht sich an die eisenbezahnte Hexe heran und stößt sie mit einem Ruck in den See. Ihr ganzes Vermögen fiel Prinz Brennessel zu. Nun kommt der Fuchs zu ihm und sagt:

»Prinz Brennessel, ein glücklicher Tag ist für dich angebrochen, hab' dir einen ganzen Meierhof verschafft!«

In seiner Freude kündete Prinz Brennessel ein neues Hochzeitsfest an, gleich hier in derselben Stadt. Von Bonchida bis Zsukhajna gab es Teller und Schüsseln genug, aber keine Menschenseele bekam auch nur einen Tropfen Suppe.

Einmal, nach dem Hochzeitsfest, denkt sich der Fuchs, er will sich krank stellen, will sehen, ob man sich um ihn kümmert nach all seinen Wohltaten.

Und nun ist der Fuchs krank, ächzt und stöhnt gar laut. Das Ächzen und Stöhnen dringt bis in die Stube hinein, daß es auch Prinz Brennessel hört. Man hat keine Ruh' vor diesem Fuchs! Prinz Brennessel sagt:

»Packt ihn und schmeißt ihn auf den Misthaufen!«

Man schmeißt den Fuchs auf den Misthaufen.

Wie Prinz Brennessel, der junge Herr, wieder einmal hinausgeht, auf dem Misthaufen zu pissen, hebt der Fuchs an:

»He du, Prinz Brennessel, oder du Müller von den Brennnesseln! Möchtest du vielleicht wieder so reich sein, wie du es in der Brennesselmühle gewesen bist?«

»Ach, mein süßer kleiner Fuchs, tu mir das nicht an!« sagt er. »Ich schwöre dir auf mein Königswort, ich will dich gut halten, sollst stets das gleiche essen und trinken wie ich selber!«

Er ließ ihn vom Misthaufen hereintragen und hielt ihn fortan mit den gleichen Speisen und Getränken wie sich selber.

Und sie leben noch heute, wenn sie nicht gestorben sind.

10. Die Szekler Frau und der Teufel

Es war einmal eine Frau, die machte aber auch alles in der Welt verkehrt. Einmal sagte ihr Mann, sie solle das Mittagessen zeitiger aufs Feld bringen. Aber sie brachte es just später als sonst. Ein andermal sagte er, sie möchte doch bessere Speisen bringen, doch sie brachte um so schlechtere. Einmal nun versucht es der Mann anders herum und sagt zu ihr:

»Na, Frau, daß du mir das Essen ja nicht zu früh bringst! Und bring mir beileibe kein gefülltes Huhn und Palatschinken! Weißt du, auf dem Acker schickt sich sowas nicht!«

Die Frau trug's aber just früher als sonst hinaus, noch dazu brachte sie diesmal gefülltes Huhn und Palatschinken. Am anderen Tag macht sich der Mann daran, am Rande des Ackerfeldes eine tiefe Grube zu graben, da kommt seine Frau mit dem Mittagessen. Sie setzen sich zum Essen neben der Grube hin.

Sagt der Mann zu der Frau:

»He, Frau, geh nicht zu nahe an die Grube heran, sonst fällst du hinein!«

Just ging sie näher heran.

»Nimm dich in acht, Frau, daß du nicht in die Grube fällst!«

Die Frau fiel just hinein. Der Mann ließ sie freilich drin und ging nach Hause. Die Frau versucht nun herauszukommen, aber sie kann nicht. Da sagt sie bei sich:

»Teufel! wenn mich einer nur hier herausbrächte!«

Schon ist ein Teufel zur Stelle und sagt zu ihr:

»No, bin gekommen, dich herauszuholen! Setz dich auf meinen Buckel!«

Die Frau sitzt auf, und der Teufel trägt sie heraus. Dann sagt er zu ihr:

»No, jetzt steig ab!«

Sagt die Frau:

»Fällt mir nicht ein!«

Sagt der Teufel:

»Na wart nur, wirst schon heruntersteigen!« Er hetzt mit ihr im Galopp herum, von einem Berg zum andern. Allein bald wird der Teufel müde, setzt sich nieder und sagt zu ihr:

»Steig mir vom Buckel herunter!«

Die Frau sagt:

»Fällt mir nicht ein!«

Abermals galoppiert der Teufel mit ihr herum, bis er ganz erschöpft ist. Und wieder sagt er:

»Steig mir schon vom Buckel herunter!«

Sagt die Frau:

»Fällt mir nicht ein!«

Ganz trübselig wird's dem Teufel zumute, was soll er nur tun? Da sieht er einen Husaren kommen und ruft ihm zu:

»He, mein Herr Husar, wenn Ihr mir diese Frau vom Buckel herunterjagt, mach' ich Euch zum König!«

Der Husar steigt gleich vom Pferd, zieht seinen Säbel, geht auf die Frau los und droht ihr fluchend, er werde sie entzweihauen, wenn sie nicht sofort herunterkomme. Aber die Frau sagt:

»Fällt mir nicht ein!«

Der Soldat fuchtelt mit dem Säbel herum und sagt zu ihr:

»Steig vom Buckel herunter, Frau, sonst mach' ich Schluß mit deinem Leben!«

Sagt die Frau:

»Fällt mir nicht ein!«

Sagt der Soldat:

»Du willst nicht? So bleib des Teufels!«

Darauf die Frau:

»Fällt mir nicht ein!« und springt herunter. Der Teufel rennt davon, wie der Wind.

Anderntags kommt der Soldat dahergezogen, und der Teufel erwartet ihn unter einer Brücke, um ihn zum König zu machen. Wie der Teufel den Soldaten von ferne kommen sieht, guckt er unter der Brücke heraus und ruft ihm entgegen:

»He, mein Herr Soldat, kommt die Frau auch?«

Ruft der Soldat:

»Sie kommt nicht, fürchte dich nicht!«

Der Soldat kommt näher, und der Teufel sagt zu ihm:

»No, ich mache dich zum König. Du mußt nur zu der Tochter des Königs gehen; bis du dort bist, ist sie bereits von mir besessen. Alles werden sie versprechen, daß man mich nur austreibe, aber außer dir wird mich da niemand austreiben können. Du mußt bloß sagen: ›Fahr heraus, Teufel, weil ich hineinfahren will!‹ Doch ich sage dir, ich fahr' dann in die Tochter eines andern Königs, von dort darfst du mich nicht austreiben, sonst – kannst mir's glauben! – sonst werde ich in dich fahren und ewig in dir bleiben.«

Nun geht der Soldat in die Stadt. Allerorten hört man davon reden, daß die Tochter des Königs vom Teufel besessen ist; wer ihn austreiben könne, dem gäbe der König die Tochter zur Frau und das halbe Königreich – nach seinem Tode, das ganze!

Der Soldat freut sich, geht hin und erklärt, daß er imstande ist, sogar den Teufel auszutreiben. Und dann sagt er zum Teufel:

»Fahr heraus, Teufel, weil ich hineinfahren will!«

Schnurstracks fährt der Teufel heraus. Der Soldat wird König und bekommt die Tochter des Königs zur Gemahlin.

Einmal aber trifft die Nachricht ein, daß eine andere Königstochter vom Teufel besessen sei. Man schickt nach dem ehemaligen Soldaten, doch der hat keine Lust zu gehen, weil's ihm ja der Teufel verboten hatte. Doch sie versprachen ihm viele Schätze und Edelsteine, und so ging er denn hin. Sagt zum Teufel:

»Teufel, fahr auch von hier heraus, weil ich hineinfahren will!« Wirklich fuhr der Teufel schnurstracks heraus und wollte schon in den ehemaligen Soldaten fahren. Aber der Soldat hielt ihn an und rief:

»He Teufel, die Frau kommt!«

Da erschrak der Teufel und machte sich so eilig aus dem Staube, daß seine Füße den Erdboden kaum berührten.

11. Der goldbärtige Mann

Es war einmal, ich weiß nicht wo auf der Welt, ein sehr, sehr mächtiger König, der hatte eine Gemahlin und einen kleinen Sohn. Einmal ließ der König seine Gemahlin zu sich rufen: »Meine liebe Frau, ich fühle, daß meine Todesstunde nahe ist; ich habe dich rufen lassen, damit du mir geloben sollst, dich nie wieder zu verheiraten, wenn ich gestorben bin, sondern treulich für mein Kind zu sorgen.«

Die Königin gelobte ihm, daß sie niemals ans Heiraten denken werde, für den kleinen Sohn aber so Sorge tragen wolle, daß ihm auch nicht ein Härchen gekrümmt werden solle. Darauf starb der König.

Aber die Königin dachte bei sich: Versprechen und Halten ist zweierlei. – Kaum hatten sie die letzte Schaufel Erde auf den König geworfen, so heiratete sie gleich einen reichen Mann aus fremdem Lande; den ließ sie zum König machen. Dieser neue König aber war ein schrecklicher, gottverlassener Geizhals; er hielt den armen Königssohn wie seinen letzten Knecht, ließ ihn in Lumpen gehen, auch gab er ihm kaum zu essen – er hätte dem Armen sogar den letzten Bissen vom Munde fortgenommen.

Dort auf dem Königshof war ein Brunnen, in dem war statt des Wassers Milch; aus diesem Brunnen konnte bei Lebzeiten des verstorbenen Königs Groß und Klein soviel Milch schöpfen, wieviel man brauchte, so daß damals im Reich niemand melkte, jetzt aber stellte dieser König Wachen neben dem Brunnen auf und gab niemandem auch nur einen Tropfen Milch, dabei hatte er doch weder Schaden noch Nutzen davon, denn die Milch wurde weder mehr noch weniger dadurch.

Da geschah es einmal, daß die Wachen dem König die Kunde brachten, daß jeden Morgen bei Tagesgrauen ein goldbärtiger Mann mit einem Eimer zum Brunnen komme, den Eimer vollschöpfe und damit verschwinde wie der Hauch, ehe sie ihm nahen könnten.

Der König wollte ihrer Rede nicht Glauben schenken. Anderntags in der Früh stellte er sich selbst auf die Lauer, und er wurde ganz geblendet, als der goldbärtige Mann in leuchtendem Glanz erschien. Der füllte den Eimer und verschwand damit, als habe ihn die Erde verschluckt.

Der König konnte sich gar nicht vorstellen, was für ein Mensch das wohl sein könnte; er stand nur so da, Mund und Augen offen vor Staunen. Aber von da an sann er immer darüber nach, wie er ihn greifen lassen könne; denn in seinem Geiz grämte er sich um die Milch; außerdem hätte er auch gern den Mann gehabt. Er dachte, wie großen Ruhm ihm das bringen würde, wenn er ihn in einen Käfig einschlösse; dergleichen hatte kein König auf dem Erdenrund. Er sann also auf allerlei Schliche, wie er ihn fangen lassen könne; aber vergeblich war alles Sinnen, vergebens ließ er eine Unmenge Wachen aufstellen, sie konnten ihn nicht greifen; wenn sie ihm ganz nahe waren und schon dachten, ihn gefaßt zu haben, verschwand er, und war nichts zu hören und zu sehen von ihm. Die Wut brachte den König fast um; er verhieß demjenigen eine große Belohnung, der ihm einen guten Rat gebe, wie er den goldbärtigen Mann einfangen könne.

Da kam einmal ein ausgedienter Soldat zu ihm:

»Erlauchter Herr, ich rate Euch eins: Laßt neben den Brunnen Brot, Speck, Braten und auch eine Feldflasche Wein legen. Wenn dann der goldbärtige Mann morgens kommt, ißt er den Braten und trinkt den Wein; davon wird er sicher einen Rausch kriegen, denn er ist gewöhnt nur Milch zu trinken; solch einer aber verträgt den Wein nicht.«

Der König tat alles, wie es der Soldat gesagt hatte; er ließ neben den Brunnen Brot, Speck, Braten und Wein legen; rings von allen Seiten stellte er die Wache auf die Lauer.

Frühmorgens ging wirklich der goldbärtige Mann hin, aß, trank, bekam einen Rausch und schlief ein; sogleich nahmen ihn die Wachen fest und führten ihn zum König. Der König freute sich schrecklich, ließ ihn in einen Goldkäfig sperren und zeigte ihn so den vielen weithergereisten Gästen, denn es strömten nur so aus allen Ländern die Könige, Kaiser, Herzöge, Grafen herbei zu dem Wunder. Dem armen goldbärtigen Mann konnte man aber niemals einen Laut abgewinnen; er sprach zu niemandem. Sie meinten schon, er könne überhaupt nicht sprechen und sei eben nur ein wilder Mensch. Er aß auch nicht ordentlich; vergebens gaben sie ihm allerlei köstliche Speisen in seinen Käfig. Er trauerte nur und grämte sich.

Da geschah es einmal, daß der König in den Krieg ziehen mußte. Er überlegte, wem er den goldbärtigen Mann anvertrauen könnte, wer gute Sorge für ihn tragen und aufpassen würde, daß er nicht entfliehe; schließlich blieb er dabei, daß es am besten wäre, seinen Stiefsohn damit zu betrauen. Er ließ ihn also zu sich rufen:

»Nun, mein Sohn, ich muß jetzt in den Krieg ziehen; dir vertraue ich den goldbärtigen Mann an. Trage gut Sorge für ihn, gib ihm zu essen und zu trinken, doch paß gut auf! Wenn du ihn auf irgend eine Weise entfliehen läßt, mußt du eines schrecklichen Todes sterben.«

Damit zog der König in den Krieg. Der junge Königssohn war immer beim Käfig des goldbärtigen Mannes, damit er auf keine Weise entfliehen könne; sogar zum Spielen ging er hin.

Einmal, als er dort spielte und mit seinem silbernen Bogen schoß, fiel ein schöner, silberner Bolzen in des goldbärtigen Mannes Käfig.

Der Königssohn ging hin zum Käfig:

»Gib meinen Bolzen heraus, goldbärtiger Oheim!«

«Ich gebe ihn dir keineswegs«, sagte der goldbärtige Mann, »laß mich aus dem Käfig hinaus, dann gebe ich ihn dir.«

»Ich kann dich nicht herauslassen, mein Oheim«, antwortete der kleine Knabe, »denn ich würde sonst eines schrecklichen Todes sterben, hat mein königlicher Vater gesagt, als er in den Krieg zog. Gib mir meinen Bolzen; er kann dir doch nichts nützen.«

Der goldbärtige Mann gab ihm also seinen Bolzen heraus; aber dann flehte er noch mehr. Er bat und flehte so lange, bis er das Herz des Königssohns erweichte, denn er war ein sehr gutherziger Knabe. Er öffnete die Tür des Käfigs und ließ ihn heraus.

»Nun, mein kleiner Sohn, für deine gute Tat erwarte Gutes; ich werde dir's vergelten«, sagte der goldbärtige Mann, und damit verschwand er. Der kleine Königssohn begann zu überlegen, was er nun tun solle; wartete er ab, bis sein Stiefvater vom Krieg heimkehrte, und liefe er nicht davon, so würde er eines schrecklichen Todes sterben; es wäre besser für ihn, schon jetzt in die weite Welt zu flüchten.

So wanderte und wanderte der kleine Königssohn auf ungebahnten und auf gebahnten Wegen über Berg und Tal. Einmal erblickte er eine Wildtaube; geschwind nahm er seinen Pfeil und wollte schon losdrücken.

»Schieße nicht, erlauchter Königssohn«, sagte die Wildtaube, »ich habe zwei kleine Söhne zu Hause; die sterben Hungers, wenn ich ihnen nicht Nahrung bringen kann.«

Der Königssohn hatte Erbarmen mit ihr und schoß nicht.

»Nun, Königssohn, für deine gute Tat erwarte Gutes! Ich werde dir's vergelten«, sagte die Wildtaube.

»Du arme Wildtaube, wie könntest du mir das vergelten?« antwortete der Königssohn.

»Zwar sagt man, erlauchter Königssohn«, sprach die Wildtaube, »daß Berg und Berg niemals zusammentreffen; aber ein lebendes Wesen kann wohl mit einem anderen zusammentreffen.«

Der Königssohn lachte nur darüber; dann ging er weiter.

Wie er dahinschlenderte, erblickte er diesmal eine Wildente; wiederum zog er seinen Pfeil hervor, um auf sie zu schießen.

Da sprach die Wildente zu ihm:

»Schieße nicht, erlauchter Königssohn, ich habe zwei kleine Söhne zu Hause; die sterben Hungers, wenn ich ihnen nicht etwas zu essen bringen kann.«

Der Königssohn hatte auch mit dieser Erbarmen und schoß wieder nicht.

»Nun, Königssohn, für deine gute Tat erwarte Gutes! Ich werde dir's noch vergelten«, sagte die Wildente.

»Du arme Wildente, wie könntest du mir das vergelten?« antwortete der Königssohn.

»Zwar sagt man, erlauchter Königssohn«, sprach die Wildente, »daß Berg und Berg niemals zusammentreffen; aber ein lebendes Wesen kann mit einem anderen überall auf der Welt zusammentreffen.«

Der Königssohn lachte wieder nur und ging weiter. Wie er so dahinschlenderte, erblickte er einen Storch. Auch auf diesen legte er seinen Pfeil an; aber auch der begann ihn anzuflehen:

»Schieße nicht, erlauchter Königssohn, ich habe zwei kleine Söhne zu Hause; die sterben Hungers, wenn ich ihnen kein Essen bringen kann.«

Auch der rührte das Herz des Königssohns; auch ihm tat er nichts zu Leide.

»Nun, erlauchter Königssohn«, sagte der Storch, »für deine gute Tat erwarte Gutes; ich werde dir's noch vergelten.«

»Du armer Storch, wie könntest du mir das vergelten?« antwortete der Königssohn.

»Zwar sagt man, Königssohn«, sprach der Stroch, »daß Berg und Berg niemals zusammentreffen, aber ein lebendes Wesen kann mit einem anderen irgendwo zusammentreffen.«

Der Königssohn lachte nur darüber; damit ging er weiter. Er ging langsam seines Weges; einmal traf er auf zwei verabschiedete Soldaten.

»Wohin gehst du, mein Brüderchen?« fragte der eine Soldat.

»Ich gehe einen Dienst suchen«, antwortete ihm der Königssohn.

»Nun, so gehe mit uns! Wir haben dasselbe Ziel.«

Sie wanderten miteinander und durchstreiften zu dritt siebenmal sieben Königreiche. Einmal kamen sie zu dem Hof eines Königs. Der König war gerade draußen auf dem Hof.

»Na, meine Söhne, wohin des Wegs?« fragte er sie.

»Nun, wir suchen einen Dienst.«

»So geht nicht weiter! Ich brauche eben jetzt zwei Kutscher und einen Gespan[1]; wenn ihr euch verdingt, nehme ich euch auf.«

Sogleich verdingten sie sich, der Königssohn als Gespan, die beiden verabschiedeten Soldaten als Kutscher. Aber die beiden Verabschiedeten waren schrecklich neidisch auf den Königssohn, daß man ihn zum Gespan gemacht hatte, sie hingegen nur zu Kutschern; denn das wußten sie ja nicht, daß er ein Königssohn war. Auf jede Weise waren sie darauf aus, ihm ein Bein zu stellen.

Einmal gingen sie zum König:

»Erlauchter König, dieser neue Gespan sagte, wenn Eure Majestät ihn zum Rentmeister machen würden, so ginge kein Körnchen Weizen unter seiner Hand verloren. Denn er verstünde sich so darauf, daß, wenn Eure Majestät früh morgens vor dem Kirchgang einen Sack Weizen mit einem Sack Gerste

[1] Kastner, landwirtschaftlicher Arbeitaufseher

zusammenschütten ließen, er alles auseinander lesen würde, bis Sie zurückkommen, daß auch nicht ein einziges Körnchen Weizen unter der Gerste bliebe. Darum möge Eure Majestät ihn rufen lassen und ihm befehlen, daß er also tue. Wenn er leugnen sollte, so glauben Sie ihm nicht, drohen Sie ihm lieber mit irgend etwas.«

Sogleich ließ der König den armen Königssohn rufen.

»Nun, mein Sohn«, sagte er zu ihm, »ich habe gehört, daß du das und das gesagt hast; darum werde ich in der Frühe, bevor ich in die Kirche gehe, einen Sack Weizen und einen Sack Gerste vor dich ausschütten lassen. Wenn du es mir nicht, bis ich aus der Kirche zurückkomme, ausgelesen hast und zwar so, daß unter dem reinen Weizen auch nicht ein armseliges Körnchen Gerste bleibt, so wirst du auf der Stelle eines schrecklichen Todes sterben; wenn es dir hingegen glückt, sie auszulesen, so mache ich dich zum Rentmeister.«

Der arme Königssohn beteuerte vergebens, daß er das nie mit einem Wort gesagt habe; es nützte nichts. Sie sperrten ihn in ein leeres Zimmer ein. Als der König zur Kirche ging, schütteten sie eine Unmenge Weizen und Gerste auf die Erde, mischten sie gut zusammen, damit er sie nun von einander scheide.

Der arme, unglückliche Königssohn wagte nicht anzufangen; aber er hätte auch umsonst angefangen; wenn tausend Seelen sein gewesen wären, er hätte es nicht einmal in einer Woche auseinanderlesen können, geschweige denn in so kurzer Zeit. Er setzte sich in einen Winkel nieder und barg sein Haupt in seine Hände; er grämte sich und weinte bitterlich.

Wie er sich so grämte, flog auf einmal eine Wildtaube durch das Fenster herein.

»Warum betrübst du dich, erlauchter Königssohn?«

»Wie sollte ich mich nicht betrüben, wenn doch der König gesagt hat, daß ich das und das tun soll; und wenn ich es nicht tue, werde ich eines schrecklichen Todes sterben.«

»Darum sollst du wahrlich kein bißchen betrübt sein; wenn es weiter nichts ist«, erwiderte die Wildtaube. »Erkennst du mich nicht? Ich bin der König der Wildtauben, mit dem du einmal Erbarmen hattest; darum will ich jetzt deine Güte vergelten.«

Damit flog der Wildtaubenkönig wieder von dannen; nach kurzer Zeit kam er zurück mit einer Menge Wildtauben, die stürzten sich sogleich auf den Weizen. Der König war noch nicht aus der Kirche zurück, da hatten sie alles auseinander gelesen, daß auch nicht ein Körnchen Weizen zwischen der Gerste blieb, noch Gerste zwischen dem Weizen; sodann flogen sie fort, wie sie gekommen waren.

Als der König aus der Kirche kam, ging er zu allererst zum Königssohn, wie weit der wohl mit dem Weizen sei, ob er ihn auslesen konnte oder nicht. Da blieb er nur so mit offenem Mund stehen, als er sah, daß der schöne, reine Weizen dort abgesondert auf einem Haufen lag, die Gerste auf einem zweiten und die Spreu noch auf einem dritten. Er lobte den Königssohn und machte ihn auch sogleich zum Rentmeister.

Die beiden verabschiedeten Soldaten aber waren jetzt noch neidischer, daß er nun gar Rentmeister geworden war und sie immer nur Kutscher blieben; wieder begannen sie nachzusinnen, womit sie seine Ehre vor dem König zuschanden machen könnten. Und einmal traten sie wieder vor den König hin.

»Erlauchter König, dieser unser Reisekamerad, der neue Rentmeister, hat uns jetzt gesagt, wenn Eure Majestät ihm alle Schätze anvertrauen würden, damit er sie bewache, würde er sie so zu behüten wissen, daß auch nicht eine Nadel unter seinen Händen verloren ginge; denn er verstünde sich so darauf, daß, wenn Eure Majestät ihn auf die Probe stellen wollten und den Ring der Königstochter in den Brunnen werfen ließen, bevor Sie zur Kirche gehen, er ihn herausholen würde, bis Sie zurückkommen.«

Wieder ließ also der König den Königssohn rufen.

»Nun, mein Sohn, ich habe jetzt gehört, daß du das und das gesagt hast; darum werde ich den Ring meiner Tochter in den Brunnen werfen lassen, bevor ich in die Kirche gehe; aber wenn du ihn nicht herausholst, bis ich zurückkomme, mußt du eines schrecklichen Todes sterben.«

Wieder nützten die Beteurungen nichts; der König hörte gar

nicht hin, sondern ließ wirklich, bevor er in die Kirche ging, den Goldring der Königstochter in einen Brunnen werfen.

Der arme Königssohn saß nun dort am Brunnenrand, härmte und grämte sich, daß er nun umkommen müsse. Wie er sich so grämte, flog auf einmal eine Wildente daher.

»Warum betrübst du dich, Königssohn?«

»Wie sollte ich mich nicht betrüben, wenn doch der König das und das befohlen hat; wenn ich es nicht tue, ist mein Leben zu Ende.«

»Deswegen sollst du wahrlich kein bißchen betrübt sein«, antwortete die Wildente, »denn weißt du, wer ich bin? Ich bin der König der Wildenten, mit dem du einmal Erbarmen hattest; darum will ich jetzt deine Gefälligkeit vergelten.«

Damit flog der Wildentenkönig von dannen; aber bald kam er zurück mit einer großen Schar Wildenten. Los! Alle in den Brunnen! Wie der Königssohn nach ihnen schaute, was sie machten, da brachten sie auch schon den Ring.

Als der König von der Kirche nach Hause kam, lobte er ihn noch mehr und machte ihn sogleich zu seinem allerobersten Schatzmeister.

Jetzt aber platzten die beiden Verabschiedeten beinahe vor Neid; sie überlegten, was sie ihm noch einbrocken könnten, was er nicht zu verrichten imstande wäre. Sie gingen also wieder zum König.

»Erlauchter König, jetzt hat dieser Mensch gesagt, wenn Eure Majestät es erlaubten, so würde die Königstochter in einer Nacht ein Kind haben, das alle Sprachen sprechen und außerdem noch musizieren könne.«

Da wurde der König nun sehr zornig, daß jener es wagte, so etwas von seiner Tochter auch nur zu sagen. Zuerst ließ er ihn ins Gefängnis werfen. Aber dann dachte er, daß man doch auch sehen müsse, ob er dies Wunder wirklich verrichten könne. Er veranstaltete also ein großes Hochzeitsmahl; dann ließ er das junge Paar zusammen in ein Zimmer einschließen; dem Königssohn aber sagte er:

»Wenn du nicht tust, was du gesagt hast, so lasse ich dich an einen Roßschweif binden und so durch die Stadt schleifen.«

Der arme Königssohn wagte nicht einmal mit der Prinzessin zu reden; er trauerte nur und grämte sich, daß nun sein Leben zu Ende sei. Neben dem blöden Kavalier, der nicht mit ihr zu reden wagte, schlief die Prinzessin schön ein; aber der Königssohn kümmerte sich nicht darum, schaute sie auch nicht an; er weinte nur und jammerte. Wie er so weinte und jammerte, öffnete sich auf einmal das Fenster von selbst, und herein flog ein Storch.

»Warum betrübst du dich, Königssohn?«

»Wie sollte ich mich nicht betrüben, da der König doch gesagt hat, daß ich das und das tun soll; wenn ich es nicht tue, läßt er mich an einen Roßschweif binden und so zu Tode martern.«

»Wenn's weiter nichts ist; deswegen sollst du wirklich kein bißchen betrübt sein«, sagte der Storch, »ich hole dir solch ein Kind. Denn weißt du, daß ich der König der Störche bin, mit dem du einmal Erbarmen hattest? Jetzt will ich es dir vergelten.«

Damit flog der Storch von dannen, aber nicht lange darauf kehrte er zurück und brachte ein Wickelkind. Der Königssohn wickelte es aus den Windeln, und das Kind begann gleich zu musizieren und in allen Sprachen zu reden.

Nun freute sich der Königssohn und grämte sich nicht mehr; er ließ auch die Prinzessin nicht mehr schlafen.

»Stehe auf, mein schönes Herzlieb; das Kind ist schon da.«

Die Prinzessin stand auf und sah das Kind; sie hörte, wie es musizierte, und wunderte sich darüber. Doch der Königssohn unterhielt sie mit vielen Scherzen; sie waren fröhlich, lachten sich zu und verbrachten die Zeit wie Liebende; sie verliebten sich ineinander und schwuren sich gleich ewige Treue.

Morgens, als der König das Kind sah, konnte er sich nicht fassen vor Staunen; doch die Prinzessin ließ es dabei nicht bewenden.

»Nun, erlauchter königlicher Vater, wenn Ihr mir die große Schande angetan habt, so laßt mich jetzt auch mit diesem Jüngling trauen; denn meine Augen brennen vor Scham, so sehr schäme ich mich.«

Der König widersetzte sich nicht; er sah ein, daß dies möglichst schnell geschehen müsse; auch so schon war die Taufe früher als die Trauung. Er ließ sogleich Priester, Henker, Eisenhut rufen, und sie hielten die Hochzeit noch einmal, aßen und tranken und drückten fast die Wände ein.

Nach der Hochzeit fragte der König seinen Schwiegersohn:

»Nun, mein lieber Sohn, jetzt bist du mein Schwiegersohn; nun sage mir auch, was für Künste du weißt, daß du all die vielen Wundertaten verrichten konntest, die ich dir auftrug?«

»Ach, mein erlauchter königlicher Schwiegervater, Gnade meinem Haupte. Ich weiß gar keine Künste, bin nur so und so dem Tode entronnen.«

Nun erzählte er ihm alles, auch daß er ein Königssohn sei, wie er vor seinem Stiefvater fliehen mußte und wie er die drei Vögel gefunden habe; aber er erzählte auch, daß er den verabschiedeten Soldaten niemals was gesagt habe; die hätten das nur erdichtet, um ihn ins Verderben zu stürzen. Der König wurde gar nicht böse auf ihn, er freute sich vielmehr, daß sein Schwiegersohn nicht irgend ein hergelaufener Mensch, sondern ein Königssohn war. Aber über die Verabschiedeten geriet er in heftigen Zorn; er jagte sie gleich aus seinem Haus fort.

Die beiden Verabschiedeten aber wußten schon, was sie tun sollten. Sie gingen geradewegs zum Stiefvater des Königssohns und erzählten ihm, wo sein Sohn sei. Dieser nämlich ließ noch immer den Königssohn überall verfolgen, so zornig war er auf ihn, weil er den goldbärtigen Mann frei gelassen hatte. Als die beiden Verabschiedeten ihm die Kunde brachten, setzte er sie darum sogleich in hohe Ämter ein. Dem anderen König aber, bei dem der Königssohn war, schrieb er einen Brief, daß er entweder diesen Galgenstrick sogleich in Ketten nach Hause senden oder ihm als Lösegeld für den goldbärtigen Mann zwölf goldene Widder mit zwölf Mutterschafen und zwölf goldenen Lämmern schicken solle. Denn sonst würde er mit einem Heer in sein Land einfallen und es so zerstören, daß auch nicht ein Stein auf dem anderen bleibe.

Der König erschrak sehr, denn jener König war um vieles mächtiger als er; er ließ sogleich seinen Schwiegersohn rufen und fragte ihn, was sie nun tun sollten.

»Wahrlich, mein erlauchter königlicher Schwiegervater, ich will nicht, daß Euer Reich um meinetwillen Schaden leide«, antwortete der Königssohn, »darum mache ich mich jetzt auf den Weg; so lange will ich wandern, bis ich die zwölf goldenen Widder, die goldenen Schafe und die goldenen Lämmer einbringen kann, oder ich kehre nicht wieder zurück.«

Er nahm Abschied von seiner Frau und zog in die Welt hinaus.

Er wanderte und wanderte durch siebenmal sieben Königreiche, auch über das Operenzenmeer, und noch darüber hinaus; auf einmal gelangte er in einen Wald. Auch dort wanderte und wanderte er; da rief ihn jemand an:

»Wohin gehst du, mein Sohn?«

Er schaute hin, und wen erblickte er? Keinen anderen als den goldbärtigen Mann. Der Königssohn erzählte ihm sogleich, was ihn herführe und daß er jetzt gerade deshalb umherirren müsse, weil er ihn freigelassen hatte.

»Nun, mein Sohn, ich werde dir schon beistehen«, sagte der goldbärtige Mann, »ich gebe dir, was du suchst. Denn wisse, daß ich der König der goldenen Tiere bin; also komm, wähle dir aus meiner goldnen Schafherde, was du brauchst.«

Der Königssohn wählte die zwölf goldenen Widder, zwölf goldene Mutterschafe und zwölf goldene Lämmer aus und trieb sie frohgemut heimwärts. Wie er zu Hause anlangte, schickten sie sogleich alles zum anderen König als Lösegeld. Sie gaben ein großes Gastmahl und meinten, daß ihnen nun kein Leid mehr geschehen werde.

Aber der andere König gab sich damit fürwahr nicht zufrieden; denn er war ja ein knauseriger Geizhals; und außerdem setzten ihm die beiden Verabschiedeten immerfort zu. Deshalb ließ er wieder in einem Brief sagen, daß es ihm mit diesem noch nicht genug sei; entweder sende der König noch zwölf goldene Stiere mit zwölf goldenen Kühen und zwölf goldenen Kälbern, oder er jage jenen Bengel nach Hause, sonst würde er mit Feuer und Schwert das Land verheeren.

Was war da zu machen! Sie wußten, daß er um vieles mächtiger war und daß sie sich nicht mit ihm messen konnten. Wieder begab sich darum der Königssohn auf die Reise, die zwölf Goldstiere, Goldkühe und Goldkälber aufzutreiben.

Er wanderte durch siebenmal sieben Königreiche; auf einmal gelangte er wieder in jenen Wald und traf wieder den goldbärtigen Mann.

»Was führt dich denn jetzt her, mein Sohn?« fragte der goldbärtige Mann.

»Ich suche zwölf Goldstiere, Goldkühe und Goldkälber; denn jetzt verlangt mein Stiefvater auch das noch; sonst wird er mit Feuer und Schwert unser Reich verheeren.«

»Nun, auch das gebe ich dir«, sagte der goldbärtige Mann, »sollen sie es ihm schicken, dem geizigen Hund! Komm, wähle aus meiner Goldherde!«

Der Königssohn wählte sie wieder aus und trieb sie frohgemut heimwärts. Wie er zu Hause anlangte, sandten sie auch diese sogleich dem anderen König, auf daß sie ihn damit vielleicht zum Schweigen brächten.

Aber Gott bewahre! Sie brachten ihn nicht zum Schweigen. Statt sich zufrieden zu geben, kam er erst auf den Geschmack, als er sah, daß sie nichts gegen ihn zu tun wagten. Sogleich schrieb er einen Brief zurück, daß entweder dieser Galgenstrick sich ohne Verzug nach Hause trolle, oder sie sollten ihm den goldbärtigen Mann selbst als Lösegeld senden; andernfalls würde er das ganze Volk ausrotten und nicht einmal des Säuglings schonen.

Darüber erschrak der arme König, der des Königssohns Partei ergriffen, furchtbar. Sie hielten Rat, sie überlegten, was sie tun sollten; schließlich kamen sie überein, daß es am besten sei, den goldbärtigen Mann selbst um Rat zu fragen, der ihnen schon zweimal beigestanden hatte; vielleicht hilft er ihnen auch zum drittenmal. Deshalb ging der Königssohn geradewegs dorthin, wo er ihn schon zweimal gefunden hatte; er fand ihn auch jetzt in jenem Walde.

Der goldbärtige Mann sprach ihn sogleich an:

»Nun, mein Sohn, was führt dich her? Will vielleicht dieses unersättliche Schwein schon wieder etwas?«

»Ja fürwahr«, antwortete der Königssohn, »und jetzt hat er sogar sagen lassen, daß wir entweder Euch selbst schicken sollen, oder er würde das Reich ausrotten und nicht einmal des Säuglings schonen.«

Jetzt ging auch dem goldbärtigen Mann die Galle über.

»Geh heim, mein Sohn«, sagte er zum Königssohn. »Sobald du zu Hause angelangt bist, sollt ihr diesem unersättlichen Hunde sagen lassen, daß er sich mit dem, was er bekommen, begnügen solle, denn er bekomme nicht einmal ein räudiges Ferkel mehr. Setzt er den Fuß in euer Land, dann wird er es bereuen, er und seine ganze Sippe. Dies schreibt ihm in einem Brief! Ihr selbst denkt dann nicht weiter darüber nach; eßt, trinkt, und was ihr an Soldaten habt, schickt alle auf Urlaub nach Hause. Das weitere überlaßt mir.«

Der Königssohn ging heim und erzählte, was der goldbärtige Mann sagen ließ, und sie folgten ihm in allem. Sie schrieben den Brief an den König, daß er einen Dreck, aber keinen goldbärtigen Mann kriegen werde – er kann warten, bis er schwarz wird –; sie selbst aßen, tranken, waren fröhlich, und was sie an Soldaten hatten, schickten sie auf Urlaub nach Hause.

Der andere König rüstete nun das große Heer und machte sich damit auf den Weg, um den benachbarten König mit Land und Volk zugrunde zu richten; er war schon nahe der Grenze, und dieser König, der alle seine Soldaten auf Urlaub entlassen hatte, erschrak sehr; er hatte auch nicht eine Menschenseele, die er den unzählbaren Feinden entgegenstellen konnte – als plötzlich der goldbärtige Mann mit einem großen Heer bei ihm erschien. Es waren lauter goldene Ritter, auf goldenen Rossen, in goldener Rüstung, selbst das Hufeisen vom Pferd des untersten Gemeinen war aus Gold. Sie gingen auf den Feind los, metzelten seine Reihen nieder, so daß nicht einmal ein Bote übrigblieb. Den König und die beiden Verabschiedeten fingen sie lebendig, banden sie an Pferdeschweife und ließen sie durch die Stadt schleifen, bis sie tot waren.

Der Königssohn aber eroberte das Reich, das nach Recht und Billigkeit doch sein Erbe war, zog zusammen mit seiner Gemahlin in seines lieben Vaters Königsschloß ein, und wenn sie nicht gestorben sind, so leben sie heute noch glücklich.

12. *Mitternächtlicher Tanz*

Einmal war's, keinmal war's, war einmal ein armseliger Müller auf der Welt, der führte ein wahres Hundeleben. Daß er so arm und geplagt war, hatte aber seine siebenundsiebzig Ursachen und Gründe. Vor allem, weil er einen guten Tropfen keineswegs verschmähte; und da er dem Wein so sehr zugetan war, kostete es ihn viel Müh und Plag, bis er es soweit brachte, daß er sich an der Tisza eine Wassermühle kaufen konnte. Doch viel kümmerte er sich nicht darum; wenn einmal wieder etliche Kreuzer verdient waren, rutschten sie denn auch unverzüglich seine Kehle hinunter. So sah er die Sonne selten in nüchternem Zustand.

Einmal, als er in einer schönen, mondhellen Nacht draußen am Ufer der Tisza lag, drang um Mitternacht laute Musik an sein Ohr. Er erhob sich, blickte umher und sah, daß drüben auf der Kuppe des Hügels, kaum einen Kieselsteinwurf entfernt, lustig getanzt wurde.

»Wer ist denn das? Was ist denn das?«

Wer oder was es auch sein mochte, er will sich das in Gottes Namen mal ansehen.

Er ging näher an den Hügel heran – der Kopf brummte ihm noch von alldem, was er gestern getrunken hatte –, da sah er oben in den Zweigen des alten Pappelbaumes ungefähr 24 Musikanten sitzen. Die musizierten munter drauf los, immer schönere Weisen, daß es einen so recht in der Sohle juckte. Und auf der Hügelkuppe schwang sich dazu eine Gruppe junger Leute im wirbelnden Tanz herum, daß sich dabei einigen Tänzerinnen sogar der Haarschopf auflöste. Andere junge Leute lagen verstreut im schönen hohen Rasen, sie aßen und tranken sich zu.

Der Müller guckte bloß und warte auf eine Pause in der Musik. Doch bald war er des Wartens müde und rief die Tanzenden an: »Heda, gebt auch mir eine Tänzerin, ich will auch tanzen!« Sogleich führte man ihm von der Tisza her ein wunderschönes braunes Mädchen zu. Der Müller sperrte Mund und Augen auf, denn ein so wunderschönes Geschöpf hatte er sein Lebtag nicht gesehen. Als er sich endlich an ihr sattgesehen hatte, umfing er das schöne braune Mädchen und tanzte mit ihr, schwang sie so fest herum, daß sich ihr Seidenrock hoch in die Luft bauschte.

Aber auf einmal, es begann schon zu dämmern, erhob sich die ganze Gruppe mitsamt den Musikanten und allem Drum und Dran, erhob sich in die Luft und flog davon, weit über die Tisza hinweg. Der Müller merkte nur noch, daß er mit seiner Tänzerin allein geblieben war. Er rief den Elfen nach – lauter Elfen waren es nämlich! hab's vergessen zu sagen –:

»Heda, und die hier, nehmt ihr die nicht mit, he?!«

Doch sie waren schon weit weg, und nur ein Hohngelächter anwortete ihm:

»Stoß sie doch fort von dir!«

Der Müller stieß sie von sich. Da zerfiel sie in zwei Teile – es war ja sein Boot, mit dem er getanzt hatte!

So geschah's, ein Märchen war's, vielleicht war's auch gar nicht wahr!

13. Prinz Aschenbrödel

Einmal war's, keinmal war's, war einmal auf Erden ein König, der besaß eine Seidenwiese, die er täglich mähen, bündeln und aufschobern ließ. Allein er konnte das Heu nie einbringen, denn alle, die er zur Nachtwache hinschickte, schliefen dabei ein, und am Morgen war der Schober verschwunden.

Der König grübelte lange nach, was zu tun wäre? Noch einmal müsse man's versuchen, dachte er.

Er hatte drei Söhne; die beiden älteren waren schmuck und sauber, wie es sich für Königssöhne ziemt; der jüngste aber, der war ein entsetzlicher Schmutzfing und ein Faulpelz obendrein. Er wusch sich nicht, betete nicht, wechselte nicht einmal die Wäsche und lag immer nur faul in der Ofenecke auf der Asche herum. Man nannte ihn deshalb auch nicht anders als Aschenbrödel.

Der König schickte also seinen ältesten Sohn, die Seidenwiese zu bewachen. Wie es Abend wird, nimmt der Bursche sein Schwert und die Flinte zu sich und auch einen Ranzen voll Pogatschen, von der Mutter aus schönem weißem Mehl gebacken, damit er was zu knabbern habe, wenn ihn der Schlaf überkommt. So ging er hinaus auf die Seidenwiese und ließ sich neben dem Schober nieder. Doch als ihm das Schlaflüftchen nahte, wurde er so schläfrig, daß ihm sogar die Pogatschen aus der Hand fielen.

Morgens schaut der König durchs Fenster – das ging nämlich gerade auf die Wiese hinaus – meiner Seel'! Die ganze Wiese lag leer vor ihm, das Seidenheu war bis zum letzten Halm fort, und der Bursche schlief noch immer auf dem Rasen.

Anderntags schickte er den zweiten Sohn auf die Seidenwiese, aber dem widerfuhr das gleiche wie seinem älteren Bruder. Am dritten Tag, als der König die Seidenwiese wieder einmal hatte mähen, bündeln und aufschobern lassen, sagte Aschenbrödel, der jüngste seiner Söhne, zu ihm:

»Hört mich an, mein Herr Vater! Ich möchte auch mal versuchen, ob ich diese gemähte Heuwiese nicht hüten kann.«

»Geh nur, du Tolpatsch«, sagte der Vater. »Du willst sie hüten, so eine Schlafmütze wie du?«

Aber Aschenbrödel drang so lange in den König, bis dieser schließlich einwilligte. Die Mutter buk ihm ebenfalls einen Ranzen voll Pogatschen, jedoch keine so weißen wie den andern beiden, sondern nur aus Gerstenmehl, und davon nahm sie auch bloß die Kleie.

Als der Abend dämmerte, ging Aschenbrödel hinaus auf die Seidenwiese, setzte sich neben den Heuschober hin und begann an einer Pogatsche zu knabbern, aber die schmeckte ihm gar nicht. Wie er so beim Schober sitzt, kommt ein kleines graues Mäuschen her und spricht zu ihm mit menschlicher Stimme:

»Hör zu, du kleiner Königssohn, für die gute Tat erwartest du Gutes! Gib mir eine von deinen Pogatschen.«

»Na, die sind gerade gut für dich, da nimm sie alle!«

Damit faßte Aschenbrödel den Ranzen am Zipfel, öffnete ihn und schüttete alle Pogatschen auf den Rasen, dem kleinen grauen Mäuschen vor die Füße. Dieses trug sie stückweise in sein Mauseloch.

Sodann sprach das kleine Mäuschen:

»Wie gesagt, für die gute Tat erwartest du Gutes! Ich weiß, du bist gekommen, die Seidenwiese zu hüten, doch es ist ganz nutzlos. Wenn das Schlaflüftchen über dich kommt, wirst du einschlafen, kannst nichts dagegen tun. Dann aber kommen die drei Hengste, wie alle Nächte zuvor, und werden diesen Heuschober wieder kahlfressen. Doch ich will dir einen guten Rat geben: Geh ins Dorf und hol dir von dort ein Flechttor; das mußt du an die Seite des Schobers lehnen, aber so, daß du einen Arm hinausstecken kannst, wenn du dich darunterlegst. Mach dir nichts draus, daß du einschläfst, wenn das Schlaflüftchen über dich kommt! Ich werde bei dir sein, irgendwie wird's mir schon gelingen, dich zu wecken. Und dann, wenn du hörst, daß über deinem Kopf die Pferde am Heu zerren, dann reiß ihnen die Zügel herunter.«

Aschenbrödel ging also ins Dorf. Von einem Dreschgarten hob er das Flechttor aus, dann lehnte er es an die Seite des Schobers, indes er selber sich darunterlegte, um die Mitternacht abzuwarten.

Freilich ist auch über ihn der Schlaf gekommen, als ihm das Schlaflüftchen nahte. Doch das kleine graue Mäuschen lag neben ihm, und als es das Wiehern und Stampfen der drei Hengste vernahm, war es im Nu bei Aschenbrödel, zupfte ihn an der Nase und an den Ohren, bis er aufwachte. Sowie er merkte, daß über seinem Kopf am Heu gezerrt wurde, steckte er seine Hand durchs geflochtene Tor hinaus und riß den Pferden die Zügel vom Kopf. Nun fraßen die Pferde keinen einzigen Halm mehr von dem Seidenheu. Als Aschenbrödel unter dem Flechttor hervorkroch, sagten sie zu ihm:

»Hör an, du Königssohn, lieber Meister, von heute an sind wir alle drei deine Diener. Wann immer du uns brauchst, mußt du nur die Zügel schütteln, und welchen du schüttelst, dessen Träger steht im selben Augenblick vor dir.«

Das waren nämlich Zügel von besonderer Art, alle drei. Der eine war aus Gold, der zweite aus Silber, der dritte aus Kupfer, und von den Pferden war ebenfalls das eine gold-, das zweite silber- und das dritte kupferhaarig.

Am Morgen, als der König durchs Schloßfenster schaute, riß er Mund und Augen auf, denn dort auf der Seidenwiese sah er den Heuschober stehen. Sofort ließ er die Glaskarosse einspannen, in dieser führte er dann Aschenbrödel heim. Zu Hause küßten und herzten sie ihn noch und noch, schier hätten sie ihn aufgefressen!

Na ja, aber das dauerte nicht lange. Als man nämlich ein goldenes Kleid holen ließ, damit sich Aschenbrödel darin kleide, so wie es sich für einen Königssohn ziemt, da hatte er schon wieder das gute Kleid, in dem er die Seidenwiese hütete, abgelegt und das alte lumpige angezogen und lag in der Ofenecke auf der Asche.

In nächster Nachbarschaft von Aschenbrödels Vater, das heißt von dessen Königreich, lebte ein anderer König, der nichts sonst besaß als ein riesiges Land und eine furchtbar schöne Tochter.

Einmal ließ dieses Mädchen einen mächtigen Glasberg errichten, darauf einen vierstöckigen Palast, durch dessen oberstes Fenster sie einen Fichtenzweig hinaussteckte. An die Spitze dieses Fichtenzweiges hängte sie einen Goldring, einen Goldapfel und ein Goldtüchlein. Sodann schrieb sie an alle Königshäuser, sie wolle die Gemahlin desjenigen werden, der hoch zu Roß diese drei Dinge herabzureißen vermöchte.

Als Aschenbrödels ältere Brüder den Brief des Königsfräuleins gelesen hatten, gingen sie sogleich in den Stall, führten die besten Springhengste heraus, und mit den zwei allerbesten Springern brachen sie dann auf.

Kaum waren sie aus dem Haus, überlegte sich auch Aschenbrödel die Sache, stahl sich hinunter in den Blumengarten, nahm den Kupferzügel hervor und schüttelte ihn fest. Im selben Augenblick stand das kupferhaarige Pferd vor ihm, war schon gezäumt und hatte auch gleich ein Kupfergewand mitgebracht. Sprach's:

»Was befiehlst du, mein lieber Meister?«

»Nur das eine, hast du die Kunde von jenem Glasberg vernommen, wo die Proben stattfinden? Ich möchte hin, wenn du hoch genug springen kannst.«

»Schon gut, lieber Meister, aber vorher mußt du ins Schloß und zwei Pfund Seife holen. Wasch dich damit in diesem runden See! Das weitere wird meine Sorge sein.«

So geschah's; Aschenbrödel wusch sich schön fein, legte das Kupfergewand an und schwang sich aufs Pferd. Da sagte dieses:

»Wie schnell soll's nun gehen, lieber Meister, wie der Gedanke oder wie der flüchtige Wind?«

»Weder schnell noch langsam, mein lieber Diener, bloß wie der Schwalbenvogel.«

Darauf erhob sich das kupferhaarige Pferd in die Luft, ganz hoch, bis wo die Schäferwölkchen ziehen, dann ging's dem Sonnenaufgang entgegen, bis sie den Glasberg erreichten; dort ließen sie sich nieder, so wie der Lerchenvogel.

Die vielen königlichen Prinzen waren alle schon versammelt und berieten gerade, wer nach wem springen solle. Unter ihnen befanden sich auch die beiden älteren Brüder von Aschenbrödel, doch sie erkannten ihren jüngeren Bruder nicht. Kein Wunder! War er doch so fein herausgeputzt, und zudem waren ihm beim Waschen auch die Haare zu Kupfer geworden.

Die Proben nahmen ihren Anfang. Oben am Fenster, durch das sie den Fichtenzweig hinausgesteckt hatte, schaute die Königstochter zu, wie hoch ein jeder sprang. Allein keiner konnte höher springen als höchstens bis zu einem zehnten Teil des Glasberges.

Ganz zuletzt kam der kupferhaarige Ritter an die Reihe. Er straffte nur ein wenig die Zügel seines Pferdes, dann flüsterte er diesem ins Ohr:

»Jetzt los, mein liebes Pferd!«

Darauf sprang der kupferhaarige Hengst so hoch, daß Aschenbrödel mit eins den Goldring erhaschen konnte. Das Königsfräulein rief ihm zu, er möchte doch wenigstens auf ein Wort verweilen, aber Aschenbrödel erwiderte, er habe jetzt keine Zeit zum Schwatzen, und ging heim. Zu Hause zog er das Kupfergewand aus und legte sich wieder in die Ofenecke auf die Asche.

Anderntags schrieb das Königsfräulein neuerdings an alle Königshäuser, der Goldapfel und das Goldtüchlein seien noch verblieben, es möchte aber auch jener kommen, der den Goldring weggenommen.

Aschenbrödel stahl sich wieder hinunter in den Garten und nahm den Silberzügel hervor; er schüttelte ihn fest, da stand im selben Augenblick das Silberpferd vor ihm, war schon aufgezäumt und hatte auch ein Silbergewand mitgebracht.

Nachdem sich Aschenbrödel im runden See sauber gewaschen hatte, zog er sich an, und sie flogen wie der Schwalbenvogel hin zu dem Glasberg.

Fürwahr! Da waren sie alle versammelt, die Königssöhne mit den besten Springhengsten, die es nur gab; allein es war wieder Aschenbrödel, der den Sieg davontrug, denn jetzt riß er den Goldapfel vom Fichtenzweig herab.

Und wieder grämte sich die Königstochter fürchterlich, weil sie mit dem silberhaarigen Ritter kein Wort wechseln konnte. Vor Kummer konnte sie die ganze Nacht nicht schlafen. Sie schrieb nun zum drittenmal an alle Königshäuser, daß noch das Goldtüchlein übrig sei. Wer es vom Fichtenzweig herabhole, dem gäbe sie ihr Herz und ihre Hand, doch möchte auch jener kommen, der den Goldring und den Goldapfel fortgenommen.

Aschenbrödels Vater schickte nun zum drittenmal seine beiden älteren Söhne, ihr Glück zu versuchen, dem Jüngsten aber sagte er kein Wort von dem Brief des Königsfräuleins.

Na, Aschenbrödel fand sich trotzdem zu den Proben ein, und zwar auf dem goldhaarigen Hengst in goldenem Gewand.

Als er merkte, daß es von den königlichen Prinzen keinem gelingen wollte und daß auch der Glasberg von den Hufen ihrer Pferde schon ganz und gar zerkratzt war, sagte er zu ihnen:

»Na, ich will euch zeigen, wie dieses Goldtüchlein herabgeholt werden muß!«

Dann stieg er mit seinem Pferd ganz behutsam, damit die Füße des Pferdes nicht ins Rutschen kämen, ganz behutsam den Berg hinan bis zu dem Schloß, tat oben noch einen gewaltigen Sprung und riß das Goldtüchlein vom Fichtenzweig herab; dann ging er fort. Eigentlich ging er noch nicht, denn er ließ sich gleichwohl in ein Gespräch mit dem Königsfräulein ein, ohne aber zu verraten, wer er sei.

»Mein süßes Herz, mein schönes Lieb!« sagte das Königsfräulein, »fort ist mein Goldring, fort mein Goldtüchlein und mein Goldapfel, und soll ich trotzdem allein bleiben?! Sag mir wenigstens das eine, wo du wohnst, in welchem Land, in welcher Provinz?«

»Nicht mal das sag' ich dir«, erwiderte Aschenbrödel. »Wenn

du mich wirklich liebst, suche nach mir, dann wirst du mich finden.«

Und damit ging Aschenbrödel heim, zog sich um und legte sich wieder in den Ofenwinkel auf die Asche.

Gerade als er zu dem Schloß hinaufging, kamen ihm seine beiden Brüder entgegen. Und jetzt wieder, wie vordem schon, fingen sie an, Aschenbrödel mit Worten zu sticheln; einer fragt den andern:

»Du, ist's vielleicht der da gewesen, der das Goldtüchlein vom Fichtenzweig herabgeholt hat?«

Aber Aschenbrödel machte sich nichts daraus und sagte bloß: »Kümmert euch nicht um mich, mir ist's wohl hier in meinem Winkel!«

Na ja, Aschenbrödel war freilich wohlauf, aber ach, das Königsfräulein, das fand daheim keine Ruhe mehr. Sie nahm Abschied von ihrem Vater und zog hinaus in die Welt, zog durch viele Länder auf der Suche nach dem goldhaarigen Königssohn. Sie durchwanderte der Reihe nach alle Dörfer und Städte, es gab keine Hütte, in die sie nicht hineingeschaut hätte, aber nirgends fand sie ihn, obwohl sie schon rund drei Jahre überall auf der Welt nach ihm gesucht hatte.

Am allerersten Tag des vierten Jahres kam sie in die Stadt, wo Aschenbrödel lebte. Sie ging zu allererst hinauf in den königlichen Palast. Dort sagte sie, wer sie sei, was sie herführte, und zum Schluß bat sie den König, er möge alle Söhne, die er besitze, herbeirufen.

Sogleich befahl der König, die beiden älteren Söhne sollten hereinkommen, Aschenbrödel aber solle sich inzwischen sauber waschen und ankleiden, bis er gerufen werde, weil ein königlicher Gast im Hause sei.

Nun gut, die beiden älteren Söhne kamen auch gleich, indes Aschenbrödel dem Befehl überhaupt nicht Folge leistete, sondern sich noch siebenmal ärger mit Asche beschmierte; und als man ihn rief, trat er so ein. Der Vater versank fast vor Scham. In seinem Zorn haute er ihm eins über den Nacken, davon fiel die kleine Mütze herab, die er auf dem Kopfe trug. Nun kollerte alles auf den Boden, was darunter war: der Goldring, der Goldapfel und das Goldtüchlein.

Da umschlang ihn die Königstochter, küßte Aschenbrödel und sagte:

»Wer immer du seist, was immer du bist, mein süßes Herz, jetzt bist du mein!«

Der König machte große Augen, und auch die Königin wunderte sich, daß dieser ihr Sohn so tüchtig sei. Sodann, weil's jeder wissen wollte, erzählte Aschenbrödel haargenau, wie alles geschehen war. Nach alldem heiratete er das Königsfräulein.

Sie veranstalteten ein großes Hochzeitsfest und musizieren vielleicht heut' noch dort, wenn sie nicht aufgehört haben.

14. Schlangenhold und Tatarenstark

Einmal war's, keinmal war's, jenseits von siebenmal sieben Ländern war ein riesengroßer Wald. Genau in der Mitte dieses riesigen Waldes stand eine kleine Hütte. In dieser kleinen Hütte wohnte ein Mann, dessen Handwerk das Stehlen war. Der Mann hatte einen einzigen Sohn, den nannte er einfach Junge, und als der Mann zum Sterben kam, gab er seinem Sohn den Rat, das Handwerk des Vaters fortzusetzen.

Doch es muß wohl ein schlechtes Handwerk gewesen sein, dieses Diebeshandwerk, denn ein Schnürl wär' nicht viel, aber nicht einmal soviel hinterließ der Vater seinem Sohn. Es vergingen zwei oder drei Tage, und der arme Junge mitsamt seiner verwitweten Mutter sahen sich dem Hungertode nahe. Darum sagte die Mutter zu ihrem Sohn:

»Geh, Junge, geh und versuch dein Glück in der Welt!«

Junge nahm einen großen Wanderstab in die Hand und zog durch den Wald. Mit einem Mal sah er drei Burschen, die wie Scholaren aussahen, auf sich zukommen. Er versteckte sich hinter einem Baum und wartete, bis die drei herangekommen waren. Dann sprang er plötzlich hinter dem Baum hervor und rief:

»Halt, ihr drei! Her mit Geld und Brot, sonst seid ihr Kinder des Todes!«

Die Scholaren brachen in ein schallendes Gelächter aus, der ganze Wald widerhallte davon.

»Ei, Freundchen«, sprach der eine, »glaubst du denn wirklich, daß du mit uns dreien fertigwerden kannst? Vielleicht verhauen wir dich, und nicht du uns!«

Junge hüstelte verlegen und sagte – um nur etwas zu sagen: »Da mag er was gesagt haben, der junge Herr.«

Der älteste der Scholaren nahm ihn jetzt ins Verhör und fragte ihn bis ins kleinste aus. Junge erzählte ihm, wer und was sein Vater gewesen war und daß er ihm geraten habe, auch ein Dieb zu werden.

»Siehst du, siehst du!« sagte der älteste Scholar, »wäre es nicht besser, wenn du dir einen Dienst suchtest oder mit uns auf's Kollegium kämst, da könnte aus dir noch was Rechtes werden.«

Junge gefiel diese Rede gar gut und er sagte, er wolle gerne mitgehen, müsse aber vorher noch auf einen Sprung nach Hause, um sich von seiner Mutter zu verabschieden. Als er nach Hause kam, war das erste, was seine Mutter ihn fragte:

»Na, Junge, was hast du mitgebracht?«

»Wirklich nichts, liebe Mutter, hab' nämlich drei Scholaren getroffen, und die rieten mir, mit ihnen auf's Kollegium zu gehen, da könnte noch was Rechtes aus mir werden. Ich will ihren Rat befolgen und mit ihnen gehen. Darum Gott befohlen, liebe Mutter!«

So nahm er Abschied von seiner Mutter; doch bevor er sich auf den Weg machte, zündete er sich seine Pfeife an. Ihr müßt nämlich wissen, daß ihn sein Vater von Kindsbeinen an daran gewöhnt hatte, Pfeife zu rauchen. Und auch das müßt ihr wissen, daß dies geschah, als es noch keinen Stahl und keinen Zündstein gab und auch keinerlei Zündmaschine; wenn einem Pfeifenraucher unterwegs die Pfeife ausging, mußte er wieder heimkehren, um sie zu Hause abermals anzuzünden. Nun war Junge noch keinen Schuß weit vom Hause weg, da ging ihm die Pfeife aus. Was blieb ihm anderes übrig, als umzukehren und sie daheim wieder anzuzünden. Dann brach er von neuem auf und kam mit der zum zweitenmal angezündeten Pfeife bis an den Rand des Waldes. Dort ging ihm die Pfeife wieder aus, und Junge kehrte zum zweitenmal heim. Mit der zum drittenmal angezündeten Pfeife kam er dann bis über den Wald hinaus. Freilich ging ihm auch diese aus, und er wäre wohl gleich wieder umgekehrt, wenn er nicht plötzlich auf einer schönen Waldlichtung, kaum einen Steinwurf entfernt, ein Feuer gesehen hätte. Er ging auf das Feuer zu, um seine Pfeife anzuzünden, und – hört und staunt! – was sah er dort? Eine kleine Schlange war dort, auf deren Kopf glitzerte eine kleine diamantene Krone, dies hatte Junge für ein Feuer gehalten. Sprach das Schlänglein zu ihm:

»Tu mir nichts, Junge, du siehst ja, wie die Viehherde meinen zarten Leib zertreten hat. Heb mich lieber auf, wasch meinen Leib im Bach und trag mich nach Hause zu meinem Vater, dem König der Schlangen.«

Das Schlänglein zeigte ihm auch den Pfad, der zu der Residenz seines Vaters führte.

Junge hob das Schlänglein auf, wusch seinen Leib im Bach und nahm den Weg entlang des Pfades. Unterwegs ließ sich das Schlänglein abermals vernehmen:

»Mein Vater wird es dir danken, daß du gut zu seinem Sohne warst, du wirst schon sehen! Erschrick aber nicht, wenn er dich verschlingt; er speit dich gleich wieder aus, und du wirst nachher ein hundermal stattlicherer Bursche sein, als du es jetzt bist.«

Sie kamen an den Hof des Schlangenkönigs, und das Schlänglein erzählte seinem Vater, Junge habe ihm das Leben gerettet. Und wirklich verschlang ihn der Schlangenkönig sofort, gab ihn aber gleich wieder von sich. Da war aus ihm ein so stattlicher, schmucker Bursche geworden, daß sich gewiß in sieben Gemarkungen keiner seinesgleichen fand. Sogar einen Namen gab ihm der Schlangenkönig, er taufte ihn Schlangenhold. Dann fragte ihn der Schlangenkönig, was er begehre und was er vorhabe. Als er erfuhr, daß Schlangenhold auf's Kollegium gehen wollte, gab er ihm so viel Gold, wie er nur tragen konnte.

Nachdem Schlangenhold am Kollegium ausstudiert hatte, ging er nach Hause zu seiner verwitweten Mutter, denn man hatte ihm in einem Brief geschrieben, daß seine arme Mutter sehr hinfällig geworden und ihre Todesstunde nicht mehr fern sei.

Und wirklich, die arme Witwe lag gerade im Sterben. Sie umarmte und küßte Schlangenhold und sprach zu ihm:

»Mein herzgeliebter Sohn, ich sterbe jetzt. Alles, was ich habe, vermache ich dir. Doch sei's dir auf die Seele gebunden, daß du ja nichts davon verkaufst! In meiner Kammer ist ein rostiges Schwert, das besitzt eine wunderbare Kraft; wenn dich jemand angreift, brauchst du das Schwert bloß in die Erde zu stoßen, und sogleich schwindet deinem Widersacher die Kraft; wem du aber mit dem Schwerte drohst, den zerschneidet es in winzige Stücke. Dann findest du in der Kammer noch einen Doppelsack, der enthält ein zerschlissenes, schäbiges Hemd und ein Beinkleid. Wenn du dieses Hemd und das Beinkleid anziehst, kann dich kein Sohn einer Mutter je besiegen. Draußen hinter der Hütte aber steht ein alter Klepper; dieser bringt dich wieder heim, wo immer du weilst, sei es auch am Ende der Welt, selbst wenn man dich in tausend Stücke gehauen hat; es muß nur jemand da sein, der deinen Leib in den Doppelsack tut und diesen dem Pferd auf den Rücken bindet, mein herzgeliebter Sohn!«

Dies sagte die alte Frau und starb. Schlangenhold bereitete seiner Mutter ein schönes Begräbnis; dann zog er das Hemd und das Beinkleid an, umgürtete sich mit dem Schwert, warf den Doppelsack dem Pferd über den Rücken und zog aus, sein Glück zu versuchen.

Er wanderte und wanderte durch siebenmal sieben Länder, da kam er in eine Stadt, wo alle Häuser mit schwarzem Trauertuch verhüllt waren. Er hielt einen alten Mann an und fragte ihn:

»Warum hat sich diese Stadt in Trauer gehüllt, Alter?«

»Ach, das hat seine guten Gründe«, erwiderte der Alte. »Doch wozu soll ich dir das sagen, helfen kannst du ja doch nicht.«

Schlangenhold behagte diese Rede keineswegs, er sagte aber nichts, sondern ging weiter. Als er auf den Marktplatz kam, sah er dort ein großes Volksgetümmel; in der Mitte des Marktes rührte ein Trommler die Trommel und verkündete etwas aus vollem Halse. Schlangenhold mischte sich unter das Volk, um zu erfahren, was der Trommler zu verkünden hatte. Und der verkündete folgendes:

»Jedermann öffne die Ohren! Es wird hiermit kundgetan,

daß der hundsköpfige Tatarenstark die Tochter seiner Majestät unseres Königs freien will, daß seine Majestät unser König jedoch damit nicht einverstanden ist. Deshalb hat der hundsköpfige Tatarenstark unseren alten König zum Zweikampf herausgefordert. Aber seine Majestät der König will sich einem solchen nichtsnutzigen Herumstreicher nicht stellen. Wer nun an seiner Statt mit dem hundsköpfigen Tatarenstark kämpft und ihn besiegt, dem gibt unser König so viel Gold, daß er davon bis an sein Lebensende wie ein Fürst leben kann!«

Nun wußte Schlangenhold genug. Sogleich ging er zu dem König und sagte ihm, daß er bereit sei, sich mit Tatarenstark zu schlagen. Darauf sagte der König:

»Ach, mein Sohn, neunundneunzig haben es schon mit dem hundsköpfigen Tatarenstark versucht, und alle mußten daran glauben. Seitdem sind Wochen vergangen, und kein einziger meiner Recken wagt es mehr, mit ihm zu kämpfen – es brennt mir die Scham im Gesicht! Wisse denn, Schlangenhold, wessen Abkömmling du auch seist, woher du auch kommen magst, besiegst du Tatarenstark, so gebe ich dir meine Tochter zur Frau und mit ihr mein halbes Königreich!«

»Seid unbesorgt, erlauchter König«, sprach Schlangenhold, »ich besiege ihn, diesen verdammten Tatarenstark, und wenn er siebenundsiebzig Seelen hätte!«

Der König freute sich schon im voraus, denn bei keinem seiner Recken war er des Sieges so sicher gewesen. In seiner Freude ließ er einen reichlichen Tisch decken, Schlangenhold solle gut essen und trinken, bevor er sich zum Kampfe mit Tatarenstark stelle.

Kaum hatten sie sich zu Tisch gesetzt, kam ein Diener und meldete, Tatarenstark entbiete Schlangenhold seinen Gruß und fordere ihn auf, schon zu kommen und zu kämpfen statt drinnen zu tafeln. Essen und Trinken nütze ihm gar nichts, denn ihn, Tatarenstark, könne er ja doch nicht besiegen. Schlangenhold erwiderte auf diese Botschaft:

»Sag Tatarenstark, er täte besser daran, auch zu essen und zu trinken, denn wenn ich einmal in die richtige Stimmung komme, wird er ohnehin nie wieder speisen!«

Am Tisch saß die Königstochter, die war so schön wie ein leuchtender Stern am Himmel. Ach, auf diese Rede hin wurde sie so blaß wie gebleichtes Linnen. Was, wenn es Schlangenhold wirklich gelänge, Tatarenstark zu töten?! Es muß hier nämlich gesagt werden, daß die Prinzessin Tatarenstark liebte und gerne seine Frau geworden wäre, wenn es ihr Vater erlaubt hätte.

Tatarenstark sandte ein zweites und ein drittes Mal nach Schlangenhold, der ging aber nicht von der Tafel weg, solange er noch Speise und Trank darauf sah. Als das Gastmahl zu Ende war, ging er hinaus auf den Hof und stieß sein Schwert in die Erde.

»Nimm das Schwert in die Hand, Schlangenhold«, rief Tatarenstark, »denn in die Hand gehört es!«

»Wenn es in die Hand gehört, so nimm du nur deines in die Hand!« gab Schlangenhold zurück. Und damit packte er Tatarenstark und warf ihn zum Tore hinaus, daß es nur so krachte.

Da war des Staunens kein Ende, daß Schlangenhold diesen riesenhaften Tataren einfach wie einen Ball hinausgeworfen hatte.

Tatarenstark versuchte sein Glück auch nicht weiter, sondern verschwand schamerfüllt, als hätte ihn die Erde verschlungen.

Der alte König aber in seiner unbändigen Freude ließ sogleich den Priester holen und vereinte Schlangenhold mit seiner Tochter.

Nun gewiß, was wahr ist, ist wahr; was nicht wahr ist, ist Lüge! Die Königstochter hätte lieber Tatarenstark geheiratet. Allein Schlangenhold war nicht der Bursche, mit dem man tun und lassen konnte, was man wollte. Die Königstochter jammerte und klagte zwar, mußte aber zuletzt doch Schlangenhold zum Manne nehmen.

Die Zeit floß dahin und verging, und das junge Paar gewöhnte sich aneinander. Tatarenstark aber konnte nicht vergessen, daß Schlangenhold ihn so schmachvoll beschämt hatte. Er kehrte nicht in seine Heimat zurück, sondern strich im Lande des alten Königs herum. Einmal kam er dann im geheimen wieder in die Stadt des Königs und kundschaftete aus, wann sich Schlangenhold auf die Jagd begab. Er wartete nur darauf und ging dann sogleich in das Königsschloß. Dort versprach er

Schlangenholds Diener ein Fuder Gold, wenn er ihm verrate, woher sein Herr diese fürchterliche Wunderkraft habe.

Der Diener mochte beteuern soviel er wollte: nein, nein, seinen Herrn könne er nicht verraten, Tatarenstark ließ nicht locker, versprach ihm dies und jenes und daß er aus ihm einen Herrn machen werde, so daß der Diener nicht länger widerstehen konnte und alles erzählte. Sie machten noch ab, sobald Schlangenhold abends von der Jagd nach Hause komme und sich wie gewöhnlich ins Bad begebe, solle der Diener in die Badestube gehen und das Licht auslöschen. Dann könnte sich Tatarenstark hineinschleichen, Schwert, Hemd und Beinkleid an sich reißen und damit davonrennen.

Es geschah, wie sie beschlossen hatten. Als Schlangenhold nach Hause kam, ging er sogleich in die Badestube. Kaum saß er in der Wanne, löschte der Diener die Kerze aus. Tatarenstark aber – frisch drauflos, hast du's nicht gesehen! – rannte mit dem Schwert, mit Hemd und Beinkleid davon.

Armer Schlangenhold! Er bemerkte erst, als er sich ankleiden wollte, daß man ihm Schwert, Hemd und Beinkleid gestohlen hatte. Da kam aber auch schon Tatarenstark zurück, hatte das Wunderhemd an und das Schwert in der Hand und sprach zu Schlangenhold:

»Nun, Schlangenhold, sprich dein Gebet! Dein Leben ist in meiner Hand!«

Schlangenhold erwiderte darauf:

»Ich weiß, hundsköpfiger Tatarenstark, daß ich ein Kind des Todes bin. Nur um eines bitte ich dich: Wenn du mich tötest, zerstücke meinen Leib und tu ihn in den Doppelsack auf meines Pferdes Rücken.«

»Wenn das deine letzte Bitte ist«, sagte Tatarenstark, »so kann ich sie dir nicht abschlagen.«

Dann holte er mit dem Schwert aus, drohte Schlangenhold damit, und wirklich, das Schwert zerhieb seinen eigenen Herrn in tausend Stücke. Tatarenstark las jedoch jeden einzelnen Knochen und jeden kleinsten Knorpel auf, trug alles in den Stall und tat es in den Doppelsack. Der hing zu beiden Seiten des Gauls herab, und als dieser den Leib seines Herrn auf dem Rücken spürte, ging er sogleich heimwärts mit ihm. Der alte Gaul zog los und trottete dahin; auf seinem Wege nach Hause kam er durch das Land der Schlangen. Da begegnete er just jenem Schlänglein, dem sein Herr das Leben gerettet hatte.

Das Schlänglein glitt zu ihm hin und fragte:

»Ei wohin, du Roß ohne Reiter?«

»Ich bin nicht ohne Reiter, ich trage meinen Herrn hier im Doppelsack mit mir. Der Arme, seinen Leib hat man in tausend Stücke zerhauen!«

»O du armes Roß! Ich sehe, wie leid es dir um deinen Herrn tut«, sagte das Schlänglein. »Wer und was war denn dein Herr?«

»Er hieß Schlangenhold, und seine Frau war eine Königstochter, ob du's nun glaubst oder nicht.«

»Oh, wenn dein Herr Schlangenhold hieß, so gab ihm mein Vater, der Schlangenkönig, diesen Namen. Komm mit mir an den Hof meines Vaters!«

Sie machten sich sogleich auf den Weg zu dem Hof des Schlangenkönigs. Dort trugen sie den Doppelsack in das Schloß hinauf, und in einer Kammer schütteten sie Schlangenholds Leib auf den Fußboden aus. Dann blies das Schlänglein in seine Pfeife, und auf einmal, bei Gott! war die Kammer von allerlei Schlangen voll. Sie fragten ihren Königssohn, was er befehle und anordne.

»Ich befehle und ordne an, daß ihr alle Heilkräuter, die es nur gibt, herbeischafft!«

Er hatte kaum ausgesprochen, da waren die Schlangen alle verschwunden und im nächsten Augenblick hatten sie schon einen ganzen Schober Kräuter zusammengetragen. Mit dem Saft all der wundertätigen Kräuter bestrichen sie nun jeden Knochen und Knorpel von Schlangenholds Leib, und – hört und staunt! – im Handumdrehen hatten sie seinen ganzen Leib wieder zusammengesetzt und zusammengekittet. Keine einzige Faser fehlte. Der kleine Schlangenprinz blies ihm nun Atem ein; auf einmal kam Schlangenhold wieder zu sich, sagte ein, zwei Worte, tat ein, zwei Schritte, und beim dritten Schritt schlug er auch schon die Hacken zusammen und war ein noch schmuckerer Jüngling als zuvor.

So sehr ihn auch der junge Schlangenprinz zum Bleiben nötigte, Schlangenhold dankte ihm für seine Güte und sagte, er könne keine Ruhe finden, solange er sein Schwert, das Hemd und Beinkleid nicht zurückgewonnen hätte.

»Wohlan denn«, sprach der Schlangenprinz, »geh also, Schlangenhold, und das Glück sei mit dir! Doch gebe ich dir ein Fläschchen, darin ist ein Wunderwasser. Wenn du zu des Königs Schloßtor kommst, laß dich vom ersten Mann, dem du begegnest, mit diesem Wasser waschen. Davon verwandelst du dich in einen Hengst. Vorher aber trage jenem Manne auf, dich nicht unter sieben Scheffel Gold zu verkaufen.«

Schlangenhold bedankte sich für das Geschenk, nahm Abschied vom Schlangenprinz, bestieg das Pferd und trabte gemächlich zurück zu der Königsstadt. Als er vor das Schloßtor kam, trat gerade ein alter Mann aus dem Hof. Zu dem sagte er:

»Hört Väterchen, wascht mich mit dem Wasser aus dieser Flasche. Doch paßt gut auf! Sollte ich mich in einen Hengst verwandeln, dann verkauft mich nicht unter sieben Scheffel Gold, wer immer mich begehren mag.«

»Bewahre! ich tu's gewiß nicht«, sagte der Alte. »Nur her mit dieser Flasche!«

Der Alte wusch Schlangenhold ordentlich, und im selben Augenblick ward dieser auch schon zu einem goldhaarigen Hengst, dessen strahlender Glanz selbst einen Blinden geblendet hätte.

Damit ich meine Erzählung aber nicht auseinanderbringe, muß ich hier noch erwähnen, daß der alte König, als Schlangenhold so spurlos verschwand, vor Kummer gestorben war, denn er hatte ihn wie seinen eignenen Sohn geliebt. Seine Tochter besann sich jedoch nicht lange und heiratete Tatarenstark.

Tatarenstark wurde die Nachricht überbracht, daß ein alter Mann vor dem Tore einen goldhaarigen Hengst feilbiete, einen Hengst, wie es, seit die Welt besteht, noch keinen gegeben habe. Tatarenstark mußte man dies nicht zweimal sagen, schon lief er hinaus vor's Tor.

»Was kostet das Pferd, Alter?« fragte er den Alten.

»Sieben Scheffel Gold, mein erlauchter König.«

»Schon gut«, sagte Tatarenstark, »geht nur, der Hofmeister wird Euch sieben Scheffel Gold zuteilen.«

Damit faßte er den Hengst am Zügel, um ihn fortzuführen.

Da sagte der Alte:

»Erlauchter König, bei meinem Leben und Tod! ich habe nur das Roß verkauft, nicht aber den Zaum.«

»Was soll denn der kosten?«

»Der ist noch teurer. Neun Scheffel Gold ist der Preis.«

»Schon gut, du Teufelskerl!« sagte Tatarenstark. »Teilt ihm also sechzehn Scheffel Gold zu, wird nur das Roß samt Zaum mein eigen!«

Er führte das Roß auf den Hof und rief in heller Freude seine Frau herbei.

»Komm herunter, Gemahlin, sieh dir das schöne Pferd an, das ich gekauft habe!«

Die Königin kam gelaufen, um sich das Roß anzusehen. Sie schaute und schaute das Roß an, und plötzlich wechselte ihr Gesicht die Farbe, wurde so weiß wie die Schneeblume.

Gott weiß, woher und wieso – vielleicht durch die Augen des Hengstes –, daß sie es ahnte, dies könne nur Schlangenhold sein.

»Nein«, sagte die Königin, »mir gefällt dieser Hengst gar nicht. Du wirst sehen, er bringt uns noch Unglück!«

»Ach, woher denn! Was für Unglück kann uns der schon bringen?« lachte Tatarenstark.

Aber von diesem Augenblick an fand er keine Ruhe mehr. Er ließ die weisen Männer rufen und fragte sie um Rat, was er mit dem Hengst tun solle. Die Weisen meinten, es wäre doch schade, ein so furchtbar teures Pferd umzubringen.

Unterdessen stand das Pferd draußen auf dem Hof. Mit einemmal kam ein kleines Mädchen zu ihm herangeschlüpft und streichelte ihm das Fell. Da sprach der Hengst zu dem Mägdelein:

»Ich sehe, daß du es gut mit mir meinst; drum bitte ich dich, wenn mich Tatarenstark erschlagen läßt, nimm einen Tropfen meines Blutes von der Erde auf und begrabe ihn samt der Erde vor dem Fenster der Königin.«

»Sei ruhig«, sagte das Mägdelein, »ich vergesse dich nicht, welch Schicksal dich auch treffen mag!«

Vergebens redete Tatarenstark seiner Frau zu, sie weinte Tag und Nacht. Was blieb ihm da anderes übrig, als den schönen, teuren Hengst erschlagen zu lassen. Als man diesem dann die Haut abzog, kam das kleine Mädchen, nahm einen Tropfen Blut von der Erde auf und begrub ihn samt der Erde vor dem Fenster der Königin.

O mein Herr und Schöpfer! was geschah nun? Am nächsten Morgen stand ein herrlicher Apfelbaum vor dem Fenster der Königin, und die ganze Stadt kam, ihn zu bewundern. Silbern waren seine Blätter, golden seine Blüten und diamanten seine Äpfel!

Tatarenstark freute sich so sehr, daß er sich vor Freude nicht zu lassen wußte. Seine Frau aber erbleichte, als sie den Apfelbaum sah, ihr Gesicht wurde noch weißer als die Schneeblume. Tatarenstark fragte sie:

»Was hast du, Gemahlin, daß du so bleich geworden bist?«

»Gewiß muß ich erbleichen«, sagte die Königin, »weiß ich doch, daß dieser Apfelbaum Unglück über unser Haupt bringt. Ich sage dir, laß ihn fällen!«

Was sollte nun Tatarenstark tun? Es tat ihm leid um den Baum, er konnte sich nicht vorstellen, warum seine Frau sich so ängstigte. Und wieder rief er die Weisen zu sich, und die gaben ihm den Rat, den Baum nicht zu fällen – ein Apfelbaum mit silbernen Blättern, goldenen Blüten und diamantenen Äpfeln wachse doch nicht alle Tage.

Während die Weisen noch berieten, spielte das kleine Mädchen im Schatten des Apfelbaumes. Da sprach der Baum zu ihm:

»Ich bitte dich, kleines Mädchen, wenn Tatarenstark mich fällen läßt, nimm einen Splitter von mir und wirf ihn in den See, in dem Tatarenstark zu baden pflegt.«

Das Mädchen versprach ihm auch dies.

Als dann die Beratung zu Ende war, berichtete Tatarenstark seiner Frau, was ihm die weisen Männer geraten hatten. Ach, wie weinte da die Königin, in Strömen flossen ihr die Tränen! Sie sagte, sie werde den Morgen nicht erleben, wenn man den Baum nicht sofort fälle.

»Dann will ich doch lieber den Baum fällen lassen«, sagte Tatarenstark, und keine Stunde verstrich, da hatten sie den schönen Apfelbaum gefällt.

Das kleine Mädchen aber kam herangeschlüpft, erhaschte einen Splitter, lief damit zu dem See und warf ihn ins Wasser.

Am nächsten Tag ging Tatarenstark an den See, um zu baden. Da – mein Herr und Schöpfer! – da schwamm eine wunderschöne goldene Ente mitten auf dem See, und die Ente – hört und staunt! –, die hatte keine Flügel und schwamm trotzdem so schön, daß es ein wahres Wunder war. Da dachte sich Tatarenstark, diese Ente wolle er lebend fangen und seiner Frau mitbringen, gewiß würde sie sich darüber freuen.

Schnell zog er sich aus, sprang in den See und schwamm der Ente nach. Die Ente aber schlüpfte ihm durch die Hände und flog im selben Augenblick ans Ufer. Dort schlug sie einen Purzelbaum und verwandelte sich auf einmal in einen Menschen, jawohl, in einen Menschen! Und es war kein anderer als Schlangenhold! Der warf sich gleich das Hemd über, ergriff das Schwert und stach es in die Erde.

Hei, mein Herr Jesus! wie erschrak da Tatarenstark. Der Frost schüttelte ihn ordentlich vor Angst.

»Ich weiß, Schlangenhold«, sagte er, »daß du mich jetzt töten kannst. Tu es denn, doch erfülle meine letzte Bitte! Ich habe ja auch deinen Leib in den Doppelsack getan, tu du mit dem meinem das gleiche und hänge den Sack meinem schönsten Hengst um.«

Tatarenstark glaubte nämlich, so viel Glück wie Schlangenhold werde auch er haben, und vielleicht noch mehr, denn sein Hengst würde ihn schneller zurückbringen, als Schlangenholds alter Klepper es mit seinem Herrn getan hatte.

»Schon gut«, sagte Schlangenhold, »dein letzter Wunsch sei dir gewährt.«

Damit hob er das Schwert, und es zerhackte Tatarenstark in winzige Stückchen. Schlangenhold las jeden einzelnen Knochen und jeden kleinsten Knorpel auf, tat alles in einen Doppelsack, lud diesen dem besten Hengst in Tatarenstarks Stall auf und ließ ihn in Gottes Namen laufen. Freilich rannte das Roß davon und rennt noch heute, wenn es nicht etwa am Rande der Welt stehengeblieben ist.

Nun begab sich Schlangenhold geradewegs zu der Königin. Hei, jetzt wechselte ihr Gesicht erst richtig die Farbe! Sie zitterte wie Espenlaub, die Stimme versagte ihr. Dann sank sie zur Erde nieder und stand nicht mehr auf. Sie war vor Schreck gestorben.

Schlangenhold nahm nun das ganze Land in Besitz und über's Jahr heiratete er das kleine Mädchen, das es immer so gut mit ihm gemeint hatte.

Sie leben noch heute, wenn sie nicht gestorben sind.

15. Der Königssohn mit den vielen Namen

Einmal war's, keinmal war's, jenseits von siebenmal sieben Ländern, diesseits des Operenzenmeeres war ein Königssohn. Ein schmucker, anstelliger Gesell war dieser Königssohn! Alle Augen blieben auf ihm haften, und er hatte auch was, sich in die Milch zu brocken. Aber, weiß Gott warum, warum nicht – ich weiß es nicht –, warum ihm der König des Nachbarlandes seine Tochter nicht geben wollte, obwohl diese – ich sehe es noch heute – für den Königssohn eine aufrichtige Zuneigung zeigte.

Ach, wie schämte sich der Königssohn! Er wagte nicht einmal in sein Land zurückzukehren und blieb dort im Lande der Königstochter. Er nahm Quartier am Ende der Stadt in einer Gastherberge und rührte sich vier Wochen nicht aus dem Hause, grübelte Tag und Nacht und zerbrach sich den Kopf, was zu tun sei. Gerne hätte er dem König seine Schmach heimgezahlt.

Einmal dann – was er sich dabei dachte, was nicht – verkleidete er sich als Barbiergesell und begab sich geradewegs zu dem königlichen Palast. Er wollte durchs erste Tor eintreten, doch der Pförtner hielt ihn an:

»He, Gesell, halt da! Wie heißt du?«

»Schnaps heiß' ich«, antwortete der Königssohn.

»Du Hin- und Hergelaufener du, mach, daß du fortkommst!« fuhr ihn der Pförtner an.

Der Königssohn verzog sich, ging zum andern Tor, doch auch dort hielt ihn der Pförtner an:

»Was willst du? Wie heißt du?«

»Irgendsoetwas«, antwortete der Königssohn.

»Na, so einen Namen hab' ich auch noch nicht gehört!« sagte der Pförtner. »Tätest gut daran, dich fortzuscheren; ich merk' schon, du führst nichts Gutes im Schilde.«

Der Königssohn schlich sich weg, doch versuchte er sein Glück noch beim dritten Tor. Dort fragt ihn der Pförtner:

»Wie heißt du?«

»Ich heiße Vorvierwochen.«

»Na, so einen Namen hab' ich bisher nicht gehört und hör' ihn nachher auch nicht wieder. Was willst du? Was ist dein Handwerk?«

»Bin Barbiergesell und möchte den König rasieren. Ich weiß bestimmt, so hat ihn noch keiner rasiert; bis an seinen Todestag wird er dran denken!«

»Nun, wenn du wirklich ein so berühmter Barbier bist, dann tritt nur ein in Gottes Namen, wirst beim König dein gutes Brot verdienen.«

Der Königssohn geht hinein, aber er geht nicht geradewegs zu dem König, sondern schwenkt vorerst noch in die Küche ein.

Fragt ihn die Köchin:

»Wen sucht Ihr, mein Lieber? Und wie ist Euer Name?«

»Kater ist mein Name, Köchin mein Schätzchen.«

»Oh! einen Puff von der Katz', habt Ihr aber einen komischen Namen!«

»Ist die Königstochter zuhaus?«

»Freilich ist sie zuhaus, mein Lieber, sie rührt sich ja nicht aus der Stube, heult Tag und Nacht.«

»Warum heult die denn?«

»Weil sie den Königssohn nicht haben konnte, der vor vier Wochen hier war.«

»Nun, von diesem Königssohn komme ich gerade, hab' einen Brief für das Fräulein. Ich weiß bestimmt, sie tröstet sich bald, wenn sie ihn liest.«

»Nun, dann tragt ihn nur hin, mein Lieber, geht!«

Sie zeigte ihm den Weg; bei der Türe aber drehte sich der Königssohn noch um.

»Hört, Köchin mein Schätzchen, was gibt es heut' zum Abendessen? Ich komm' dann wieder!«

»Topfenstrudel, mein Lieber, kommt nur, Ihr seid herzlich willkommen!«

Darauf entfernte sich der Königssohn, schlich durch etwa vierundzwanzig Zimmer und stieß dann auf die Kammer des Königsfräuleins. Wirklich, die Köchin hatte wahr gesprochen! – auch jetzt weinte die Königstochter, ganz rot waren ihre Augen vom vielen Weinen.

»Guten Tag, trauriges Fräulein!« grüßte sie der Königssohn. Die Königstochter erschrak und schrie laut auf:

»Weh mir! Was willst du, wer bist du?«

«Topfenstrudel ist mein Name, herrliches Fräulein, erschreckt nicht meinetwegen!«

»Topfenstrudel? Na, so einen Namen hab' ich mein Lebtag nicht gegessen!« rief die Königstochter und brach in ein schallendes Gelächter aus, der ganze Palast widerhallte davon.

»Und warum bist du gekommen, Topfenstrudel?« fragte ihn die Königstochter, nachdem sie sich so recht vom Herzen ausgelacht hatte.

»Schau mich gut an, Königsfräulein, erkennst du mich nicht?«

Oh! da erst schrie die Königstochter erschrocken auf:

»Weh mir! Wie wagst du es herzukommen? Dein Leben ist verloren und auch das meine, wenn's mein Vater erfährt!«

Je nun, was sollte sie schon tun? Sie brachte es nicht übers Herz, den Königssohn fortzuschicken. Der blieb denn auch bis zum Abend bei ihr. Sie plauderten zärtlich und lieb miteinander und berieten, wie des Königs Herz zu erweichen wäre.

Abends nahm der Königssohn Abschied von ihr; die Nacht verbrachte er in der Küche, doch kam ihm, gleich dem Königsfräulein, die ganze Nacht kein Schlaf über die Augen.

Am Morgen geht die Königin hinein zu ihrer Tochter und sieht, wie blaß ihr Antlitz ist. Sie schlägt die Hände zusammen:

»O meine Herzenstochter, was ist dir Übles widerfahren?«

Sagt die Königstochter:

»Nichts Übles ist mir widerfahren, süße Mutter, hab' bloß nicht schlafen können – wegen Topfenstrudel.«

Unterdessen ging der Königssohn zu dem König und bot ihm seine Dienste als Hofbarbier an, er verstehe so zu barbieren, wie kein anderer Barbier seit Bestehen der Welt.

»Wie heißt du denn?« fragt ihn der König.

»Irgendsoetwas«, antwortet der Königssohn.

»Nun denn, Irgendsoetwas, stutz mir die Haare und rasier mich. Wenn mir deine Arbeit gefällt, kannst du an meinem Hof ein herrschaftliches Leben führen.«

Der König setzte sich auf einen Stuhl, und der Königssohn fing mit dem Stutzen der Haare an. Allein er stutzte die Haare bloß an einer Seite und rasierte ihn auch bloß an einer Seite. Danach, ohne Worte, ohne Rede, klappte er die Schere zusammen, auch das Rasiermesser, und sprang zur Türe hinaus.

Der König schießt in die Höhe, rennt zum Spiegel, besieht sich drin und brüllt gewaltig – sein Kopf war scheußlich anzusehen!

»Wart nur, du Lump, wart nur!« brüllt der König und rennt von Stube zu Stube. Als erstes begegnet ihm seine Tochter:

»Hast du nicht Irgendsoetwas gesehen?«

»Ach, hab' nichts gesehen, ich seh' ja nicht aus den Augen, wegen Topfenstrudel hab' ich die ganze Nacht nicht geschlafen!«

Rennt der König in die Küche:

»Hast du nicht Irgendsoetwas gesehen?«

»Nein, mein erhabener König, aber der Kater ist eben vorbeigelaufen.«

»Sind alle verrückt geworden? Alle reden sie ungereimtes Zeug!« Rennt hinunter zu dem dritten Pförtner:

»Hast du nicht Irgendsoetwas gesehen?«

»Irgendsoetwas? Nein, aber eben lief Vorvierwochen hier vorbei.«

»Narr!« brüllte der König und versetzte ihm einen tüchtigen Hieb. Rennt zu dem zweiten Pförtner hin:

»Hast du nicht Irgendsoetwas gesehen?«

»Ja gewiß hab' ich ihn gesehen, mein erhabener König, eben lief er zum ersten Tor hin.«

»Na, endlich vernimmt man ein verständiges Wort!«

Rennt zu dem ersten Pförtner hin. Der wälzt sich auf dem Boden vor dem Tor und stöhnt laut. Der Königssohn hat ihn niedergeschlagen, weil er ihn nicht hinauslassen wollte.

»Hast du nicht Irgendsoetwas gesehen?«

»Hab' ihn nicht gesehen, mein erhabener König.«

»Was liegst du da im Kot?«

»Der Schnaps hat mich umgeworfen.«

»Ei, du hergelaufener Lumpenmensch, soviel Schnaps säufst du, daß es dich umwirft?«

Er hat den Pförtner schändlich durchgebleut, dann aber ist er in den Palast zurückgegangen.

Dort kam es allmählich ans Licht, daß jener verkappte Barbier kein anderer als der Königssohn gewesen sei.

Na, was konnte der König schon tun? Er dachte: »Der Königssohn ist imstande und macht mich noch vor aller Welt zum Gespött! besser, ich geb' ihm gleich die Tochter zur Frau.«

Sie benachrichtigten ihn sofort, er solle nur getrost kommen, denn er bekomme die Königstochter. Der Königssohn kam auch sofort, und noch am selben Tag hielten sie Hochzeit.

Morgen sei er bei euch zu Gast, der Königssohn mit den vielen Namen!

16. Der Fluch der Bettlersfrau

Es war einmal ein geiziger König und seine Frau, die noch geiziger war. Kein Armer erhielt je eine Gabe von ihnen, nicht einmal in den königlichen Hof ließ man die Armen herein.

Einmal wurde die Königin schwanger; da kam eine arme Bettlerin, die ebenfalls schwanger war, in den Hof und bat um ein Almosen. Aber man gab ihr nichts, man schmähte sie und jagte sie fort. Da verfluchte die arme Bettlerin die Königin, daß ihr Gott sieben Kinder bescheren solle.

Die Königin grämte sich entsetzlich, was sollte sie mit sieben Kindern anfangen? Man riet ihr, das schönste zu behalten, die übrigen sechs solle sie schön ankleiden, dann kleine Fässer nehmen und die Kinder hineintun.

Man hat sie tatsächlich in die Fäßchen hineingetan und ließ sie so die Tisza stromabwärts schwimmen. In der Tisza fischte gerade ein armer Mann, dessen Weib im Kindbett lag. Der sieht nun auf dem Wasser ein Fäßchen schwimmen.

»Mein Herr und Schöpfer, was mag das sein?«

Er fischte das Fäßchen heraus, und schon sieht er ein zweites heranschwimmen. Fängt auch dieses auf, da kommt ein drittes. So fischt er alle sechs heraus. Wie er ein wenig verschnauft, vernimmt er ein Wimmern, und wie er eines der Fäßchen öffnet, ist ein schönes Knabenkind drin.

Bestürzt rennt der Fischer ins Dorf hinein und berichtet der Obrigkeit, was er beim Fischen gefunden. Sofort trug man die Kinder ins Dorf, doch es gab nicht Ammen genug, sie alle zu nähren. Da erbot sich die Frau des armen Fischers, die sechs Knäblein gemeinsam mit ihrem eigenen aufzuziehen.

Sie hat sie auch wirklich bis zum siebenten Altersjahr aufgezogen, und es sind schöne Kinder draus geworden.

Die Königin aber grämte sich unausgesetzt und bereute schon längst, was sie mit ihren Kindern getan hatte, denn auch das eine zurückbehaltene Kind war ihr gestorben. Unablässig wehklagte sie. Schließlich ging sie zu dem Hohepriester mit ihrem Kummer, vielleicht wußte der irgend einen Rat.

Damit sie sich nicht länger gräme, gab ihr der Priester den Rat, ein großes Wohltätigkeitsfest zu veranstalten, alle Reichen und Armen des Landes einzuladen und sie alle zu beschenken. Jeden einzelnen solle sie befragen, vielleicht könne sie auf diese Weise irgend eine Kunde von ihren Kindern erhalten.

Die Königin tat denn auch so und lud Volk aus aller Welt zu dem Festmahl ein. Während alles aß und trank, fragte sie, ob nicht jemand etwas von ihrem Leid wüßte.

Als im Gespräch die Reihe an die Kinder kam, und sie auch diese befragte, begann eines der sechs Knäblein, die alle hübsch nebeneinander an der Tafel saßen, zu erzählen, daß ihr Ziehvater ein Fischer sein. Der habe sie, als er einmal in der Tisza fischte, aus dem Wasser herausgefischt, sie lagen zierlich gekleidet in sechs kleinen Fässern.

Da brach die Königin in bitterliches Weinen aus. Jetzt wollte sie mehr von den Knaben wissen und fragte sie, ob sie von jenen Kleidern noch eins besäßen oder ob sie vielleicht ein Erkennungszeichen hätten.

Die Knaben erwiderten, ihre Ziehmutter hielte diese bezeichneten Kleider an einem sicheren Ort verwahrt.

Der König und die Königin erkannten nun ihre Kinder wieder; sie ließen den Fischer und sein Weib und alle samt und sonders mit großen Ehren an den königlichen Hof bringen. Dort leben sie noch heute, wenn sie nicht gestorben sind.

17. Die Schwäger der Sonne

Einmal war's, keinmal war's, jenseits von siebenmal sieben Ländern und eine krumme Spanne noch darüber, da war einmal ein armer Mann. Dieser arme Mann hatte drei Söhne und eine Tochter. Als der arme Mann auf dem Totenbett lag, berief er seine Söhne zu sich und tat ihnen seinen letzten Willen kund:

»Nun, meine Söhne, ich sterbe. Für euch selber vermögt ihr wohl Sorge zu tragen und auf der weiten Welt zu bestehen. Aber eure Schwester ... gebt sie dem allerersten Freier zum Weibe, komme er bei Nacht oder bei Tag.«

Sie begruben den Alten, und noch ehe drei Tage verflossen waren, pochte es nachts Schlag zehn an die Türe.

»Nun, Burschen«, sagte der Fremdling, »ich bin gekommen, daß ihr mir eure Schwester zum Weibe gebt, wie es euer Vater vermacht hat.«

»Wir geben sie dir gerne«, sagte der älteste Bursche. »Komm nur herein, wenn du sie fortführen willst, damit auch wir dich sehen.«

»Gebt sie her! Ich kann nicht hinein, denn ich bin der Sonnenball.«

»Na, wenn du nicht hereinkommst, geben wir sie auch nicht her«, entgegnete der älteste Bursche.

»Morgen abend komme ich wieder. Wenn ihr sie auch dann nicht gebt, bleibt sie hier«, sagte der Sonnenball und entfernte sich.

Am nächsten Tag Schlag elf des Nachts hörte man es wieder an die Türe pochen.

»Schlaft ihr, Burschen?« fragte der Sonnenball.

Da sagte der mittlere Bursche zu seinen Brüdern:

»Laßt mich ihm antworten.«

Sie willigten ein.

»Ja und nein, wir schlafen und schlafen auch nicht«, sagte der mittlere Bursche.

»Nun, gebt ihr das Mädchen, wie es euer Vater vermacht hat?« fragte der Sonnenball.

»Ja und nein, wir geben sie und geben sie auch nicht«, erwiderte der Bursche. »Wenn du hereinkommst, geben wir sie; wenn du nicht hereinkommst, geben wir sie nicht.«

»Ich sagte ja schon, ich kann nicht hinein. Wenn ihr sie jetzt nicht hergebt, komme ich morgen abend noch ein letztes Mal. Aber gebt ihr sie auch dann nicht, so bleibt das Mädchen hier.«

Als er sich entfernt hatte, sagte der jüngste Bursche:

»Morgen abend, wenn der Freier kommt, laßt mich ihm antworten, meine Brüder!«

Auch darin willigten sie ein.

Der Bursche nahm am dritten Abend einen Doppelsack hervor und sagte zu seiner Schwester:

»Na, Schwester, klaub deine Siebensachen zusammen, denn heute abend mußt du das Haus verlassen.«

Die Schwester grämte sich sehr, gleichwohl machte sie sich bereit.

Um Mitternacht pochte es an die Tür.

»Nun, Jungens, schlaft ihr?« fragte der Sonnenball.

»Ach woher! Wir schlafen gewiß nicht!« erwiderte der jüngste Bruder.

»Nun, gebt ihr das Mädchen?«

»Gewiß, gewiß, wir geben sie ja schon; komm nur, stell dich daher, näher zur Türe!«

Der Sonnenball stellte sich dahin, die Türe öffnete sich, und im gleichen Augenblick war das Mädchen verschwunden, als hätte sie der Erdboden verschlungen. Nicht einmal Abschied konnten sie von ihr nehmen.

»Das ist ja allerhand!« dachten sich die Burschen.

»Wer mag sie wohl geholt haben?« fragte der eine.

»Wo mag sie wohl wohnen?« dachte der andere.

Sie kamen freilich nicht darauf, wie lange sie auch herumrieten.

Nach drei Tagen rüstete sich der älteste Bursche zum Aufbruch und machte sich auf die Suche nach seiner Schwester. Kaum hatte er den hohen Berg neben dem Dorf erreicht, tauchte plötzlich, wie vom Himmel gefallen, ein großes weißes Pferd vor ihm auf, schon gezäumt und gesattelt, in jedem Ohr eine brennende Kerze. Das Pferd begann zu sprechen und fragte ihn:

»Wo gehst du hin, du armer Bursche?«

»Gut wär's, wenn ich's wüßte«, sagte der Bursche, »Fürwahr ich weiß es selber nicht!«

Sodann erzählte er, daß sie ihre Schwester verheiratet hätten, doch weder hätten sie sehen noch fragen können, wer der Mann sei, denn plötzlich waren sie beide verschwunden.

»Sei nicht traurig, mein lieber Herr«, sagte der Zauberhengst – das weiße Pferd war nämlich ein Zauberhengst, müßt ihr wissen! – »setz dich nur auf meinen Rücken, aber mach die Augen gut zu, und daß du sie nicht eher öffnet, als bis ich's sage! Wenn du sie öffnest, ist dein Leben verloren.«

»Ei, ich öffne sie schon nicht«, sagte der Bursche und schwang sich auf den Zauberhengst.

»Können wir losziehen, mein lieber Herr?« fragte der Zauberhengst. »Wir können schon losziehen, mein liebes Pferd«, erwiderte der Bursche.

Der Zauberhengst tat einen Sprung, sprang zweimal und – siehe ein Wunder! – sie landeten auf dem Hof der Sonne. Der Bursche ging hinein; freundlich grüßte er seinen Schwager wie auch die Schwester. Das war ein Jubel im Hause! Sie umarmten und küßten sich, sie deckten den Tisch und bewirteten den Burschen so reichlich, daß er die vielen leckeren Speisen kaum aufzuessen vermochte.

Nach dem Mittagessen sagte er zu dem Sonnenball:

»Schwager, erlaube mir, morgen die Sonne zu sein und deine Arbeit zu verrichten.«

»Sehr gerne, Schwager«, sagte der Sonnenball, »bloß gib gut acht auf dich!«

Am nächsten Tag füllten sie seinen Ranzen mit Brot und Speck. Die Schwester steckte ihm noch eine Flasche Wein, zwei Zwiebeln und Salz zu, und er bestieg ein Pferd und brach auf, die Arbeit des Sonnenschwagers zu verrichten.

Nun zog er dahin und wanderte lange, bis er zu einer großen Brücke kam. Er wollte hinüberreiten, da merkte er, daß an der Brücke ein Brett fehlte. Er stieg vom Pferd und richtete es aufs genaueste. Plötzlich schlug irgend ein Lärm und Geplapper an sein Ohr. Er guckte unter die Brücke, da tauchten gerade einige alte Weiber aus dem Wasser auf, frisch-fröhlich fingen sie zu baden an und plantschten im Wasser herum.

Sie luden auch den Burschen dazu ein:

»Komm, bade mit uns!« rief die eine.

»Ach, wie ist das Wasser so fein warm!« rühmte die andere.

»Wenn du in diesem Wasser badest, verjüngst du dich mit eins!« lockte die dritte.

Sie riefen und lockten den Burschen so lange, daß er schließlich vom Pferde stieg, ins Wasser hineinging und ebenfalls zu baden anfing. Als er genug gebadet hatte, stieg er aus dem Wasser, kleidete sich wieder an, setzte sich aufs Pferd und wollte weiterziehen. Allein das Pferd rührte sich keinen Schritt von der Stelle. Was konnte er tun? Er kehrte einfach um und ging nach Hause. Zu Hause fragte ihn der Sonnenball:

»Nun, Schwager, hast du meine Arbeit verrichtet?«

»Gewiß, Schwager!«

»Ei, woher denn, Schwager! Du hast sie keineswegs verrichtet, ich hab' sie statt deiner getan. Hätte ich mich auf dich verlassen, so wär' bei den Taglöhnern auf den Feldern des Fluchens kein Ende gewesen. Nun, weil du meine Arbeit nicht gut verrichtet hast, sollst du zur Strafe stumm und taub nach Hause gehen.«

Der älteste Bursche kam nach Hause. Hei! wie freuten sich die andern zwei auf die Nachrichten von ihrer Schwester. Allein sie fragten ihn – er antwortete nicht; sie redeten zu ihm – er redete nicht. Wie sie es auch versuchten, sie konnten kein Wort aus ihm herausholen.

»Nun denn«, sagte der mittlere Bursche, »jetzt gehe ich, ich werde Nachricht von unserer Schwester bringen.«

Ranzen um die Schulter, Stab in der Hand, so zog er in die Welt hinaus. Aber kaum hatte er die Dorfgrenze hinter sich, stand auf einmal der Zauberhengst vor ihm, genau so aufgezäumt wie damals, als er den Bruder erwartet hatte. Er fragte auch ihn: »Wo gehst du hin, mein lieber Herr?«

»Dorthin und dorthin«, sagte der Bursche.

»Setz dich nur auf meinen Rücken und mach die Augen zu.«

Der Bursche folgte aufs Wort, setzte sich auf den Zauberhengst und machte die Augen zu. Das Pferd tat einen Sprung, sprang zweimal und landete auf dem Hof der Sonne. Wieder herrschte große Freude und wieder gab's ein großes Essen.

Nach dem Mittagmahl sagte auch der mittlere Bursche:

»Schwager, erlaube mir, daß ich morgen deine Arbeit verrichte.«

»Herzlich gerne, Schwager, bloß gib acht auf dich!« warnte ihn der Sonnenball.

»Sorg dich nicht«, entgegnete der Bursche.

Am andern Tag, mit wohlgefülltem Ranzen, machte auch er sich auf den Weg. Er kam zu jener Brücke, wo die alten Weiber badeten, und da war wieder ein Brett entzwei. Er stieg ab, richtete es und ging weiter. Die alten Weiber lockten ihn immerzu, er solle doch ein wenig baden, aber er hörte nicht auf sie, sondern ging weiter seiner Arbeit nach. Bald darauf gelangte er zu einer zweiten Brücke, unter dieser badeten hübsche junge Frauenzimmer. Aber – daß ich nicht durcheinander rede! – auch an dieser Brücke war ein Brett entzwei. Er richtete es, um hinübergehen zu können. Wär' sicher auch hinübergegangen, wenn ihn die hübschen jungen Frauenzimmer nicht so bestürmt hätten, daß er sich schließlich zu ihnen gesellte und mit ihnen badete. Als er genug gebadet hatte, wollte er weitergehen. Ei gewiß, wenn nur das Pferd gegangen wäre! Allein dieses rührte sich nicht von der Stelle. So kehrte auch er um und ging nach Hause.

»Na, Schwager, hast du meine Arbeit verrichtet?« fragte ihn der Sonnenball.

»Gewiß, ich hab' sie verrichtet«, antwortete der Bursche.

»Ei, woher denn! hast sie keineswegs verrichtet! Hätte ich mich auf dich verlassen, so wären die Mäher noch jetzt auf den Feldern. Nun, weil du meine Arbeit nicht verrichtet hast, sollst du blind und taub nach Hause gehen.«

So war es auch. Der jüngste Bursche konnte aus diesem Bruder auch nichts herausholen.

»Jetzt gehe ich«, dachte er bei sich. »Vielleicht hab' ich mehr Glück.«

Kaum trat er durchs Tor hinaus, stand der Zauberhengst vor ihm und brachte ihn, wie vordem seine Brüder, in einem Augenblick zu dem Sonnenschwager. Hei! ob vordem Freude herrschte oder nicht – diesmal bestimmt! Wahrlich, der Bursche hatte sein Lebtag nicht so geschwelgt wie damals. Was er sich dabei dachte, was nicht – das weiß ich nicht –, wie dem auch sei, anderntags bat auch er seinen Schwager, den Sonenschwager, seine Arbeit verrichten zu dürfen. Der Schwager gestattete es ihm ebenfalls.

So brach er denn auf, gleich seinen Brüdern, erreichte die beiden Brücken, wo die alten Weiber und die jungen Frauenzimmer badeten. Sie riefen auch ihn, doch er beachtete sie nicht und ging weiter. Er erreichte noch eine dritte Brücke und richtete auch hier das zerbrochene Brett. Wie er aber durchs Loch guckte – du lieber Herrgott! – da sah er unter der Brücke eine Schar wunderschöner Mädchen baden, so wunderschöne, daß schon das bloße Schauen eine Lust war. Die Mädchen bestürmten ihn und luden ihn ein mitzubaden, lockten mit diesem und lockten mit jenem, doch er hörte nicht auf sie. Er schritt über die Brücke und – hört und staunt! – plötzlich stand die ganze Brücke in Flammen, brannte lichterloh, beinahe versengte es auch ihn. Unter der Brücke aber sah er jetzt eine Schar goldlockiger Lämmchen hin und her rennen; sie begossen die brennende Brücke, doch die brannte nur noch mehr.

Jenseits der Brücke kam er auf eine schöne grüne Weide. Das Gras reichte ihm bis zum Knie, dennoch waren die Kühe, die da weideten, jede einzelne so mager wie ein Holzbrett.

Er ging weiter und stieß mitten im dichten Wald auf einen gedeckten Tisch. Es gab da Speisen und Getränke im Überfluß, und in den Gläsern füllte sich der Wein von selber. Wohl lockte es ihn zu essen und zu trinken, doch er ging nicht hin, sondern setzte seinen Weg fort.

Jenseits des Waldes kam er auf eine schöne Blumenwiese, wo ihn die Blumen geradezu einluden, sie zu pflücken. Er pflückte eine und steckte sie sich an den Hut.

Als er weiterging, fand er einen Brunnen. Er stieg vom Pferde, um einen Tropfen zu trinken und auch das Pferd zu tränken. Auf einmal stand ein alter Mann vor ihm und fing an zu schimpfen und zu drohen, weil er es gewagt hatte, eine seiner Blumen zu pflücken. Aber ein anderer alter Mann trat herzu und bat seinen Kameraden, den Burschen in Frieden zu lassen und ihm nichts zuleide zu tun. Er bat so lange, bis der zornige alte Mann den Burschen begnadigte und ihn nicht weiter behelligte.

Nun bestieg der Bursche wieder sein Pferd und war im Augenblick daheim.

»Gott gebe dir einen guten Abend, Sonnenschwager!« grüßte er, als er das Haus betrat.

»Willkommen mit Gott, lieber Schwager!« empfing ihn der Sonnenball. »Nun, hast du meine Arbeit verrichtet?«

»Gewiß, ich hab' sie verrichtet.«

»Also gut, wie hast du sie denn verrichtet, was hast du gesehen? Erzähle!«

Der Bursche erzählte nun, daß er unter der Brücke eine Menge goldlockige Lämmchen gesehen habe.

»Na siehst du, das sind jene Lämmchen, welche die Taufeltern den Kindern schenken, aber nicht eben von Herzen gern.«

»Weiter sah ich auf einer fetten Weide ganz magere Kühe.«

»Das sind Geschenkrinder, auch Geschenke, die den Schenkenden reuen.«

»Dann fand ich mitten im Wald einen großen gedeckten Tisch. Es lockte mich zu essen und zu trinken, doch ich bin nicht hingegangen.«

»Siehst du, da hättest du getrost hingehen sollen, denn für dich war der Tisch gedeckt.«

»Später kam ich auf eine Blumenwiese. Ich pflückte mir eine Blume, sie steckt noch jetzt an meinem Hut. Ein alter Mann wollte mir deshalb den Hals abschneiden. Hab' noch Glück gehabt, daß ein anderer alter Mann hinzukam und ihn so lange bat, bis er mich begnadigte.«

»Der alte Mann, der dir den Hals abschneiden wollte, war der König der Blumen; der dir das Leben rettete, war ich! Jetzt aber seh' ich, Schwager, daß du nach Hause gehen möchtest. Da nimm dieses Rundbrot und zerschneide es in zwei Hälften; die eine Hälfte gib dem einen Bruder, die andere Hälfte dem andern Bruder. Davon werden beide sogleich geheilt.«

Der Bursche verabschiedete sich und bestieg den Zauberhengst. Das Pferd sprang einmal, sprang zweimal, und schon waren sie vor ihrem Haustor. Er wollte es nun in den Stall führen, doch da war es verschwunden, als hätte es die Erde verschlungen. Der Bursche ging ins Haus, schnitt das Rundbrot entzwei und gab es seinen Brüdern. Sofort kam ihnen die Sprache wieder.

Sie leben noch heute, wenn sie nicht gestorben sind.

18. Der schönste Mann der Welt

Einmal war's, keinmal war's, war ein Mann auf dieser Welt, der war so schön, daß der Ruf seiner Schönheit weit über sieben Welten hinaus gelangte. Auch der König hörte davon. So sehr bemächtigte sich seiner die Neugierde, wie wohl der schönste Mann der Welt aussehen mochte, daß er einen königlichen Brief absandte, jener solle vor ihm erscheinen.

Nun gut, eine königliche Einladung bedeutet königliche Ehren. Der Mann rappelte sich also auf und nahm den Weg zu dem König, um sich zum Rapport zu melden.

Fast war er schon bis dorthin gekommen, wo am unteren Dorfende das Haus von Vetter Károly steht, da merkte er, daß er seinen Wahrbrief zuhaus vergessen hatte. Er kehrte in großer Eile um, sich seine Wahrheit zu holen, denn ohne diese läßt man ihn nicht vor das königliche Antlitz treten.

Kaum war er daheim angelangt, sah er, daß sich seine Frau – so bald schon! – im schönsten Techtelmechtel mit seinem häßlichen schwarzen Zigeunerkutscher befand. Der schönste Mann der Welt war entsetzlich niedergeschlagen, eine so unzüchtige Ehefrau zu besitzen – ihr könnt euch wohl denken! Der Kummer und die Bitternis um seine Frau, dazu noch der lange Weg zu dem König ließen ihn völlig dahinwelken, so daß der König es gar nicht glauben wollte, vor ihm stehe tatsächlich jener weltberühmt schöne Mann. Und so sagte er:

»Eine Woche lang hast du von mir Wohnung und Schonung, ich bestell' dir auch gute Kost, damit du dich von dem langen Weg erholst. Wenn du aber nachher noch immer wie ein Allerweltsschwindler ausschaust, laß ich dir den Kopf abhauen.«

Darauf führte man den schönsten Mann der Welt in eine reich geschmückte Kammer, darin er sich bei guter Kost erholen sollte. Aber auch da trauerte der arme betrogene Mann. Am ersten Tag hatte er nicht einmal Lust, aus dem Fenster zu schauen. Am zweiten Tag war er aber schon soweit bei Kräften, daß er ans Fenster treten konnte. Unter seiner Kammer befand sich der schöne Blumengarten des Königs. Und wie er sich am Anblick der allerschönsten Blumen labte, gewahrte er einen genau so häßlichen Mohrengärtner wie daheim sein allerhäßlichster Zigeunerkutscher.

Einmal lustwandelte die Königin in ihrem langen Schleppgewand zwischen den Blumen. Da trat der widerliche Mohrengärtner auf sie zu; gierig umschlang er ihren schlanken Leib. Im Handumdrehen waren sie beide in einer Blumenlaube verschwunden und fingen drin ein Techtelmechtel an.

»Oho!« dachte er bei sich. »Auch die Frau Königin?! Dann ist das mit meiner Frau ja gar nicht so schlimm.«

Nicht der einzige betrogene Mann auf dieser Welt zu sein, tröstete ihn so sehr, daß er seinen Frohsinn wiederfand. Mit Wolfshunger sprach er nun den Speisen zu, und schon am dritten Tag war er wieder ganz wie früher. Er betrachtete sein Spiegelbild im königlichen Spiegel, der bis zum Boden reichte, und gefiel sich noch besser als zuvor. Nun trauerte er kein bißchen länger, klopfte an die Türe des Königs und trat bei »erlaubt!« sogleich ein. Als der König den strahlend schönen, wahrhaftig schönsten Mann der Welt vor sich stehen sah, war er so überrascht, daß er vor Staunen Mund und Augen aufriß.

»Na, du schönster Mann der Welt, ich bin zwar ein König, aber mein Lebtag hab' ich noch nie eine Schönheit wie dich gesehen! Wir wollen auch gleich zusammen mittagessen. Doch sag mir, was hat denn diese plötzliche Wandlung bei dir bewirkt?«

»Nur ein Schritt war's, mein erlauchter König.«

»Nur ein Schritt? Nur ein Schritt? – Das muß ja ein merkwürdiger Schritt gewesen sein! Hör mal, zeig mir diesen Schritt!«

»Ich will gerne tun, was Ihr wünscht, mein königlicher Herr, gleich nach dem Mittagessen.«

Also gut, sie aßen recht gemütlich zu Mittag, und ein jeder steckte sich auch noch eine feine italienische Zigarre an. Danach führte er den König in seine Kammer, bat ihn, sich auf das königliche Lederkanapee zu setzen, und sagte:

»Gestern nach dem Mittagessen bin ich genau so dagessen. Von dort tat ich dann den Schritt ans Fenster. Schreitet nun auch Ihr, Majestät, und schaut in den Blumengarten hinunter.« Der König tut es. Eben lustwandelt die Königin in ihrer langen Schleppe auf den Blumenwegen. Und wieder tritt der häßliche Mohrengärtner auf sie zu und umfängt den Leib der schlanken Königin. Dann gehen sie in die Blumenlaube hinein und treiben dort ihr Techtelmechtel.

»Genau so ist es mir daheim ergangen«, sagte der schöne Mann. »Als ich umkehrte, den königlichen Einladungsbrief zu holen, den ich zuhause vergessen hatte, fand ich meine Frau gerade mit meinem Zigeunerkutscher, der ebenso häßlich ist wie dieser Mohr da. Das machte mich auf dem Weg hierher so dahinwelken. Und hier – nur ein Schritt war's! – hier konnte ich sehen, was die königliche Frau anstellt; da dachte ich mir, wenn sogar eine Königin mit einem genau so häßlichen Gärtner das gleiche tut, was soll ich mich dann wegen meiner Frau zu Tode grämen? Und so bin ich wieder gesund geworden.«

»Na hör mal, du schönster Mann der Welt«, sagte der König, »wenn deine Frau neben dir noch mit andern buhlen kann, da bin ich wirklich begierig, sie kennenzulernen und zu sehen, was das für eine Frau ist. Sei bereit, morgen wollen wir uns auf den Weg zu ihr machen.«

Am nächsten Tag machten sie sich also auf den Weg. Wie sie

dahinziehen, bemerkte der König auf dem Felde zwei Menschen bei der Hackarbeit, und der eine war so breit wie lang.

»Schau doch, du schöner Mann, was das für ein wunderliches Wesen ist, der eine Arbeiter dort!«

Sie treten näher und sehen einen Mann und eine Frau beim Hacken. Dem Mann war auf dem Rücken eine Truhe aufgebunden. Neugierig geworden, nähern sich nun der König und der schöne Mann. Fragt der König den armen Mann, warum er nur um alles in der Welt bei der Arbeit diese schwere Truhe auf dem Buckel trage. An Stelle des Mannes antwortet die Frau mit flinker Zunge:

»Meine feinen teuren Kleider sind drin. Mein Alter muß sie ständig auf sich tragen; die Welt ist ja so schlecht, ließen wir sie daheim, so könnte sie jemand stehlen!«

Sagt der schönste Mann der Welt:

»Heißt sie die Truhe öffnen, erlauchter König, wir wollen uns diese feinen Sachen mal ansehen!«

»Nein, die wird nicht geöffnet, niemandem zuliebe!« begehrt die Frau auf. Dadurch wird der König noch begieriger zu wissen, was denn die Frau so ängstlich behüten mag. Er zieht den Säbel und befiehlt dem Manne, gleich auf der Stelle die Truhe vom Rücken abzubinden und zu öffnen, wenn ihm sein Leben lieb sei.

Nun denn, nur soviel noch: Der Mann setzte die Truhe ab und öffnete sie. Und – hört ihr wohl?! – aus der Truhe sprang ein quietschlebendiger Jüngling heraus. Der König wechselte einen Blick mit dem schönsten Mann der Welt und sagte zu ihm:

»Weißt du was, du schönster Mann der Welt? Ein Weib, so scheint es, bleibt halt ewig nur ein Weib! Ich will jetzt heimkehren und geh auch du nach Hause. Wir können ja froh sein, daß uns unsere Frauen ihre Liebhaber nicht auch noch herumtragen lassen!«

So geschah es wirklich und wahrhaftig. Ich hab's gesehen, als wär's eben geschehen. Und glaubt ihr's nicht, so geht und überzeugt euch selbst davon!

19. Das kluge Mädchen

Einmal hatte ein König einen Müller, und der hatte eine Tochter. Der Müller war nicht zu Hause, als der König hinkam.

Sagt der König zu dem Mädchen:

»Du Mädchen, wo ist dein Vater?«

»Er ist gegangen, dem Kukuruz einen andern Namen zu geben.«

»Und deine Mutter, wo ist sie?«

»Meine Mutter ist um Hausputz und Speiswürz gegangen.«

»Und deine Schwester?«

»Die beweint ihre vorjährige Freude.«

Der König redete nicht weiter mit ihr, sondern kehrte um. Wie er durchs Tor gehen will, kommt ihm der Müller entgegen. Jedoch der König war erzürnt, weil er sich mit dem Mädchen nicht verständigen konnte. Er sagte:

»Du Müller, wenn du mir nicht zum Frühstück aus dem Mühlstein einen Braten zubereitest, schlag' ich dir auf der Stelle den Kopf ab.«

»Aber, mein erlauchter König, wie kann man aus Stein einen Braten zubereiten?«

»Nun, wenn ich einmal sage, was du zu tun hast, sag' ich nichts weiter.«

Der Müller grämte sich und hat sogar geweint. Wie soll er's nur anfangen, aus Stein einen Braten zu machen? Kommt seine kleine Tochter herausgerannt und fragt ihn:

»Lieber Vater, warum weint Ihr?«

»Laß mich, mein Kind, du kannst doch nicht helfen.«

»Immerhin, lieber Vater, wenn Ihr mir's doch sagen wolltet.«

»Schau her, mein Kind, was der König gesagt hat: Wenn ich ihm nicht zum Frühstück aus dem Muhlstein einen Braten zubereite, schlägt er mir auf der Stelle den Kopf ab.«

»Grämt Euch nicht, lieber Vater, geht hinauf zu dem König und sagt ihm, er soll geschwind herunterkommen und dem Stein das Blut auslassen, weil Ihr ihn sonst nicht abhäuten könnt.«

Der Müller geht hinauf zu dem König und sagt ihm, er soll dem Stein das Blut auslassen, sonst könne er ihn nicht abhäuten.

»Na, du Müller, geh nur wieder heim, ich kann diesem Stein freilich auch kein Blut auslassen.«

Anderntags läßt der König den Müller zu sich rufen und sagt zu ihm:

»Na, du Müller, da nimm diese Spule Garn. Daraus mußt du für mein ganzes Soldatenvolk samt und sonders die Leibwäsche herstellen, sonst schlag' ich dir den Kopf ab.«

Der Müller kommt heulend nach Hause. Im Tor erwartet ihn seine kleine Tochter:

»Was gibt's, lieber Vater, warum seid Ihr wieder so bekümmert?«

»Wie soll ich nicht bekümmert sein, mein süßes Töchterchen, wenn mich der König durchaus vernichten will.«

»Fürchtet Euch nicht, lieber Vater! Was ist denn los?«

»Schau her, diese Spule hat mir der König gegeben, ich soll daraus für sein ganzes Soldatenvolk samt und sonders die Leibwäsche herstellen, sonst schlägt er mir den Kopf ab.«

»Hat er das gesagt? Na, grämt Euch nicht, lieber Vater.«

Das Mädchen rennt geschwind aufs Feld und bringt fünf Distelstauden nach Haus.

»Na, lieber Vater, tragt das schnell zu dem König und sagt ihm, er soll daraus einen Webstuhl herstellen, damit wir noch diese Woche das viele Linnen weben können.«

Der Müller trägt die Distelstauden zu dem König hinauf und sagt zu ihm:

»Mein erlauchter König, wir können in dieser Woche die Leibwäsche nicht weben, wenn Ihr uns nicht aus diesen Distelstauden einen Webstuhl herstellt.«

Sagt der König:

»Wie kann ich denn daraus einen Webstuhl herstellen, Müller?«

»Nun, Majestät, genau so wie ich den Haufen Wäsche aus der Spule Garn.«

»He, du Müller, das hat nicht dein Kopf ersonnen! Geh jetzt heim.«

Anderntags läßt der König den Müller wieder rufen:

»Na, du Müller, du mußt mir heute mittag ein Geschenk bringen, das eins ist und keins ist; und das mußt du auf einem Pferd bringen, das eins ist und keins ist; dazu mußt du ein Gewand tragen, das eins ist und keins ist, sonst schlag' ich dir den Kopf ab.«

Geht der Müller nach Hause und ist gar sehr bekümmert. Bisher ist ja alles gut gegangen, das aber schaffen sie nun wirklich nicht mehr.

Die kleine Tochter wartet schon im Haustor auf den Vater, da sieht sie, wie bekümmert er ist.

»Warum so bekümmert, lieber Vater?«

»Ach, mein Töchterchen, bisher ist's noch irgendwie gegangen, aber jetzt können wir uns nimmer helfen, und der König wird mich vernichten.«

»Warum denn, lieber Vater?«

»Also schau her, was er gesagt hat: Heute mittag muß ich ihm ein Geschenk bringen, das eins ist und keins ist, und auf einem Pferd muß ich es bringen, das eins ist und keins ist; dazu muß ich ein Gewand tragen, das eins ist und keins ist, sonst läßt er mir den Kopf abschlagen.«

»Laßt nur, lieber Vater, grämt Euch nicht weiter, wir werden's schon schaffen. Geht und holt geschwind einen Maulesel.«

Der Müller holt den Maulesel.

»Na, jetzt geht hinein, legt Euer Obergewand ab und bleibt in Hemd und Unterhosen (das ist ein Gewand und auch keins); dann geht und fangt einen Spatz, legt ihn auf einen Teller und deckt ihn mit einem andern Teller zu.«

Der Müller tut alles, was die Tochter sagt, und trägt das Geschenk zu dem König hinauf.

Der König wartete schon im Hausflur auf den Müller und glaubte, daß es ihm diesmal sicher nicht gelingen würde. Aber wahrhaftig, jetzt sieht er ihn kommen, und er kommt auf einem Pferd, das ist ein Pferd und ist auch keins, und er trägt ein Gewand, das ist ein Gewand und ist auch keins.

»Na«, denkt sich der König, »aber das Geschenk, was ist damit? Wenn anders nicht, mit dem Geschenk fange ich dich bestimmt.«

Der Müller geht hin und überreicht die Teller. Wie der König den einen Teller von dem andern abhebt, macht der Vogel piep! und fliegt davon.

»Na, du Müller, was für ein Geschenk hast du da gebracht?«

»Nun, erlauchter König, genau wie Ihr's gesagt habt: es sei eins und sei auch keins.«

»In der Tat, du hast recht«, sagt der König, »das hast du getroffen. Aber nicht dein Kopf hat dies ersonnen, du Müller, sondern sicherlich der deiner kleinen Tochter!«

»Ja, das stimmt«, sagt der Müller.

»Na, geh nach Haus, du Müller, ich komme auch gleich hin.«

Er befiehlt, die Glaskarosse einzuspannen, und fährt zu dem Haus des Müllers. Wie der König dort ankommt, führt der Müller sogleich seine kleine Tochter auf den Hof hinaus.

Sagt der König zu ihr:

»Na, du armes Müllermädchen, ich will dich zur Frau nehmen, wenn du einsiehst, daß du nicht mehr wissen darfst als ich.«

»Nun, ich will auch gar nicht mehr wissen, erlauchter König, bloß immer die Wahrheit.«

Der König hebt das Mädchen in die Glaskarosse und führt sie heim in sein königliches Schloß.

Eines Tages kam ein armer Mann mit zwei Kühen zur Mühle, und auch ein reicher Bauersmann mit zwei Ochsen kam hin. Während sich der arme Mann in der Mühle aufhielt, kalbte die eine seiner Kühe, und das Kalb legte sich unter einem der Ochsen nieder. Kommt der reiche Bauersmann heraus, sieht das Kalb unter seinem Ochsen liegen und will es mit sich nehmen.

»Hört, Gevatter, gebt das Kalb her, denn es gehört mir!«

»Wie soll es denn dir gehören, armer Mann, du siehst ja, daß es unter meinem Ochsen liegt.«

»Wieso denn?« sagt der arme Mann. »Ist so etwas möglich, daß ein Ochs kalbt?«

»Wie dem auch sei, das Kalb war unter meinem Rind, also gehört es mir!«

Sie wollen es vor den König bringen. Geht der arme Mann hinauf zu dem König, um sich zu beklagen, doch der König war gerade auf der Jagd, nur seine Frau war daheim. Sagt der arme Mann, seine Kuh habe gekalbt, das Kalb habe sich unter den Ochsen des Bauern hingelegt, und der habe ihm das Kalb weggenommen, weil er sagte, es wäre das Kalb seines Ochsen.

»Na, gräm dich nicht, armer Mann! Geh hinauf in die Schneeberge, dort findest du den König. Sowie der König beim Mittagessen ist, setz du dich unter einen Strauch und stochere mit einer großen Stange unterm Strauch herum. Wenn dich der König fragt, was du dort suchst, du armer Mann, dann sag ihm, du suchst dort Fische. Darauf wird der König sagen: ›O wie närrisch bist du, armer Mann, wie willst du unter einem Strauch Fische finden?‹

›Je nun, erlauchter Vater König, ich finde unter einem Strauch Fische genau so wie man unter einem Ochsen ein Kalb findet.‹ «

Der arme Mann geht hinauf in die Schneeberge zu dem König. Wie der König beim Mittagessen ist, setzt sich der arme Mann unter einen Strauch hin und stochert mit einer großen Stange unterm Strauch herum.

Fragt der König:

»Was suchst du dort, du armer Mann?«

»Ich suche Fische!«

»O wie närrisch bist du, du armer Mann! Wie willst du unter einem Strauch Fische finden?«

»Ich finde hier Fische, erlauchter Vater König, genau so wie man unter einem Ochsen ein Kalb findet.«

Sagt der König:

»Richtig, du armer Mann, war's nicht dein Kalb, das der reiche Bauersmann weggenommen hat?«

»Freilich war es meines, erlauchter König.«

»Na, sei ruhig, ich schicke sogleich einen Mann hin, daß du dein Kalb zurückbekommst.« Und der arme Mann bekam sein Kalb zurück.

Der König aber war sehr erzürnt, weil er wußte, daß seine Frau den armen Mann beraten hatte. Sofort kehrte er nach Hause zurück.

»Na, Frau, pack deine Siebensachen und geh zurück zu deinem Vater, denn du hast mich vor meinen Jagdgefährten beschämt. Hast den armen Mann hingeschickt, er soll unter dem Strauch fischen, trotzdem ich dir schon damals, als ich dich zur Frau nahm, gesagt habe, daß du nicht mehr wissen darfst als ich. Schon als ich dich zuerst traf, hast du mehr gewußt als ich. Entsinne dich: wie ich zu euch gekommen bin und nach deinem Vater gefragt habe, da hast du geantwortet, er sei fortgegangen, um dem Kukuruz ein andern Namen zu geben. Was hat das bedeutet?«

Sagt die Königin:

»Ei, nicht mal das weißt du? Nun, er hat aus dem Kukuruz Mehl gemacht.«

»Stimmt, dann ist's ja kein Kukuruz mehr! Und wo war deine Mutter, als du sagtest, sie sei um Hausputz und Speiswürz gegangen?«

»Ei, hast du das auch nicht gewußt? Nun, sie war beim Krämer, um einen Besen und um Salz zu kaufen.«

»Na ja, da hast du wieder recht«, sagt der König. »Und als ich dich fragte, wo deine Schwester sei, hast du gesagt, daß sie ihre vorjährige Freude beweint. Was war denn das?«

»Ei, auch das weißt du nicht? Voriges Jahr hat sich meine Schwester gefreut, weil sie mit ihrem Liebsten war. Jetzt ist sie schon verheiratet und weint dort bei ihrem Kinde.«

»Na, siehst du, weil du so überaus klug bist, schick' ich dich fort. Mach dich nur fertig und geh wieder heim. Eine Frau, die soviel weiß, brauch' ich in meinem Hause nicht.«

Sagt die Königin:

»Ich geh ja schon, hab keine Angst! Nur noch einmal laß uns zusammen Nachtmahl essen. Bei Tag kann ich nicht gehen, ich würde mich ja schämen.«

»Schon gut, warte also, bis es dunkel wird, dann aber geh! Von meiner ganzen Habe kannst du mitnehmen, was dir am liebsten ist.«

Beim Nachtmahl gab sie dem König ein Glas Schlafwein, und der König schlief gleich am Tische ein. Darauf ließ die Königin die vierspännige Glaskarosse vorfahren.

»Komm herein, du Kutscher, wir müssen den König in den Wagen tragen.«

Sie trugen ihn in den Wagen und brachten ihn ins Haus ihres Vaters. Die Königin legte ihr königliches Gewand ab, setzte sich an die Feuerstelle und begann zu spinnen. Im Morgengrauen erwacht der König und sieht seine Frau bei der Feuerstelle spinnen.

Sagt der König:

»Ei, wo sind wir denn, meine liebe Frau?«

»Nun, bei meinem Vater.«

»Ei, warum sind wir denn hergekommen?«

»Weil du gesagt hast, ich soll zurück zu meinem Vater gehen und von deiner Habe mitnehmen, was mir am liebsten ist. Und du warst mir am allerliebsten.«

»Na, geh und sag, man soll die Glaskarosse vorfahren, nicht daß wir bei Tageslicht noch da sind und man uns hier sieht. Sofort gehen wir nach Hause! Ich seh schon, daß du mehr weißt als ich; aber wir können uns ja doch nicht voneinander trennen, und so müssen wir eben zusammen bleiben.«

20. Der Bär, der Wolf, der Fuchs und der Hase auf dem Jahrmarkt zu Gyergyó

Der Bär, der Wolf, der Fuchs und der Hase saßen eines schönen mondhellen Abends auf der Kuppe des Bucsinberges beisammen, just an der Stelle, wo heute der Gasthof der schönen Lidi steht – ihr kennt ihn ja, seid oft genug dort gewesen! Satt und guter Laune saßen sie dort und diskutierten miteinander. Ich sehe sie noch heute, wie sie dort saßen und miteinander sprachen.

Mit einem Mal sagte der Fuchs:

»Wie wär's, wenn wir zum Blumensonntag auf den Gyergyóer Jahrmarkt gingen, um uns zu amüsieren?«

»Mit mir ist nicht viel anzufangen«, sagte der Bär, »ich bin schon zu alt dazu, ich sehe auch nicht mehr am besten. Aber wenn Gevatter Wolf mitmacht, will ich kein Spielverderber sein.«

»Mir ist's recht, laßt uns hingehen«, sagte der Wolf.

Den Hasen fragten sie nicht einmal, doch der bot sich selber an.

Na, da sie sich nun geeinigt hatten, auf den Jahrmarkt zu gehen, machte sich ein jedes daran, sein Fell von Staub und Schmutz zu putzen, denn sie wußten, daß sich auf dem Jahrmarkt ein festliches Gewand geziemt. Sie vereinbarten noch, sich in Gyergyószentmiklós als Studenten auszugeben, die zu den Ostern Schulferien hätten. Dann machten sie sich auf den Weg.

Sie zogen im Gänsemarsch dahin, eins hinter dem andern, so wie die streunenden Hunde von Udvarhely an den Bach der Gerber zu ziehen pflegen, wenn es dort Lederabfälle zu kauen gibt. Allen voran tappte der Bär, ihm folgte der Wolf, dann der Fuchs und ganz hintendrein der Hase. So wanderten sie über den Bucsinberg, bis sie in der Abenddämmerung endlich in Szentmiklós eintrafen.

Wie ihr wißt, steht dort am Ende der Stadt ein großes Gasthaus. Als sie beim Gasthaus vorbeikamen, drang aus der Küche der Duft eines leckeren Schweinebratens. Der Wolf blieb wie angewurzelt stehen und wollte keinen Schritt weiter tun; vergebens drängten ihn die andern, sich vorerst die Stadt anzusehen, es gäbe ja noch mehrere Schenken. Der Wolf stand stocksteif da, es war rein nichts mit ihm anzufangen. Was blieb ihnen anderes übrig? Sie kehrten alle im Gasthaus ein und bestellten ein gutes Nachtmahl und Rotwein dazu.

Der Hase fraß bloß den Salat und vom Fleisch nur die Krautbeilage, doch dafür fraßen die andern um so mehr – der armenische Gastwirt und seine Frau vermochten nicht genug von den Speisen aufzutragen.

Als sie gegessen und getrunken hatten, und es bereits auf Mitternacht ging, nahm der Gastwirt ein Stück Kreide zur Hand und rechnete auf dem Tisch aus, was verzehrt worden war. Dann sagte er, sie sollten zahlen, weil er das Gasthaus schließen müsse. Die Rede von Bezahlen machte sie alle recht kleinlaut, bloß der Wolf wagte noch was zu sagen: Sie seien Studenten in den Ferien und gerade auf dem Weg nach Hause; sie würden das Geld zu Hause holen und auf dem Rückweg alles redlich bezahlen.

»Gut«, antwortete der Wirt, »mir soll's recht sein, doch laßt mir bis dahin eure Pelze zum Pfand. Ich traue den Studenten nicht, sie haben mich schon oft betrogen.«

Die Gesellschaft fand an dieser Rede gar kein Gefallen, und jeder suchte mit dem Blick nach irgend einem Loch, durch das man hinausschlüpfen könnte. Allein es nützte ihnen nichts, denn der Wirt war ein Armenier, der gleich merkte, mit was für lockeren Vögeln er es zu tun hatte. Rechtzeitig ließ er alle Ausgänge absperren, so daß sie auf keine Weise entschlüpfen konnten. Sodann ließ er den Jäger holen.

Der Jäger war auf die gute Kunde hin gleich zur Stelle, und mit einem scharfen Messer schickte er sich an, einem nach dem andern das Fell abzuziehen. Der Bär brüllte in seiner Pein, der Wolf heulte, der Fuchs bellte, nur dem Hasen blieb vor Schreck das Wort im Halse stecken.

Der Wirt und der Jäger packten zu allererst den Bären und nagelten ihn mit dem Schwanz an die Wand, was ihnen gar nicht schwer fiel, war er doch schon alt und schwach, der arme Bär. Bald hatten sie auch den Hasen neben dem Bär angenagelt. Der war vor lauter Angst weder lebend noch tot. Übrig blieben noch der Wolf und der Fuchs. Die sprangen wie wild in der Stube umher, man konnte sie nicht fassen. Da entglitten sie den Händen des Jägers, dort schlüpften sie ihm zwischen den Beinen durch, und als man sie schließlich in eine Ecke zwängte, sprangen sie über die Köpfe hinweg geradeaus durchs Fenster hinaus.

Der Wolf schnitt sich an der Fensterscheibe das Maul blutig, war aber doch ins Freie gelangt und lief – hast du's nicht gesehen! – wie ein Pfeil schnurgerade dem Walde zu.

Auf das Klirren der Fensterscherben eilte die Wirtin aus der Küche herbei; den Rahmkrug in der Hand, trat sie an das Fenster. Der Fuchs war eben daran, dem Wolf nachzuspringen; dabei geriet ihm sein Schwanzende in den Rahm, aber sie konnten ihn trotzdem nicht mehr erwischen.

Als der Bär und der Hase die geglückte Flucht ihrer Kumpanen sahen, nahmen sie alle Kraft zusammen, scherten sich nicht drum, ihren Schwanz zu verlieren, rissen sich von der Wand los und husch! – dem Wolfe und dem Fuchse nach.

Im Nu waren sie auf und davon, rannten um ihr Leben und rennen vielleicht noch heute, wenn sie inzwischen nicht angehalten haben.

Am Blumensonntag auf dem Jahrmarkt zu Gyergyó hat sie seitdem kein Mensch mehr gesehen, weder den Bären noch den Wolf, den Fuchs oder den Hasen. Wer's nicht glaubt, daß sie einmal dort gewesen sind, der gehe hin und überzeuge sich selber:

Der Wolf hat von den Glasscherben auch heute noch ein blutiges Maul, dem Fuchs ist vom Rahmkrug her die Schwanzspitze noch immer weiß, und einen Schwanz hat weder der Bär noch der Hase. Seit jenem Tage ist vom Hasen auch kein Wort mehr vernommen worden, denn damals ist er vor Schreck verstummt.

21. Kettenmärchen

Goldhenne unterm Zaun Eier legte,
Der Zaun vor Gram sich krümmte.
Die Elster zu dem Zaune flog ...

Sprach die Elster: »Oh, du Zaun, wenn ich sonst zu dir flog, standest du schön aufrecht da! Warum bist du heut' so krumm?«

»Goldhenne unter mir Eier legte,
Vor Gram ich mich krümmte.«

Sprach die Elster: »So will auch ich mir den Schwanz ausrupfen!« Die Elster rupfte sich den Schwanz aus und flog hin zu der Eiche. »Sag doch, du Elster, wenn du sonst zu mir fliegst, hast du einen schönen buschigen Schwanz. Warum hast du heut' keinen?«

»Goldhenne unterm Zaun Eier legte,
Der Zaun vor Gram sich krümmte.
Auch ich hab' mir den Schwanz ausgerupft.«

Sprach die Eiche: »So will auch ich mir die Zweige abstutzen!« Und die Eiche stutzte sich die Zweige ab.

Eine Kuh mit ihrem Kalb suchte Kühle unter der Eiche. Sprach die Kuh: »Eiche, wenn ich sonst zu dir komme, hast du so schöne dichte Zweige. Warum hast du heut' keine?«

»Goldhenne unterm Zaun Eier legte,
Der Zaun vor Gram sich krümmte;
Die Elster hat sich den Schwanz ausgerupft,
Auch ich hab' mir die Zweige abgestutzt.«

Sprach die Kuh: »So will auch ich mein Kalb töten!«

Die Kuh ans Wasser kam. Sprach das Wasser: »Sag doch, du Kuh, wenn du sonst zu mir kommst, ist stets dein Kalb mit dir. Warum kommst du heut' allein?«

»Goldhenne unterm Zaun Eier legte,
Der Zaun vor Gram sich krümmte;
Die Elster hat sich den Schwanz ausgerupft,
Die Eiche hat sich die Zweige abgestutzt,
Auch ich hab' mein Kalb getötet.«

»Nun denn«, sprach das Wasser, »so will auch ich zu Blut werden!«

Ein Mädchen mit Krug und Eimer ans Wasser kam. Sprach das Mädchen: »Sag doch, du Wasser, wenn ich sonst zu dir komme, um aus dir zu schöpfen, bist du stets so schön klar. Warum bist du heut' wie Blut so rot?«

»Goldhenne unterm Zaun Eier legte,
Der Zaun vor Gram sich krümmte;
Die Elster hat sich den Schwanz ausgerupft,
Die Eiche hat sich die Zweige abgestutzt,
Die Kuh hat ihr Kalb getötet,
Auch ich bin zu Blut geworden.«

»Nun denn«, rief das Mädchen, »so will auch ich mir den Krug an den Kopf schlagen!« Der Krug zersprang ihr am Kopfe, mit dem Eimer schöpfte sie Wasser.

Sie kam am Backofen vorbei. Gerade schob die Bäuerin das Brot in den Ofen. Sprach die Frau: »Oh, du Mädchen, wenn du sonst hier vorbeikommst, trägst du so schönes klares Wasser. Warum ist das Wasser heut' so rot wie Blut?«

»Goldhenne unterm Zaun Eier legte,
Der Zaun vor Gram sich krümmte;
Die Elster hat sich den Schwanz ausgerupft,
Die Eiche hat sich die Zweige abgestutzt,
Die Kuh hat ihr Kalb getötet,
Das Wasser ist zu Blut geworden,
Auch ich schlug mir den Krug an den Kopf.«

Sprach die Bäuerin: »Nun, so will auch ich den Teig an den Ofenrand kleben!«

Mit vier Ochsen der Knecht aus dem Walde kam. Daheim sprach der Knecht: »Wie denn, Bäuerin, wenn ich sonst heimkomm', setzt Ihr mir stets frischen Fladen vor. Warum denn heut' nicht?«

»Goldhenne unterm Zaun Eier legte,
Der Zaun vor Gram sich krümmte;
Die Elster hat sich den Schwanz ausgerupft,
Die Eiche hat sich die Zweige abgestutzt,
Die Kuh hat ihr Kalb getötet,
Das Wasser ist zu Blut geworden,
Das Mädchen hat den Krug an den Kopf geschlagen,
Auch ich hab' den Teig an den Ofenrand geklebt.«

Sprach der Knecht: »Nun, so will auch ich den vier Ochsen die Füße abhauen!«

Er tat es.

Des Abends der Bauer vom Schnitt heimkam. Sprach der Bauer zu dem Knecht: »Wie denn, du Knecht, wenn ich sonst heimkomm', stehen die Ochsen auf ihren Beinen und kauen zufrieden. Warum liegen heut' alle vier auf dem Boden?«

»Goldhenne unterm Zaun Eier legte,
Der Zaun vor Gram sich krümmte;
Die Elster hat sich den Schwanz ausgerupft,
Die Eiche hat sich die Zweige abgestutzt,
Die Kuh hat ihr Kalb getötet,
Das Wasser ist zu Blut geworden,
Das Mädchen hat den Krug an den Kopf geschlagen,
Die Frau hat den Teig an den Ofenrand geklebt,
Auch ich hab' den Ochsen die Füße abgehauen.«

Sprach der Bauer: »Wohlan, so will auch ich mir die Sense in die Brust stechen!«

Und er tat es.

22. Der morgenländische Prinz und die abendländische Prinzessin

Vormals fingen die jungen Leute schon frühzeitig mit der Liebe an, kaum daß der Bursche und das Mädchen dreizehn Jahre alt waren. Zu jener Zeit schrieb der morgenländische König dem abendländischen König einen Brief, er habe einen Sohn, und weil der abendländische König eine Tochter habe, so möchte er diese seinem Sohn vermählen.

Der abendländische König schrieb zurück, der andere solle das Bildnis seines Sohnes schicken.

Also schickte der König das Bildnis seines Sohnes, doch als die abendländische Prinzessin dieses sah, rief sie, an einem solchen Burschen wolle sie nicht einmal ihre kotigen Schuhe abwischen.

Der morgenländische Prinz war tief beschämt und sagte zu seinem Vater:

»Gib mir soviel Zehrgeld, daß ich damit bis zu meinem zwanzigsten Lebensjahr auskommen kann.«

Sein Vater gab ihm das Zehrgeld, und der Königssohn machte sich auf den Weg. Zu allererst wollte er die Goldschmiedekunst erlernen und bat einen Goldschmied, ihn in der feinsten Goldschmiedekunst zu unterweisen. So vortrefflich erlernte er die Goldschmiedekunst, daß es unterm Himmelsrund niemand seinesgleichen gab. Er dankte dem Goldschmied für seine Güte und zog weiter. Nun ging er zu einem Schustermeister, daß er aus ihm einen Schuster mache, wie es unterm Himmelsrund keinen seinesgleichen gäbe. Und der Schustermeister machte aus ihm einen Schuster, wie es seinesgleichen keinen unterm ganzen Himmelsrund gab. Er bedankte sich auch schön und zog weiter. Ging zu einem Blumengärtner und sagte ihm, er solle ihn in der feinsten Blumengärtnerei unterweisen. Der machte aus ihm einen Blumengärtner, wie es seinesgleichen unterm Himmelsrund keinen gab. Er dankte auch dem Blumengärtner für seine Güte und zog weiter.

Nun kam er in den Garten des abendländischen Königs.

»Könnt ihr hier einen Gärtnerburschen brauchen?«

Man erwiderte ihm:

»Ihr kommt uns gelegen, wir brauchen grad einen.«

Sie stellten ihn gleich ein. Der Garten war arg vernachlässigt, aber er brachte ihn bald in Ordnung. Dann fragte er den Obergärtner:

»Sagt, kommen in den Blumengarten denn keine Mädchen?«

Sagt der Obergärtner:

»O doch, hin und wieder kommen welche.«

»Wieso hat sich noch keine sehen lassen?«

Da ging der Obergärtner zu den beiden Kammermädchen der

Prinzessin und flüsterte ihnen zu, es sei da ein schmucker Gärtnerbursche, auch den Garten habe er so schön in Ordnung gebracht. Darauf huschte das eine Kammermädchen in den Garten hinunter, um sich diesen Gärtnerburschen anzuschauen. Sie sprach mit ihm und fragte dann, ob er ihr nicht ein schönes Blumenbukett binden könne.

Der Gärtnerbursche erwiderte:

»Ja, das kann ich. Geht noch ein Weilchen spazieren, unterdessen bind' ich Euch eines.«

Und während das Kammermädchen spazierenging, machte der Gärtnerbursche ein Paar wunderschöne Schuhe für sie. Als das Kammermädchen zurückkam, um sich ihr Bukett zu holen, gab er ihr das Bukett in die Hand. Wie sie damit hinaufgeht, fallen ihr die wunderschönen Schuhe in die Augen. Sie ruft den Gärtnerburschen:

»Kommt doch her, was ist denn das da oben auf dem Dach des Gartenpförtchens?«

Sagt der Gärtnerbursche:

»Ein Paar Schuhe sind's.«

Sagt das Mädchen:

»Was? Puhe?« (In jener Gegend waren damals Schuhe noch unbekannt, man ging in Mamussen – selbstverfertigten Pantoffeln aus Tuchstücken oder Wollgarn.)

Darauf sagt der Gärtnerbursche:

»Nicht Puhe, sondern Schuhe!«

»Und was kosten die?« fragt das Kammermädchen.

»Für Geld geb' ich sie nicht, doch wenn Ihr abends zu mir kämt ...« sagt er.

»Das darf ich doch nicht, will's lieber mit Geld bezahlen.«

»Für Geld geb' ich sie aber nicht.«

Und weil das Kammermädchen sowas noch nie gesehen hatte, sagte sie schließlich:

»Also gut; heute abend, wenn es niemand sieht, komm' ich zu Euch.«

Darauf gab ihr der Gärtnerbursche die Schuhe.

Die Königstochter wunderte sich, was das Kammermädchen wohl an den Füßen trage, und fragte:

»Was ist denn das?«

Sagt das Kammermädchen:

»Schuhe!«

»Was? Puhe?«

»Nein, nicht Puhe, sondern Schuhe!«

»Wo hast du die denn her?« fragte sie.

»Der Gärtnerjunge gab sie mir.«

»Na, kann der auch so etwas machen?«

Auch das andere Kammermädchen, als sie es erfuhr, lief sogleich zu dem Gärtnerjungen hinunter, und auch sie fragte ihn, ob er ihr nicht ein schönes Bukett binden könne. Dem zweiten Kammermädchen erging es ebenso, und so hatten schon beide Kammermädchen Schuhe an den Füßen.

Am nächsten Tag gingen alle drei spazieren. Die beiden Kammermädchen stolzierten in ihren Schuhen einher, indes die Königstochter bloß ihre Mamussen trug. Sie schämte sich auch deswegen, und so schaute sie sich den Gärtnerburschen etwas genauer an, sprach mit ihm und fragte, ob er ihr nicht auch ein schönes Bukett binden könne.

Der Gärtnerbursche erwiderte:

»Geht noch ein Weilchen spazieren, unterdessen binde ich Euch das Bukett.«

Während die Königstochter spazieren ging, machte ihr der Gärtnerbursche ein wunderschönes Paar Schuhe – die Spitzen mit goldenen Buchstaben verziert – und tat sie auf das Dach des Gartenpförtchens.

Als die Königstochter um ihr Bukett kam, gab er ihr's in die Hand, und als sie hinaufging, fielen auch ihr die schönen Schuhe in die Augen. Die Königstochter fand großes Gefallen an den Schuhen und fragte ihn sogleich:

»Was kosten sie?«

»Für Geld geb' ich sie nicht, doch wenn Ihr abends zu mir herunterkämt . . .«

»Was redet Ihr da für Ungehörigkeiten«, sagte sie, »sowas darf ich doch nicht tun. Wenn mein Vater davon hört, ist es aus mit mir!«

»Na, aber für Geld geb' ich sie nicht.«

Die Königstochter fand großes Gefallen an den Schuhen, die waren ja noch viel schöner als die der beiden Kammermädchen, die Spitzen hübsch mit Goldbuchstaben verziert; so willigte sie schließlich ein und sagte:

»Sobald meine Eltern spazieren gehen, komme ich herunter – aber abends kann ich nicht kommen.«

Darauf gab ihr der Gärtnerbursche die Schuhe, und als der Vater und die Mutter spazieren gingen, schlich sie sich heimlich zu ihm hinunter.

Doch einmal sagte die Prinzessin zu dem Gärtnerburschen:

»Du, 's ist was passiert! Wenn's mein Vater erfährt, schlägt er uns beide tot. Wir müssen fliehen!«

Sie sind tatsächlich geflohen und gingen den ganzen Weg zu Fuß, denn der Gärtnerbursche wollte es aller Welt zeigen, daß die Prinzessin keineswegs ihre Schuhe an ihm abwischte, sondern mit ihm sogar zu Fuß überall hinging. So zogen sie einher, bis sie in das Reich des morgenländischen Königs gelangten. Da trafen sie die Rinderherde des Königs und fragten die Hirten, ob sie bei ihnen nicht Unterkunft finden könnten. Die Rinderhirten erkannten in den Gärtnerburschen alsbald den morgenländischen Prinzen; dieser gebot ihnen aber, nichts zu verraten. Sie sollten sagen, sie könnten ihnen nur unter der Bedingung Unterkunft geben, wenn sie eine Nacht lang die Herde hüteten.

Und so begab es sich, daß der Gärtnerjunge und die Königstochter gemeinsam die Rinderherde hüteten; er saß auf der einen Seite und sie auf der anderen.

Als der Morgen anbrach, zogen sie weiter gegen die Stadt des morgenländischen Königs. Am Rande der Stadt stellten sie eine Bretterbude auf und richteten einen Getränkeausschank ein. Der Gärtnerjunge ließ die Prinzessin allein zurück, ging zu seinem Vater und sagte ihm, er solle seine Soldaten dahin entsenden; die sollten dort zechen und schlemmen, sich immerzu Getränke ausschenken lassen, ohne nach dem Preis zu fragen, und mit dem Geld so um sich werfen, daß die Prinzessin mit dem Einkassieren nicht zu Rande komme. Der Vater beorderte also die Soldaten zu einer Zecherei in die Bude. Er gab ihnen auch Geld genug, es dort zu verprassen. Zudem hieß es im Befehl, sie dürften auf keinen Fall nach dem Preis fragen, sie hätten vielmehr mit dem Geld nur so um sich zu werfen.

Abends kam der Gärtnerjunge nach Hause und fragte die Prinzessin, wie es mit den Einnahmen gegangen sei. Die Prinzessin sagte:

»Wenn es mit den Einnahmen so weiter geht, werden wir bald reiche Leute. Es gab soviel Geld, daß ich mit dem Einkassieren kaum zu Rande kam.«

Am anderen Morgen sagte der Gärtnerjunge:

»Bleib da, ich geh' derweil in die Stadt und bestelle neue Getränke.«

Wieder ging er zu seinem Vater und sagte:

»Schick heute die Soldaten abermals hin, aber diesmal sollen sie zechen und schlemmen, ohne zu bezahlen. Wenn die Prinzessin das Geld verlangt, sollen sie die ganze Bude zusammenschlagen und auch die Prinzessin tüchtig verdreschen.«

Die Soldaten taten wie ihnen befohlen. Sie schlugen die ganze Bude zusammen und verdroschen auch die Prinzessin gehörig.

Abends, als der Gärtnerjunge nach Hause kam, fragte er:

»Na, wie geht's?«

Sie sagte:

»Nicht zum besten! Wir sollten uns lieber auch hier davonmachen!«

»Na, wenn das Geschäft nicht mehr gut geht, ziehen wir halt weiter und suchen uns einen anderen Verdienst.«

Sie gingen in die Stadt, und der Gärtnerbursche sagte:

»Ich werde mich beim morgenländischen König als Kutscher verdingen, du kannst es als Stubenmädchen versuchen.«

Das taten sie. Der Gärtnerjunge verdingte sich beim morgenländischen König als Kutscher, und sie als Stubenmädchen.

Einmal sagte der Gärtnerjunge zu dem morgenländischen König:

»Laß uns ein Hochzeitsfest veranstalten, ich will mich vermählen. Allein niemand soll's wissen, mit wem!«

Bald verbreitete sich überall die Kunde von einem prächtigen Hochzeitsfest, das der morgenländische König veranstalten werde, weil sich sein Sohn vermählen wolle. Auch die Prinzessin vernahm die Kunde und hätte sich diesen morgenländischen Prinzen gerne mal angeschaut.

Der König befahl allen seinen Stubenmädchen, sich in einer Reihe an die Tafel zu setzen. Beim Festmahl hielt die Prinzessin immerzu Ausschau nach dem Gärtnerjungen, konnte ihn aber nirgends entdecken. Sie band sich unter der Schürze eine große Schale um und tat allerlei Speisen hinein, damit auch der Gärtnerjunge von den guten Dingen was habe.

Jetzt betrat der morgenländische Prinz den Saal und führte die Mädchen der Reihe nach zum Tanz. Als die abendländische Prinzessin darankam, versuchte sie sich damit auszureden, daß sie nicht tanzen könne. Aber es half ihr nichts, sie mußte tanzen. So sagte sie:

«Erlaubt mir bitte, vorerst für einige Minuten hinauszugehen!«

Doch der Königssohn hatte die Schale unter ihrer Schürze gesehen und erlaubte ihr nicht hinauszugehen. Sie tanzten also miteinander; dabei fiel die Schale zu Boden und zerbrach. Da rief der morgenländische Prinz – und alle stimmten mit ihm ein:

»Seht des Prinzen Gemahlin! Seht, wie sie ihren Gatten liebt, sie will ihn nichts entbehren lassen!«

Jetzt erst merkte sie, daß der Gärtnerjunge kein anderer war als der morgenländische Prinz, und sie schämte sich nicht wenig, daß sie ihm damals, als er um sie freite, geschrieben hatte, sie wolle nicht einmal ihre kotigen Schuhe an ihm abwischen.

23. Die Geschichte eines Schafhirten

Ein Schafhirte trieb seine Schafe auf die Weide in den Wald. Wie er mit ihnen dahinzog, sah er am Feldrand eine Feuerflamme. Aus dem Feuer schnellte eine Schlange hoch und brach sich dabei den Schwanz. Die Schafe stoben auseinander, das Feuer brannte fort, und die Schlange wand sich in der Glut. Der Schafhirte empfand Mitleid mit der Schlange, die solche Qualen im Feuer litt, und holte sie mit seinem Stab behutsam heraus. Da sprach sie zu ihm und sagte:

»Du Schafhirte, du hast mich aus dem Feuer gerettet, was wünschest du dir dafür?«

Der Schafhirte wunderte sich, wie es nur möglich sei, daß eine Schlange rede.

»Was soll ich mir von dir schon wünschen? Du kannst ja nichts geben.«

»O doch, ich möchte dir meine Dankbarkeit beweisen, und wenn du nur willst, kann ich dich glücklich machen.«

Dann sagte sie noch:

»Wenn du Lust hast, verschiedene Sprache zu erlernen, so kann ich es dir in kurzer Zeit beibringen. Aber nur unter einer Bedingung: Du darfst es keinem Menschen verraten, sonst mußt du auf der Stelle sterben.«

Der Schafhirte gelobte der Schlange, es keinem zu sagen und es geheim zu halten.

»Nun denn, treib jetzt deine Schafe weiter, geh hinter ihnen her, und dabei wirst du verschiedene Sprachen erlernen. Selbst die Vogelsprache wirst du verstehen. Solange du das Geheimnis wahrst, wirst du alle Sprachen verstehen. Im Augenblick aber, da du es verrätst, ist dein Leben verwirkt und du stirbst auf der Stelle.«

Die Schafe waren unterdessen schon aus dem Wald heraus; wie er ihnen nachfolgt und durch den Wald dahinzieht, kommt er zu einem hohlen Baum. Auf dem Baumstumpf sah er zwei Krähen hin- und herhüpfen, und sie krächzten dazu:

»Alles Geld aus der Sparkasse haben wir bereits hergeschafft. Der hohle Baum ist ganz angefüllt damit. Wohin nur mit dem übrigen Geld?«

In dieser Weise beratschlagten die Krähen miteinander. Der Schafhirte, der das gehört hatte, besah sich nun den Baum von allen Seiten.

»Donnerwetter!« sagte er, »die Schlange scheint mir tatsächlich Glück zu bringen. Dieser hohle Baum ist ja bis obenauf voll Geld.«

Mittlerweile hatten die Schafe die Wiese erreicht. Die Wiese war umzäunt, und sie zwängten sich durch die Pforte hinein.

Seine beiden Hunde, ein Pulihund und ein Schäferhund, hüteten die Schafe. Wie nun der Hirte an den Zaun herankommt und durch einen Spalt hineinguckt, sieht er einen riesigen Wolf drin; der hatte es auf seine Schafe abgesehen. Der Wolf trat auf den Pulihund zu und und sagte:

»Gib mir ein Schaf, denn ich bin hungrig.«

Der Pulihund entgegnete:

»Von mir aus kannst du alle haben, mir ist das ganz schnuppe! Doch der große Schäferhund, der dort drüben auf dem Rasen liegt, der muß es erlauben.«

Der Schafhirte hatte sehr wohl verstanden, wie der Wolf den Pulihund um ein Schaf bat und an wen ihn dieser wies.

»Na wart nur, du Pulihund, kriegst noch deine Tracht Prügel!«

Jetzt ging der Wolf zu dem Schäferhund:

»Gib mir ein Schaf, denn ich bin hungrig. Hab' den Pulihund schon drum gebeten, aber er hat mich an dich gewiesen, du sollst es mir erlauben.«

»Komm, komm, gleich sollst du von mir ein Schaf haben!«

Damit sprang der Schäferhund auf, allein der Wolf machte sich noch rechtzeitig aus dem Staube. Der Schafhirte trat nun in den Pferch, rief den Pulihund her und verprügelte ihn tüchtig von beiden Seiten. Nachdem er ihn tüchtig verprügelt hatte und es ihm genug schien, ging er zu dem Schäferhund, um diesen liebevoll zu streicheln. Aber der hatte Angst, auch dranzukommen, und lief fort. So war der Schafhirte gezwungen, die Schafe ohne den Schäferhund zu hüten.

Gegen Abend trieb er die Herde heim. Er hatte daheim zwei kräftige Esel, und er hatte auch einen alten Vater. Zu dem Vater sagte er:

»Vater, spannt mir die zwei Esel vor den langen Karren, brettert ihn vorn und hinten aus und legt zwei Äxte obenauf.«

»Was hast du vor, mein Sohn? Ich meine, wir haben Holz genug und brauchen nicht neues zu holen.«

»Folgt mir nur, Vater, wir wollen in den Wald gehen«, sagt er

Der Alte gehorcht, spannt die Esel ein und legt die zwei Äxte obenauf.

»So gehen wir halt, mir soll's recht sein.«

Der Schafhirte hatte inzwischen den Stall abgesperrt, und sie gingen nun zusammen in den Wald. Als sie zu jenem hohlen Baum kamen, sagte er:

»Jetzt dreht Euch um, Vater, und spannt die Esel aus. Wir wollen diesen Baum da fällen.«

»Was willst du denn mit diesem großen Baum, mein Sohn? Wir sind doch gar nicht imstande, ihn abzutragen.«

»Folgt mir nur, Vater, hört auf mein Wort, wir werden ihn fällen.«

Der Alte erschrak vor dem großen Baum und daß sie soviel Holz hacken müßten, doch sein Sohn krempelte sich die Hemdärmel hoch, machte sich an dem großen Baum zu schaffen und schlug von zwei Seiten auf ihn ein. Da auf einmal, wie er mit aller Kraft die Axt hineinschlägt, neigt sich der Baum und eine Unmenge Geld strömt heraus. Jetzt erschrak der Alte vor dem vielen Geld, aber sein Sohn sagte zu ihm:

»Von nun an sind wir reich, laß uns alles gleich auf den Karren laden.«

Es war schon tiefe Nacht, als sie endlich alles zuhaus in der Kammer ordentlich verstaut hatten. Die Frau war außer Rand und Band und wollte immer nur das eine wissen, woher sie das viele Geld hätten. Der Hirte sagte:

»Frag nicht, woher wir's haben – Hauptsache, daß wir's haben!«

Allein die Frau ließ dem Manne keine Ruhe, fragte immerfort und quälte ihn dermaßen mit ihrer unausgesetzten Fragerei, woher sie das Geld denn hätten, daß er ihr schließlich verriet, sie hätten es aus einem hohlen Baum im Walde.

»Und wieso hast du's denn gewußt?«

»Das kann ich dir nicht sagen, wenn ich's sage, muß ich auf der Stelle sterben.«

»Aber nein, du stirbst bestimmt nicht gleich davon, sag's nur!«

»Ich muß dann aber sterben!«

»Na wenn schon, dann stirbst du eben!«

Dies dachte sie freilich nur bei sich.

Am nächsten Tag setzte sie ihm wieder zu und wollte unbedingt wissen, wie er zu dem Geld gekommen sei.

»Um nichts in der Welt sag' ich es dir.«

»Sag es doch nur so zur Probe, du wirst gewiß nicht daran sterben!«

»Na, wenn du mich schon so quälst, so sei es. Ich werde es dir also sagen. Doch richte mir vorher das kalte Bett, reich mir das Totenhemd, ich leg' mich auf die Bahre und sag's dir dann.«

Die Frau zappelte schon vor Ungeduld, daß er's doch schon sage, sie wollte es schon wissen. Sie glaubte nämlich, er hätte irgendwen umgebracht, dabei war es doch wirklich rechtmäßig gefundenes Geld!

Als dann das kalte Bett gerichtet war, legte der Mann das Totenhemd an. Inzwischen hatte es sich bereits herumgesprochen, daß der Schafhirte im Sterben liege. Er öffnete die Türe weit, damit alle Leute zusehen könnten, wie er sterbe.

Viel Volk hatte sich versammelt; das kalte Bett stand bereit, er ließ sich das Kinn hochbinden und legte sich auf das kalte Bett. Sein Schäferhund verkroch sich darunter; wenn sein Herr sterben mußte, wollte er auch zugrundegehen und verrecken.

Da sagte der Schafhirte auf dem kalten Bett:

»Du Frau, gib doch meinem lieben Hund ein Stück Brot. Er sieht, daß ich sterbe und will mit mir gemeinsam zugrundegehen.«

Die Frau schnitt vom Weizenbrot ein großes Stück ab, allein der Hund fraß nicht. Er lag da, die beiden Vorderpfoten übereinander gekreuzt, die Schnauze darauf, und schaute traurig auf das Brot.

Durch die offene Türe hatte der Hahn das Brot auf dem Boden erblickt, stürzte sich darauf, zerhieb es, pickte es auf und gackerte dazu:

»Kommt alle her und eßt mit!«

Der Hund knurrte:

»Was rührst du an dem Brot, 's ist ja nicht für dich bestimmt, sondern für mich! Siehst du denn nicht, daß unser armer Herr im Sterben liegt? Wie kannst du dies Brot nur mit so großem Appetit verzehren? Ich könnte keinen Bissen herunterschlingen, doch du, du frißt auch meinen Teil mit so großem Appetit! Trauerst du denn gar nicht?«

»Was soll ich trauern? Krepier mit deinem Herrn zusammen!«

Dies aber hörte der Schafhirte auf dem Bett. Er wollte hinunterspringen und den Hahn totschlagen, doch wartete er ab, was da noch kommen werde.

Sagt der Hahn:

»Dein Herr ist fürwahr ein elender Schlappschwanz, und du hast genau so wenig Verstand wie dein Herr! Sieh mich an, ich hab' etwa siebzig oder achtzig Gattinnen und allen kann ich kommandieren, er aber kann nicht mal dieser einen da! Soll ich deshalb jammern?«

Der Hund gewann sogleich seine gute Laune wieder, denn der Hahn hatte wirklich recht.

Der Schafhirte erhob sich vom Bett:

»Komm, Frau, komm mit mir in die Kammer, dort will ich dir sagen, wo ich's gefunden habe.«

Er nahm einen dicken Strick vom Nagel, drehte ihn noch doppelt zusammen und sagte:

»Jetzt leg mal deine Hände auf den Rücken.«

»Warum denn auf den Rücken?«

»Weil«, sagt er, »weil es auf diese Weise gesagt werden muß, wie ich das Geld gefunden habe.«

Die Frau legt ihre Hände auf den Rücken, und er bindet sie an beiden Daumen noch fest mit einem gelben Draht zu, so . . .!

»Jetzt also sag ich's, wo ich's gefunden hab'!«

Er packt den doppelgedrehten Strick und schlägt gehörig zu, vorn und hinten klatschen die Schläge. Die Frau heulte:

»O weh, o weh, ich sterbe!«

Er aber hielt nicht inne und verdrosch sie ganz bis zu den Fersen hinab. Als sie genügend verdroschen war, sagte er:

»Na, soll ich's noch sagen?«

»Ach, muß es auf diese Weise gesagt werden? O weh, schlag mich nicht, will nie mehr danach fragen!«

»Siehst du, so hab' ich's gefunden, und so muß es gesagt werden!«

Nie wieder hat ihn die Frau danach gefragt.

24. *Tauperlen-János*

Wo war's, wo war's nicht, jenseits von siebenmal sieben Königreichen war's; ich bin fortgezogen nach Pereg, zu den Märchen; dort waren die Märchen an die Krippe gebunden. Ich band ein schmuckes los, ich erzähle ein kurzes. Ich fuhr über die Theiß, jenseits der Theiß waren Peter Jámbor, Paul Jámbor und der Schönste der Welt.

Es war einmal auf der Welt eine Königin; diese Königin hatte kein Kind und hätte doch so gern eins gehabt. Was nur möglich war, alles tat sie; aber Gott segnete sie nicht. Einstmals ging sie hinaus in den kleinen Garten, auf und ab zu spazieren, roch an den allerschönsten Blumen; neben einem Rosenstrauch blieb sie stehen, wollte eine Rose pflücken. Sie pflückte sie auch; doch wie sie an dem Strauch schüttelte, rollte ein Tautropfen auf sie herab; davon wurde sie guter Hoffnung. Sie war glücklich, denn sie wußte schon, daß sie einen so schönen kleinen Sohn bekommen werde, den alle Welt bewundern würde. Sie wartete auf seine Geburt; doch der kleine Knabe wollte nicht zur Welt kommen. Schon dreizehn Jahre trug sie ihre Bürde, und der Knabe war immer noch nicht auf der Welt. Schon ging auch das vierzehnte Jahr zu Ende, als die Wunderschöne Örzsebet zur Königin kam. Sprach die Wunderschöne Örzsebet:

»Mein schönes Herzlieb, Tauperlen-János, komm heraus! ich, die Wunderschöne Örzsebet, harre deiner!«

Als das der Knabe dort drinnen hörte, begann er sich zu regen, und schon nach ein paar Augenblicken sprang er heraus, mit Tschako und Schwert gegürtet.

»Nun, hier bin ich, Wunderschöne Örzsebet! Warum hast du gerufen?«

Doch die Wunderschöne Örzsebet war eine Fee; keine Spur war mehr von ihr da; sie war verschwunden.

Da sprach Tauperlen-János – denn so wurde der Knabe genannt – zu seiner Mutter:

»Mutter, backe mir Wegzehrung, und dann gehe ich; ich werde die Wunderschöne Örzsebet suchen, und wenn sie auch am anderen Ende der Welt wäre!«

So geschah es auch. Die Mutter versorgte János mit allem reichlich, und János machte sich auf den Weg, zog in die Welt hinaus.

Er geht, wandert und wandert, langt bei einem Hause an. Dort schliefen zwei Königssöhne ganz fest auf dem Lager mit Schwert und Tschako. János kümmerte sich auch nicht weiter um sie, warf sich auf ein anderes Lager und schlief wie die süße Milch. Plötzlich wacht einer der beiden Prinzen auf, sieht, daß sie nicht allein sind, weckt den andern auch.

»Höre, steh auf, hier ist ein Königssohn; sicherlich ist er auch um der Wunderschönen Örzsebet willen ausgezogen. Weißt du was? Wir töten ihn; er schläft jetzt gerade fest.«

Spricht der andere drauf:

»Wie kannst du nur so sprechen. Hätte er nicht vielmehr uns töten können, wenn er ein böser Mensch gewesen wäre? Dann würden weder du noch ich jetzt atmen. Und dann, wer weiß, wer das sein mag und welchen Nutzen wir noch von ihm haben können!«

Darauf sagte der andere nichts.

Tauperlen-János war von dem Gespräch aufgewacht. Er wußte nicht, was sie sprachen; er hörte nur Worte. Er sah, daß jene auch auf waren. Sogleich machte er ihre Bekanntschaft.

»Wonach seid Ihr ausgezogen?«

»Wir suchen die Wunderschöne Örzsebet!«

»Traun, das ist auch mein Ziel! Nun, so wollen wir zusammenhalten!«

So geschah's auch; sie wanderten mitsammen. Nicht lange darauf kamen sie zu einem Berg, auf dem war ein großer Baum; kaum hatten sie den Berg betreten, im selben Augenblick verwandelte der sich in einen furchtbar großen bepelzten Mann. Die beiden Prinzen erschraken; sie sagten, sie gingen keinen Schritt weiter, denn sie fürchteten sich vor dem bepelzten Mann. Tauperlen-János sprach darauf zu sich: Ei, steht's so mit unserer Tapferkeit! – damit riß er das Schwert heraus, trat vor sie hin und sprach: »Wer ohne Furcht ist, folge mir!«

Die zwei Prinzen folgten ihm. Je näher sie dem bepelzten Manne kamen, desto größer wurde er. Doch János schaute jenen gar nicht an. Als sie ganz dicht bei ihm angelangt waren, hieb er tüchtig mit dem Schwert auf ihn ein, und dann zogen sie fürbaß. Der Weg führte zum Eingang einer Höhle. Dort blieben die drei Prinzen stehen und beratschlagten, wer zuerst da hineingehen sollte. Die beiden Prinzen sagten, das beste wäre, Tauperlen-János ginge hinein, denn er sei der tapferste.

János war's zufrieden; er schritt guten Mutes hinein. Doch vorher machte er auf der Erde ein kleines Beet, in dieses Beet steckte er Veilchensamen.

»Wenn dieser Veilchensamen aufgeht, dann kommt mir nach, Gefährten, denn dann ist's aus mit mir.«

Das gelobten sie und blieben draußen, János aber ging hinein.

So dunkel war's dort, wie hier bei uns in tiefster Nacht; János sah kaum ein paar Schritte weit. Er schritt tiefer hinein, da begann es sich aufzuhellen. Bald darauf sah er eine Frau, die saß an einem Webstuhl und webte Soldaten. Je flinker sie das Weberschiffchen warf, desto mehr Soldaten webte sie. Und die fielen über János her. Doch jene Frau hätte noch so viele Soldaten aus ihrem Webstuhl herausweben können, János hätte sie alle niedergehauen.

Als er hinaus gelangte, war es schon ganz hell. Er sah sich inmitten einer wunderschönen, grünen Wiese. Mittendrin stand ein schönes kleines Haus, nicht weit davon floß die Donau; das Ufer war dicht bewachsen mit großen breiten Weidenbäumen.

Was sollte er in dieser Einöde machen? Er faßte sich ein Herz, trat in das Haus. Dort wohnte eine schöne junge Frau. János wandte sich gleich an sie, wo er wohl die Wunderschöne Örzsebet finden könnte, denn die müßte sein werden um jeden Preis.

»Eine große Sache hast du unternommen, Tauperlen-János! Ich weiß nicht, ob daraus etwas werden wird. Doch wenn du willst, ich gebe dir einen guten Rat. Die Wunderschöne Örzsebet kommt täglich zu zwölft hierher, in der Donau zu baden, aber stets nur am hellen Mittag. Noch ehe sie baden kommen, mache dich auf zum Gestade, verbirg dich zwischen dem Weidenlaub, und wenn sie die Gewänder abgelegt haben, raffe der Wunderschönen Örzsebet Gewand zusammen und eile damit hierher.

Doch wie sie auch flehen und bitten mag, daß du zurückschauen sollst, schau nicht zurück, sonst ist's aus mit dir!«

So geschah's auch. János hatte sich schon vorher gut zwischen den Weidenzweigen versteckt; dort erwartete er die Wunderschöne Őrzsebet. Just Mittag war's, als sie zu zwölft kamen. Die andern legten die Gewänder ab; doch die Wunderschöne Őrzsebet schaut aufmerksam rings umher.

»Hier ist ja niemand, was schaust du? Wer sollte wohl hierher kommen, wo selbst der Vogel nicht fliegt?« sagten ihr die Feengespielinnen.

Doch die Wunderschöne Őrzsebet schaute umher, bis sie sicher war, daß wirklich niemand da war. Dann legte sie ihr Gewand ab und ging baden. János fielen fast die Augen aus dem Kopf, so schaute er. Als er sah, daß sie mitten im Baden waren, sprang er plötzlich aus dem Gebüsch hervor, raffte der Wunderschönen Őrzsebet Gewand zusammen, und heidi, hast du nicht gesehen! eilte er damit dem Hause zu.

Die Wunderschöne Őrzsebet sah es sogleich:

»Mein süßes Herz, mein schönes Lieb, Tauperlen-János, komm zurück, daß ich dich herze, daß ich dich küsse!«

Doch János eilte von dannen.

»So schau dich doch nur ein bißchen um! Mein süßes Herz, mein schönes Lieb, tu mir das eine nur!«

Dem konnte er nicht länger widerstehen, er schaute sich um. Auf der Stelle war er in einen Ball verwandelt. Die Wunderschöne Őrzsebet und die Feen kamen aus dem Wasser heraus und begannen mit ihm Ball zu spielen. Sie schlugen ihn gar zur Erde, fast wäre er geborsten. Als sie des Spielens müde wurden, schleuderten sie ihn in die Donau. Dort wurde er in eine wunderschöne goldene Ente verwandelt.

Droben vor der Höhle keimten die Veilchen auf. Das sahen die beiden Prinzen.

»Nun auf, Gefährte! Unser Kamerad ist in Not!«

Sie gingen geradewegs in das Haus, wo Tauperlen-János Nachfrage gehalten hatte. Die junge Frau sagte ihnen:

»Ich weiß nicht, ob er zu retten ist«, sagte die junge Frau, weil die beiden Prinzen danach fragten. – »Ein Mittel gibt's;

wenn ihr's richtig ausführt, kann vielleicht noch alles gut werden. Tauperlen-János schwimmt jetzt als goldene Ente in der Donau. Die Wunderschöne Őrzsebet hat ihn darein verwandelt. Ihr könnt ihn nur erlösen, wenn ihr ihm den Kopf so abschießt, daß er aufs Ufer niederfällt und der Leib im Wasser bleibt. Doch schießt geschickt, sonst ist's mit allem aus!«

Die beiden gingen hin zum Donauufer, der eine nahm seine Büchse und zielte auf den Kopf der Goldente, die unterdessen bereits am andern Ufer der Donau schwamm. Kaum hatte er die Büchse abgefeuert, da überschlug sich die Ente im Wasser und ihr Kopf flog hinaus aufs Ufer, dort wurde sogleich Tauperlen-János daraus.

Da freuten sich alle drei, als sie sich wiedersahen. Sie gingen hinein ins Haus der jungen Frau; dort unterhielten sie sich. Die junge Frau schalt János, daß sie ihm doch gesagt hätte, er sollte sich nicht umschauen, und daß er es doch nicht ausgehalten hätte! Was blieb dem armen János übrig als zu versprechen, daß er es nicht wieder tun würde.

Am anderen Tag vormittags verbarg sich János wiederum im Weidengebüsch. Heller Mittag war's, als die Feen zum Baden kamen. Die Wunderschöne Őrzsebet hatte wiederum Verdacht, denn sie blieb am Ufer stehen, schaute rings umher, ob nicht jemand in der Nähe wäre. Doch die Feen beruhigten sie.

»Wahrlich, wie sollte hier jemand sein! Tauperlen-János sind wir los, und wer anders sollte hierher kommen?« Die Wunderschöne Őrzsebet ging darauf ein. Wirklich, wer sollte auch herkommen? Sie legte ihr Gewand ab.

Tauperlen-János wartete kaum, bis die schöne Fee ins Wasser stieg; sie war noch nicht richtig untergetaucht, da raffte er schon ihr Gewand zusammen und eilte damit dem Hause zu.

Die Wunderschöne Őrzsebet begann wiederum ihr weltengroßes Flehen:

»Mein süßes Herz, mein schönes Lieb, Tauperlen-János, kehre zurück auf ein Wort, eine Liebkosung! Schau nur, so herze ich dich, so küße ich dich! Oder blicke wenigstens zurück!«

Wie fest auch János bei sich beschlossen hatte, sich nicht umzuwenden, er liebte die schöne Fee so sehr, daß er sich nicht beherrschen konnte – er schaute zurück. Alsogleich war er in einen Ball verwandelt.

Das hatte die Wunderschöne Örzsebet nur gewollt, weiter nichts! Heraus aus dem Wasser allesamt! Sie begannen erbarmungslos mit ihm Ball zu spielen, und als sie schon tüchtig müde waren, warfen sie den Ball ins Wasser; dann kleideten sie sich an und gingen fort. Aus dem Ball wurde ein herrlicher goldener Rosenstrauch, der breitete seine Zweige dort über dem Wasserspiegel.

Drinnen im Hause hatten sie schon gesehen, daß Unheil geschehen war. Die beiden Prinzen verzehrten sich schier, daß János wieder nicht achtgegeben hatte. Sie wandten sich an die junge Frau: »Nun was machen wir jetzt?«

»Ja, das weiß ich jetzt selbst nicht«, sagte die junge Frau. »Doch wenn Ihr wollt, versucht es, die schönste Knospe von dem goldenen Rosenstrauch herunter zu schießen. Wenn das glückt, wird vielleicht noch alles gut.«

Die beiden Prinzen gingen zum Ufer, schossen die schönste Rosenknospe herunter, und alsogleich stand Tauperlen-János vor ihnen.

»Nun, Kamerad, dies eine Mal haben wir dich noch erretten können, aber wenn du ein drittes Mal nicht achtgibst, mußt du's auf dich nehmen; wir können dann nichts mehr für dich tun.«

Doch János sagte nichts, freute sich, daß die Sache so stand. Sie gingen wieder ins Haus und unterhielten sich.

Am dritten Tag war's wieder wie vordem. János verbarg sich im Weidengebüsch, und im strahlenden Mittag kam die Wunderschöne Örzsebet zu zwölft zum Bade. Doch jetzt hatte János beschlossen, sich nicht umzuschauen, auch wenn die Wunderschöne Örzsebet mit Engelszungen krähen sollte. Geschwind raffte er die Gewänder zusammen und eilte damit fort wie der Wind. Die Wunderschöne Örzsebet rief, was sie nur konnte; doch das war alles eins, János schaute nicht zurück. Gerade vor der Haustür war er schon, da hätte er fast den Kopf gewandt, und wenn ihn der eine Prinz nicht flugs hereingerissen hätte, hätte er sich auch umgeschaut; aber sie zogen ihn so hastig herein, daß nicht viel gefehlt hätte und er wäre auf die Nase gefallen. Der Wunderschönen Örzsebet Gewand hatte er auch bei sich.

Kaum war er zur Tür hinein, kam die Wunderschöne Örzsebet.

»Mein süßes Herz, mein schönes Lieb, Tauperlen-János! Du siehst, ich bin nackt; wenn du ein Herz hast, gib mir mein Gewand heraus!«

Doch János wollte es nicht hergeben. Die Fee flehte, beschwor ihn immer mehr, doch János gab das Gewand nicht her, denn die junge Frau im Hause hatte ihm bedeutet, daß der Wunderschönen Örzsebet Kleid ein Federkleid sei; wenn sie es anlege, fliege sie von dannen; dann könnte er ihre Spur nimmer finden. Die Wunderschöne Örzsebet schickte sich drein, vermählte sich mit János, und sie zogen in sein Reich.

Daheim lebte das junge Paar glücklich und in Liebe. Doch das Federkleid war gut verwahrt; niemand wußte, wo es war, nur János und seine Mutter. Der alten Königin war auch noch eingeschärft worden, daß sie es niemanden verraten dürfe.

Einmal ging der Königssohn, nämlich Tauperlen-János, in den Wald auf die Jagd. Er befahl seiner Mutter, sie dürfe das Federkleid nicht hergeben, wie sehr die Wunderschöne Örzsebet auch flehen sollte, denn dann fliege sie von dannen, und wer weiß, ob sie jemals wieder zu finden sein würde. Die Königin beteuerte, daß die Wunderschöne Örzsebet das sicherlich nicht erleben würde.

Kaum war János fortgegangen, da versank die Wunderschöne Örzsebet in große Betrübnis, sie weinte und klagte immerfort.

»Was fehlt dir, liebe Tochter, Wunderschöne Örzsebet?« fragte ihre Schwiegermutter.

»Was mir fehlt? Wie könnt Ihr da noch fragen! Wie sollte ich nicht traurig sein, wenn doch andern jungen Frauen jeder Wunsch erfüllt wird und mir nicht einmal der eine, daß ich mein liebstes Kleid, mein Federkleid tragen darf, in dem ich am schönsten bin.« Darauf weinte sie, weinte wie der strömende Regen.

Der Königin kam in den Sinn, was ihr Sohn gesagt hatte. Doch die Wunderschöne Örzsebet weinte so bitterlich, daß sie sie schließlich bedauerte; sie nahm das Federkleid aus der Kleiderkammer und gab es der weinenden jungen Frau.

Die brauchte nichts weiter! Sie legte es an, und wie der Vogel flog sie davon, sagte nicht einmal so viel wie: holla!

Der arme Tauperlen-János! Wenn er gewußt hätte, was zu Hause vorging! Aber er verließ sich auf seine Mutter, streifte fröhlich den ganzen Tag im Walde umher, schoß viele Hirsche und Hasen. Gerade wie er unter einem hohen breiten Baum steht, spricht jemand von oben zu ihm herunter: »Gott sei mit dir, Tauperlen-János!«

Er schaut hinauf, just da fliegt über ihm die Wunderschöne Őrzsebet. Er hätte nach ihr geschossen, aber da war sie schon weit fort über Wald und Feld.

Da kränkte er sich aber sehr! Was sollte er jetzt tun? Er meinte, das wäre sein Tod. Öffne dich, Erde, und verschlinge mich! – sagte er immer wieder bei sich. Schließlich ging er heim, gab sich dem Kummer hin, aß nicht, trank nicht, nur das Gebet hielt ihn am Leben.

Einstmals sagte er zu seiner Mutter:

»Nun, liebe Mutter, da ich mich in nichts auf dich verlassen kann, hast du doch die Wunderschöne Őrzsebet von mir gehen lassen, so wisse, daß ich auch fortgehen werde! Ich gehe fort und kehre nicht wieder, bis die Wunderschöne Őrzsebet auf ewig mein ist! Gott sei mit dir!«

Das sagte er und zog von dannen.

Er wanderte und wanderte, wanderte durch siebenmal sieben Königreiche; solange wanderte er, bis er in einer Stadt anlangte. In dieser Stadt wohnte ein berühmter Gastwirt. Der brauchte gerade ein Stubenmädchen. Tauperlen-János hatte keinen Brotverdienst; er legte Mädchenkleider an und verdingte sich dort als Stubenmädchen. Er hatte schon einen Nachmittag und eine Nacht gedient, als er anderntags hörte, daß jeden Tag, den Gott werden ließ, zwölf Kraniche zum Mittagsmahl in dieses Gasthaus kämen, und das seien zwölf Feen. Der Wirt hatte ihm auch gesagt, er solle sich rechte Mühe geben, denn jene seien stolze Fräulein, und wenn etwas nicht gut wäre, würden sie nicht wieder hinkommen.

So geschah's auch. Tauperlen-János putzte sich heraus, und da er auch recht gut genährt war, sah er aus wie die schönste junge

Frau. Es kam ihm aber gar nicht in den Sinn, wer jene Fräulein wohl sein könnten.

Gerade läutete es Mittag, als die zwölf Kraniche mit lautem Geschwirr ankamen. Sie ließen sich vor dem Hause nieder, schüttelten sich, und aus jedem Kranich wurde ein schönes, ach! gar zu schönes Mädchen. Dann gingen sie ins Zimmer, wo die gedeckte Tafel und das dampfende Essen sie schon erwarteten.

Tauperlen-János hatte für sie das Essen aufzutragen, er bemühte sich eifrig, nichts verkehrt zu machen. Wie er sich dort tummelt, sieht er, daß unter ihnen ein schönes, ach! ein ganz besonders schönes Mädchen ist; das scheint ja die Wunderschöne Örzsebet zu sein! Er ging näher, schaute sie genauer an; wirklich das war sie. Und dann während des Mittagmahls flüsterten, wisperten sie miteinander, als ob sie ein Geheimnis besprächen. Die Wunderschöne Örzsebet sagte zu Tauperlen-János:

»Mein süßes Herz, mein schönes Lieb, jetzt bin ich dein und du bist mein. Nur Grabscheit und Hacke sollen uns scheiden, denn ich werde dich mit mir nehmen. Wisse, daß diese andern elf Feen meine Geschwister sind. Wenn das Mittagmahl zu Ende sein wird, machen wir uns zum Aufbruch bereit. Klammere dich an meinen Rock; wenn wir hinausgehen, werden wir plötzlich zu Kranichen und tragen dich davon!«

Das brauchte man Tauperlen-János nicht zweimal zu sagen, er hätte am liebsten immerfort an der Wunderschönen Örzsebet Rock gehangen. Doch damit der Wirt nichts merke, sprang er hierhin und dorthin, aber immer nur um die schönen Feen herum.

Als sie das Mittagsmahl beendet hatten, traten sie zur Stube hinaus. Draußen vor der Türe schüttelten sie sich und verwandelten sich allesamt in Kraniche. Und sie flogen, flogen in die Ferne, János mit ihnen. Wenn jemand ihn sah, glaubte er, jene Vögel hätten ihn geraubt. Bald langten sie an, in ihres Vaters Hause. Doch János war auch dort bloß ein Kammermädchen, niemand wußte, daß er ein Mann war, nur die Wunderschöne Örzsebet.

Einmal sah der alte König, daß seine Tochter anderswie war: vorn kürzer als hinten.

»Hör mal, meine Tochter, was ist das? Mit wem lebst du zusammen?«

»Wirklich, lieber guter Vater, ich gestehe es: jenes Kammermädchen ist kein Kammermädchen, sondern ein Mann: Tauperlen-János, des Nachbarkönigs Sohn; er ist schuld dran, daß du etwas siehst.«

»Wenn es schon so steht, wenn ihr euch liebt, so seid glücklich miteinander.«

Das war Freude über Freude für die Wunderschöne Örzsebet. Sie lief sogleich zu János und erzählte ihm die Neuigkeit. Tauperlen-János legte augenblicklich das Mädchenkleid ab und zog sein schönstes Gewand aus Gold und Silber an; so trat er vor seinen Schwiegervater. Doch vorher sagte er zur Wunderschönen Örzsebet:

»Mein süßes Herz, mein schönes Lieb, wenn wir nun einander gehören, erfülle mir einen Wunsch, gib das Federkleid her!«

Schier wäre da die Wunderschöne Örzsebet zornig geworden.

»Wie sollte ich das geben, liegt doch einzig darin meine Macht! Ich gebe es gewiß nicht!«

»Nun denn, so sag es nur«, drang János in sie. »Willst du mich denn auf immer betrüben, willst du mich verlassen?«

»Das will ich nicht!«

»Nun, so gib es mir!«

So lange bat und bat er, bis sie es ihm gab. Tauperlen-János schichtete nun ein Feuer, warf das Federkleid ins Feuer, und als es aufflammte, da donnerte es wie aus einer Kanone.

Dann wurden sie getraut und waren glücklich; eins, zwei, drei, pinparare pax, sie leben jetzt noch, wenn sie nicht gestorben sind.

25. König Matthias und sein goldenes Lamm

Der Tatarenkönig besuchte einmal König Matthias. Sie begrüßten sich kameradschaftlich. Sagt der Tatarenkönig:

»Ihr habt, wie ich höre, ein goldenes Lamm?«

»Richtig«, erwidert König Matthias, »in meiner Schafherde ist ein Lamm mit goldenem Fell, und der Schäfer ist ein Mann, der noch nie gelogen hat.«

»Nun, ich werde Euch zeigen, daß er lügt«, entgegnet der Tatarenkönig.

»Er lügt nicht«, sagt König Matthias, »er lügt ganz gewiß nicht!«

»Doch! ich zeig's Euch, daß er lügt; ich stelle ihm eine Falle, daß er lügen muß.«

»Und ich wette, daß er nicht lügt! Um mein halbes Königreich wette ich!«

»Die Wette gilt«, sagt der Tatarenkönig, »auch ich gebe mein halbes Königreich hin, wenn er nicht lügt!«

Sie gaben sich die Hand darauf, dann wünschte der Tatarenkönig gute Nacht und ging in sein Quartier. Dort verkleidete er sich als Bauer, und so ging er auf die Alm hinauf. Er grüßte den Schäfer, und der erwiderte den Gruß:

»Willkommen, Herr König!«

»Woher weißt du, daß ich ein König bin?«

»Das erkenne ich an Eurer Rede.«

Darauf sagt der Tatarenkönig:

»Ich schenke dir eine Menge Geld und sechs Pferde und eine Kutsche, wenn du mir das goldene Lamm gibst.«

»Oh!« sagt der Schäfer, »nicht um die Welt geb' ich es hin, König Matthias würde mich ja aufknüpfen lassen!«

Viel Geld versprach ihm der Tatarenkönig, aber umsonst – der Schäfer ging nicht drauf ein.

Betrübt kehrte der Tatarenkönig in sein Quartier zurück. Dort saß er nun und ließ den Kopf hängen.

Seine Tochter war auch da, und sie sagte:

»Laßt den Kopf nicht hängen, Vater; ich gehe mit einem Haufen Gold zu ihm und werde ihn überlisten.«

Sie nahm ein Kistchen voll purem Gold mit, dazu eine Flasche Wein, süß wie Honig, um den Schäfer zu überlisten. Der aber sagte, ihm mangele es nicht an Geld, und König Matthias werde ihn aufknüpfen lassen, wenn er auf die Frage nach dem goldenen Lamm keine Antwort geben könne.

Das Mädchen redete so lange auf ihn ein, schäkerte so lange mit ihm, bis sie schließlich den Wein austranken; doch mußte sie zuerst davon trinken, denn er wollte sehen, ob sie nicht vielleicht Tollbeeren hineingetan habe. Zuletzt wurde der Schäfer so gut gelaunt, daß er sagte, er wolle ihr das goldene Lamm geben, wenn sie mit ihm schliefe; Geld aber brauche er nicht, denn Geld habe er genug.

Das Mädchen machte nicht viele Umstände und willigte ein, mit ihm zu schlafen. Danach sagte sie zu ihm:

»Zieh dem Lamm das Fell ab! Das Fleisch kannst du essen, denn das brauche ich nicht, ich will nur das Fell.«

Voll Freude nahm sie das Fell des goldenen Lammes mit nach Hause und gab es ihrem Vater. Der freute sich nicht minder, daß es seiner Tochter gelungen war, den Schäfer zu überlisten.

Aber es kam der Morgen, und der Schäfer grämte sich sehr; was sollte er nur König Matthias sagen, da nun das goldene Lamm verloren war? Er machte sich auf zu dem König und überlegte, was er wohl lügen könnte. Unterwegs spießte er seinen Hirtenstock in ein Mauseloch und tat seinen Hut darauf. Dann trat er ein paar Schritte zurück, trat wieder vor und verneigte sich vor dem Stock mit dem Hut wie vor dem König. Und der König fragte:

»Was gibt es Neues auf der Alm?«

Darauf sagte der Schäfer:

»Nichts gibt es dort, bloß daß das goldene Lamm verloren ist, der Wolf hat's gefressen.«

Wie's ausgesprochen war, erschrak er auch gleich.

»Du lügst, dann hätte er ja auch die anderen gefressen!«

Darauf nahm er seinen Stock aus dem Mauseloch und ging weiter, auf das königliche Schloß zu. Wieder fand er ein Mauseloch, und wiederum stellte er seinen Stock hinein, tat seinen Hut obendrauf und verneigte sich:

»Mein König . . .!«

»Was gibt es Neues auf der Alm?«

»Nichts, bloß daß das goldene Lamm in den Brunnen gefallen ist.«

»Du lügst, dann wären ja auch die anderen in den Brunnen gefallen!«

Wieder zog er den Stock aus dem Loch und ging ein Stück weiter. Und zum drittenmal fand er ein Mauseloch, steckte den

Stock hinein, tat den Hut obendrauf und verneigte sich davor:

»Mein König . . .!«

»Was gibt es Neues auf der Alm?«

»Jemand hat das goldene Lamm gestohlen.«

»Du lügst, dann wären ja auch die anderen gestohlen worden!«

Er nahm Hut und Stock und zog weiter, ging zu König Matthias ins Schloß. Dort saß auch der Tatarenkönig mit seiner Tochter am Tisch. Der Schäfer grüßte die beiden Könige und das Mädchen ebenfalls. Doch der Tatarenkönig hatte König Matthias das Lammfell schon übergeben, und nun warteten sie gespannt, ob der Schäfer lügen würde; denn wenn er jetzt log, hatte König Matthias sein halbes Reich verloren.

König Matthias fragte:

»Was gibt es Neues auf der Alm?«

»Nichts weiter, bloß daß ich das goldene Lamm gegen ein schönes schwarzes Lamm eingetauscht habe.«

Da war König Matthias hocherfreut und er sagte:

»So bring doch das Lamm herein!«

Der Schäfer aber entgegnete:

»Es sitzt dort in der Mitte zwischen den beiden Königen!«

»Bravo!« rief König Matthias. »Und weil du nicht gelogen hast, geb' ich dir das halbe Reich des Tatarenkönigs, das ich in der Wette gewonnen habe.«

»Nun«, sagte der Tatarenkönig, »und ich geb' dir meine Tochter zur Frau, ihr habt einander ja sowieso schon gekostet!«

So wurde der Schäfer Tatarenkönig.

26. Unser Herr Christus und der heilige Peter

1. Wie der heilige Peter einen Menschen schuf

Als Christus den Menschen schuf, schlich fortwährend der heilige Peter um Ihn herum. Er wurde recht überheblich und maßte sich an, selber einen Menschen erschaffen zu können.

Er tat es wirklich und erdreistete sich sogar, den Menschen

vor das Antlitz des Herrn zu bringen. Aber als Christus diesen erblickte, fing Er an zu lachen, daß Ihm die Tränen kamen.

»Was gibt es da zu lachen?« fragte Peter.

»Unglückseliger, du hast ja den Kopf verkehrt aufgesetzt!«

Da schämte sich Peter, daß er zu nichts taugte, aber zuletzt lachte er selber darüber. Allein zerschlagen hat er ihn dennoch nicht; er sagte zu Christus:

»Na, Herr, als Seildreher wird er gerade recht sein.«

So schuf der heilige Peter den Seildreher.

2. Du sollst nicht immer die Wahrheit sagen

Als unser Herr Christus auf Erden wandelte, ging auch der heilige Peter mit Ihm.

Der heilige Peter besaß einen Esel, den er einmal hier, einmal dort zu Markte trug. Wenn es dann zum Feilschen kam, sagte er jedoch stets die Wahrheit über sein Tier. Fragte man, ob der Esel nicht irgend ein Gebrechen habe, so erwiderte er, er sei dämpfig, ziehe nicht, sei störrisch, mit einem Wort, der Esel tauge nichts. Was Wunder, daß ihn niemand kaufen wollte?

Er klagte dem Meister, daß er seinen Esel nicht verkaufen könne und daß er nicht verstehe, warum?

Sprach Christus:

»Weil du die Wahrheit über ihn sagst, weil du ihn schmähst, deshalb kannst du ihn nicht an den Mann bringen. Du mußt ihn in lauten Tönen anpreisen. Nur keine Angst! dann wirst du ihn sicher verkaufen können.«

Das nächste Mal ging Peter demgemäß vor und staunte nicht wenig, daß es ihm tatsächlich gelang, den Esel zu verkaufen. Seither heißt es: Wer die Wahrheit sagt, zahlt nur drauf; es geht ihm wie dem heiligen Peter, der die Wahrheit sagte.

3. Träge und Emsig sollen sich heiraten

Als Christus auf Erden wandelte und der heilige Peter mit Ihm reiste, kamen sie einmal auf eine Wiese, wo gerade ein Mädchen Korn mähte. Christus bat das Mädchen um einen Schluck Wasser.

»Kleine Schwester, gib mir einen Schluck Wasser, denn ich habe großen Durst.«

»Ich hab' kein Wasser da, kann auch keins holen, hab' keine Zeit dazu!«

Christus erwiderte nichts, Er ließ das Mädchen dort und ging weiter. Nicht lange danach kamen sie zu einem zweiten Mädchen, das ebenfalls Korn mähte. Auch von diesem verlangte Christus einen Schluck Wasser. Auf Seine Bitte erwiderte das Mädchen:

»Ich hab' kein Wasser im Krug, will aber gleich welches bringen.« Und schon lief sie und brachte Ihm Wasser. Von dem Wasser trank auch Peter mit Genuß.

Kurz darauf trafen sie einen Burschen, der im Schatten eines Baumes müßig lag. Sie baten ihn, er möchte ihnen den Weg zeigen. Der Bursche hob ein Bein, und damit zeigte er ihnen den Weg, den sie zu nehmen hätten. Christus sagte nichts, und sie nahmen den Weg, den ihnen der Bursche gezeigt hatte.

Nach einer Weile trafen sie wieder einen Burschen, der aber emsig mähte. Sie baten ihn, ihnen den weiteren Weg zu zeigen. Der Bursche legte sogleich die Sense nieder, ging mit ihnen ein Stück weit und zeigte ihnen den Weg. Als er zurückkehrte, war durch Christi Machtvollkommenheit die Mahd vollbracht.

Sprach Peter zu dem Meister:

»Dieser emsige Bursche paßt gut zu dem emsigen Mädchen. Der andere hingegen, der träge, der paßt gut zu dem trägen Mädchen.«

»O nein, Peter, man darf nie zwei Emsige vereinen, was soll dann aus den beiden Trägen werden? Am besten verheiratet man sie so, daß der emsige Bursche das träge Mädchen bekommt, so können sie im Leben bestehen.«

Zither und Säge
Das Ende erwäge!

27. *Des Teufels Taufvater*

Einmal war's, keinmal war's, nahe am Ende der Welt war ein bodenlos tiefer Brunnen. In diesem Brunnen – so hieß es – hauste ein alter Drache mit seiner lieben Mutter. Allein gesehen hat sie keiner, und auch ich hörte nur davon, als meine Großmutter einmal gutgelaunt in der Spinnstube zu erzählen anfing.

Nicht weit von diesem Brunnen war ein Dorf und etwas weiter eine große Stadt. Einmal kam ein fürchterliches Gottesgericht über die Menschen: zwei Jahre lang regnete es nicht, regnete keinen einzigen Tropfen. Fürwahr, alles trocknete aus, alle Flüsse und alle Brunnen. Vor Durst waren schon viele Tiere eingegangen; sie halten es nämlich nicht so lange aus wie die Menschen. Aber auch die Menschen verschmachteten schier vor Durst. Sie wallfahrten in heiliger Prozession zu dem großen Brunnen und flehten inständig um ein bißchen Regen, oder daß sie auf irgend eine wunderbare Weise zu Wasser kämen. Aber alles war umsonst; bis einmal die alten Weiber im Dorf darauf verfielen, man müßte es mit dem Teufel versuchen, weil sie doch Gott vergebens angefleht, vergebens gefastet hätten, noch immer sehe man keine Spur von Regen, keine Spur von Wasser. Der Teufel sei vielleicht klüger, man müsse ihm irgendwas versprechen, und er würde dann helfen.

Allein wo ist der Teufel? Im ganzen Umkreis stellte man die gleiche Frage. In der Stadt lebte ein alter Advokat. Zu diesem gingen sie, er solle in Erfahrung bringen, wo der Teufel wohnt.

»Gut, liebe Leute, ich sag' es euch, hab' ich doch Zeit meines Lebens stets mit ihm zusammengearbeitet. Ihr sollt es nur nicht bereuen! Jetzt kommt ihr gerade recht, ihr findet ihn sicher in guter Laune, weil sie sich dort eben zu einer Taufe rüsten. Und wenn ihr den Teufel in guter Laune antrefft, wird er euch bestimmt helfen.«

Er erklärte ihnen noch, daß der Teufel dort und dort, bei diesem und diesem Kreuzweg, an dem und dem Tag, und zu der und der Stunde anzutreffen sei. Wer ihn beschwöre, dürfe aber nicht vergessen, vorher zu beten.

Oho! ist der Teufel so fromm, dann soll auch der Pfarrer mitkommen, soll im Namen des Dorfes mit ihm verhandeln! Na, was konnte der Pfarrer schon tun? Er ging also mit den Leuten zu dem Kreuzweg – an einem schwarzen Sonntag war's, um Mitternacht.

Ach wie bald kam die Reue! Als nämlich der Teufel den Pfarrer erblickte, rief er sogleich:

»Gut, daß Ihr gekommen seid, Ehrwürden, soeben hat meine Frau ihr siebenundneunzigstes Knabenkind geboren, und wir finden in der ganzen Verwandschaft keinen Taufvater mehr!«

So mußte der Pfarrer, ob er wollte oder nicht, das Amt des Taufvaters übernehmen. Wenn er aber schon diese große Sache übernehme, so möchte ihnen der Teufel doch auch aus dieser kleinen Unbill heraushelfen. Er solle ihnen Wasser verschaffen, weil das Dorf sonst verdurste.

»Gut«, sagte der Teufel. »Bis ihr zuhaus seid, ist das Dorf wieder mit Wasser versorgt.«

So ist es auch gewesen. Das Dorf wußte aber nicht, woher das Wasser kam; je nun, es gab wieder Wasser, und das war die Hauptsache. Allein viel Ungemach sollte daraus entstehen. In der Stadt hatten sie noch immer kein Wasser, und so kamen die Städter jede Nacht ins Dorf geschlichen und trugen alles Wasser, dessen sie habhaft werden konnten, fort. Der Dorfschulze meinte, das sei kein halber Spaß mehr, man müsse Wachen aufstellen, um zu erfahren, wer das Wasser in der Nacht forttrage.

Gut, die Wachen wurden aufgestellt: ein Mann vor jedes Haus. Die sahen dann, wie das Stadtvolk in Massen herbeiströmte, sich an den Brunnen heranmachte, das gut Wasser aus dem Brunnen schöpfte und forttrug. Das Dorfvolk wollte dies keineswegs dulden; sie griffen das Stadtvolk an, rauften und balgten sich um das Wasser, daß es schier zu einem kleinen Krieg zwischen ihnen kam. Mitten in der Rauferei merkten sie plötzlich, daß das Wasser in einem hohen Strahl aus dem großen Brunnen schoß, sich weit über den Erdboden ergoß und in einem Strom gegen das Dorf floß.

Na, dachten die Stadtleute, wenn dieser Brunnen die Dörfler

so gut mit Wasser versorgen kann, wollen wir's auch versuchen und den Teufel drum bitten.

Sie begaben sich also zu dem Brunnen. Auf dem Brunnenrand saß die Frau des Teufels und war recht gut bei Farbe. Im Arm hielt sie einen hübschen kleinen Bengel, der war freilich schwarz, aber trotzdem ganz niedlich. Als sich der Stadtschulze mit der Bitte an sie wandte, auch ihnen Wasser zu verschaffen, erwiderte sie:

»Davon versteh' ich nichts, ich weiß nur eins, daß bald die Taufe meines Sohnes stattfindet und daß sein Taufvater herkommen soll. Mein Mann wird zugegen sein, wenn ihr mit ihm reden wollt, wartet auf ihn.«

Nun, was konnten sie tun? So warteten sie halt. Bald aber begannen sie sich zu langweilen, schickten den und jenen in die Stadt, etwas zum Essen zu holen, denn schon zwei Tage waren vergangen und weder der Taufvater noch der Vater dieses hübschen schwarzen Knäbleins zeigten sich.

Soweit so gut, endlich kam er doch, der Teufel, und trug den Taufvater, den Pfarrer, auf dem Buckel. Hei! da erschrak der Stadtschulze gehörig, er fragte sich, was hier noch geschehen werde? Doch vorerst geschah nichts Besonderes. Der Teufel fragte ihn:

»He, Schulze, in welcher Sache seid Ihr gekommen?«

Ganz erschrocken sagt der:

»Bin gekommen, um . . . um zur Taufe Glück zu wünschen!«

»Ei, das ist wacker von dir, du Schulze«, sagte der Teufel. »Hör mich an, ich weiß, auch ihr habt viel Durst zu leiden. Ich will euch ebenfalls Wasser verschaffen, jedoch unter der Bedingung, daß du die Steuern für dieses Jahr erläßt.«

Der Schulze frohlockte! Wenn's nur darum geht, will er's gerne versprechen, sowieso kann keiner was zahlen; wegen der schrecklichen Dürre war die Ernte verloren, und alles Vieh war verreckt. Auch daran dachte er, wenn die Leute wieder zahlen können, wird er's als Nachtragssteuer eintreiben, so regelt sich dann alles von selbst. Wenn er's jetzt verspricht, kann die Stadt nichts damit verlieren, sondern nur gewinnen. Er versprach es also, doch der Teufel sagte:

»Wir wollen es schriftlich festlegen. Die Menschen haben mich schon oft bemogelt, ich möchte nicht wieder hereingelegt werden.«

Schon gut, sie mußten also gehen und einen Advokaten rufen, damit er die Schrift aufsetze. Der Pfarrer empfahl den alten Advokaten, der auch gar nicht weit wohnte. Ein Mann eilte hin.

Unterdessen sagte der Teufel zu dem Pfarrer:

»Hört, Ehrwürden, ich möchte, daß mein Sohn den Namen Simon erhält.«

»Nun gut, soll er Simon heißen«, sagte der Pfarrer. Aber die Frau wollte nicht, sie hätte lieber den Namen Michael.

»Nun, soll er Michael heißen«, sagte der Pfarrer.

Aber es sollte keins von beiden werden, denn als sie sich anschickten, das Knäblein zu taufen, rief der kleine Teufel:

»Vater! Taufvater! Pluto heiß ich!«

»Na, wenn du Pluto heißt, so sei's denn, benimm dich aber recht!« sagte der Teufel. Dann wandte er sich zu dem Pfarrer:

»Ehrwürden, wir geben Euch unseren Sohn so wie er ist, mit Namen und allem übrigen.«

»Ja aber, was soll ich mit ihm anfangen?« dachte der Pfarrer. »Nach Hause kann ich ihn nicht nehmen, die Leute im Dorf werden glauben, ich hätte ihn von einer Zigeunerin gestohlen, oder er sei mir auf irgend eine andere Weise zugekommen. Was soll ich nur mit ihm anfangen?«

Da ließ sich der Teufelsknabe vernehmen:

»Taufvater, sorgt Euch nicht! Ich kann mich ganz winzig machen und so zusammenschrumpfen, daß Ihr mich sogar in Eurer Tasche mitnehmen könnt. Wenn's nötig ist, kann ich aber auch ganz groß werden, höher noch als der Turm.«

»Ei, wenn das wahr ist, dann komm nur rasch in meine Tasche, Pluto!«

In der selben Minute wurde Pluto so winzig klein wie ein etwas größerer Apfel und schlüpfte in die Tasche seines Taufvaters. Aber drinnen zappelte er fortwährend, und der Pfarrer mußte ihm zuweilen einen Klaps geben, daß er zu strampeln aufhöre.

Nun, wie sie ins Dorf zurückkehren, merkt der Pfarrer alsbald wie betrübt die Leute herumgehen. Er bleibt stehen, mit ihnen zu reden, und fragt, was wohl wieder Schlimmes passiert sei. Gleich der erste Mann, den er traf, sagte es ihm. Gar Schlimmes sei passiert: alle Kinder im Dorf seien von einem Übel befallen, sie schrumpften zusammen bis zur Größe eines Apfels, dabei seien sie aber so flink wie kleine Gründlinge. Sie lebten zwar, nur stünden sie unter einem Zauberbann. Eben wollte man zu dem ehrwürdigen Herrn gehen, er möchte für sie eine Messe lesen, denn es müsse doch etwas unternommen werden.

Allein der Pfarrer wußte, daß hier nicht viel zu helfen war. Wenn sie Wasser haben wollten, so war dies eben der Preis dafür. Er verriet sich aber nicht, trat in die Kirche und begann drinnen auf den kleinen Teufel einzureden:

»Hör, Pluto, so geht das nicht. Sind alle Kinder wie du, so ist die Ehre des Dorfes dahin, und niemand ist da, der arbeitet oder sonst was tut.«

»O mein Taufvater«, sagte der kleine Teufel, »ich wüßte schon, wie alles wieder gut werden könnte, doch braucht es Mut dazu!«

»Sprich nur, mein lieber kleiner Taufsohn!«

Weil sein Taufvater so lieb mit ihm redete, wurde der kleine Teufel ganz zahm und sagte:

»Wißt Ihr, lieber Taufvater, daß die Ursache allen Übels in dem Brunnen steckt, der dort am Dorfrand steht? Der alte Drache haust drin zusammen mit seiner Mutter. Sie ist etwa tausend Jahre alt, und ihr Sohn ist auch nicht viel jünger. Sie sind beide sehr alt, jedoch noch gut bei Kräften. Mein Vater ist ja nur ihr Diener. Wenn jemand den Drachen töten könnte, käme alles wieder in Ordnung. Aber wer soll ihn töten?«

»Ei fürwahr, wer denn?« fragte der Pfarrer.

Doch sie mußten nicht lange grübeln, denn plötzlich öffnete sich die Türe, und herein purzelte ein wunderschönes Knäblein. Es war so winzig klein, daß es selbst für einen Apfel zu klein schien. In der Hand schleppte es jedoch ein mächtiges Schwert den ganzen Fußboden entlang. Mit kräftiger Stimme rief das Knäblein:

»Na, ehrwürdiger Herr, ich werde den Drachen mitsamt seiner Mutter töten, und das noch heute, wenn Ihr nichts dagegen habt!«

Wie sollte der Pfarrer auch was dagegen haben? Er fürchtete bloß, der Drache werde dieses Menschenbröckchen nur auslachen und vielleicht sogar auffressen. Er fragte das Menschlein:

»Sag an, mein liebes Kind, wessen Sohn bist du?«

»Bin der Sohn des Glöckners und Euer Ehrwürden Taufsohn!«

»Na, Pluto, siehst du dieses Menschlein? Es ist mein Taufsohn genau wie du. Er wagt es, den Drachen zu töten und du, was willst du inzwischen tun?«

»Ich werde inzwischen das Wasser, das im Brunnen ist, austrinken«, sagte Pluto.

»Das geht doch nicht«, dachte sich der Pfarrer. »Das Wasser kommt ja aus dem Brunnen, und wenn dieser Teufelssohn ihn leertrinkt, sind wir wieder dort, wo der Damm gebrochen ist.«

Der Teufel wußte bereits, woran der Pfarrer dachte, und sagte sogleich:

»Habt keine Angst, Taufvater! Soviel Wasser als man braucht wird noch übrig bleiben. Und haben wir einmal den Drachen getötet, so fällt auch wieder Regen vom Himmel, und der Brunnen hat dann Wasser genug.«

»Ei, das wird eine treffliche Sache sein«, dachte der Pfarrer. Damit aber die beiden Helden nicht so winzig klein blieben, nahm er seinen neugebackenen Taufsohn aus der Tasche heraus, und in der selben Minute wurde der so groß wie der Turm. Aber nicht nur er schoß dermaßen in die Höhe, sondern zu gleicher Zeit mit ihm alle Bengel im Dorf. Das Dorf sah aus, als wenn ein Wald in Bewegung geraten wäre.

»So geht das auch wieder nicht«, dachte der Pfarrer. Allein was konnte er schon tun? »Ach, wär' doch wenigstens mein Gevatter da, mir einen Rat zu geben!«

Noch ehe er's gedacht, verspürte er auch schon den Schwefelgeruch, und neben einem Heiligenbild trat der Teufel hervor.

»He, Gevatter, wie ich sehe, bist du in einer mißlichen Lage. Wie kann ich dir helfen? Meinen Sohn hast du recht liebgewonnen, merk' ich, willst aus ihm einen großen Mann machen. Drum helf' ich dir auch, sag nur geschwind, was los ist.«

»Ei fürwahr, hier ist ziemlich viel los«, sagte der Pfarrer. »Nur du kannst hier helfen!«

Der Teufel kam dem Pfarrer immer näher und berührte ihn beinahe schon, aber der Pfarrer wich vor ihm zurück. Doch bevor er noch das Weihwasserbecken erreichen konnte, packte ihn der Teufel und rüttelte ihn gehörig:

»Na, wird's bald! sag doch schon heraus, was du von mir willst!«

»Ach, ich will ja nur eines, daß der Drache getötet wird und daß wir immer Wasser genug haben!«

»Eigentlich ist das kein allzu großes Begehren. Wenn's mein Sohn unternimmt, kannst du von Glück reden, Gevatter! Doch wenn nicht – dann hol' ich dich!«

Da war der Pfarrer erst richtig in der Klemme. Wird sein Taufsohn helfen oder nicht?

Allein er brauchte sich nicht zu sorgen, denn Pluto hatte den Pfarrer so liebgewonnen, daß er seinetwegen sogar den eigenen Vater verließ. Deshalb sagt man ja heutzutage noch oft, daß den Pfarrer selbst der Teufel nicht holt! Und so lange es so bleibt, wird es auch immer Wasser geben. Der Sohn des Glöckners und der kleine Teufelssohn töteten nämlich den Drachen, holten ihn mitsamt seiner Mutter aus dem Brunnen heraus und verbrannten beide gleich dort auf der Stelle. So viele Menschen und Zigeuner hatten sich versammelt, daß man den Rasengrund fast nicht mehr sah. Während der Drache und seine Mutter brannten, donnerte und blitzte es ununterbrochen.

Die Weiber fürchteten sich, aber die Männer lachten aus vollem Halse und riefen immerzu:

»O wie gut! o wie gut!
Bald gibt's Regen und viel Schnee,
der Erde Frucht, wie eh und je!«

Und so war's auch. Aus dem Brunnen nahmen sie noch das Drachenei heraus; Pluto zerstampfte es, und seither gibt es keine Drachen mehr. Allein des Drachen Mutter war nicht vollständig verbrannt; der Wind trug Fetzen ihrer Haut fort und – glaubt mir! – daraus ist die giftige Kröte geworden. Den Glöcknerssohn aber traf der böse Blick des Drachen, er bekam den Fieberfrost und starb daran. Alle Welt wußte jedoch, daß er es war, dem sie das Wasser zu verdanken hatten.

Der Pfarrer – das muß nicht erst betont werden – hat die Waffe, die der Glöcknerssohn trug, fortan in großen Ehren gehalten. Als dann das Dorf erfuhr, woher sie der Junge nahm, ward auch bekannt, daß der Pfarrer nicht nur bei einem, sondern gar bei zwei Teufeln Pate gestanden hatte.

Die Geschichte ist damit zu Ende. Pluto ist auch heute noch zuweilen in des Pfarrers Tasche, doch so winzig wie ein normaler Apfel. Wenn er allzu viel herumzappelt, gibt ihm der ehrwürdige Herr mal einen Klaps, worauf er sich wieder still verhält.

Gewiß ist, daß der Pfarrer ein guter Taufvater war. Wenn Ihr's nicht glaubt, Muhme, ruft ihn doch als Taufvater zu Eurem Sohn, so wißt Ihr's dann genau.

28. Die drei Söhne des armen Mannes

Wo's nicht war, da war auf dieser Welt ein armer Mann, der hatte drei kleine Söhne. Und er ging hinauf zu dem König und meldete ihm:

»Erlauchter Herr König, ich bin ein Zimmermann und habe drei Söhne. Allein mit meiner Hände Arbeit werde ich sie nicht großziehen können, denn sie können noch nicht mithelfen. Gebt mir doch bitte einen Rat!«

»Nun, du armer Mann, mein Wald ist ja in deiner Nähe. Geh hin und zimmre dir dort eine Brücke. Genau durch die Mitte der Stadt fließt ein reißender Strom, schlag die Brücke darüber, dann kannst du Brückenzoll eintreiben und davon deine Söhne ordentlich großziehen.«

So ist es auch gewesen. Der arme Mann war ein tüchtiger Handwerker. Er ging mit seinen drei kleinen Söhnen in den Wald, und sie zimmerten dort eine Brücke. Jedes einzelne Holzstück fügte sich schön ins andere, ja sogar ein Dach bekam diese Brücke.

Zuerst ging der Vater selber hin, stellte sich mit einem großen Topf auf die Brücke, und von jeder Menschenseele, die hinüber wollte, forderte er vier Kreuzer Zollgebühr – damals gab's nämlich noch Kreuzer. Gegen Abend war der Topf bis zum Rande mit Geld gefüllt. Er ging damit heim und sagte:

»Seht und hört, liebe Frau und Kinder, aus diesem Topf voll Geld langt's nun für alles, für Salz und Petroleum und für Fett, kurzum, für alles. Jetzt muß nur noch fleißig gekocht werden. Aber fortan bleiben wir beiden Alten zu Hause und ihr, meine Söhne, ihr drei werdet den Dienst versehen.«

»Sehr wohl, lieber Vater!«

Zuerst ging der Pista hinaus. Er füllte den Topf genau wie sein Vater – jede Menschenseele mußte ja dort passieren, denn die Brücke stand in der Mitte der Stadt.

So ging es Tag für Tag. Auch Gyuri zog die Zollgebühren ein, nur der arme Jancsi nicht. Jancsi vergaß nämlich den Leuten zu sagen, wie es Gyuri und Pista getan hatten, daß sie bitte den Zoll entrichten sollten. Den ganzen Tag tat er nichts anderes als von der Brücke herab den Fischen im Wasser zuzuschauen. Er besann sich erst, als es schon Abend wurde. Nun wollte er nach Hause gehen, aber im Topf war nichts drin. Verlangt man nichts, legt auch keiner was hinein.

Was soll er jetzt tun? Da kommt gerade unser Herr Jesus mit dem heiligen Peter an die Brücke. Sagt der heilige Peter:

»Mein kleiner Sohn, laß uns die Brücke passieren.«

»O nein, jetzt laß' ich niemand mehr passieren, hab' noch keinen einzigen Heller eingenommen. Daheim krieg' ich's bestimmt. Doch meinetwegen, diese acht Kreuzer machen mich zwar auch nicht glücklicher, meine Prügel krieg' ich sowieso. Ach, wenn ich mich nur verwandeln könnte, in was ich möchte, ließ' ich Euch gerne passieren.«

»Nun gut, mein Sohn.« Sie gaben ihm acht Kreuzer, und er ließ unseren Herrn Jesus und den heiligen Peter passieren.

Am nächsten Morgen muß er wieder hinaus.

»Mach, daß du hinauskommst, Jancsi, sofort nach dem Frühstück gehst du wieder auf die Brücke! Zur Strafe mußt du jeden Tag auf der Brücke Dienst tun, solange der Topf nicht voll Geld ist.«

Jancsi ging zur Brücke. Aber unser Herr Jesus hatte seinen Wunsch erfüllt, und er konnte sich verwandeln, in was er wollte.

Er gab dem Brückengeländer einen Tritt, und schon war er unten und schwamm mit den Fischen im Wasser herum. Den ganzen lieben Tag tummelte er sich mit den Fischen im Wasser; erst gegen Abend ging er zurück, und wieder war der Topf ganz leer geblieben.

Unser Herr Jesus und der heilige Peter kamen auf ihrem Heimweg abermals über die Brücke gegangen.

»Laß uns passieren, kleiner Sohn, schon ist die Abenddämmerung hereingebrochen!«

»O nein, ich laß' niemanden passieren! Gestern hab' ich mein's abbekommen und heute krieg' ich's bestimmt wieder. Aber wenn ich mich verwandeln könnte in was ich möchte, ließ ich Euch gerne passieren.«

»Nun gut, mein Sohn«, sagte Peter.

Darauf öffnete Jancsi das Brückentor, und unser Herr Jesus schritt mit dem heiligen Peter hinüber. Drüben setzen sie ihren Heimweg fort.

Als Jancsi am nächsten Tag auf die Brücke kam, gab er dem Geländer einen Tritt, und den ganzen Tag flog er mit den Tauben in der Luft hin und her, flog überall hin, weit über alle Grenzen. Die Brücke aber blieb unbewacht, die Leute kamen und gingen, kamen und gingen.

Wie er abends nach Hause kommt, hat er wieder nur acht Kreuzer im Topf und bekommt wiederum seine Tracht Prügel vom Vater.

»Jeden Tag mußt du hinaus, solange das Geld reicht, das wir verdient haben; du mußt immer wieder hingehen, bis du's einmal lernst!«

Na, wie gesagt, gestern war er eine Taube, heute will er ein Häslein sein, und wie unser Herr Jesus und der heilige Peter kommen, sagt Jancsi:

»Wenn ich ein Häslein sein könnte, ließ' ich Euch passieren.«

»Nun gut, mein Sohn.«

Darauf ließ er sie passieren. Am dritten Tag gesellte er sich zu den Hasen und sprang den ganzen lieben Tag mit den Hasen herum. Abends sagt der Vater:

»Na, mein Sohn, ich will mich nicht länger mit dir ärgern.«

Als die Stadt zur Ruhe ging, nahm er Jancsi bei der Hand, führte ihn in den Stall und verschloß die Türe mit einem Schloß. In stiller Nacht wird er Jancsi mit dem Beil abschlachten und nachher unter die Bodenplanken stecken. Ja, so wird's ihm ergehen, das will der Vater tun, weil Jancsi nicht mehr zu ihnen paßt.

Und so ist es auch gewesen. Jancsi war im Stall eingesperrt, während die andern rechtschaffen ihr Abendbrot aßen, das ihnen die Mutter bereitet hatte. Jancsi lag auf der Pritsche im Stall, und als die Uhr zwölf schlug, hörte er Schritte; es war sein Vater, der schon mit dem großen Schweineschlachtmesser kam. Jedoch Jancsi war nirgends zu sehen. Wo mag er wohl sein? Wie ist er nur aus dem Stall entwichen? Aber er war dort auf dem Fenstersims in Gestalt einer Taube.

Sagt der Vater:

»Dich such' ich!«

»Mich sollt Ihr nicht suchen, Vater! Ich war Euch stets nur ein verlorenes Kind, so hab' ich mich jetzt in eine Taube verwandelt und fliege in die weite Welt hinaus. Bleibt Gott befohlen!«

Und wirklich, Jancsi zog fort, flog hinaus und fort und immer weiter, bis der helle Morgen kam. Jetzt möchte er aber gerne wissen, wo er eben ist. Da sieht er, daß er in einer wunderschönen großen Stadt ist, hoch oben auf dem allerhöchsten Dach der Stadt, auf dem Dach des königlichen Palastes. Da sagt er bei sich:

»Mein Gott, ich will da hinuntergehen.«

Auf der anderen Seite des Palastes ging er hinunter, um den König zu bitten, ihn in Dienst zu nehmen. Vielleicht wird er ihn als Kleinkutscher aufnehmen?

»Einen Kutscher brauchen wir gerade, einen Paradekutscher an Stelle des alten Jancsi. Der alte Jancsi bei uns, der wird Euch zeigen, was ein Paradekutscher zu tun hat«, sagte die wunderschöne Königstochter. Doch sie wußte nicht recht mit ihm zu verhandeln und meinte:

»Geht lieber zu meinem Vater, er ist gerade auf seinem Spaziergang im Garten.«

Er ging also zu ihrem Vater:

»Ich weiß nicht, mein Sohn; zwar sehe ich, daß du sehr anstellig bist und auch sehr schön von Gestalt, doch frag lieber meine Tochter, ob sie einen Kutscher braucht. Ich brauche keinen, sowieso trau' ich mich nicht in deinen Wagen, das Pferd könnte dir noch durchgehen! Meine Tochter aber hat vier Pferde zu ihrer Kutsche; wenn sie dich behält, kann's mir recht sein, ich hab' nichts dagegen.«

Er ging nun wieder zu der Tochter:

»Na gut, Jancsi«, sagte sie, denn er hatte ihr seinen Namen genannt. »Jancsi, bleib also da, du wirst als Aushilfe bei dem alten Jancsi arbeiten, mußt die Kutschen putzen, und wenn ich dann ausfahre, fahr' ich mit dir.«

Na, man stellte ihn also ein. Dem alten Jancsi paßte es zwar nicht sehr. Er hatte vier Pferde zu betreuen, aber die waren noch nicht einmal eingespannt. Da sagt er zu dem jungen Jancsi:

»Du, Jancsi, zieh die Kutsche heraus, die schwarze Kutsche, denn ich fahre jetzt mit meinem Vater König aus.«

Schön; er tat wie ihm befohlen und zog die Kutsche heraus.

Man brachte die Pferde und spannte sie ein, dann fuhr der andere mit dem König aus. So war's auch am folgenden Tag. Wie da der alte Jancsi zurückkommt, sieht er, daß sich der Junge recht geschickt anstellt und daß er mit den Pferden geschickt umzugehen weiß; das Mädchen aber steht dort im Schloßgang und belauert ihn. Wie sie sieht, daß der alte Jancsi zurückgekommen ist, sagt sie zu ihrem Diener:

»Du, Diener, geh in den Stall und sag dem jungen Jancsi, er soll die vier Pferde vor die schwarze Kutsche spannen, ich will zu dem Fischteich in den Wald fahren.«

Und so war's auch. In strammer Haltung kam er heraus, und als man die vier Pferde eingespannt hatte – er war zwar noch nie in einer Kutsche gewesen –, da fuhr er mit der knallenden Peitsche drein, und wie aus der Pistole geschossen, galoppierten die vier Pferde bis vor das Tor. Dort brachte er sie mit einem Ruck zum Stehen. Die Königstochter kam zierlich gekleidet heraus und bestieg die Kutsche.

»Na, Jancsi, jetzt geradeaus durch die Stadt zu meinem Fischteich mitten im Wald!«

Die Pferde liefen in vollem Trab quer durch die ganze Stadt, so prächtig anzusehen, daß ihnen alle Polizisten nachschauten; so hatten sie ja noch nie Pferde traben gesehen!

Als sie in den Wald kamen, stellte Jancsi die vier Pferde gleich unter einen hohen Baum und hängte allen vieren das Geschirr aus. Dann ging er zu dem Teich und sprang ins Wasser. Wie die Königstochter die schönen Fische im Teich bewundert, ist er immerfort in ihrer Nähe: er war ein wunderschöner Goldfisch.

»O Jancsi, komm her! Nur einen Augenblick! Einen wunderschönen Goldfisch können wir da fangen, komm schnell!«

Doch die Pferde standen verlassen unter dem Baum, Jancsi kam nicht, er war ja selber der Goldfisch. Nach einer kleinen Weile verschwand der Goldfisch aus dem Wasser, und Jancsi saß wieder auf dem Kutschbock.

»Sag mal, Jancsi, hab' ich dich in Dienst genommen oder nicht, bin ich die Herrin oder nicht?«

»Vergebt, erlauchtes Fräulein, ich konnte wirklich nicht kommen, weil ich – na, ich hab's ja gesagt, man soll mir zum Frühstück keine Milch und keinen Kaffee geben, ich hab' Bauchgrimmen davon, fühl' mich ganz elend. Dort unterm Baum hab' ich mich niedergehockt.«

»Verdammt! Die schwarze Todespest über unsere Köchinnen! Ich hab' doch befohlen, dir nur Paprikaspeck und Paprikawurst zum Frühstück vorzusetzen. Na, denen werde ich's aber geben! So etwas Schönes ist mir da entschlüpft!«

Es ließ das Fräulein die ganze Nacht nicht schlafen, und am nächsten Morgen sagte sie zu dem Diener:

»Du Diener, geh lauf in den Stall, sag, man soll meine Pferde einspannen und der Jancsi, der junge Jancsi, soll sich auf den Kutschbock setzen.« So geschah's auch.

»Na, Jancsi, wir fahren wieder zu dem Fischteich!«

Sie fahren wieder zu dem Fischteich. Jancsi bindet die vier Pferde an, und schon springt ihr aus dem Gebüsch ein kleines Häschen entgegen.

»Jancsi, komm sofort her, nicht daß wir auch das verlieren! Hopp! bald hab' ich's erwischt! Jancsi komm schnell von dort her! Hopp! fast hatt' ich's schon!«

Freilich, fast hatte sie ihn schon, sprang er doch immerfort um sie herum und ließ sich von ihr tätscheln.

»Jancsi, komm doch schon! Ach, wie hübsch ist dies goldige Häschen! Hopp! hab's fast gefangen!«

Na, als er genug davon hatte, verschwand der Hase, und Jancsi saß wieder auf dem Kutschbock.

»Sag, Jancsi, willst du mich töten? Willst du, daß ich vor Kummer und Leid sterbe?«

»Ach, mein erlauchtes Königsfräulein, dies Bauchgrimmen quält mich ja noch immer.«

»Sofort soll der Doktor kommen, zuhaus laß ich sofort um den Doktor telefonieren!«

So war's auch. Sie gingen nach Hause, die Königstochter war wütend. Und weil Jancsi noch immer nicht wohlauf war, ließ sie den Doktor holen.

Der Doktor sagt: »Es ist nichts Schlimmes, wird bald besser werden; er kommt bald wieder zu Kräften.«

Nun, drei Tage darauf fahren sie wieder aus, und Jancsi kutschiert. Im Wald bindet er die Pferde an, und wie die Königstochter zu dem Fischteich geht, verwandelt er sich in eine wunderschöne weiße Taube.

»O mein Gott, wie schön! Jancsi, komm geschwind! Oh, sie ist hier auf meiner Schulter – hopp! Jetzt auf der anderen. Jancsi, komm sofort her! Ach, hier ist sie wieder! Komm doch schon, fangen wir diese wunderschöne Taube ein!«

Da die Königstochter schon ganz erschöpft war, setzte er sich wieder auf den Kutschbock.

»Hör, Jancsi, jetzt ist mir wirklich schon alles eins, ob wir an den Galgen kommen oder in den Kerker – ich halt' das einfach nicht mehr aus! Wenn du auch dieses Bauchgrimmen hast, was immer dir widerfährt, du mußt doch kommen, wenn die Herrin ruft. Selbst wenn die Hosen noch nicht ganz zugeschnürt wären, ich hätt's dir nachgesehen. Ach, wenn wir wenigstens eins nur gefangen hätten, aber so geht das wirklich nicht!«

Sie fuhren nach Hause, und die Königstochter weinte, weil sie von den drei Dingen keins hatte fangen können; nicht ein einziges konnte sie fangen, weil ihr Jancsi nicht geholfen hat.

Zuhaus in ihrem Zimmer grämte sich die Königstochter entsetzlich, selbst die Speisen verschmähte sie. Dann sagte sie zu dem Diener:

»Lauf, Diener, bestell dem jungen Jancsi: Sobald die Soldaten die neunte Stunde geblasen haben, soll er unverzüglich zu mir in mein Schlafzimmer kommen. Ich befehle es ihm!«

Jancsi ging also hin. Vorerst aber legte er ein hübsches Gewand an, und nachdem man ihm das Schlafzimmer der Königstochter gezeigt hatte, trat er dort ein:

»Einen guten Abend wünsch' ich Euch, liebes Königsfräulein!«

»Gott gebe dir desgleichen, Jancsi! Du Jancsi, komm nur näher!«

Aber sie selbst ging zur Türe und verschloß sie. Dann nahm sie den Revolver aus der Tasche und richtete ihn auf Jancsi.

»Jetzt gestehe, Jancsi, ist da nicht irgend ein Schwindel in dieser Sache? Durch dein Bauchgrimmen habe ich drei Dinge verloren. Wie konntest du's nur übers Herz bringen? Ich hab' dich fortwährend gerufen, hab mir die Kehle wundgeschrien, und du bist trotzdem nicht gekommen!«

»Wie hätt' ich kommen können, Königsfräulein, ich bin's ja selber gewesen! Da war eben niemand, der kommen konnte.«

»Kannst du's auch beweisen?«

»Gewiß kann ich das! Sagt bitte dem Stubenmädchen, sie soll ein Waschbecken mit reinem Wasser bringen. Ich zeig' mich dann in verschiedenen Gestalten.«

»Na, wir werden ja sehen.«

Sie drückt auf die Klingel, und das Stubenmädchen eilt herbei.

»Zu Diensten gefälligst, mein Fräulein?«

»Bring in einem größeren Waschbecken reines Wasser und stell es auf den Tisch. Danach kannst du wieder an deine Arbeit gehen!«

»Sehr wohl.«

Als sie das Stubenmädchen bei der Türe entließ, schwamm Jancsi bereits munter als Goldfisch im Waschbecken.

»Na, jetzt glaub' ich's wirklich!«

Sie nahm den Goldfisch aus dem Wasser, streichelte und küßte ihn. Dabei griff sie nach der kleinen Schere und zwickte ein winziges Stückchen von der Schwanzspitze ab. Als sie den Goldfisch losließ, sprang der Hase um sie herum. Sie faßte den Hasen, streichelte ihn zärtlich und zupfte ihm ein Härchen von der Schwanzblume aus. Dann kam die Taube und hüpfte ihr von einer Schulter auf die andere. Auch diese streichelte sie zärtlich und zupfte ihr ein winziges Federchen aus dem Flügel. Als sich Jancsi zurückverwandelte, sah man's ihm an, denn am Kopf waren die gerupften Stellen in seinem Kraushaar deutlich zu sehen.

»Na Jancsi«, sagt sie, »fortan ist das Fenster bei meinem Bett für dich stets offen. Sobald der Hornist den Soldaten die neunte Stunde bläst, darfst du ruhig einsteigen, und wir schlafen dann zusammen. Einmal vielleicht, wenn meinem Vater etwas passiert, wenn ihm im Zweikampf oder in der Schlacht ein Mißgeschick widerfährt, dann wirst du ihm heraushelfen, niemand sonst wär' dazu fähig! Dann aber können wir heiraten und Hochzeit halten. Ein herrliches Hochzeitsfest wird das sein, du wirst's schon sehen! Allein bis dahin ist nichts zu machen, eine Königstochter darf doch einen Paradekutscher nicht heiraten. Das läßt das Königreich nicht zu. Aber so wird das schon gehen. Komm nur getrost durchs Fenster hereingeflogen, und wenn der Morgen graut, fliegst du wieder in den Stall zurück. Niemand wird es sehen.«

»Schönen Dank auch, erlauchtes Königsfräulein.«

Und so war's auch. Einige Wochen später geschah es, daß ihr Vater, der König, einen Zweikampf mit dem Sultan auszutragen hatte. Sie befahl den beiden Kutschern, die Pferde zu satteln und ihren königlichen Vater in den Zweikampf zu begleiten.

Sie zogen also in den Zweikampf, die beiden Kutscher und der König. Es war ziemlich weit bis zur Stätte des Zweikampfes. Drei Tage und drei Nächte mußten sie reisen, bis sie eine Stadt erreichten, wo sie mitsamt den Pferden in einem Gasthaus übernachten konnten. Erst am nächsten Tag um die Mittagsstunde würden sie zur Stätte des Zweikampfes gelangen. Aber da merkte der König, daß er sein Zweikampfschwert zuhaus vergessen hatte. Er ging in den Stall zu den beiden Kutschern und sagte:

»Hört mich an, meine Kutscher, ein großes Mißgeschick ist mir widerfahren, mein Schert ist daheim geblieben, ich hab's zuhaus vergessen und bloß mein Reitschwert mitgenommen; aber damit kann ich nicht zum Zweikampf antreten. Wer mir bis morgen früh mein Zweikampfschwert herbeischafft, dem gebe ich mein Leben zum Pfand, die Hälfte meines Königsreiches soll ihm gehören oder das Land, das ich im Zweikampf gewinnen werde. Mit diesem Schwert aber kann ich keinen Zweikampf bestehen.«

»Wir wollen's versuchen«, sagten die beiden Kutscher.

Daheim wußte das Mädchen bereits, daß der König sein Schwert vergessen hatte. Sie nahm es in ihr Zimmer, denn nur Jancsi konnte darum kommen, sicher nicht der andere Kutscher. Sie bereitete auch gleich ein Nachtessen für Jancsi in ihrem Zimmer.

Und so war's auch. Als es dunkelte und ihn niemand sah, trat Jancsi aus dem Stall und verwandelte sich in eine wunderschöne Taube. Diese flog ohne anzuhalten geradeaus in das Zimmer der Königstochter.

»Oh, ich wußte es ja, daß du um das Schwert meines Vaters kommen wirst! Ich hab' gesehen, daß er's zuhaus vergessen hat und nur mit dem Reitschwert fortgegangen ist. Na, jetzt setz dich hin und iß das Abendbrot! Und dann gürte dir das Schwert um die Hüfte und bring es meinem Vater. Siehst du, alles fügt sich zum besten. Es gibt ja nichts, was der liebe Gott nicht zum Guten wendet. Jetzt können wir einander angehören und Hochzeit halten!«

Er nahm das Schwert mit. Als ihn am Morgen der andere Kutscher auf dem Bett schlafen sah und neben ihm das Schwert des Königs gewahrte, schlug er Jancsi den Kopf ab und begrub ihn mit der Heugabel in der linken Seite des Ochsenmisthaufens. Er wollte sich selber mit dem Schwert beim König melden und sagen, daß er's gebracht hätte.

So war's auch. Er kommt zu dem König, und der fragt ihn, wo denn der junge Jancsi geblieben sei, warum er nicht auch komme.

»Der ist abends zu den Weibern gegangen und noch nicht zurückgekommen.«

»Ach nein, auch dann müßte er schon zurück sein!«

Der König sollte aber schon weiterziehen, um sich rechtzeitig zum Zweikampf einzufinden. Doch er kann nicht gehen, vorher muß er noch die Polizei und Soldaten auf die Suche nach Jancsi schicken. Der junge Jancsi aber ist nirgends zu finden. So beauftragt der König schließlich den Gemeindevorstand, wenn Jancsi wieder zum Vorschein käme, ihm zu bestellen, daß er auf sie warten solle, sie würden sich hier treffen.

Doch als sie zurückkehrten, nachdem der König den Zweikampf gewonnen hatte, war von Jancsi noch immer keine Spur. Sie konnten nicht länger warten und ließen beim Gemeindevorstand ein Pferd zurück, wenn sich Jancsi wieder finde, solle er nach Hause reiten, er wisse ja, wohin.

Zuhaus aber fragt die Königstochter:

»Lieber Vater, wo ist er? Ihm hab' ich das Schwert gegeben und nicht dem alten Jancsi!«

»Ich weiß es wirklich nicht, meine Tochter. Dieser da behauptet, der junge Jancsi sei in die Stadt gegangen. Aber in der Stadt war er nirgends zu finden, und bis heute ist er noch nicht zum Vorschein gekommen.«

»Aber den da heirate ich nicht, nur der junge Jancsi wird mein Gemahl! Wenn es sein muß, will ich auch jahrelang auf ihn warten, denn er ist es, dem ich das Schwert gegeben habe.«

»Recht so, meine Tochter. Allein du weißt ja nicht, was ihm zugestoßen ist, vielleicht ist er gar schon tot. Wie dem auch sei, den alten Jancsi müssen wir jetzt hier behalten, als wärest du seine Braut.«

»Gewiß werde ich Braut sein, aber bestimmt nicht die seine!«

Den alten Jancsi putzten sie nun heraus, betteten ihn auf weiche Kissen wie einen König, der die Königstochter heiraten soll. Das arme Mädchen ging tief betrübt herum; ein ganzes Jahr verfloß, und der junge Jancsi war noch immer nicht zurückgekommen. Einmal ging unser Herr Jesus mit dem heiligen Peter dort vorbei. Sprach unser Herr Jesus zu dem heiligen Peter:

»Du Peter, spute dich, der arme Jancsi ist im Ochsenmist drin. Geh hin und erwecke ihn. Sein armes Liebchen weint sich die Augen um ihn aus, sie hat nicht soviel Haare auf dem Kopf, wieviel Tränen sie schon vergossen hat. Es war ja der junge Jancsi, dem sie das Schwert gab, mit dem ihr Vater das Land errettet hat. Also geh und erwecke ihn. Er soll nach Hause gehen, das Hochzeitsfest ist schon gerichtet.«

Und so war's auch. Jancsi erwachte und rieb sich die Augen.

»Oh, wie süß hab' ich geschlafen!«

»Ei fürwahr, wärest für immer eingeschlafen, mein Sohn, wären wir nicht vorbeigekommen. Aber jetzt spute dich, verwandle dich in die schnelle Taube und flieg geschwind nach Hause, damit du nur bald dort bist. Dann sei wieder ein Mann und zeig's dem alten Jancsi ordentlich! Ihm hat's nicht leid getan, dir den Kopf abzuschlagen, so soll's dir jetzt auch nicht leid tun, dem Bösewicht für die Missetat, die er an dir begangen hat, den Kopf abzuschlagen. Fordere ihn zum Zweikampf heraus, da soll er seinen wahren Mut beweisen! Wenn du aufrecht stehst, soll er versuchen, dir den Kopf abzuschlagen, und nicht, wenn du schlafend liegst!«

So war's auch. Als Jancsi heimkam, zog er das königliche Gewand an, das sein Liebchen mit vielen andern Gewändern für ihn bereit hielt. Dann forderte er den feinen Kerl zum Zweikampf heraus.

»Auf zum Zweikampf! Hast du mich liegend besiegt, so zeig jetzt, daß du's auch kannst, wenn ich aufrecht stehe!«

Und dann hat er ihn zu Nudeln zerstückt, und so ist jener verreckt.

Nachdem dies getan war, veranstalteten sie ein herrliches Hochzeitsfest; im Umkreis von sieben Ländern sprach alle Welt nur davon. Sie fingen in der Baumallee drei Meisen ein und kochten aus diesen drei Meisen sieben Kessel Suppe. Die Suppe war so fett und dick, daß der Löffel drin stecken blieb.

29. Das verschwundene Mondlicht

Der Lorbeerkönig hatte einen Bären, und er sagte zu ihm: »Dein Leben lang hast du nur von trockener Kost gelebt. Jetzt wirst du so lange Wasser trinken, bis du zerplatzt.«

Der Bär trat bis zu den Kniekehlen ins Wasser, und sieben Jahre lang hielt er seine Nase drin. Der Lorbeerkönig glaubte schon, sein Bär hätte soviel Wasser getrunken, daß er zerplatzen müßte. Als er den Bären aus dem Wasser steigen ließ, sagte er:

»Na, wie lange wird's dich nicht mehr dürsten?«

»Mein lieber Herr, gib mir was zu fressen, wenn du willst, daß ich dir ein treuer Diener sei. Wenn du mich nicht gut hältst, ziehe ich in den Wald, suche meine übrige Familie und gehe zurück in meine Höhle. Hältst du mich aber gut, dann will ich dir ein treuer Diener sein, und so lange ich an deinem Hof bin, wird dir kein Leid geschehen, alles werde ich erledigen.«

»Nun gut, was möchtest du fressen?«

»Ich will dir sagen, wonach mich gelüstet. Schlachte mir sieben Schafe und schlachte mir eine Ziege, und das ganze Fleisch laß braten. Wenn das Fleisch gebraten ist, laß es von den Knochen ablösen, damit ich drin nicht herummanschen muß. So fresse ich es dann. Bring mir auch 50 Liter Wein, denn meine Kehle ist ganz ausgetrocknet.«

»Wie ist das möglich, deine Nase ist doch sieben Jahre lang im Wasser drin gewesen? Konntest ja trinken, soviel du wolltest! Ich glaubte, du würdest soviel trinken, daß du davon zerplatzt.«

»Mein erhabener Vater König, das Wasser war mir kein Genuß, hab' bloß den Wasserdunst durch die Nase gesogen. Davon gewann ich aber solche Kräfte, daß es gewiß keinen Menschen auf der Welt gibt, den ich nicht umlegen könnte.«

»Na, ich erfülle dir deinen Wunsch, aber nachher werde ich dich auf die Probe stellen. Der belgische König hat einen Meisterrecken von hundert Menschenstärken. Wenn du den nicht zu Boden streckst, mache ich dir mit eigener Hand den Garaus. Ich lade die Flinte mit Stahlkugeln und nicht mit Schrot, und so werde ich dich über den Haufen schießen.«

»Einverstanden, erhabener König, Ihr mögt es tun. Ich stehe für mein Wort und werde ihn umlegen. Aber vorher muß ich mich sattfressen, und dann ist der Mensch, der stärker wäre als ich, auf dieser Welt noch nicht geboren.«

Der König ließ nun so viele Lämmer und Ziegen schlachten, wieviel der Bär verlangte, er ließ alles braten und das Fleisch von den Knochen lösen. Dann füllte er einen riesigen Trog mit all dem Fleisch und setzte es dem Bären vor. Als alles aufgefressen war, ließ er ihm 50 Liter erstklassigen Wein bringen. Der Bär trank alles aus. Nun sandte der König um den Meisterrecken, damit sich die beiden im Kampfe messen könnten. Sieben Jahre lang, sieben Augenblicke hielten sie sich fest umklammert, doch keiner vermochte den andern zu Boden zu ringen. Der König war des Zuschauens schon überdrüssig und sagte:

»Ich möchte wissen, wann dies wohl ein Ende nimmt?«

»Erhabener Vater König, hätte ich diesen Menschen zu Boden gerungen, so wäre die Welt längst zugrunde gegangen – nur deshalb hielt ich ihn so fest umklammert. Aber wenn Ihr es wünscht, Vater König, dann schmeiß' ich ihn zu Boden, daß davon das Mondlicht vom Himmel herabstürzt und sich erst in der Mitte des Eismeeres wieder zusammenrafft.«

»Ei fürwahr, das möchte ich gerne mal sehen!«

»Aber eins sag' ich Euch, Vater König, geht vorher hinein und holt einen Haufen Watte; stopft Euch und Eurer ganzen Familie die Ohren damit zu, denn von dem gewaltigen Krach wird alles ringsumher taub. Auch Ihr selber werdet taub und hört dann nicht mehr, was in der Welt vorgeht.«

Der König sagte:

»Na, du Bär, wenn du nicht die Wahrheit sprichst, hol' ich gleich meine Flinte und erschieße dich auf der Stelle.«

»Macht nur, was ich sage!«

Der König ließ einen Haufen Watte bringen, zupfte die Watte auseinander und stopfte sie mit einer Bleistiftspitze der ganzen Familie und sich selber in die Ohren. Aber dann sagte der Bär:

»Ein Stück Watte behalte jeder in der Hand und drücke auch das noch an die Ohren – alle Mädchen und Frauen und auch der König!«

Sie folgten seiner Anweisung und drückten noch ein Stück Watte an die Ohren, die ja schon mit Watte vollgestopft waren. Jetzt packte der Bär den Meisterrecken und schmiß ihn mit solcher Wucht zu Boden, daß sich das Mondlicht – es ging gerade gegen Abend, und am Himmel schien der Mond – in den Grund des Eismeeres flüchtete, siebenundsiebzig Meter tief.

»O je, das Mondlicht ist vom Himmel verschwunden! Welch ungeheurer Schaden fürs ganze Land! Vor allem im Herbst, wenn die Ernte eingebracht wird – sonst wär's eher entbehrlich! So viele arme Leute fahren jetzt das Futter fürs Vieh ein, die Kartoffeln, die Rüben und den Mais. Das Mondlicht verlängert den Tag, und die armen Leute können dadurch besser vorwärtskommen. Welch große Sünde hab' ich da begangen! Den Meisterrecken hab' ich durch den Bären niederwerfen lassen, ich kann's am armen Volk vielleicht nie wieder gutmachen! Drum gelobe ich meine Tochter jenem Manne zum Weibe, wer immer er sei, ob arm oder reich, der es unternimmt, das Mondlicht wieder an den Himmel zu schaffen! Meine Tochter ist so schön, daß um ihrer Schönheit willen die Sonne alle Tage um zwölf Uhr stille steht. Nur der soll sie bekommen, der das Mondlicht zurück an den Himmel schafft, damit abends wieder Helle sei wie gewöhnlich!«

Viele erboten sich dazu, Hunderttausende von Männern zogen aus, es zu versuchen. Sie ließen sich ins Eismeer hinab und kamen nie wieder zurück.

War da auch ein Müller, ein sechzigjähriger Trunkenbold, und der sagte:

»Hört, erhabener König, ich könnte es machen. Wenn Ihr mir Eure Tochter gebt, bring' ich das Mondlicht wieder hinauf, schon heute abend kann's dann jedermann am Himmel sehen.«

Der König musterte ihn:

»He du, da haben sich schon andere Kerle darin versucht! Bist ja auch kein junger Mann mehr, wie ich sehe, gehst vielleicht schon in die Fünfzig?«

»Ich hab' sogar die Sechzig schon überschritten, mein Herr König.«

»Was brauchst du dann des Königs Tochter?«

»Na, ich brauch' sie, weil der König versprochen hat, sie herzugeben.«

»Nun wohlan, wenn's mein Mund ausgesprochen hat, so soll es auch so sein. Geh also und hau schon dieses Mondlicht an den Himmel! Ich stehe zu meinem Wort und gebe dir dann meine Tochter.«

»Je, mein König, ich muß Euch noch was sagen. Ich bin nämlich ein Mensch, der dem Schnaps zugetan ist. Seid also so gut, mein Herr König, und gebt mir etwas Schnaps zu trinken, muß ich doch in jenes kalte Wasser, um nach dem Mondlicht zu suchen! Es liegt auf dem Grunde des Eismeeres, siebzig Meter unterm Wasser.«

»He, du willst ja gar nicht nach dem Mondlicht suchen! Ich weiß schon, was dir fehlt: deine Kehle ist trocken, willst sie mit Branntwein einschmieren, was?«

»Oh, mein Herr König, auf Euren Branntwein bin ich nicht erpicht, vielmehr darauf, die Königstochter zur Frau zu bekommen. Mein Weib ist mir vor zehn Jahren gestorben, soll ich jetzt immer nur allein auf dieser Welt leben?«

»Ach nein, laß dich nicht auslachen, guter Mann! Ich will dir Schnaps geben, trink soviel du magst, ob du das Mondlicht herbeischaffst oder nicht. Du sollst nicht auf dem Grunde des Meeres verderben!«

»Nun, mein Herr König, ich sag' Euch was. Wenn ich das Mondlicht nicht herbeischaffe, so werdet Ihr nie und nimmer einen Menschen dazu finden. Solange noch die Welt besteht, wird es kein Mondlicht mehr am Himmel geben, höchstens, wenn man einen Mond aus Blech macht.«

»He du, wenn ich nur wüßte, wie man aus Blech einen Mond macht, der am Himmel so leuchtet wie unser Mond!«

»Na, ich sag' ja nicht, daß er so leuchten würde wie der alte, aber die Form kann sicher aus Blech nachgemacht werden. Es muß sich nur jemand finden, der ihn dann auch an den Himmel schafft. Und selbst das täte ich für Euch, denn so ein Mann bin ich mal! Wenn ich will, gehe ich, wenn ich will, fliege ich, wenn ich will, kann ich mich auch hinlegen. Bin ich besoffen, dann gehe ich freilich nicht, fliege auch nicht, sondern leg' mich ins Bett und ruhe mich aus.«

»Ich sehe schon, jedes deiner Worte geht nur auf eins hinaus, du hast nur einen einzigen Wunsch: den Branntwein!« entgegnete der König.

»Ich hab's ja gesagt, mein Herr König, bringt mir ein bißchen Schnaps zu trinken, dann hol' ich Euch das Mondlicht.«

»Nun denn, her mit dem Schnaps! 'S ist ja kein so kostbar' Ding! Wieviel vermagst du wohl zu trinken, guter Mann?«

»Na, meine fünf Liter trink' ich schon, wenn ich mag.«

»Fünf Liter ganz allein? Wie willst du dann das Mondlicht vom Grunde des Eismeeres herausholen?«

»Ich bring' Euch sogar noch einen Fisch zum Nachtmahl mit, es gibt ja auch Fische auf dem Grunde des Meeres, die schlecken jetzt am Mond herum. Einen preß' ich an den Mond und bring' ihn Euch! Was soll's denn sein, ein Störfisch, ein Hecht, ein Barsch oder gar eine Forelle? Ich bring' Euch, was Ihr nur wünscht!«

»Am liebsten hab' ich Störfische. Unterm Eis ist das Wasser kalt und rein, wird durch nichts getrübt und bleibt frisch und klar. Du kannst mir einen Störfisch zum Nachtessen bringen!«

Das sagte der König freilich nur zum Spaß.

Nachdem der Trunkenbold seine fünf Liter Schnaps ausgetrunken hatte, entledigte er sich der Beinkleider, riß sich das Hemd vom Leib und lief bis an den Rand des Eismeeres. Dort stürzte er sich kopfüber ins Wasser und schwamm zu der Stelle hin, wo im Wasser das Mondlicht badete.

»Hör schon auf mit dem Baden, ich will mit dir die Tochter des Königs gewinnen! Wasch dich noch sauber, wo du kotig oder schmutzig bist, dann aber pack' ich dich und schleudere dich zurück an den Himmel!«

»Ach, laß mir noch ein Jährchen Zeit, laß mich noch ein wenig baden, nur so kann ich mich ausruhen. Hier hört man keine schmutzigen Reden wie bei den Menschen, wo der eine ärger flucht als der andere. Auch dich hab' ich schon oft gehört, du pflegst auch viel zu fluchen.«

»Reden wir nicht davon, sag mir lieber, wo sich im Wasser die Störfische aufhalten. Ich will dem König einen Stör zum Nachtessen bringen, soll er auch mal was Gutes zum Abendbrot haben.«

»Oh! die Störe sind etwa siebzig Meter tief im Wasser. Sie drücken den Kopf in den Schlamm, weil sie sich vom Naß des Schlammes ernähren.«

»Na, ich geh' jetzt dort hinunter. Bis dahin wasch dich gründlich, sonst nehme ich dich so dreckig mit wie du bist.«

Der Mond stieß ein Gelächter aus. Der Mann aber begab sich auf den Grund des Meeres, fing etwa sechs Störfische, jedes Stück acht bis neun Kilo schwer, preßte alle zusammen und hielt sie mit einer Hand am Schwanz. Dann tauchte er wieder an der Stelle auf, wo der Mond badete, packte auch diesen, steckte ihn unter die Achsel und brachte ihn so auf die Erdoberfläche. Doch einer der Störfische schlüpfte ihm aus der Hand, er haschte nach ihm, konnte ihn aber nicht mehr fassen. Und so findet man noch heute den Stör im Wasser des Eismeeres.

»Ach, was soll ich jetzt dem König sagen? Sechs Stück hab' ich gefangen und bring' ihm nur fünf. Pah! soll er sich damit zufriedengeben!«

Vorerst legte er den Mond im Hintergarten des Königs nieder, damit er sich nach dem langen Bad erhole. Dann trug er die fünf Störfische dem König hinein.

»Na, mein Herr König, da habt Ihr die Störe! Laßt sie sogleich zubereiten, damit sie zum Nachtessen fertig sind.«

»Ich sehe, guter Mann, Störe hast du zwar gebracht, aber wo ist das Mondlicht?«

»Das Mondlicht ist in Eurem Garten, kommt und schaut's Euch von allen Seiten an! Es ruht sich etwas aus, hat nämlich lange im Wasser gebadet.«

»Je! wie ist denn der Mond so heiß? Es sind noch etwa 100 Meter bis zu ihm, und ich fühle meine Haut schier verbrennen!«

»Ja seht Ihr, deshalb kann er auch am Himmel leuchten.«

»Und wie soll er hinaufgeschafft werden?«

»Gebt mir noch ein Schlückchen Schnaps, ich werf' ihn dann hinauf.«

»Wieviel vermagst du zu trinken, guter armer Mann?«

»Was? Bin ich für Euch immer noch der arme Mann? Hab' ich vergebens das Mondlicht aus dem Wasser geholt und Euch dazu noch fünf große Störfische gebracht? Es wären ihrer sechs gewesen, doch einer ist mir aus der Hand geschlüpft. Ich bin ihm zwar ins Wasser nach, aber so flink ist dieser Stör, hat sich so verkrochen, daß ich ihn nicht mehr finden konnte. Da hab' ich mir gedacht, was soll ich noch länger suchen? Ihr eßt halt soviel ich Euch bringe.«

»Laß es gut sein mit diesen Störfischen, ich hab' dir sowieso nur einen aufgetragen.«

»Ich wollte aber sechs Stück bringen!«

»Sag jetzt, wieviel Schnaps du willst, und wie ich dich nennen soll?«

»Wie mich nennen? Habt Ihr mir nicht Eure Tochter zum Weibe versprochen? Dann bin ich doch Euer Schwiegersohn, denk' ich! Wenn nicht, dann ... wißt Ihr, was ich dann mache, mein Herr König? Ich zahl's Euch heim! Euch selber hau' ich an den Mond. Zwar zerspringt der Mond davon, aber Ihr ebenfalls. Es gibt dann keinen König mehr und auch keinen Mond am Himmel, so lange die Welt noch besteht! Gott wird der Erde keinen zweiten Mond geben!«

»Oh, tu das nur ja nicht! Sag, wieviel Schnaps du brauchst und dann erledige schon diese Hinaufbringerei des Mondes an seine Leuchtstelle.«

»Bringt mir fünf Liter Schnaps, die trink' ich schnell aus und dann erledige ich's. Eurer Tochter aber sagt, sie soll sich schön machen, sich waschen und baden, daß ich mich in sie verlieben kann; wenn nicht, dann bekommt Ihr's von mir!«

»Na sowas! Du schäbiger alter Mann, du meinst, du könntest dich in meine Tochter nicht verlieben? Du bist ja häßlich und nicht meine Tochter!«

»Na, na, na, Ihr seht's dann schon; jetzt ist es noch dunkel, ich muß erst den Mond hinauflassen. Wenn ich den Mond an seinen Platz getan habe und zurückkomme, werdet Ihr vor lauter Staunen auf den Hintern fallen!«

Der arme Mann setzte die Korbflasche mit fünf Liter Schnaps an den Mund, trank in einem Zuge aus, dann nahm er das Mondlicht und trug es zurück an seinen Platz am Himmel. Da kam ein so heller Glanz am Himmel auf wie in den Nächten, wenn der Mond am schönsten leuchtet. Nun begab sich der arme Mann in das königliche Schloß. Das Hemd hatte er abgelegt und nur sein Beinkleid anbehalten, sonst nichts.

»Hör mich an, mein Vater, ich bin dein Schwiegersohn, hab' meine Pflicht erfüllt, und jetzt befehle ich: Gib mir ein Kleid zum anziehen! Ich hab' dir gesagt, daß ich von armer Geburt bin; ein Kleid, wie es dem Schwiegersohn des Königs geziemt, besitze ich nicht!«

Wie ihn der König jetzt anblickt, sieht er einen so wunderschönen achtzehnjährigen Jüngling vor sich stehen, daß er vor dessen Glanz tatsächlich auf den Hintern fiel.

»Nun, wo ist denn deine Tochter? Zeig sie mir doch?« sagte der Jüngling, nachdem er sich angekleidet hatte.

Man rief das Mädchen herein.

»Schau her, dies ist dein Bräutigam!«

»Ihr Bräutigam? Erst jetzt sagst du's deiner Tochter, daß sie meine Braut ist? Bin auch nicht bloß ihr Bräutigam, sondern schon ihr Gemahl, denn längst schon hätten die Ringe getauscht werden sollen, mein Vater! Und deiner Tochter hättest du's schon sagen können, als ich im Eismeer war, den Mond zu suchen! Nun denn, du Königstochter, sag, willst du meine Frau werden oder nicht?«

»Ei, warum nicht? Einen so schmucken Jüngling wie dich hab' ich in meinem Leben nicht gesehen. Wie wollt' ich da nicht deine Frau werden?!«

»Na, dann komm und laß uns die Ringe tauschen. Aber dein Vater soll mir einen Ring geben, den ich gegen deinen tauschen kann.«

Was konnte der König schon tun? Er zog seinen Ehering vom Finger, denn in der Tasche hatte er keinen in Reserve.

Das Fräulein nahm nun ihren Ring mit dem eingravierten Namen und tauschte ihn gegen den des schönen Jünglings. Sodann wurde die Hochzeit verkündet. Die Hochzeit der Königstochter mit dem ritterlichen Jüngling, der es vermochte das Mondlicht zurück an den Himmel zu bringen, sollte drei Monate lang dauern.

Je nun, als der Mann wieder nüchtern war und zu der Tochter des Königs ging, war's ein so verhutzeltes altes Männlein, als wenn ein Karren über sein Gesicht gekippt wäre.

»Wie geht's mein liebes Täubchen? Morgen wird Hochzeit sein!« Als ihn die Tochter des Königs erblickte, fiel sie schier in Ohnmacht.

»So einer soll mein Gemahl sein? Ein so verhutzeltes altes

Männchen, wie wenn ein Karren über sein Gesicht gekippt wäre! Wie alt bist du eigentlich?«

»Wie alt, fragst du? Hab' ich's deinem Vater nicht gesagt? Hab' schon lange die Sechzig überschritten – vor zehn Jahren.«

»Wie alt bist du dann im ganzen?«

»Nun, rechne es doch aus! Du bist doch eine Königstochter, bist ja zur Schule gegangen, oder vielleicht nicht?«

»Nun, wie ich auch rechne, mußt du jetzt siebzig Jahre alt sein.«

»Du lügst, 's ist ein Jahr mehr!«

»Wie denn, einen einundsiebzigjährigen Mann soll die Tochter des Königs heiraten?«

»Dein Vater hat es mir versprochen! Willst du mich nicht heiraten?«

»Nein!«

»Ich seh' schon, ihr spekuliert da was in euren Köpfen, hast gar schon einen Bräutigam? Schau her, wer hat diesen Ring an meinen Finger gesteckt? Dein Name ist darauf!«

»Nicht dir habe ich ihn gegeben, sondern einem schönen jungen Mann.«

»Ei fürwahr, wenn du ihn einem jüngeren gegeben hast, dann schwindelst du und nicht ich. Schau nur gut her, erkennst du deinen Namen nicht auf diesem Ring?«

»Ich erkenne ihn wohl, du hast ihn bestimmt jenem Jüngling weggestohlen, vielleicht hast du ihn sogar getötet oder ihm sonst was angetan!«

Da schlug der Alte einen Purzelbaum und verwandelte sich wieder in den schönen achtzehnjährigen Jüngling von vordem, der mit dem Königsfräulein die Ringe gewechselt hatte.

»Bin ich's oder nicht?«

»Ja, jetzt erkenne ich dich wieder!«

»Dann laß uns schleunigst zur Hochzeit gehen, ich will nicht länger warten.«

»Wir müssen nicht hingehen«, sagte die Tochter des Königs, »mein Vater hat den Priester herbestellt, in zwei Stunden ist er da.«

»Also gut, diese zwei Stunden gehen auch vorüber. Zieh dir

inzwischen dein schönstes Gewand an, so wollen wir zur Hochzeit gehen.«

»Ich hab' doch gesagt, daß wir nicht gehen müssen, hier im Zimmer werden wir getraut.«

Als sie vor dem Traualtar standen und der Schwur fast schon zur Hälfte geschworen war, hob die Königstochter ihren Blick zu dem armen Mann.

»O weh! wir müssen den Schwur widerrufen! Ich will nicht die Braut eines so häßlichen alten Mannes sein!«

Damit fiel die Tochter des Königs um und war tot.

Der arme Mann aber blieb irgendwo verwitwet zurück.

30. Das rote Ferkel

Einmal war's, keinmal war's, war in einem Dorf eine Frau, die nie ein Kind bekam. So eine Frau gibt es ja in jedem Dorf, wie hier bei uns die Tante Trézsi, nicht wahr?

Also wie gesagt, diese Frau hatte keine Kinder, an denen sie ihre Freude erleben konnte, wie die andern Frauen an den ihren. Einmal nun, da verplapperte sich die Frau, es wäre ihr gleich, selbst wenn ihr der liebe Gott nur ein kleines Hündchen bescherte oder irgendwas, sie wollte es aufziehen.

Die Zeit floß dahin und verging. Einmal sagte die Frau zu ihrem Mann:

»Ich bin jetzt sicher schwanger.«

Na, der Mann war außer sich vor Freude. Sie freuten sich beide, die Frau und der Mann, daß sie nun endlich ein Kindlein haben sollten.

Nicht lange danach sagte die Frau:

»Ruf die Hebamme!«

Der Bauer flog mehr als er ging, so groß war seine Freude. Die Hebamme salbte die Frau ein, wie sich's gehört. Allein Gott hatte nur ein rotes Ferkel beschert. Dieses, weil die Schweinchen, wenn sie geboren sind, gleich nach den Zitzen suchen, haschte sofort nach der Mutterbrust und saugte daran. Da erinnerte sich die Frau, daß sie sich einmal verplappert hatte.

Nun denn, das Ferkelchen wuchs zusehends heran. Die sechsjährigen Kinder gingen schon zur Schule, und auch das Ferkelchen gedieh soweit, daß es sich zu ihnen gesellen konnte. Wenn sich die Frauen zum gewohnten Plausch trafen, saß das rote Ferkel stets neben der Mutter und wimmerte immerfort.

»Hört an, Gevatterin, das Ferkelchen quietscht ja nur, weil es wie die andern Kinder in die Schule gehen möchte.«

Die Frau aber grämte sich im Herzen und schämte sich, daß sie vor Gott nur das verdient hatte.

Die Weiber redeten ihr aber solange zu, bis auch das Rotferkelchen in die Schule ging. Dort quietschte es den Herrn Lehrer an. Der Lehrer, um seinen Spaß zu haben, warf ihm ein Buch hin. Rotferkelchen wurde darauf gleich still, sein kleines Näschen schob sich von einem Buchstaben zu dem andern: es lernte lesen.

Einmal machten sich die Kinder auf, in den Wald zu gehen, um Erdbeeren zu sammeln. Auch das Ferkelchen wollte gehen, doch die Mutter jammerte nur:

»Ach, ward's mir als Gotteswunder gesandt, oder nur als Plag' und Schand'?«

Die Nachbarsfrauen überredeten sie aber, es ihnen zuliebe mitgehen zu lassen. Die andern Kinder trugen ihre Körbchen, und das Ferkelchen sollte auch eins haben. Sie hängten ihm ein Körbchen übers kleine Näschen, danach zogen sie los.

Die Nachbarsleute hatten einen kleinen Sohn, so alt wie das Rotferkelchen. Dem band es die Mutter auf die Seele, nur ja auf das Ferkelchen achtzugeben. Der Junge versprach es.

Es war im Monat Mai, da die Walderdbeeren reifen, als die Kinder in den Wald gingen. Das Ferkelchen blieb hinter den andern etwas zurück und streifte die Ferkelhaut ab. Als die Ferkelhaut abfiel, stand ein wunderschönes Mädchen da, so wunderschön wie es in siebenmal sieben Ländern keins mehr gab, nicht diesseits der Donau, nicht jenseits der Theiß.

Das Mädchen hatte den Korb bald voll, dann zog es die Ferkelhaut wieder über. Aber der Nachbarsjunge hatte alles gesehen. Sie gingen nun zu den andern, und die riefen:

»Seht nur, das Rotferkelchen hat uns alle beschämt!«

Sie machten sich auf den Heimweg. Weil die Kinder so lange ausgeblieben waren, warteten die Eltern schon besorgt auf der Straße.

»Seht nur, seht, das Rotferkelchen hat auch Walderdbeeren gesammelt!« riefen sie.

Die Mutter fragte den kleinen Jungen, wer den Korb voll Erdbeeren gepflückt hätte, und der antwortete:

»Das Rotferkelchen«; aber er verriet nicht, was er gesehen hatte.

Später dann, als sie der Schule bereits entwachsen waren, weilten die Burschen an den Abenden gewöhnlich bei den Mädchen und machten ihnen den Hof. Auch das Rotferkelchen war herangewachsen, und zu ihm kam Abend für Abend der Nachbarsjunge und machte ihm den Hof. Vater und Mutter seufzten nur, was dieser arme Junge von dem unvernünftigen Tier wohl erwarte. Aber der Junge ließ nicht ab und kam immer wieder. Sie saßen dort auf der Kiste beisammen, er streichelte es und manchmal küßte er es sogar. Rotferkelchen erwiderte den Kuß mit seinem Näschen.

Ach, wie härmten sich Rotferkelchens Eltern, daß dieses unvernünftige Tier solche Schande über sie brachte. Wenn der Bursche fortging, geleitete ihn Rotferkelchen hinaus und ging ihm immer nach.

Bald war es für den Burschen an der Zeit zu heiraten, und er sagte zu seinen Eltern:

»Ich will heiraten.«

»Welche willst du nehmen, mein Sohn?«

»Das Rotferkelchen von den Nachbarsleuten.«

»Sohn, bring keine Schande über unser Haupt! Sieh, in Ehren sind wir alt geworden, und jetzt willst du uns solchen Schimpf antun!«

Aber der Bursche gab nicht nach. Er rief seine Gefährten zusammen, sie sollten gehen und für ihn um die Braut werben. Ja, früher, da waren die Leute eben besser als heutzutage, auch der Schnaps kostete bloß zwanzig oder dreißig Kreuzer! Die Brautwerber gingen also hin. Als sie ankamen, sagte der Vater des Burschen:

»Mein Sohn will nie und nimmer heiraten, wenn Ihr ihm das Rotferkelchen nicht gebt.«

Nun fragten sie auch das Rotferkelchen. Dieses nickte mit dem Kopf zum Zeichen, daß es einwilligte.

So waren sie also verlobt; wie lange, wie lange nicht, das weiß ich nicht. An der Hochzeit nahm das ganze Dorf teil und auch das Nachbarsdorf. Hatten die Leute noch kein Wunder gesehen, so sollten sie jetzt eins zu sehen bekommen. Alle rissen den Mund auf, denn so etwas hatte noch keiner gesehen. Rotferkelchen saß an der Hochzeitstafel neben dem Burschen. Wer Lust hatte, konnte sich amüsieren, wer keine hatte, schaute nur zu, denn jetzt sah man ein Wunder wie noch nie.

Als sie zur Kirche gingen, stand der Priester bereits vor der Kirchentüre und fragte den Burschen, ob ihn auch niemand gezwungen habe, das Rotferkelchen zu ehelichen. Der Bursche verriet sich noch immer nicht und beantwortete alle Fragen, indes das Rotferkelchen nur mit dem Kopf nickte. Na, so wurden sie also vom Priester eingesegnet.

Wißt ihr, meine lieben Kinder und Zuhörer, die meisten Leute waren ja nur deshalb zur Hochzeit gekommen, um einmal ein Wunder zu erleben. Na, daran fehlte es wahrlich nicht. Der Bräutigam nahm den Ehrenplatz ein, und das Abendessen wurde aufgetragen. Als sie gegessen hatten, gingen die Jungvermählten – wie es früher Brauch war – auf den Dachboden schlafen. Vorher aber sagte der Junge alles seiner Mutter. Er trug ihr noch auf, sobald das Rotferkelchen die Ferkelhaut abgestreift habe, diese sofort im Ofen zu verbrennen.

Sie gingen also schlafen. Wie sie geschlafen haben, ob sie überhaupt schliefen, oder was sie sonst getan haben, das weiß ich nicht, denn ich bin nicht dabei gewesen.

Der Junge hatte ein Brautkleid bestellt, das wunderbar anzuschauen war. Nun, als sich die junge Frau darin kleidete, war in siebenmal sieben Ländern, weit im kleinen Ungarland keine so schön wie sie. Bei Zigeunermusik waren sie hinaufgegangen, bei Zigeunermusik kamen sie wieder herunter. Wie groß auch vorher der Kummer gewesen sein mochte, jetzt war die Freude um so größer, so groß, daß es nicht zu sagen ist. Allen gefiel die Braut, alle bestaunten sie, denn eine so schöne Braut hatte noch keiner gesehen.

Soweit, so gut, meine lieben Zuhörer. Aber da war noch ein alter Junggeselle im Dorf, so einer wie der János Szakács. Der sagte zu seiner Mutter:

»Mutter, ich will heiraten.«

»Welche willst du nehmen, mein Sohn?«

»Der Nachbar hat eine Sau, die will ich heiraten.«

Und so ließ der alte Junggeselle etwa fünf oder sechs seiner Kumpanen beim Nachbarn um die Sau werben. Aber der Nachbar beteuerte immerzu:

»'S ist ein unvernünftiges Tier, 's ist ja kein Rotferkelchen! Wir halten sie, daß sie uns Junge wirft und nicht zum Heiraten!«

Aber die Brautwerber bestanden darauf.

Als sie in den Stall traten, sprang die Sau zur Türe. Nun holten sie die Faßreifen vom Dachboden herunter. Den breitesten banden sie der Sau um den Kopf, seht her, so ...!

Dann banden sie ihr die vier Füße zusammen. Sie quietschte zum Erbarmen. Aber damit nicht genug: der Junggeselle ging hin und versuchte sie zu küssen. Da aber, mein Sohn Gottes! da biß sie ihm die Nase ab!

Na, jetzt will ich Schluß machen, und das soll mein letztes Wort sein. Je nun, es war halt kein Rotferkelchen!

Und hier ist das Ende, liebe Kinder!

31. Als unser Herr Christus auf Erden wandelte

Einmal war's, keinmal war's, weit über siebenmal sieben Länder, weiter noch als das Operenzenmeer, als unser Herr Christus mit dem heiligen Peter auf Erden wandelte. Sie machten sich auf den Weg und wanderten von Land zu Land, von Dorf zu Dorf.

Wie sie so gingen von Dorf zu Dorf, brach der Abend herein. Sie gingen von Türe zu Türe, baten um Unterkunft bei dem einen und bei dem andern, doch niemand wollte sie die Nacht beherbergen, denn sie hatten wie Bettler nur Lumpen auf dem Leib. Einmal blieben sie vor dem Hause eines reichen Bauern stehen, und unser Herr Christus sprach zu dem heiligen Peter:

»Wir wollen hier einkehren«, sagte Er, »vielleicht gibt uns dieser reiche Bauer Unterkunft für die Nacht.«

Die beiden Bettler – sie hatten ja nur Lumpen an – traten ins Haus. Sie wurden recht herzlich aufgenommen. Der Bauer setzte ihnen gleich ein Abendessen vor und bereitete ihnen ein gutes, weiches Lager. In der Frühe, als sie aufstanden, bekamen sie auch ein gutes Frühstück zu essen. Sie bedankten sich aufs schönste für das nächtliche Ruhelager und verabschiedeten sich. Als sie zum Hofe hinauskamen, hielten sie vor dem Tore an, und unser Herr Christus sagte zu dem heiligen Peter:

»Du Peter, hör zu, dieser reiche Mann hat alles auf der Welt, nur das nicht, was er braucht. Wir wollen ihm ein schönes Knabenkind bescheren, und dem soll jeder Wunsch erfüllt werden.« Aber weder unser Herr Christus noch der heilige Peter dachten daran, daß dieser reiche Bauer einen Knecht namens János hatte. Und der stand gerade in der Stalltüre und belauschte die beiden heiligen Männer.

Na, einmal wurde die reiche Bauersfrau schwanger und gebar einen wunderschönen Knaben. Als das Kind zur Welt kam und noch nicht drei Tage alt war, ging der Bauer einmal irgendwohin ins Dorf. Die Frau blieb mit dem Kind allein zuhaus. Da dachte sich János eins, fing eine Henne, schnitt der Henne den Hals ab und strich der Bäuerin das Blut über den Mund; wenn der Mann heimkam, sollte er glauben, die Frau hätte das Kind aufgegessen. Und dann nahm János das Kind mit sich fort.

Wie er so ging und ging durch siebenmal sieben Länder, weiter noch als das Operenzenmeer, kam er in eine Königsstadt.

Da sagt er zu dem Knaben:

»Mein Sohn«, sagt er, »siehst du wohl, wie schön der Palast des Königs ist?«

»Ich sehe es, mein Vater.«

»Nun«, sagt er, »dann wünsche dir einen noch schöneren am Ende der Stadt.«

Und so wünschte sich der Knabe einen schönen Palast. Der war noch prächtiger als der Palast des Königs und so reich mit allem ausgestattet wie jener.

Da sprach es sich rasch in der Stadt herum, daß über Nacht ein herrlicher Palast am Ende der Stadt erbaut worden sei. Wie war der nur dorthin geraten? Wie konnte dieser Palast so schnell erbaut werden, da doch gestern noch nichts zu sehen war?

Auch der König ging hinaus, den prächtigen Palast am Ende der Stadt zu besichtigen, der gleich dem seinen ausgestattet war, mit Kleinvieh, Knechten und Mägden, Dienern und Dienerinnen, kurz mit allem, was dazu gehört. Ja, da hat der König den János liebgewonnen und gab ihm seine Tochter zur Frau.

Allein die Königstochter, als sie vermählt waren, ließ nicht ab, ihn immer wieder zu fragen:

»Hör János, sag mir doch, wo hast du nur dies schöne Kind her? Du sagtest ja, du hättest noch nie eine Ehefrau gehabt?«

»Laß mich in Frieden und frag nicht! Einmal werde ich's dir schon sagen.«

Die Frau schwieg eine Zeitlang; doch einmal fing sie wieder an zu fragen. Der Knabe war ein großer Junge geworden und ging schon zur Schule. Mit der Kutsche brachte man ihn hin und mit der Kutsche wurde er auch abgeholt. Was geschah da einmal? Sie hatten ihn ganz vergessen, denn die Frau zankte gerade mit János. Sie sagte, daß sie nicht länger mit ihm wohnen wollte, wenn er ihr nicht auf der Stelle erklärte, wie er zu diesem schönen Knaben gekommen sei, da er doch behauptete, keine Ehefrau gehabt zu haben.

Und so hob János zu erzählen an:

»Hör zu, liebe Frau, es ist alles lange her, jetzt kann ich dir schon alles sagen. Ich wohnte einst«, sagte er, »bei einem reichen Bauer. Als unser Herr Christus mit dem heiligen Peter als Bettler verkleidet auf Erden wandelte, übernachteten sie einmal bei uns, und unser Herr Christus sagte zu dem heiligen Peter: ›Du Peter, dieser reiche Bauer hat alles auf der Welt, nur das nicht, was er braucht. Wir wollen der Bäuerin ein schönes Knabenkind bescheren, und dem soll jeder Wunsch erfüllt werden.‹ Als das Kind zur Welt kam und kaum drei Tage alt war«, sagte er, »stahl ich es von ihr weg. Ich schlachtete eine Henne, strich der Bäuerin das Blut über den Mund, damit der Mann glauben sollte, die Frau hätte das Knäblein aufgegessen. Ich aber machte mich mit ihm davon.«

Na, wie sie so miteinander redeten, sagte auf einmal der Mann:

»O weh, liebe Frau, wir haben vergessen, den Kutscher nach dem Knaben zu schicken. Es wär' schon Zeit, daß das Kind zu Hause sei, und es ist noch immer nicht da.«

Er öffnete die Türe, da sah er den Jungen auf der Schwelle stehen. Er hatte alles mit angehört. Sie riefen ihm zum Essen herein, aber er wollte nicht kommen. Er ging in den Stall und befahl dem Stallknecht, das schönste Roß zu satteln, denn jetzt wolle er sich auf den Weg machen. Als das schönste Roß gesattelt war, sprach er zu seinem Vater:

»Na, du János, jetzt verwandle dich in einen schönen Pulihund und komm mit!«

Damit verwandelte sich der Stiefvater in einen schönen Pulihund. Der Junge – einen Namen hatte er ja nicht! – brach auf und nahm den Weg nach der Heimat. Wie er so ging, wurde es Abend, und er kehrte beim Dorfrichter ein. Beim Dorfrichter bereitete man ihm sogleich ein Nachtessen, doch wollte es der Königssohn nicht erlauben, auch dem Hund ein Nachtessen zu geben. Er nahm eine Schaufel voll Kohle vom Herd, die setzte er dem Pulihund vor.

Da sagt der Dorfrichter:

»Sowas hab' ich in meinem Leben nicht gesehen, Königssohn, einen so schönen Pulihund mit glühender Kohle zu füttern!«

»Und habt Ihr sowas schon gehört, Herr Dorfrichter, daß ein Mensch lebendig begraben wird?«

»Ja, das hab' ich schon gehört«, sagt er.

»Ist es noch weit bis dahin?«

»Noch ziemlich weit«, sagt er.

Am anderen Morgen stand der Königssohn auf, frühstückte und machte sich auf den Weg. Dem Pulihund gaben sie wieder nur glühende Kohle zu fressen.

An diesem Tage ging der Junge abermals bis zum Abend und kehrte wiederum beim Dorfrichter ein. Der Dorfrichter bereitete ihm auch sogleich ein Nachtessen, dem kleinen Pulihund aber gab der Königssohn nur glühende Kohle.

Da sagt der Dorfrichter:

»Sowas hab' ich in meinem Leben nicht gesehen, einen so schönen kleinen Pulihund mit glühender Kohle zu füttern!«

»Und habt Ihr schon sowas gehört, Herr Dorfrichter, daß ein Mensch lebendig begraben wird?«

»Ja, das hab ich schon gehört, denn es ist nicht weit von hier geschehen.«

»Ist es noch weit bis dahin?«

»Noch eine kurze Strecke. Morgen mittags könnt Ihr schon dort sein, Königssohn.«

Also stand er am Morgen früh auf und machte sich auf den Weg. Dem Hund gab er wieder nur glühende Kohle.

Um die Mittagszeit gelangte er in sein Heimatdorf und kehrte beim Dorfrichter ein. Der bereitete ihm gleich ein Mittagmahl, der kleine Pulihund aber bekam nur glühende Kohle zu fressen. So kommt es wieder zu einem Gespräch. Sagt der Dorfrichter:

»Sowas hab' ich in meinem Leben nicht gesehen, einen so schönen kleinen Pulihund mit glühender Kohle zu füttern!«

»Und habt Ihr schon sowas gehört, Herr Dorfrichter, daß ein Mensch lebendig begraben wird?«

»Ja, das hab' ich schon gehört, denn in unserem Dorf ist es geschehen.«

»Und der Mann, der seine Frau lebendig begraben hat, lebt er noch?«

»Ja, der lebt noch«, sagt der Dorfrichter.

»Dann seid so gut, Herr Dorfrichter, und kommt mit mir.«

Sie gingen zu dem reichen Bauer. Doch der reiche Bauer war in diesen sechzehn Jahren so arm geworden, daß in der Mitte seines Hauses nur noch ein winziges Feuer brannte. Der Königssohn ging hin und führte das Roß in den Stall. Dann nahm er vor den Augen des alten Mannes die glühende Kohle vom Feuer und setzte sie dem Pulihund vor.

Der Alte fing zu murren an und sagte:
»Sowas hab' ich noch nicht gesehen, einen so schönen kleinen Pulihund mit glühender Kohle zu füttern!«
»Und habt Ihr sowas schon gehört, alter Vater«, sagt er, »daß ein Mensch lebendig begraben wird?«
»Ja, das hab' ich schon gehört, denn bei mir ist es geschehen.«
»Könnt Ihr mir zeigen, wo meine Mutter begraben liegt?«
»Ich bin nicht auf dem Friedhof gewesen«, sagt er, »ich weiß nicht, wo sie begraben liegt.«
»Schande genug!« sagt der Junge. »Und leben noch Leute, die beim Begräbnis waren?«
»Etliche leben noch.«
»Dann geht und ruft deren drei herbei.«
Der alte Mann ging und rief die Nachbarn herbei. Sie gingen hinaus auf den Friedhof, und sie zeigten dem Jungen das Grab seiner Mutter.
Als der Junge am Rande des Grabes stand, sprach er sogleich:
»Komm herauf, du Sarg!«
Der Sarg kam auf die Erdoberfläche herauf.
»Öffne dich, du Sarg!«
Im selben Augenblick öffnete sich der Sarg. Drinnen saß die Mutter und war noch am Leben. Sie nähte dem Jungen sein Hemd und war gerade damit fertig geworden. Da zwickte er sie in den Arm und führte sie heim zu dem Vater.
»Na, alter Vater«, sagt er, »erkennt Ihr diese hier als Eure Frau?«
»Gewiß.«
»Und mich als Euren Sohn?«
»Gewiß.«
»Na, du Pulihund«, sagt er, »jetzt verwandle dich zurück in János den Knecht!«
Darauf verwandelte sich der Pulihund wieder in János den Knecht.
»Erkennt Ihr diesen hier als Euren Knecht?«
»Gewiß.«
»Seht, seinetwegen hat meine Mutter sechzehn Jahre lang unter der Erde gelitten. Na, János«, sagt er, »steig aufs Roß und

kehr zurück zu deiner Frau. Lebt glücklich miteinander! Ich aber bleibe hier bei meinem Vater.«

Der Junge blieb bei seinem Vater und ist noch siebenmal reicher geworden als zuvor.

Die Armen leben noch heute, wenn sie nicht gestorben sind.

32. Klein Klaus König

Einmal war's, keinmal war's, jenseits von siebenmal sieben Ländern war einmal ein siebenundsiebzigjähriger Pappelbaum. Auf dem siebenundsiebzigsten Ast dieses siebenundsiebzigjährigen Pappelbaumes hing ein siebenundsiebzigjähriger Rock. In der siebenundsiebzigsten Falte dieses siebenundsiebzigjährigen Rocks war ein siebenundziebzigjähriges Büchlein. Auf der siebenundsiebzigsten Seite, im siebenundsiebzigsten Abschnitt dieses siebenundsiebzigjährigen Büchleins war dies kleine Märchen, das ich nun erzählen will.

Einmal war's, keinmal war's, jenseits von siebenmal sieben Ländern war einmal ein König. Der König hatte drei Töchter. Jeden Morgen ging er mit ihnen im Walde spazieren. Einmal aber kam eine große schwarze Wolke und sprach:

»Du König, gib mir deine älteste Tochter! Gibst du sie nicht, so nehm' ich die Sonne mit.«

Die Wolke zog fort und nahm die Sonne mit.

Am andern Morgen gehen sie wieder hinaus.

Sagt die Wolke:

»Du König, gib mir deine zweite Tochter! Gibst du sie nicht, so nehm' ich den Mond mit.«

Am dritten Morgen, als der König wieder spazierenging, kam die schwarze Wolke und sagte:

»Du König, gib mir deine jüngste Tochter! Gibst du sie nicht, so nehm' ich die Sterne mit.«

Da sprach der König:

»Bist du ein guter Geist, so komm herunter; bist du aber ein böser Geist, so entferne dich!«

Die Wolke zog fort und nahm die Sterne mit.

Nun brach eine große Finsternis herein, und in dieser großen Finsternis gingen sie herum.

Einmal kommt Klein Klaus König mit seinem kleinen Bruder auf den Hof des Königs, um Wasser zu schöpfen. Und der Junge, Klein Klaus König, sagt zu seinem kleinen Bruder:

»Brüderlein«, sagt er, »die Sonne, den Mond und die Sterne, die schaff' ich herbei, wenn mir der König die Hälfte seines Reiches gibt und seine jüngste Tochter dazu.«

Dies vernahm der König und ließ ihn zu sich rufen.

»Na, mein Sohn«, sagt er, »schaffst du sie nicht herbei, wie du's gesagt hast, so laß ich dir den Kopf abschlagen.«

»Nun denn, erlauchter Vater König, gebt mir ein Pferd und beiden von uns ein Schwert, dann machen wir uns auf den Weg.«

Sie brachen auf und wanderten fort und fort durch siebenmal sieben Länder. Auf einmal kamen sie zu einem silbernen Wald. Am Waldesrand banden sie das Pferd an einen Baum; der kleine Junge blieb zurück und hütete das Pferd vor den wilden Tieren. Klein Klaus König aber ging zu der silbernen Brücke. Er versetzte ihr einen Hieb, und eine Planke brach los. Wie der siebenköpfige Drache herangeritten kommt, strauchelt sein Pferd.

Sagt der siebenköpfige Drache:

»Hunden und Kötern dein Blut zum Trank! Seit sieben Jahren reite ich auf dieser Brücke, nie bist du gestrauchelt, warum denn diesmal?«

Spricht das Pferd:

»Feuer mir, Wasser dir, beide müssen wir verderben.«

Der siebenköpfige Drache steigt vom Pferd herunter und sagt:

»Klein Klaus König, komm unter der Brücke hervor! Du warst noch im Mutterleib und nicht größer als ein tausendstel vom Hirsekorn, da hab' ich schon gewußt, daß ich mit dir kämpfen muß!«

Klein Klaus König tritt hervor, und der siebenköpfige Drache fragt ihn:

»Wie tragen wir's aus, mit der Faust, mit dem Schwert oder mit dem Stock?«

Darauf erwidert er:

»Hunde mit der Faust, Schweinejungen mit dem Stock, Ritter aber mit dem Schwert!«

Sie fochten mit dem Schwert. Er rang mit ihm und schlug so lange zu, bis er ihm sechs Köpfe abgeschlagen hatte.

Da sagte der siebenköpfige Drache:

»Klein Klaus König, laß mir doch den einen Kopf, ich gebe dir dafür die Sterne.«

»Na«, sagt er, »wo sind sie?«

»Dort unter der Satteldecke, nimm sie heraus.«

Er nahm die Sterne, stach das Pferd nieder und schlug dem Drachen noch den siebenten Kopf ab. Dann ging er zurück zu seinem kleinen Bruder, verriet ihm aber nichts davon. Sie zogen weiter und hatten nun die Sterne schon.

Wie sie so einherzogen, gelangten sie in den goldenen Wald. Dort banden sie das Pferd wieder an einen Baum. Klein Klaus König ging zu der goldenen Brücke, versetzte ihr mit dem Schwert einen Hieb, und zwei Planken brachen los. Da kommt der vierzehnköpfige Drache über die Brücke geritten. Auch dem strauchelte das Pferd, und auch er sagte:

»Seit vierzehn Jahren reite ich nun auf dir. Noch nie bist du gestrauchelt, warum gerade diesmal?«

Sagt das Pferd:

»Feuer mir, Wasser dir, beide müssen wir verderben.«

Er stieg vom Pferd herunter und sagte:

»Klein Klaus König, komm unter der Brücke hervor! Du warst noch im Mutterleib und nicht größer als ein tausendstel vom Hirsekorn, da hab' ich schon gewußt, daß ich mit dir kämpfen muß!«

Klein Klaus König trat hervor, und der Drache fragte ihn:

»Na, wie tragen wir's aus, mit der Faust, mit dem Schwert oder mit dem Stock?«

»Hunde mit der Faust, Schweinejungen mit dem Stock, Ritter aber mit dem Schwert.«

So fochten sie wiederum mit dem Schwert. Sie rauften und rangen miteinander, bis er dem Drachen dreizehn Köpfe abgehauen hatte. Als die dreizehn Köpfe abgehauen waren, sagte der Drache:

»Klein Klaus König, laß mir doch den einen Kopf, ich gebe dir dafür den Mond!«

»Wo hast du ihn?« fragt er, »gib ihn her, dann laß ich dir deinen Kopf.«

»Dort unter der Satteldecke, nimm ihn heraus.«

Er nahm den Mond unter der Satteldecke heraus, legte ihn zu den Sternen, schlug dem Drachen noch den vierzehnten Kopf ab, und das Pferd stach er nieder. Als er zu seinem Bruder kam, verriet er ihm nicht, daß sie auch den Mond schon hatten.

Na, sie zogen weiter und wanderten, bis sie zu dem diamantenen Wald kamen. Als sie den diamantenen Wald erreichten, banden sie das Pferd wieder an einen Baum. Der kleine Junge mußte darüber wachen, daß die wilden Tiere es nicht fräßen.

Klein Klaus König ging zu der diamantenen Brücke. Bei der Brücke angelangt, versetzte er ihr mit dem Schwert einen Hieb. Jetzt brachen gar drei Planken los. Kommt der vierundzwanzigköpfige Drache und will über die Brücke reiten, aber auch ihm strauchelt das Pferd, und er sagt:

»Seit vierundzwanzig Jahren reite ich nun auf dir. Noch nie bist du gestrauchelt, warum gerade diesmal?«

Sagt das Pferd:

»Feuer mir, Wasser dir, beide müssen wir verderben.«

Der Drache stieg vom Pferd.

»Klein Klaus König, komm unter der Brücke hervor! Du warst noch im Mutterleib und nicht größer als ein tausendstel vom Hirsekorn, da hab' ich schon gewußt, daß ich mit dir kämpfen muß!«

Er trat hervor.

»Na, wie tragen wir's aus?« fragte der Drache, »mit der Faust, mit dem Schwert oder mit dem Stock?«

»Hunde mit der Faust, Schweinejungen mit dem Stock, Ritter aber mit dem Schwert!«

Er raufte mit ihm so lange, bis er ihm dreiundzwanzig Köpfe abgehauen hatte. Als die dreiundzwanzig Köpfe gefallen waren, sagte der Drache:

»Klein Klaus König, laß mir doch den vierundzwanzigsten Kopf, ich gebe dir dafür die Sonne!«

Da fragte er ihn, wo sie denn sei.

»Dort unter der Satteldecke ist sie«, sagte der Drache.

Sein Pferd hatte bloß drei Beine, doch lief es geschwinder als die anderen mit vieren. Klein Klaus König nahm diesmal die Sonne nicht heraus, sondern legte die Sterne und den Mond zu ihr unter die Satteldecke des dreibeinigen Pferdes. Dem Drachen schlug er noch den letzten Kopf ab, schwang sich auf das dreibeinige Pferd und ritt zurück zu seinem kleinen Bruder. Der war inzwischen eingeschlafen. Klein Klaus König band das eigene Pferd vom Baume los und ließ es laufen. Dann weckte er den kleinen Jungen und sagte:

»Sieh her, Brüderlein, ich hab' dir doch gesagt, du sollst nicht einschlafen; jetzt hat irgendein wildes Tier unserem Pferd ein Bein weggefressen! Wie werden wir mit einem dreibeinigen Pferd vorwärtskommen?«

Aber dieses war geschwinder als ihr eigenes, das vierbeinige, und so gestand er endlich seinem kleinen Bruder:

»Wir haben jetzt alles, kleiner Bruder, nun können wir heimwärts ziehen.«

Als sie aus dem Walde traten, rief ein Männlein vom Wipfel eines Baumes herab:

»Klein Klaus König, du meinst wohl, die Sonne, der Mond und die Sterne gehören dir?«

»Wem denn sonst?«

Sagt das Männlein:

»Mir allein!«

Klein Klaus König will auf den Baum klettern, um das Männlein herunterzuwerfen. Aber noch ehe er die Mitte des Baumes erreichte, sprang das Männlein herab und just auf das dreibeinige Pferd; sprang herab und fort war es.

Nun, so trug er dem kleinen Jungen, seinem Brüderlein, auf, heimzugehen und dem König zu berichten, wie es ihm ergangen sei. Als der Knabe heimkam, warfen sie ihn in den Kerker; sie warteten noch auf den Bruder, um beide zusammen hinzurichten.

Jedoch Klein Klaus König, der arme Junge, wanderte und wanderte durch siebenmal sieben Länder. Einmal trifft er einen Mann, und der heult.

»Warum heulst du denn?«

»O weh«, sagt er, »soll ich nicht heulen? Wenn ich meine Augen öffne, schau' ich durch die ganze Welt und weiter kann ich nicht mehr schauen.«

»Komm nur mit mir«, sagt Klein Klaus König, »du wirst dann weiter schauen können.«

Nun gehen sie zu zweit. Da treffen sie einen andern Mann, und auch dieser heult.

»Warum heulst denn du?«

»O weh«, sagt er, »soll ich nicht heulen? Tu ich bloß einen Schritt, so durchschreite ich die ganze Welt und weiter kann ich nicht mehr schreiten.«

»Komm nur mit mir, du wirst dann weiter schreiten können.«

Nun, wie sie so wandern und wandern, treffen sie wiederum einen Mann. Auch dieser heult.

»Und du, warum heulst du nur?«

»O weh«, sagt er, »soll ich nicht heulen? Sieben Klafter Holz brennen neben mir, sieben Joppen trag' ich auf mir und sieben Schafspelze darüber, dennoch muß ich fast erfrieren.«

»Komm nur mit mir, dann wird's dir schon warm werden!«

Na, wie sie so wandern und wandern, kommen sie zu dem Hause des winzigen alten Männleins. Sie traten ein, und die alte Frau gab ihnen Unterkunft, obgleich sie wußte, daß sie ihren Mann suchten. Der machte gerade ein Feuer in der Stube an, darin alle vier verbrennen sollten.

Wie nun der frierende Mann hineinging, schien's ihm gerade recht und nicht zu warm. Die andern wären schier verbrannt.

Da rief Klein Klaus König:

»Heda, laß nicht zu, daß wir verbrennen, tu doch was!«

Da stieß jener bloß einen Seufzer aus, und davon wurde es so kalt in der Stube, daß sie nicht verbrannten.

Am Morgen, als die Alte kam und sie herausließ, sagte Klein Klaus König zu dem Weitschauenden:

»Schau umher, siehst du das winzige Männlein nicht, kaum spannengroß, mit meterlangem Bart?«

»Ei«, sagt er, »ich seh' ihn wohl. Er hockt in der Mitte des Meeres auf dem Wipfel einer Weide.«

Unser Verlag wurde 1896 in »Florenz und Leipzig« gegründet. Verlagssignet: der Marzocco des Donatello. Von 1904 bis 1948 war der Sitz in Jena, heute ist er in Düsseldorf/Köln.

Unsere Hauptgebiete:
Sachbücher, Kulturgeschichte,
Diederichs Gelbe Reihe,
Östliche Literatur,
Sagen und Sagas,
Fantasy,
Märchen der Weltliteratur.

Bitte
freimachen

Postkarte

Eugen Diederichs Verlag
Postfach 100 526

5000 Köln 1

»Nun, so schreite denn und bring ihn her!« sagt er zu dem Weitschreitenden.

Dieser tat einen Schritt und war dort. Er wickelte sich den meterlangen Bart um die Hand und brachte das Männlein zu Klein Klaus König. Der nahm ihm die Sonne, den Mond und die Sterne ab. Die Sterne gab er sogleich frei, daß sie am Himmel leuchten sollten. Darauf ward das Brüderlein zu Hause aus dem Kerker entlassen.

Als er sich der Heimat näherte, ließ er auch den Mond los, und als er bald zu Hause war, gab er noch die Sonne frei, denn er wollte bei Sonnenlicht ankommen.

Na, da gab ihm der König sein halbes Königreich, und auch die Tochter gab er ihm. Sie veranstalteten ein großes Hochzeitsfest und leben noch heute, wenn sie nicht gestorben sind.

33. Gabelhorn

Bald Pelz, bald Rock, wie sie sich drehn,
Wenn ich jetzt lüg', weiß ich für wen!

Mächtige Meereswellen umspülen das Reich des Polenkönigs. Mitten im Meer ist ein Schilfrohr, auf dem Schilfrohr ein Härchen, auf dem Härchen ein Pappelbaum, der hat eine Höhle, da sind 366 Soldaten eingerückt. Auf dem linken Ast ist ein kleines Nest, drin liegen vier kleine Eier, die haben die Soldaten zum Frühstück gebraten, sich satt dran gegessen und noch übrig gelassen.

Jetzt lüg' ich was zusammen, daß dies Haus voll Lügen wird!

Einmal war's, keinmal war's, jenseits des Operenzenmeeres und noch viel weiter, da war einmal ein armer Mann. Dem armen Mann ist eines Nachts die Frau gestorben. Die arme Frau ward aufgebahrt und man hielt die Totenwache bei ihr. Aber am Morgen war sie von der Bahre verschwunden. Die Zeit floß dahin und verging, doch die arme Frau ward nie wieder gefunden.

Der arme Mann hatte einen kleinen Sohn; mit dem kleinen Sohn wohnte er im Hause und mit ihm verbrachte er seine Tage.

Sagt einmal der arme Mann zu seinem Sohn:

»Hör zu, mein Söhnchen, lauf zur Nachbarin hinüber und borg das Sieb von ihr. Wir werden Sauerteig anmachen und morgen in der Frühe Brot backen.«

Der kleine Junge geht zur Nachbarin hinüber und sagt ihr, sein lieber Vater bitte sie um das Sieb. Die Nachbarin entgegnet:

»Sag deinem lieben Vater, er soll mich heiraten, dann wird er auch ein Sieb haben.«

Der kleine Junge kommt nach Hause und berichtet dem Vater, was ihm die Nachbarin gesagt hat.

»Geh doch, mein Söhnchen«, sagt der Vater, »was du dir nicht alles ausdenkst, bestimmt war's nur ein Scherz.«

»Nein, wirklich nicht, lieber Vater, geht nur selber hin, sie hat's sicher so gesagt.«

Der arme Mann geht hinüber zu der Nachbarin und fängt an mit der Frau zu reden. Na, sie sind auch bald einig geworden und haben geheiratet.

Nun lebten sie also zusammen, verdienten auch ein wenig Geld, und ein, zwei Jahre ging alles recht gut. Einmal aber überlegten sie sich die Sache, und der arme Mann sagte zu seiner Frau:

»Hör du, wir sollten auf den Jahrmarkt gehen und eine Ziege kaufen; von der könnten wir dann etwas Milch haben.«

Sie brachen beide auf; wie sie so einherschreiten, kommen sie zu einem großen Wald. Am Rande des Waldes sehen sie eine wunderschöne gefleckte Kuh mit entsetzlich großen Eutern. Die weidet dort am Waldesrand. Sagt die Frau:

»Ach wär' die nur mein, könnt' ich die nur kaufen, wie gut hätten wir's dann!«

Aber sie gehen weiter und ziehen dahin, bis sie auf den Jahrmarkt kommen. Dort auf dem Jahrmarkt sehen sie sich überall um, gehen hierhin und dorthin, aber nicht einmal eine Ziege vermochten sie zu kaufen. So kehrten sie denn um und machten sich auf den Heimweg. Wie sie daherkommen, steht die scheckige Kuh noch auf demselben Fleck und weidet.

Sagt die Frau:

»He du, ich möchte diese Kuh mitnehmen.«

»Oh!« sagt der Mann, »was fällt dir denn ein? Tu nichts dergleichen! Wenn man's erfährt, werde ich streng bestraft und komme für Jahre ins Gefängnis.«

Sie gingen also weiter, und wie sie gehen, folgt ihnen die Kuh nach. Da bleiben sie stehen, und die Frau sagt:

»Nun, ich nehm' diese Kuh doch mit nach Hause.«

Aber der Mann wollte es nicht erlauben. Wieder machten sie sich zum Gehen auf, die Kuh aber folgt ihnen nach.

Zum drittenmal halten sie an, die Frau ergreift das Halfter, legt es der Kuh um die Hörner, führt sie nach Haus und bindet sie im Stall an.

Jetzt besaßen sie eine schöne Kuh und gingen auch gleich daran, sie zu melken. Nahmen sie einen Topf dazu, so wurde der gleich voll; holten sie ein Faß, wurde auch dies gleich voll. Die Kuh gab soviel Milch, daß sie bald nicht aus noch ein wußten damit. Sie ließen es im Dorf austrommeln, daß jedermann, der Milch brauche, bei ihnen Milch kaufen könne. Und so kam es, daß sie durch die Milch von der Kuh reiche Leute wurden.

Nun, da es der Frau so gut ging und sie keine Sorgen hatte, stieg ihr der Wohlstand zu Kopfe. Einmal denkt sie in ihrem Hochmut, sie wird den kleinen Jungen umbringen, um sich das Stiefkind vom Halse zu schaffen. Der kleine Junge ging schon zur Schule. Wenn er mittags von der Schule heimkam, war sein erster Weg zu der Kuh in den Stall. Er gab ihr ein Stück Zucker, und erst wenn sie es aufgefressen hatte, ging er selber zum Mittagessen hinein.

Einmal kommt der kleine Junge mittags heim, geht zu der Kuh und gibt ihr ein Stück Zucker. Da sagt die Kuh zu ihm:

»Mein liebes Kind, erschrick nicht, daß ich zu dir rede. Aber«, sagt sie, »wenn du zum Mittagessen hineingehst, iß die Käsnudeln nicht, denn die sind vergiftet. Die Suppe kannst du getrost essen.«

Der kleine Junge trat in die Stube. Die Mutter setzte ihm die Suppe vor, die löffelte er aus. Dann gab sie ihm die Mehlspeise, doch die aß er nicht und sagte, er wäre nicht hungrig und wollte sie später essen. Als sich die Mutter umwandte, warf er einige Nudeln der Katze hin. Die Katze schleckte sie auf und verreckte.

Anderntags, wie es Zeit wird, geht er wieder in die Schule. Mittags kommt er heim und geht geradewegs zu der kleinen Kuh. Wiederum gibt er der Kuh ein Stück Zucker, und die Kuh sagt zu ihm:

»Hör, mein liebes Kind, heute iß die Suppe nicht, denn jetzt ist die Suppe vergiftet.«

Der kleine Junge ging hinein. Die Nudeln aß er auf, aber die Suppe goß er dem Hund hin. Auch der Hund verreckte darauf. Da schimpfte die Frau und verprügelte das Kind, weil es die Suppe dem Hund hingegossen hatte. »Dieser Junge ist ja nicht umzubringen«, denkt sie bei sich. Aber in der Nacht, wenn er schläft, dann wird sie ihm mit dem Messer den Hals abschneiden.

Am nächsten Tag kommt der kleine Junge wieder um die Mittagszeit nach Hause und geht zuerst zu der Kuh in den Stall. Sagt die Kuh zu ihm:

»Na, jetzt hör mich an, mein liebes Kind, heute nacht sollst du dich nicht schlafen legen. Kannst schon essen und trinken, was du magst, kannst alles machen, es wird dir kein Leid geschehen; nur einschlafen darfst du nicht, denn die Frau will dir in der Nacht den Hals abschneiden.«

Nun, der kleine Junge geht ins Haus, ißt sein Abendbrot, dann setzt er sich an den Tisch, macht seine Schulaufgaben, schreibt und liest, der kleine Junge. Bald ist es Mitternacht, und die Frau zankt mit ihm und keift:

»Leg dich schon schlafen, die Pest über deine kleine Fresse! Wie lange willst du noch aufbleiben, wie lange soll noch die Lampe brennen?«

»Was kann ich denn dafür? Ich muß ja aufbleiben, der Lehrer hat mir soviel aufgegeben, daß ich's nicht einmal bis zum Morgen lernen kann!«

Na, endlich ist es Morgen, doch die Frau hat nichts tun können. Was soll sie nur machen? Wie war dieses Kind nur umzubringen? Sie geht zu der weisen Frau, und die weise Frau weissagt ihr, daß die Kuh an allem schuld ist. Jetzt soll sie nach Hause gehen und ihrem Mann sagen, es gelüste sie nach der Leber von der Kuh und sie müsse auf der Stelle sterben, wenn sie davon nicht zu essen bekäme. Man werde die Kuh dann schlachten, und nachher könne sie den kleinen Jungen umbringen.

Der kleine Junge kommt wieder aus der Schule heim und geht zu der Kuh in den Stall. Sagt die Kuh:

»Na, mein liebes Kind, du kannst jetzt ruhig sein, dir tun sie nichts mehr zuleide. Aber mich wollen sie morgen um zwölf Uhr schlachten. Doch es wird so schlimm nicht sein. Nach der Schule komm zu allererst zu mir in den Stall und binde mich los. Alles übrige werde ich erledigen. Wenn die Schlächter und Metzger kommen, werde ich ausschlagen und um mich stoßen, daß sie mich nicht einfangen können. Dann sag ihnen: ›Leute, laßt die Kuh in Ruh, ich fang' sie schon!‹ Ums übrige kümmre dich nicht!«

Am nächsten Tag um zwölf Uhr mittags kommen die Schlächter aus der Stadt. Draußen im Hof rennt die Kuh im Zickzack herum und hat schon eine ganze Grube aufgestampft, so groß, daß sogar dieses Haus drin Platz hätte. Sie konnten sie nicht einfangen. Da sagte der kleine Junge:

»Leute, laßt die Kuh in Ruh, ich fang' sie schon!«

Nun geht der kleine Junge näher heran, dann zur Seite und ruft die Kuh zu sich. Die Kuh kommt ihm brüllend entgegen. Wie der kleine Junge bei ihr ist, nimmt sie ihn zwischen ihre Hörner und schwebt mit ihm empor bis an die schwarze Wolke. Und wo läßt sie ihn nieder? In einem furchtbar großen Wald! Im Wald zogen sie dahin, bis sie zu einem Hügel kamen. Die Kuh schickte den Jungen auf einen hohen Baum hinauf.

»Hör, mein Kind, klettre da hinauf. Aber sobald du siehst, daß ich sterbe, töte dich auch, denn ohne mich taugst du zu nichts.«

Der kleine Junge klettert auf den Baum hinauf. Von oben sieht er, wie aus dem Hügel ein großer, ein entsetzlich großer Stier herausstürmt. Sie stürzen sich aufeinander und fangen an zu raufen. Jedoch die Kuh war die stärkere und bezwang den Stier. Danach ging sie zu dem kleinen Jungen, nahm ihn auf ihren Rücken, und sie zogen weiter.

Wo halten sie diesmal an? In einem zweiten großen Wald. In diesem Wald fanden sie wiederum einen großen Hügel. Sie hieß den kleinen Jungen auch hier auf einen Baum steigen und sagte: »Sobald du siehst, daß ich sterbe, töte dich auch, denn ohne mich taugst du zu nichts!«

Jetzt sieht der kleine Junge, wie ein großer rauchschwarzer Stier aus dem Hügel herausstürzt und mit der Mutter zusammenprallt. Dann aber sieht er, wie der Stier die Mutter niederstampft, und daß sie tot liegen bleibt. Was soll der kleine Junge jetzt tun? Er stieg vom Baum herunter, ging hin und warf sich über seine tote Mutter. Sieben Jahre, sieben Augenblicke lang weinte er ohne Unterlaß Tag und Nacht. Nach sieben Jahren, sieben Augenblicken, erhob er sich und machte sich auf zu wandern. Wie er so wanderte, fand er ein Goldhaar, und wie er weiterzog, fand er ein goldenes Hufeisen. Beides steckte er in die Tasche, dann brach er wieder auf und ging weiter seines Weges.

Wie er immer weiter geht, kommt er in eine wunderschöne Stadt. In der Stadt kehrt er beim König ein, tritt vor den König hin und grüßt ihn.

Der König fragt, was ihn herführt.

»Ich bin gekommen«, sagt er, »einen Dienst zu suchen.«

»Na, da bist du grad am rechten Ort«, sagt der König. »Ich hab' keinen Paradekutscher, kannst gleich als Paradekutscher bei mir eintreten.«

Der kleine Junge trat in den Dienst des Königs und hegte die Pferde. Sowie es Abend wurde, nahm er das Goldhaar hervor, machte damit Licht im Stall und brauchte kein Petroleum.

Der König denkt: »Wie stellt es dieser Junge nur an, womit macht er denn Licht? Von mir verlangt er kein Petroleum, und den andern Knechten kann ich nie genug davon geben.«

Na, der König ruft die Knechte zusammen und befiehlt ihnen, dem Jungen nachzuspüren und herauszufinden, womit er denn Licht mache. Die Knechte stiegen auf das Dach über dem Stall und bohrten ein Loch ins Dach. Durch dieses guckten sie und sahen, womit der Junge Licht machte: er nahm das Goldhaar hervor, da wurde es ganz hell im Stall, heller als bei elektrischem Licht. Nun da die Knechte gesehen hatten, womit der Junge Licht machte, gingen sie zu dem König und sagten es ihm. Der König ließ ihn zu sich rufen und fragte ihn gleich aus:

»Sag an, mein Sohn Gabelhorn[1], was ist das für ein Licht, mit dem du im Stall leuchtest?«

»Ei, was soll denn das für ein Licht sein, Vater König?« sagt er, »ich brauche ja keins. Ich striegle und putze die Pferde, dann leg' ich mich schlafen und schlafe bis der Tag anbricht. Was brauch' ich da ein Licht?«

»Nicht doch, mein Sohn«, sagt der König, »sag mir, wie du den Stall beleuchtest, sonst laß ich deinen Kopf auf den Pfahl spießen.«

»Nun denn«, sagt er, »was soll ich's noch verhehlen, was soll ich weiter leugnen?« Damit nahm er das Goldhaar aus der Tasche und reichte es dem König.

»Na, mein Sohn«, sagt dieser, »wenn du die Frau nicht herbringst, der das Goldhaar gehört, laß ich deinen Kopf auf den Pfahl spießen.«

Gabelhorn bat den König um ein Pferd und machte sich auf den Weg. Er wanderte und wanderte, bis er einmal zu einer goldenen Quelle kam. An der goldenen Quelle wusch die schöne Wunderfee Ilona die Wäsche. Er trat auf sie zu, da sprach sie:

»Ach Gabelhorn, Gabelhorn, vergebens sinnst du, du kannst mich nicht mitnehmen. Meine Mutter muß nur dreimal niesen, und hat uns auch schon eingeholt.«

»Kümmre dich nicht darum, komm nur mit!«

Er hob sie aufs Pferd, und sie zogen fort. Aber sie waren nicht weit gekommen, da hatte die Alte schon dreimal geniest und sie eingeholt. Sie ergriff die Tochter und sagte:

»Na, Gabelhorn, diesmal will ich dir's nachsehen. Aber ich sage dir, getrau dich nicht mehr, um meine Tochter zu kommen, du kannst sie sowieso nicht fortführen.«

Darauf ging die Alte und nahm die Tochter mit. Gabelhorn überlegte bei sich: zurück nach Hause kann er nicht, denn der König läßt ihm den Kopf abschlagen; also kommt es wirklich auf eins heraus, wenn er auch hier sterben muß.

Er macht sich erneut auf den Weg, geht hin und sieht, daß die Wunderfee Ilona wieder an der goldenen Quelle wäscht.

[1] Die weißen ungarischen Ochsen mit gabelförmigen Hörnern werden so genannt.

»Ach, Gabelhorn, kommst abermals um mich? Du kannst mich doch nicht fortführen, vergebens sinnst du. Tu's nicht, denn kaum hat meine Mutter viermal geniest, holt sie uns auch schon ein.«

»Kümmre dich nicht darum, komm nur mit.«

Er hob sie aufs Pferd und sie ritten eine Weile. Die Alte aber nieste viermal und holte sie wieder ein.

»Na, Gabelhorn, noch einmal sei dir verziehen! Kommst du aber ein drittes Mal um meine Tochter, dann mußt du sterben.«

Jedoch Gabelhorn war's nicht wohl in seiner Haut, es ließ ihm keine Ruhe, so sehr grämte er sich. Und so ging er wieder hin, hob die Wunderfee Ilona zu sich aufs Pferd und ritt mit ihr davon. Aber er gelangte nur bis zu einem großen Hügel, da hatte die Alte bereits vier-, fünfmal geniest und ihn schon wieder eingeholt. Dort auf der Stelle zerrte sie ihn vom Pferd herunter, zerhackte und zerstückte ihn wie das Fleisch im Kohlgemüs', und die Tochter nahm sie mit nach Hause. Sämtliche Krähen, die da herumflogen, sie alle stürzten sich auf sein Fleisch und verschlangen es bis aufs letzte Stück, kaum blieb von den Knochen was übrig.

Aber der Wunderfee Ilona tat Gabelhorn im Herzen leid. Sie blies in ihre Pfeife, und sämtliche Krähen, alle Vögel kamen herbeigeflogen. Nun gebot sie ihnen, das Fleisch, das sie von Gabelhorn gefressen hatten, auszuspeien. Sodann entsandte sie dreizehn Mädchen, die sollten so lange flehen und beten, bis Gabelhorn wieder ins Leben erweckt sei.

Es gelang endlich, Gabelhorn wieder ins Leben zu erwecken. Da sagte das Mädchen:

»Na, Gabelhorn, ich hab' dich auferweckt, aber getrau dich ja nicht mehr, um mich zu kommen, du kannst mich doch nicht entführen.«

Gabelhorn zog also fort. Er wanderte und wanderte lange, da kam ihm einmal seine Mutter in den Sinn. Nun zog er weiter, bis er zu jener Stelle kam, wo seine Mutter gestorben war. Als er dort anlangte, warf er sich weinend zu Boden und weinte immerfort sieben Jahre, sieben Augenblicke lang. Als die sieben Jahre, die sieben Augenblicke verstrichen waren, sprach die Mutter:

»Mein Sohn, ich hab' dir ja gesagt, du sollst dich töten, sobald du siehst, daß ich sterbe, denn ohne mich taugst du zu nichts.«

Darauf verstummte sie wieder und sprach kein Wort mehr. Und wieder weinte und wehklagte er um seine Mutter sieben Jahre, sieben Augenblicke lang. Als auch diese sieben Jahre, sieben Augenblicke um waren, sprach die Mutter wieder:

»Jetzt hör mich an, mein liebes Kind, in meinem linken Ohr ist ein Halfter, nimm's heraus und hau damit über die nämliche Stelle, auf der ich gestorben bin. Ums weitere kümmre dich nicht, das laß meine Sorge sein.«

Er langte nach ihrem linken Ohr, zog das Halfter heraus und hieb damit über die Stelle, auf der sie gestorben war. Da entstieg der Erde ein wunderschönes Roß. Er schwang sich auf seinen Rücken, und sie schwebten empor bis an die schwarze Wolke. Wo ließen sie sich nieder? Just bei der goldenen Quelle, wo die Wunderfee Ilona die Wäsche wusch. Er hob sie sachte auf das Pferd und führte sie zu dem König.

Wie sie vor den König hintreten, umarmt der König das Fräulein, umarmt auch Gabelhorn, küßt sie beide und weiß sich vor Freude nicht zu lassen.

»Na jetzt, schöne Herzensliebste«, sagt der König, »jetzt wollen wir Hochzeit halten.«

»Oho, das geht nicht«, sagt die Wunderfee Ilona. »Zuerst will ich meinen Vogel mit der goldenen Kehle haben. Bis ich den nicht hab', kann nicht Hochzeit sein.«

»Und wer soll ihn denn herbringen?«

»Nun, der mich hergebracht hat.«

Der König befahl also Gabelhorn, nur schnell den schön singenden Vogel herbeizuschaffen. Gabelhorn bestieg das Roß und ritt zu dem Hause der alten Frau. Doch der schön singende Vogel befand sich in der gleichen Stube, in der die Alte saß. Wie sollte er nur da hinein? Sie stellten sich vor die Türe, und durch einen Spalt in der Türe blies das Roß den Hauch des Schlafes über die alte Frau. Die fiel sogleich in tiefen Schlaf. Gabelhorn trat nun ein, nahm den schön singenden Vogel mitsamt dem Käfig an sich und brachte ihn nach Hause.

Wie er ankommt, sagt der König:

»Na, jetzt können wir Hochzeit halten, schöne Herzensliebste!«

»Oho, das geht nicht«, sagt sie. »Zuerst muß ich das Gestütspferd zu dem goldenen Hufeisen haben. Bis ich das nicht hab', kann nicht Hochzeit sein.«

»Und wer soll das denn herbringen?«

»Der mich hergebracht hat.«

Gabelhorn erhält sogleich den Befehl des Königs, er geht in den Stall und sagt es dem kleinen Roß.

»Na, das macht nichts, mein Sohn«, sprach dieses. »Sag dem König, er soll einen Eisenpferch aufrichten lassen, dann wirst du gehen und den Hengst aus dem Gestüt herbringen.«

Der Junge ging zu dem König und bat ihn auch um dreizehn Büffelhäute. Dazu nahm er noch zwei Büffelhäute und füllte die eine mit Gerste, die andere mit Hafer. So machten sie sich auf den Weg.

Als sie zur Weide kamen, war da ein goldener Brunnen. Das kleine Roß grub sich tief in den Grund des goldenen Brunnens ein und hieß den Jungen auf einen hohen Baum klettern. Sobald der Gestütshengst dem kleinen Roß die dreizehn Büffelhäute heruntergerissen habe, werde es zu dem Jungen hinauffliegen und ihn auf den Rücken nehmen. Aus jenen zwei Büffelhäuten aber müsse er dann die Gerste und den Hafer hinter sich streuen, den ganzen Weg entlang, den sie nehmen würden.

Der Junge tat wie ihm geheißen, kletterte auf den Baum hinauf und sah von oben zu, wie alles geschah. Die Mutter grub sich in den Grund des goldenen Brunnens ein und begann zu wiehern. Allein die Pferde kamen nicht. Sie wieherte lauter, aber noch immer kamen sie nicht. Das dritte Mal wieherte sie so laut, daß es der Hengst im Gestüt vernahm. Er lief im Galopp zu ihr hin und riß ihr alle dreizehn Büffelhäute herunter. Als sie wieder blank dastand, stieg sie zu dem Jungen hinauf. Dieser setzte sich auf ihren Rücken und sie ritten davon. Jetzt streute der Junge die Gerste und den Hafer aus den zwei Büffelhäuten den ganzen Weg entlang, bis sie im Eisenpferch drin waren. Als alle Gestütspferde drin waren, sperrte der Junge den Eisenpferch ab und ging zu dem König.

»Na, Vater König«, sagt er, »die Gestütspferde sind im Pferch.«

»Wohlan, jetzt wollen wir Hochzeit halten, schöne Herzensliebste!«

»Oho, das geht nicht«, sagt die schöne Wunderfee Ilona. »Zuerst müssen die Stuten gemolken werden. Bis sie nicht gemolken sind, kann nicht Hochzeit sein.«

»Wer soll sie denn melken?«

»Der sie gebracht hat.«

Na, der König läßt sogleich Gabelhorn rufen. Gabelhorn sagt zu seiner Mutter:

»Was soll nun aus uns werden?«

»O mein Sohn«, sagt sie, »führ mich nur aus dem Stall hinaus. Der König soll dir einen Kessel geben, und dann werde ich um den Pferch herum galoppieren und wiehern. Darauf werden sie alle so zahm, daß du sie leicht melken kannst.«

Der Junge führte das Roß aus dem Stall, und das galoppierte wiehernd um den Pferch herum. Die Stuten wurden darauf so zahm wie die Schäfchen. Nun machte sich der Junge dran und melkte sie alle. Aber die Milch im Kessel war sehr heiß, so an die neunzig bis hundert Grad.

Gabelhorn trug die Milch zu dem König. Sagt der König:

»Na, schöne Herzensliebste, jetzt können wir Hochzeit halten.«

»Oho, das geht nicht«, sagt sie. »Zuerst muß man in dieser Milch baden.«

»Und wer soll darin baden?«

»Der sie gemolken hat.«

Gabelhorn ging zu der Mutter, und diese sprach:

»Das macht nichts, mein Kind. Sag dem König, daß du in dieser Milch baden wirst, bloß möchtest du dein kleines Roß dabei haben, damit es dir zuschaut, wie du in dieser Milch badest.«

Der König willigte ein, ihm war schon alles eins, soll er's doch tun, nur daß er mit der Wunderfee Ilona bald Hochzeit halten kann.

Der Junge führte das Roß an den Kessel mit der heißen Milch heran. Da spie das Roß mächtige Eisstücke in die Milch, und die wurde davon so lau, daß der Junge unbeschadet drin baden konnte.

Jetzt stieß ihn das Roß an:

»Na, Gabelhorn, kannst schon baden!«

Er stieg in den Kessel und badete drin. Als er herauskam, spie die alte Frau (das heißt, das Roß) diesmal drei Scheffel Glut in die Milch. Die Milch wurde davon siebenmal heißer als zuvor, siedend heiß wurde sie.

Sagt der König: »Nun, schöne Herzensliebste, wir können schon Hochzeit halten!«

»Oho, das geht nicht«, sagt sie, »solange du nicht drin gebadet hast.«

»Wohlan«, sagt der König, »ich werde drin baden. Aber auch ich hab' ein kleines Pferd, das möchte ich herführen, es soll mir auch zuschaun, wie ich bade.«

Der König führte sein Pferd heran. Als dieses hinkam, legte es seine schlaffen Lefzen auf den Rand des Kessels, doch spie es freilich kein Eis in die Milch.

Der König sprang hinein und ist bis auf die Speckgrieben verbrannt.

Na, der König ist also verbrannt. Nun ließen sie die Gestütspferde frei, und die zogen ihrer Wege. Sie selber blieben gleich dort und lebten fortan ohne Sorgen. Vielleicht leben sie noch heute, wenn sie nicht gestorben sind.

34. Der Bucklige und der Krumme

Es war einmal ein Schuster mit einem krummen Rücken; dieser Schuster aber hatte einen Lehrjungen, der bucklig war. Eines Tages sagt der Meister:

»Na«, sagt er, »man muß gehen und dies Schuhwerk verkaufen.«

Der Lehrjunge klaubt also das viele Schuhwerk zusammen und geht. Wie er auf eine große Weide kommt, bricht der Abend herein. Er setzt sich nieder, um ein wenig zu schmausen. Da hört er auf einmal ein Singen, und die Weise klang so:

»Montag, Dienstag . . ., Montag, Dienstag . . .«

Sagt der bucklige Lehrjunge plötzlich:

»Mittwoch!«

Da kamen sie zu ihm und fragten ihn, was sie ihm dafür zahlen sollten, daß er ihr Lied verlängert habe.

Sagt der Lehrjunge:

»Nun, nichts anderes brauch' ich, als daß ihr mir den großen Buckel vom Rücken nehmt.«

Also nahmen sie ihm den Buckel hübsch ordentlich vom Rükken. Der Lehrjunge verkauft das Schuhwerk und geht nach Hause. Da sieht der Meister, was für ein gradgewachsener Mann aus seinem Lehrjungen geworden ist, und er sagt zu ihm:

»Du«, sagt er, »wie bist du deinen großen Buckel losgeworden?«

»Wie?« sagt er, »ich bin gegangen, die Schuhe zu verkaufen, da hat man ihn mir vom Rücken genommen.«

Hei, der Meister rappelt sich auf, klaubt ebenfalls ein Bündel Schuhwerk zusammen und geht auch hin, es zu verkaufen. Als er auf die Weide gelangte, setzte er sich dort ebenfalls nieder, so wie es ihm der Lehrjunge erklärt hatte. Da hört er sie plötzlich singen:

»Montag, Dienstag, Mittwoch!«

»Hm, und ich füge das hinzu: Donnerstag!«

Als er dies hinzugefügt hatte, kamen sie zu ihm und sagten, daß er ihr Lied verdorben hätte.

»Na, jetzt bestrafen wir dich dafür, daß du unser Lied verdorben hast!«

Und sie legten ihm auch noch jenen Buckel auf den Rücken, den sie dem andern fortgenommen hatten.

Der Schuster geht nach Hause und hat einen *soo* . . . großen Buckel!

Sagt der Lehrjunge:

»O weh, Meister«, sagt er, »was ist denn mit Euch geschehen? Ihr habt ja einen noch größeren Buckel als vorher!«

»Ach, ich weiß nicht«, entgegnet er, »sie sagten, ich hätte ihr Lied verdorben und daß sie mich gleich dafür bestrafen wollten; dann drückten sie mir den da auf den Rücken. Jetzt«, sagt er,

»jetzt muß ich auch diesen noch tragen und werde nie mehr davon befreit.«

Nun, mein Märchen ist hier zu Ende.

Wer sich am Brei gütlich getan,
fang' ein zweites zu erzählen an!

35. Zauberkundige Leute

1.

Auf dem Becskeder Weiler lebte ein Rinderhirt, er war dort Großhirte. Es kann so um 1885 oder 1886 gewesen sein, als sich die Gutsherrschaft mit ihrem Rinderhirten überwarf. Er verließ das Gut und kam zu meinem Vater, denn im ganzen Dorf hatten nur wir ein so großes Haus, wo arme Leute dieses Schlages stets Aufnahme fanden. Allerdings war er als Großhirte keineswegs arm zu nennen.

Früher stand dort alles unter Wasser; von Becsked nach Karos bis Szerdahely erstreckte sich ein so dichter Wald, daß nicht einmal ein Vogel drin fliegen konnte. Und von Becsked bis hinunter zum Arany-See gegen Karád lag eine Art Wiesenland, so dicht mit Riedgras, Schilf und Binsen bewachsen, daß es kein Wildstier hätte durchstreifen können.

Auf dem herrschaftlichen Gut stellten sie einen neuen Rinderhirten ein, denn diesen hatten sie fortgejagt, und er wohnte seitdem bei uns. Der neue Rinderhirt trieb einmal die Ochsen auf eine Lichtung in den Wald; die ganze Rinderherde war dort versammelt und noch viele andere Rinderherden. Plötzlich entstand ein Gebrüll unter den Rindern, sie stürzten alle in die Binsen, und der Hirte blieb allein auf dem Trockenen zurück. Er überlegte, wie er die Herde wieder zusammentreiben könnte und was er jetzt tun sollte. Schließlich aber ging er nach Hause und meldete dem Gutsverwalter:

»Herr Verwalter, kein einziges Vieh ist mehr da.«

»Wo ist es denn hingeraten?«

»Die ganze Herde ist in die Binsen gegangen, seither hab' ich kein einziges Stück mehr gesehen.«

Der Verwalter rief das Gesinde zusammen, auch die Weiber und die Kinder. Sie drangen so weit vor, bis noch fester Boden unter ihren Füßen war; weiter aber gingen sie nicht, sonst wären sie dort auf ewig umgekommen. Sie suchten eine Woche lang, jedoch vergebens, kein einziges Rind kam zum Vorschein. Die Leute meinten, das Vieh würde schon von selber wiederkommen, allein nicht das kleinste Kälbchen ließ sich mehr blicken. Zuletzt schickte der Verwalter einen Mann zu uns:

»András, der Verwalter schickt nach Euch.«

»Was geht's mich an? Hab' nichts mehr mit ihm zu schaffen.«

Dann kam ein zweiter:

»Vetter András, kommt doch, der Verwalter schickt nach Euch!«

Ein dritter, vierter und fünfter ..., schon war der zehnte gekommen, ihn zurückzuholen, aber unser Mann ließ sich nicht erweichen und sagte immer nur:

»Was geht's mich an? Er hat mich fortgejagt, wir haben nichts mehr miteinander zu schaffen.«

Zuletzt setzte sich der Verwalter selber auf den Kutschbock und fuhr an unserem Haus vor.

»András, ich zahle Ihm den doppelten Lohn, wenn Er zurückkommt.«

Der aber sagte:

»Wohlgeborener Herr Verwalter, seid bedankt für den bisherigen Brotverdienst, aber weiter haben wir nichts miteinander zu schaffen.«

»Nicht doch, komm' Er auf seinen alten Posten zurück, ich zahle soviel Er nur verlangt.«

Er ließ dem Mann keine Ruhe, bis er sich zuletzt doch zu ihm auf den Wagen setzte und mit nach Becsked fuhr.

»Also gut.«

Sie setzten den Vertrag auf und legten es schriftlich nieder, was er zu bekommen habe: Salz, Petroleum ..., ja, auch Petroleum für die Beleuchtung; man gab ihm alles, was er nur verlangte.

Und dann ging der Rinderhirt hinaus in den Becskeder Wald, setzte sich in den Wipfel eines hohen Baumes und zündete sich seine Pfeife an. Hei, wie sie da alle herangetrabt kamen, die Jungochsen und die Bullen, sämtliche Kälber, die ganze Herde!

Der Verwalter war ebenfalls in den Wald gekommen, um zu schauen, wie er es anstellen werde. Nun, er war starr vor Staunen, riß Mund und Augen auf, als sie alle mit lautem Gebrüll herantrabten. Sie umringten den hohen Baum, auf dem der Hirte saß, und als die Herde vollzählig beisammen schien, machten sich fünf oder sechs Knechte ans Abzählen. Kein einziges Stück fehlte.

»Na, András«, sagte der Gutsverwalter, »solange Ihr lebt, müßt Ihr Becsked nie mehr verlassen. Wenn ich auch einmal fortziehe, wird es im Vertrag geschrieben stehen, daß Ihr in Becsked bleiben dürft, solange Ihr lebt.«

Und so war es auch. Der Verwalter zog eines Tages tatsächlich fort, der Hirte aber blieb von einem Herrn auf den andern, er lebte dauernd auf dem Gut. Später allerdings – das ist eben der Lauf der Welt – hat sich vieles geändert. Diese Bullenart war nicht mehr gefragt, und es gab keine Rinderherde mehr in Becsked. Das Moor wurde trockengelegt, das Röhricht gerodet. Wo früher bodenloses Moorland war, erstrecken sich jetzt fruchtbare Äcker, und alles Mögliche gedeiht dort, die besten Kartoffeln und Rüben. Heute pflegt man zu sagen:

»Großmutter, es ist nicht mehr die gleiche Welt wie ehemals!«

2.

Folgendes geschah vor langer Zeit auf dem Weiler von Györgytarló, der zum Internats-Gymnasium von Sárospatak gehörte und die Anstaltszöglinge mit Lebensmitteln versah. Sie hatten dort einen Fuhrmann, und der fuhr mit zwei Grauschimmeln, zwei entsetzlich trägen Gäulen. Einmal mußten die Fuhrleute nach Sárospatak, um für das Gut einige Fuhren Kohle zu laden. Aber er traf auf der Eisenbahnstation erst ein, als die andern mit dem Aufladen der Kohle schon fertig waren. Sie riefen ihm zu:

»He, János, warum treibst du deine Pferde nicht besser an? Auf diese Weise kommst du ja erst morgen früh heim!«

»Was soll ich machen?« sagte er, »sie gehen einfach nicht schneller, umsonst hau' ich mit der Peitsche drein.«

Als Onkel János mit dem Aufladen der Kohle fertig war, hatten die andern fast schon die Hälfte des Rückweges zurückgelegt. Er beschloß, weil es ihn fror, in die Schenke zu gehen und ein halbes Deziliter Schnaps zu trinken. Vor dem Schanktisch stand ein alter Mann und hielt eine schöne, buntverzierte Pferdepeitsche in der Hand. Der Peitschenstock war mit Schnitzereien hübsch verziert, und an der Peitschenschnur baumelten buntfarbige Fransen. Als der Fuhrmann sein halbes Deziliter ausgetrunken hatte, sagte der Alte zu ihm:

»Hört zu, mein Freund, zahlt mir auch ein halbes Dezi, ich geb' Euch dafür diese hübsch verzierte Pferdepeitsche.«

»Ich brauche keine Peitsche, hab' selber eine.«

»Nehmt sie gleichwohl«, sagte jener, »ein halbes Dezi Schnaps kostet ja nicht die Welt.«

Onkel János bestellte ein halbes Dezi für den Alten und trank selber noch eins. Der Alte gab ihm sodann die Peitsche, und Onkel János kehrte zu seinem Fuhrwerk zurück. Doch kaum setzte er den Fuß auf den Tritt, stoben die zwei Gäule davon, liefen wie der Blitz. Er machte große Augen, denn nie zuvor war es ihm gelungen, sie in Trab zu setzen, selbst wenn er sie mit der Eisengabel antrieb. Jetzt aber hatte er sie überhaupt nicht berührt, ja noch kaum die Zügel in die Hand genommen, und sie liefen trotzdem wie der Blitz mit dem Fuhrwerk davon. Die Ladung Kohle war ungefähr zehn Halbtonnen schwer, dazu kam das Gewicht des Fuhrwerkes. Alles zusammen machte etwa dreizehn bis vierzehn Halbtonnen aus – dennoch ging es zu seiner höchsten Verwunderung im flotten Trab vorwärts. Er setzte sich auf den Bock, nahm die Zügel in die Hände und stach die Peitsche in den Peitschenhalter neben dem Sitz. Als die andern Fuhrleute zu Hause anlangten, war seine Kohle schon abgeladen; umsonst hatten die andern den halben Weg Vorsprung, er überholte sie alle, denn seine beiden Pferde liefen mit einem Mal so schnell, daß er sie kaum zurückzuhalten vermochte.

Als sie dann ausgespannt im Stall standen, stieg er die Leiter zum Heuboden hinauf, um ihnen Futter in die Krippe zu schaufeln. Allein sie stießen ihn von der Leiter herunter; und wie er genauer hinschaute, sah er, daß die Futterkrippe der beiden Pferde mit Heu angefüllt war, sie aber standen da und kauten gemächlich. Nachdem sie gefressen hatten, wollte er ihnen im Kübel Wasser holen, jedoch sie stießen ihm den Kübel aus der Hand; und wie er hinschaute, sah er vor jedem der beiden Pferde einen Kübel mit Wasser stehen. Währenddessen hing die Peitsche am Nagel an der Wand. Er dachte noch immer nicht an Hexerei und ahne nicht, daß alles von der Peitsche ausging.

Am andern Morgen, als er in den Stall trat und seine Pferde striegeln wollte, schlugen sie ihm den Striegel aus der Hand und ließen ihn gar nicht an sich herankommen. Doch als die andern ihre Pferde gestriegelt hatten, glänzte auch das Fell seiner beiden Gäule wie auf Hochglanz geputzt. Der Gutsverwalter sah dies und nahm sich Onkel János sogleich vor:

»János«, sagte er, »von heute an seid Ihr mein Paradekutscher.« – In ganz Györgytarló konnte kein Pferd so traben wie diese zwei Grauschimmel, die vorher die trägsten Gäule gewesen waren. So ging es etwa zwei Jahre lang. Aber Onkel János bekam langsam genug von all dem Ruhm. Er war nicht mehr der Jüngste, vermochte auch nicht mehr die Zügel so fest zu halten, und diese Pferde, die rannten ja wie toll. Dabei kamen sie mit der Peitsche nie in Berührung, diese stak ja immer im Peitschenhalter neben dem Bock.

Einmal mußte er wieder in die Stadt nach Patak, der Gutsverwalter trug den Wirtschaftsbericht aufs Gymnasium. János trat inzwischen in eine Schenke, dort wandte er sich an einen der Herumstehenden: »Vetter, kauft mir diese Peitsche ab!«

Damals wußte er nämlich schon, daß die ganze Hexerei in der Peitsche lag und alles von ihr ausging.

»Tja, was verlangt Ihr dafür, Onkel?« fragte der Mann. »Ein Liter Schnaps geb' ich Euch für diese Peitsche.«

Er war's zufrieden und gab ihm die Peitsche für ein Liter Schnaps. Allein als er heimkam und das Pferdegeschirr an den Nagel hängen wollte, war die Peitsche wieder da.

»Na, macht nichts«, dachte er, »ich muß es halt wieder einmal versuchen.«

Die Zeit floß dahin und verging, und wieder kam er in die Stadt. Diesmal verkaufte er die Peitsche um ein halbes Liter Schnaps; aber als er heimkam, hing die Peitsche wieder am Nagel. Er konnte sich nicht denken, was der Grund sein mochte, daß die Peitsche immer wieder zu ihm zurückkam, trotzdem er sie verkauft hatte. Bei der dritten Gelegenheit gab er sie für ein Deziliter Schnaps her, und abermals kam die Peitsche zurück.

»Na, hol's der Teufel!« sagte er, »ich werde sie jetzt für soviel verkaufen für wieviel ich sie selber gekauft habe.«

Lange Zeit danach, es waren Jahre vergangen, mußte er wieder einmal in die Stadt fahren. Ein anderer Fuhrmann fand Gefallen an der Peitsche, und er verkaufte sie ihm für ein halbes Deziliter, obwohl jener bereit gewesen wäre, auch mehr zu bezahlen. Onkel János lehnte aber ab und nahm nicht mehr als ein halbes Deziliter.

Wie er diesmal mit dem Gutsverwalter heimfuhr, krochen die zwei Pferde so langsam wie die Läuse dahin; die Peitsche, die sie angetrieben hatte, war nicht mehr da. Als er die Peitsche noch hatte, waren die beiden Pferde die schnellsten von allen, nachdem aber die Peitsche für ein halbes Deziliter Schnaps verkauft war, kam sie nicht mehr zurück, und die beiden Grauschimmel blieben träge bis an ihr Ende.

3.

Im Jahre 1922 diente ich auf dem Gut von Pusztakarád. Dort kannte ich einen fünfundsiebzig Jahre alten Mann, und der erzählte mir, was er alles erlebt hatte, als er noch Schäfer auf der Hortobágyer Heide gewesen war. Damals hatte er einen Hirtenjungen namens János. Dieser Hirtenjunge gab sich vorerst nicht als zauberkundig zu erkennen, aber als einmal im Mittsommer eine große schwarze Wolke aufzog, sagte János zu seinem Meister, sie sollten besser die Rinder in den Pferch treiben, denn mit dieser schweren schwarzen Wolke käme ein Gewitter herauf, das Unheil bringe.

»Ich war Schäfermeister«, erzählte der Alte. »›Zum Teufel‹, sag' ich, ›wozu sie in den Pferch treiben? Sollen sie doch draußen bleiben!‹

›Nicht doch, wir müssen sie in den Pferch treiben‹, sagt er, ›ich erzähle dir nachher die ganze Geschichte; auch das, was mir bevorsteht, sage ich dir dann.‹

Und János erzählte:

›Hör zu, in dieser schwarzen Wolke kommt man mich holen. Nun muß ich dir auch bekennen, daß ich ein Zauberkundiger bin, denn ich kam mit Zähnen auf die Welt. Als ich sieben Jahre alt war, gelang es ihnen nicht, mich zu entführen, und darum kommen sie jetzt wieder. Aber wenn du es geschickt machst, kannst du mir helfen, mein Leben zu retten. Aus dieser großen schwarzen Wolke wird sich ein großer schwarzer Stier niederlassen. Ich verwandle mich ebenfalls in einen Stier, und wir werden aufeinander losgehen. Nimm gleich den dritten schwarzen Eichenholzknüppel zur Hand, mach aber vorerst noch nichts damit. Erst wenn er sich auf seinen Hinterklauen aufrichtet, um mich niederzuschlagen, erst dann hau ihm mit dem Knüppel kräftig über die Hinterklauen, damit er seine Kraft verliert. Dann hetz die Hunde auf den schwarzen Stier, sie sollen ihn an der Nase zerren und nicht loslassen. Wenn sich die Hunde fest in seine Nase einkrallen, und wenn du mit beiden Händen so kräftig als du nur kannst auf seine Hinterklauen dreinhaust, dann werde ich mich retten können, du wirst es mit eigenen Augen sehen.‹

Und so war es auch«, erzählte mir der Alte weiter. »Hör dir das nur an, Ferike«, sagte er. »Als sich der große schwarze Stier aus der Wolke niederließ, war auch mein János in einen Stier verwandelt, und sie prallten aufeinander. Wie ihre Köpfe zusammenstießen, dröhnte es wie Kanonenschüsse. Ich hetzte die drei Hunde auf den Stier, und während sie sich in seine Nase verkrallten, schlug ich selber mit dem schwarzen Eichenholzknüppel wuchtig auf seine Hinterklauen. Der Kampf dauerte eine Stunde lang. Ich hatte die Joppe abgelegt, den Knüppel mit beiden Händen gefaßt und schlug ihm fortwährend auf die Hinterklauen. Mir geschah nichts, denn mir konnte er nichts antun, über mich hatte er keine Gewalt. Die Hunde zerrten ihn an der Nase, ich hieb in einem fort auf seine Hinterklauen, bis der schwarze Stier zurückwich. Mein János versetzte ihm noch einen gewaltigen Hieb, daß er vollends zusammenbrach.

Aber was geschah nun? – Mit einem Mal war der schwarze Stier verschwunden. Freilich hat sich dann auch mein János wieder in einen Menschen zurückverwandelt. Ich war gehörig erschrocken und sagte zu ihm:

›Du János, hast mir ja nie was davon gesagt, daß du ein Zauberkundiger bist!‹

›Es war nicht erlaubt‹, entgegnete er, ›ich durfte nicht davon sprechen. Ständig wartete ich darauf, daß sie mich holten, denn es war mir bereits angekündigt, daß sie um mich kommen würden. Und jetzt sind sie wirklich gekommen.‹

Danach erzählte mir mein János noch ausführlich, wie sich alles zugetragen hatte. Dabei war es Abend geworden. Damals konnte es auf der Hortobágyer Heide zuweilen vorkommen, daß uns die Betjaren einen Besuch abstatteten. Sie ließen es uns aber immer im voraus wissen, wann sie kommen würden. Meist kamen dann sechs bis acht Mann, nicht mehr.

Als wir gerade im schönsten Gespräch waren und uns auf die Errettung meines János' fröhlich zutranken, stellten sich unangemeldet sechs Betjaren ein. Der Betjarenführer rief:

›He da, Feri, János, worüber redet ihr miteinander?‹

›Oh, was wir heute schon alles erlebt haben!‹ sagt er.

›Erzählt doch!‹

Wir erzählten den Betjaren die ganze Geschichte.

›Na‹, sagt der Betjarenführer, ›ist es wirklich so gewesen, dann rasch ins Dorf und geschwind drei Liter Schnaps hergeschafft! Fleisch zum Kochen und Braten haben wir mitgebracht.‹

János nahm die große Korbflasche und eilte ins Dorf, um Wein und Schnaps zu holen. Wir zechten bis drei Uhr morgens, dann erst verließen uns die Betjaren.«

Soweit war's, ein Märchen war's.

36. Der Sternforscher, der Dieb, der Jäger und der Schneider

Einmal war's, keinmal war's, war einmal ein armer Mann, der hatte vier Söhne. Aber weil er so arm war, konnte er ihnen keine Erbschaft vermachen. Und so sagte er:

»Zieht aus, euer Glück zu versuchen, liebe Söhne, lernt irgendein Gewerbe.«

Die vier Söhne zogen also aus, ihr Glück zu versuchen. Sie wanderten und wanderten, bis sie zu einem Kreuzweg kamen, der zweigte gerade vierfach ab. Jeder ging nun seine Straße. Sie hatten miteinander abgemacht, nach vier Jahren – wenn sie inzwischen nicht gestorben wären – an der gleichen Stelle zusammenzutreffen.

Die Zeit floß dahin und verging, und die vier Söhne hatten ausgelernt. Der erste Sohn wurde Sternforscher, der zweite ein Dieb, der dritte war ein Jäger und der jüngste ein Schneider geworden. Sie machten sich auf den Heimweg, und nachdem sie sich an jenem Kreuzweg getroffen hatten, gingen sie gemeinsam zu ihrem alten Vater, ihn zu beruhigen, daß jeder von ihnen ein Gewerbe erlernt habe.

»Schon gut, meine lieben Söhne, ich will es euch glauben. Trotzdem möchte ich mich selbst davon überzeugen. Schau, mein Sternforschersohn, was siehst du dort auf der Spitze jenes Baumes?«

»Ich sehe ein Nest, drin sitzt ein Goldvogel auf fünf Eiern.«

»Nun, du Dieb, ist dies dein Gewerbe, so stiehl mir diese fünf Eier unterm Vogel weg, aber so, daß er's nicht merkt.«

Der Dieb stieg auf den Baum, und es gelang ihm auch, die fünf Eier unter dem Vogel unbemerkt wegzustehlen. Er reichte sie dem Vater; der Alte legte sie auf den Tisch, in jede Tischecke ein Ei, das fünfte in die Mitte.

»Nun, mein Jägersohn, ist dies dein Gewerbe, so schieß mir diese fünf Eier mit einer einzigen Kugel entzwei.«

Der Jäger probierte es, und es geriet ihm: er schoß sie entzwei.

»Schön, mein Sohn, auch du hast dein Gewerbe gut gelernt. Jetzt kommst du dran, mein Schneidersohn! Auf dich wartet die schwierige Aufgabe, diese fünf Eier wieder zusammenzunähen. Du mußt sie aber so zusammennähen, daß die Vögelchen drin keinen Schaden davontragen.«

Der Schneider machte sich ans Nähen, und es geriet ihm. Aber sicher ist das noch nicht; erst wenn sie aus den Eiern schlüpfen, können wir's mit Bestimmtheit wissen.

»Nun, du Dieb, trag jetzt die Eier zurück ins Nest!«

Es gelang ihm, sie unbemerkt zurückzulegen. Nach einigen Tagen schlüpften die Vogeljungen aus den Eiern, und die Vogelmutter war mit ihnen zufrieden. Bloß ein kleiner roter Streifen war an den Hälschen zu sehen, an der Stelle, wo sie der Schneider zusammengenäht hatte.

»Schön, meine lieben Söhne, ihr habt euer Gewerbe recht gut erlernt, aber ihr müßt es mir noch einmal beweisen.«

Es kam ihnen gerade zu Ohren, daß einem König seine einzige Tochter entführt worden sei. Der Sternforscher nimmt sein Fernrohr und erspäht die Königstochter auf einem Felsen mitten im Meer, sie schläft im Schoße des großen Drachen. Sogleich gingen sie zu dem König und baten ihn um ein Schiff, mit dem wollten sie ausziehen, die Königstochter zu befreien. Sie gelangten auch glücklich bis zu dem Felsen und berieten, wie das Mädchen wegzustehlen wäre. Der Schneider meinte, man müsse den Drachen totschießen, doch der Sternforscher sagte, das ginge nicht, weil die Kugel das Mädchen treffen könnte.

»Aber du, du Dieb, hast die Eier wegstehlen können, so stiehl nun auch die Königstochter weg!«

Er hat sie wirklich ganz unbemerkt weggestohlen, und sie brachten das Mädchen auf das Schiff. Dieses nahm Kurs auf das Ufer; aber da war der Drache schon aufgewacht, und als er merkte, daß die Königstochter fort war, erhob er sich augenblicklich in die Luft, ihnen nach. Er gewahrte ein Schiff, das auf das Meeresufer zusteuerte. Nur auf diesem konnte die Königstochter sein! Nun flog er dem Schiffe nach, allein der Jäger merkte es, schoß und traf ihn mitten ins Herz. Der Drache stürzte herab und just auf das Schiff. Es barst zu Staub auseinander, kaum daß ein paar Bretter übrig blieben. Auf diese retteten sie sich.

Sagt der Jäger:

»So kommen wir nicht vorwärts, wir erfrieren ja, naß wie wir sind!«

Da schickte der Schneider sich an, die Trümmer des Schiffes herauszufischen, und mit ein paar Stichen nähte er sie zusammen. So kamen sie davon und waren gerettet.

Der alte König war hoch beglückt, seine Tochter wiederzusehen.

Er fragte die Gesellen:

»Welcher von euch verdient es, sie als Gemahlin heimzuführen?«

Darauf antwortete der Sternforscher:

»Ich allein verdiene es, denn ich erspähte sie mitten im Meer.«

Darauf sagte der Dieb:

»Ich allein verdiene es, denn ich habe sie weggestohlen. Du hättest sie umsonst erspäht, wenn du's nicht wagtest, sie zu holen.«

Darauf sagte der Jäger:

»Du aber hättest sie umsonst gestohlen, wenn ich den Drachen nicht erschoß. Er hätte uns alle aufgefressen.«

Darauf sagte der Schneider:

»Ich allein verdiene es, denn ich hab' das Schiff wieder zusammengenäht, sonst wären wir alle ertrunken!«

Ein Wort gab das andere, und sie gerieten in Streit.

Da sagte der König:

»Hört zu, allen vieren kann ich meine Tochter doch nicht geben! Ich will aber jedem von euch ein halbes Königreich schenken. Seid ihr damit zufrieden? Die Königstochter ist freilich sehr schön, noch schöner ist es aber, in Frieden zu leben!«

Sie bekamen je ein halbes Königreich und lebten zufrieden.

37. Das lebensverjüngende Wasser

Es war einmal irgendwo – wär's nicht gewesen, so erzählte ich's ja nicht – jenseits des Operenzenmeeres war ein alter König. Der ließ einmal seine drei Söhne zu sich rufen. Damit ich's nicht vergesse: Er hatte nämlich drei schöne stattliche Söhne. Sagt der König:

»Hört mich an, meine Söhne: Ich bin schon alt, doch hab' ich von einem Königsfräulein gehört, das irgendwo in einer goldenen Burg wohnt. In dieser goldenen Burg sind neunundneunzig Kammern, und in der hundertsten ist das lebensverjüngende Wasser. Geht hin, und wer es findet, soll es mir bringen. Wenn ich davon trinken kann, werde ich wieder so jung wie ich's als Dreißigjähriger gewesen bin.«

Die drei Söhne rüsteten sich also zur Reise und brachen zusammen auf. Tagelang, ja wochenlang wanderten sie zusammen. Einmal aber machten es die beiden Älteren unter sich aus, sich den Jüngsten vom Halse zu schaffen.

Sagt der Älteste:

»Hört, meine Brüder, ich sehe gerade, daß der Weg vor uns in drei Richtungen abzweigt. Jeder von uns schlage eine andere Richtung ein, und wir wollen sehen, wen das Glück begünstigt.« Das taten sie auch. Doch bevor sie sich voneinander trennten, zog ein jeder seinen Ring vom Finger, und sie legten die drei Ringe unter einen großen Stein, den sie am Wegrand liegen sahen.

Sagt der Älteste:

»Wer zuerst hieher zurückkehrt, soll nach den Ringen sehen, und wenn ein Ring rostig geworden ist, so ist sein Besitzer in Not geraten. Sofort soll er aufbrechen und nach ihm suchen, um ihn aus der Not zu retten.«

Sie schieden voneinander. Die beiden Älteren warteten es kaum ab, daß sich der Jüngste entfernte, und nahmen dann zu zweit gleichwohl den selben Weg.

Der Jüngste zog allein dahin; er wanderte und wanderte lange Zeit, bis er einmal in einen dichten Wald kam. Am Rande des Waldes gewahrte er ein Gebäude; es dämmerte schon und drinnen brannte eine Kerze. Im Lichte der Kerze bemerkte er ein mißgestaltes, häßliches altes Weib. Die hatte mehr Falten im Gesicht als hundert Frauenzimmer in ihren Röcken. Die Nase hing ihr schier bis zum Boden hinab.

Der Königssohn überlegt: »Was soll ich tun? Soll ich hineingehen?«

Endlich entschließt er sich und klopft an.

Er hört von drinnen:

»Komm nur herein, ich warte schon lange auf dich.«

Er tritt ein und grüßt: »Guten Abend, Großmutter.«

»Dein Glück, daß du mich Großmutter genannt hast, ich hätte dich sonst aufgefressen. Was führt dich her?«

»Ich bin ein armer Wandergesell und suche einen Dienst. Auch nur für die Kost allein verdinge ich mich.«

»Na gut, ich nehme dich für ein Jahr in Dienst. Das Jahr besteht aus drei Tagen; wenn du während dieser Zeit meine Pferde zu hüten vermagst, gebe ich dir soviel Geld, als du nur zu tragen imstande bist. Sonst aber kommt dein Kopf auf den Pfahl.«

»Ich nehme den Dienst an«, sagt der kleine Königssohn.

Am andern Morgen sagt die alte Hexe zu dem Jungen:

»Bleib drinnen, ich gehe in den Stall, du kannst inzwischen dein Frühstück essen. Nach dem Frühstück mußt du mit meinen Pferden hinaus. Ich besitze bloß drei Pferde, daß mir ja keins verloren geht! Geht aber eins verloren, so werde ich schon wissen, wie dich zu finden, selbst wenn du dich in die Erde verkriechst. Dann aber ist es aus mit dir!«

Als der Junge sein Frühstück gegessen hatte, kam die alte Hexe herein und sagte:

»Geh nun, die Pferde sind im Stall. Bind sie los und führ sie hinaus auf die Wiese.«

Wie der kleine Königssohn auf den Stall zugeht, scheint es ihm, als bewegte sich der Misthaufen an einer Stelle. Neugierig geht er hin, rührt daran und lüpft es ein wenig. Was erblickt er da? Einen Pferdekopf! Nun scharrt er den Dünger weg. O mein Herr und Schöpfer, ein sechsfüßiger Zauberhengst taucht aus dem Dünger auf!

»Mir hat man gesagt, daß die Pferde im Stall sind.«

»Pst!« macht der Zauberhengst, »im Stall sind die drei Töchter der alten Hexe. Ich bin ein Zauberhengst, sie hat mich hierher gesteckt, damit du mich nicht findest. Ich kann's kaum erwarten, von dieser verfluchten Hexe loszukommen. Jetzt hör mich an: Hier neben meinem linken Ohr ist ein Hafersack, nimm ihn mit dir. Abends, wenn du nach Hause gehen willst, schüttle ihn bloß, dann müssen die drei Pferde zu dir zurückkommen. Jetzt aber deck' mich wieder zu, die alte Hexe soll's nicht merken, daß wir miteinander verbündet sind.«

Er deckte den Zauberhengst wieder zu und ging nun in den Stall hinein. Drin stehen drei prachtvolle Stutenpferde. Er bindet sie von der Krippenstange los und führt sie hinaus auf die Wiese. Doch kaum hatten sie eine Brücke passiert, wurde der Junge so schläfrig, daß er nach zwei, drei Schritten umfiel und dort auf der Wiese einschlief.

Als er erwachte, neigte sich bereits die Sonne. Die drei Pferde aber waren nirgends zu sehen. Er nimmt den Hafersack hervor, schüttelt ihn zwei-, dreimal, da kommen die Pferde aus drei Richtungen gerannt. Auf dem Heimweg wirft er ihnen die Halfter über und führt sie nach Hause. Die alte Hexe stand schon im Hof.

»Ich muß sagen, du bist ein tüchtiger Junge! Aber sei deiner Sache noch nicht so sicher! Jetzt geh hinein zum Nachtessen.«

Der kleine Königssohn ging hinein. Auf einmal hört er ein dumpfes Poltern. Er guckt durchs Fenster hinaus und sieht, wie die alte Hexe mit einem Holzscheit auf die drei Pferde dreinhaut.

»Ihr drei Nichtsnutze, warum habt ihr euch nicht versteckt? Habt wohl diesen Bengel liebgewonnen?«

Sie schlug die drei Pferde zu Boden nieder.

Am anderen Morgen, als der kleine Königssohn mit den drei Pferden aufbrechen wollte, sprach der Zauberhengst:

»Halt an, kleiner Königssohn! Heute kannst du den Hafersack nicht brauchen. Die Hexe hat erfahren, wie du ihre Töchter heimgebracht hast. Jetzt zieh mal aus meiner Mähne drei Haare heraus und steck sie zu dir. Heute hast du ein so starkes Schlafmittel bekommen, daß du nicht einmal bis zur Wiese gelangst, du schläfst schon am diesseitigen Brückenende ein. Die drei Pferde werden sich auf der Wiese in drei Margareten verwandeln. Wenn du heimkehren willst, geh auf die Wiese, dort nimm die drei Haare, die ich dir gegeben habe, und binde damit die drei Margareten zusammen; dann wirf ihnen die Halfter über, das übrige wirst du schon sehen.«

Es geschah denn auch so. Als er auf die Wiese hinausging – vielmehr gehen wollte –, schlief er schon am Brückenende ein. Wie er erwacht, hat er bloß die drei Halfter in der Hand. Da fiel ihm ein, was ihm der Zauberhengst gesagt hatte. Er band die drei Margareten zusammen, warf ihnen die Halfter über, und wieder waren es drei Pferde, die führte er nach Hause.

Die alte Hexe stand schon im Hof.

»Gib die Halfter her, mein Sohn! Geh, iß dein Abendbrot, ich werde die Pferde schon anbinden.«

Allein die alte Hexe machte sich daran und verprügelte die drei Pferde fürchterlich.

»Ihr Elenden, ihr wollt mich zugrunde richten! Könnt euch vor einem Herumstreicher nicht verstecken? Merkt euch: kommt ihr morgen abend wieder nach Hause, dann bring' ich euch um, alle drei!«

Am andern Morgen, als der Königssohn in den Stall ging, redete ihn der Zauberhengst an:

»Hör zu, Königssohn, die ganze Nacht hat die alte Hexe diese drei Pferde geprügelt. Aber kümmre dich jetzt nicht darum; ich hab' gehört, was die drei Pferde miteinander besprochen haben. Sie haben beschlossen, fortzuziehen und nie mehr zu ihrer Mutter zurückzukehren. Führ sie nur auf die Wiese hinaus, ich werde dich dann schon finden.«

Es geschah denn auch so. Mittags war der Zauberhengst schon dort.

»Steh auf, mein kleiner Gebieter! Die drei Pferde sind auf und davon, und die alte Hexe wird sie nimmer wiedersehen. Als ich aus dem Dünger hervorkroch, kam die alte Hexe und wollte mich fassen; aber ich hab' so fest ausgeschlagen, daß sie auf der Stelle tot umfiel. Nun bin ich frei, und auch du bist frei.

Komm jetzt, setz dich auf meinen Rücken. Ich weiß, wo du hin willst, ich trage dich dorthin.«

Sie zogen also fort und wanderten lange. Einmal kamen sie zu einem großen Berg, aber dieser große Berg war ganz aus Glas. Sie suchten einen Schmied auf, ließen vier goldene Hufeisen anfertigen und drei Zentner diamantene Nägel. Damit beschlugen sie das Pferd. Die übriggebliebenen Nägel legte der Königssohn in eine Zündholzschachtel, die steckte er in die Tasche. Dann setzte er sich aufs Pferd und machte sich daran, den Berg zu erklimmen. Herrje, die Funken sprühten nur so von den diamantenen Nägeln! Kaum aber hatten sie einige hundert Schritte aufwärts getan, waren die Hufnägel schon abgewetzt. Der kleine Königssohn nahm die Zündholzschachtel hervor und schlug neue Nägel in die Hufe. So klommen sie bergan, drei Tage und drei Nächte lang. Als am Morgen des vierten Tages die Sonne aufging, waren sie oben vor einer goldenen Burg.

Das Pferd schnaubte gegen die Burg, und die glühende Hitze, die herausströmte, kühlte dadurch etwas ab. Damit wir's nämlich nicht vergessen: Aus dieser Burg strömte ständig eine glühende Hitze, und wegen dieser glühenden Hitze konnte niemand hinein.

Wie sie nun in den Hof treten, sagt das Pferd:

»Jetzt, mein kleiner Gebieter, werde ich einen Atem aushauchen, von dem die Königstochter sofort einschläft. Du gehst dann leise in die hundertste Kammer. Dort ist das Wunderwasser, nach dem dein Vater verlangt.«

Es geschah denn auch so. Er ging in die hundertste Kammer hinein, füllte dort seine Feldflasche mit dem lebensverjüngenden Wasser und kam dann heraus. In der neunundneunzigsten Kammer schlief das Königsfräulein. Er blieb vor ihr stehen und betrachtete sie so lange, daß er sich in sie verliebte. Er setzte sich zu ihr, fing an sie zu herzen und zu küssen und gewann sie so lieb – wir haben zwar nichts gesehen, aber wir wissen es trotzdem –, daß er ihr einen kleinen Zettel hinterließ. Auf dem Zettel stand geschrieben:

»Ich, der Sohn des Grünkönigs, bin hier gewesen und hab' diesen Zettel hiergelassen.«

Er kam heraus, setzte sich aufs Pferd und hielt nicht eher an, als bis er zu jenem Stein gelangte, unter welchem die drei Ringe lagen. Er hebt den Stein auf und sieht, daß sein Ring genau so blank ist wie er ihn hingelegt hat. Die andern zwei aber, die seiner Brüder, sind ganz verrostet.

»Nanu«, denkt er bei sich, »meine Brüder sind in Not!«

Das Pferd errät die Gedanken des Königssohns und sagt zu ihm:

»Ich sehe, du grübelst über deine Brüder. Von mir aus kannst du sie suchen gehen, aber dann verlasse ich dich. Da nimm diese Pfeife, wenn du mich brauchst, mußt du nur hineinblasen, und gleich bin ich bei dir.«

Hipp, hopp! – verschwunden war das Pferd.

Der kleine Königssohn nahm nun den Weg, den seine beiden Brüder gegangen waren. Er kommt in eine Stadt und erkundigt sich nach ihnen:

»Habt ihr nicht zwei Männer gesehen, so und so gekleidet?«

»Ja freilich«, sagt ein Taglöhner, »die sind in unsere Stadt gekommen. Gleich im ersten Wirtshaus sind sie eingekehrt, haben dort getrunken, gezecht und Karten gespielt, bis ihr Geld alle war. Dann haben sie die Pferde verkauft, haben ihre Kleider verkauft und sind Taglöhner geworden. Jetzt müssen sie den ganzen Tag Holz hacken, weil sie so viele Schulden gemacht haben, daß sie's nicht einmal in einem Jahr abarbeiten können.«

Der jüngste Königssohn geht zu dem Gastwirt und erkundigt sich bei diesem:

»Die und die jungen Männer, sind sie nicht hier bei Euch?«

»Ja gewiß, die beiden Nichtsnutze!« sagt der Gastwirt. »Sie haben sich derart verschuldet, daß sie's in einem Jahr nicht abarbeiten können.«

»Gebt sie frei, ich löse sie aus.«

Er löste sie sogleich aus, kaufte ihnen neue Kleider, und dann machten sich alle drei zu Fuß auf den Heimweg. Der Jüngste erzählte seinen Brüdern, daß er das Wunderwasser beschafft habe.

»Hier in meiner Feldflasche ist es«, sagte er.

Als sie in ihrer Vaterstadt anlangten, übernachteten sie vorerst bei einem Stiefelmacher am Ende der Stadt; sie verrieten ihm aber nicht, wer sie waren. Die beiden Älteren schütteten dem Jüngsten verstohlen ein Schlafpulver ins Wasser, damit er fest einschlafe. Während er schlief, nahmen sie das Wunderwasser aus seiner Feldflasche und teilten es in zwei Teile. Dann verlangten sie vom Stiefelmacher ein wenig von dem Wasser, in dem die Schuhsohlen gebeizt werden, und füllten damit die Feldflasche ihres jüngsten Bruders.

Am Morgen, als die beiden Älteren aufstanden, weckten sie auch den Jüngsten. Der Arme vermochte sich kaum den Schlaf aus den Augen zu reiben. Als er bereit war, machten sie sich gemeinsam auf den Weg nach Hause. Wie sie aber auf den Marktplatz kommen, sagt der Älteste:

»Komm mit ins Kaffeehaus, laßt uns da frühstücken!«

Der Jüngste aber sagt:

»Ich will gehen und meinem Vater das Wunderwasser bringen. Er wartet schon so lange darauf.«

Die beiden Älteren ließen den Jüngsten vorausgehen und gingen ihm dann nach. Sie erreichen den Hof und gehen nun alle drei zusammen in den Palast. Der kleine Königssohn tritt vor seinen Vater hin und gibt ihm die Feldflasche.

»Hier ist das Wunderwasser, königlicher Vater. Trink und du wirst wieder jung!«

Der König nimmt's und tut einen Schluck daraus. Da empören sich seine Eingeweide, es reizt ihn zum Erbrechen.

»Ei du Hund, verdammter Bengel, was hast du mir da gebracht?«

Er zieht sein Schwert und holt aus, um seinen Sohn niederzustechen. Jedoch er liebte seinen jüngsten Sohn so sehr, daß er sein Leben dennoch verschonte. Aber er sagte:

»Geh, pack dich zu den Kutschern, daß du mir nie wieder vor die Augen trittst!«

Jetzt nahmen die beiden Älteren das Wunderwasser hervor und überreichten es ihrem Vater. Der trank davon und verjüngte sich sogleich.

»Ach, meine lieben Söhne, mein ganzes Königreich soll euch gehören! Seht nur, was der andere, der Spitzbube, mir da gebracht hat!«

Sie hoben die Feldflasche vom Boden auf, wo sie ihr Bruder gelassen hatte.

»Seht Vater, es ist Beizwasser für Schuhsohlen. Bestimmt hat er sein Geld verlumpt, und um nicht mit leeren Händen zu kommen, hat er auf dem Heimweg bei irgend einem Stiefelmacher übernachtet und von dort dieses Wasser gebracht.«

»Sprecht mir nicht mehr von ihm«, sagte der König.

Nun aber werfen wir einen Blick zurück in die goldene Burg. Die Königstochter ist schwanger geworden und hat einen Sohn geboren. Sie fand den Zettel, den ihr der kleine Königssohn zurückgelassen hatte, und eines Morgens, wie der alte König aufsteht und hinausschaut, bleiben ihm vor Staunen Mund und Augen offen: In der Luft schwebt eine goldene Brücke vor seinem Palast und verbindet die goldene Burg mit dem königlichen Palast. Oben auf der Brücke aber steht die Königstochter und ruft hinüber zu dem König:

»Schick deinen Sohn her, der das Wunderwasser gestohlen hat! Er soll sofort auf diese Brücke kommen.«

Der König ruft seine beiden älteren Söhne:

»Geht, meine Söhne, man verlangt nach euch.«

Die beiden älteren Söhne gehen an die Brücke heran. Allein sie hatten kaum fünf, sechs Schritte getan, da fiel sie eine derart glühende Hitze an, daß der Schweiß nur so von ihnen heruntertroff. Sie mußten umkehren.

»Wir können nicht hin, Vater, so glühend ist diese Hitze.«

Laut ruft da die Königstochter:

»Wie seid ihr denn in meine Burg gelangt, die Hitze ist dort noch viel glühender!« Und sie sagt:

»Wenn du mir nicht deinen Sohn herschickst, der in meiner Burg gewesen ist, lasse ich deine ganze Stadt zusammenschmelzen!«

Der König besinnt sich und ruft einem der Kutscher zu:

»János, schick meinen Sohn herauf!«

Kommt der kleine Königssohn:

»Warum hast du mich rufen lassen, Vater?«

»Schau, mein Sohn, deine Brüder haben das Wunderwasser gebracht, aber die goldene Brücke können sie nicht beschreiten.«

»Je nun, Vater, nicht sie haben das Wunderwasser gebracht; denn wer das Wasser gebracht hat, der kann auch die Brücke beschreiten.«

Er nimmt die Pfeife hervor, bläst hinein – da steht der Zauberhengst vor ihm.

»Ich wußte ja, mein kleiner Gebieter, daß du mich noch brauchen wirst. Na, setz dich jetzt auf meinen Rücken!«

Er saß auf. Der Zauberhengst schnaubte gegen die Brücke, und die glühende Hitze ließ nach. Dann tat das Pferd einen Sprung, sprang zweimal, und schon war es auf der Brücke. Wie sie oben auf dem Brückenende stehen, breitet die Königstochter die Arme aus:

»Ja, du bist bei mir gewesen, ich sehe es wohl! Jetzt aber komm mit mir, schau dir deinen Sohn an! Zu deinem Vater laß' ich dich nicht mehr zurück. Ich bin dein und du bist mein, Spaten, Hacke und die große Glocke trennen uns allein!«

Sie veranstalteten ein großes Hochzeitsfest. Der Wein floß von Hencida bis Boncida, und wenn sie nicht gestorben sind, so leben sie noch heute.

38. Mihók der Tölpel

Es war einmal eine arme Witwe, die hatte einen dummen Sohn. Ein ungeschlachter Tölpel war das, scheute die Arbeit und lag meist auf der faulen Haut. Als er sechzehn Jahre alt geworden war, sagte seine Mutter zu ihm:

»Mein Sohn, du bist nun alt genug, geh fort und such dir irgend einen Dienst; du siehst ja, daß wir nichts zu leben haben.«

Die Mutter buk einen Fladen in der Asche, legte ihn dem Jungen in den Ranzen, und der machte sich damit auf den Weg. Er kam in ein Dorf und hat sich da auch verdingt. Der Lohn war eine Nadel. Als das Dienstjahr um war, ging er nach Hause und nahm die Nadel mit. Mein lieber Gott! Wie er seines Weges zog, kam gerade ein Fuhrwerk daher, das Fuhrwerk führte ein Fuder Stroh. Er setzte sich oben auf und verlor die Nadel im

Stroh. Als der Weg abbog, mußte er absteigen. Da merkte er, daß er die Nadel nicht mehr hatte.

»O weh, Herr Meister«, sagt er, »hab' einen großen Schaden erlitten.«

»Nicht doch, was war's denn?« fragt der Mann.

»Hab' hier oben auf der Fuhre meinen Jahresverdienst verloren«, sagt er.

»Na, kränk dich nicht, junger Bruder«, sagt der Betreffende, »laß uns suchen.«

Sie werfen das Stroh vom Wagen herunter, schütteln es durch und durchsuchen es, bis kein einziger Halm auf der Fuhre bleibt.

Der Mann verlor bald die Geduld:

»Gott verdamm'!« fluchte er, »selbst eine Nadel hätte sich da schon gefunden.«

»Eben das war's, Herr Meister!« sagt der Knecht.

»Hol dich der Teufel, du Rindvieh! Dafür hast du ein Jahr lang gedient? Mach, daß du mir aus den Augen kommst!«

Der Bursche kommt nach Hause, und die Mutter fragt ihn:

»Nun, was hast du verdient, mein Sohn?«

»Hab' eine Nadel verdient, liebe Mutter, aber auf dem Weg setzte ich mich auf ein Fuder Stroh und hab' sie dort verloren!«

»O wie ungeschickt von dir!« sagt die Frau, »hättest sie an den Hut gesteckt, dann wär' sie nicht verloren gegangen.«

»Laß nur, Mutter, so will ich es das nächste Mal tun.«

Wieder bäckt die Mutter einen Fladen in der Asche und wieder macht sich der Junge auf den Weg. Kommt in eine andere Gemeinde und verdingt sich wieder als Knecht. Hier verdiente er ein Pflugeisen. Als er heimwärts ging, steckte er es an den Hut. Aber das große, schwere Pflugeisen zog ihm den Hut vom Kopf herunter, und er mußte es ständig halten.

Er kommt heim und schmeißt es auf den Boden.

»Ach Mutter«, sagt er, »seht, das hab' ich verdient. Es hat mir schier die Hand gebrochen! Mußte dieses garstige Pflugeisen ständig halten.«

»Das hast du falsch gemacht, mein Sohn! Hättest eine Schlinge drum gebunden, einen Stock hindurchgesteckt und es so auf den Rücken genommen.«

»So will ich es das nächste Mal tun, liebe Mutter.«

Er machte sich zum dritten Mal auf und ging sich wieder verdingen. Diesmal hatte er mehr Glück, er verdiente ein Kalb – oder war's nicht eine halbe Speckseite, für die er gedient hat? – Nun denn, weil die Mutter gesagt hatte, er hätte das Pflugeisen auf den Rücken nehmen sollen, so nahm er jetzt den Speck auf den Rücken. Jedoch die Hunde nagten alles ab, und es blieb ihm kaum noch ein Happen auf der Schulter.

Sagt die Mutter:

»Hättest besser den Speck in den Ranzen oder in einen Sack getan und zu Hause zum Räuchern aufgehängt. Dann hättest du davon essen können, solange es reicht.«

»Laßt nur, Mutter, so will ich es das nächste Mal tun«, sagt der Junge.

Und wieder ging er sich verdingen. Diesmal verdiente er ein Kalb. Als er sich auf den Heimweg machte, nahm er wirklich das Kalb auf den Rücken. Und wie er zu Hause ankam, hängte er das Kalb am Hahnenbalken auf. Er geht ins Haus, und die Mutter fragt ihn:

»Nun, mein Sohn, bist heimgekommen? Na, was hast du verdient, mein Sohn?«

»Diesmal ein Kalb, liebe Mutter. Ich hab's am Hahnenbalken aufgehängt, so wie Ihr gesagt habt.«

»Aber, aber, mein Sohn, das war schlecht getan. Hättest es im Schuppen anbinden sollen, ihm Grummet zu fressen gegeben und ihm ›Kälbchen, mein kleines Kälbchen!‹ gesagt. Lauf, hol es vom Dachstuhl herunter!«

Na freilich, als er auf den Dachstuhl kam, war das Kalb schon verreckt, es war erstickt. Wie denn anders, er hat es ja aufgehängt!

»Na«, sagte er ärgerlich, weil das Kalb verreckt war, »na, liebe Mutter, ich geh mich wieder verdingen.«

Und er ging in eine andere Gemeinde. Dort verdiente er sich ein Mädchen. Die Mutter hatte ihm aber gesagt:

»Mein Sohn, dem Kalb hättest du einen Strick um den Hals binden sollen und es behutsam in den Stall geführt, dort angebunden und ihm Grummet zu fressen gegeben.«

So nahm er also das Mädchen mit, band ihr einen Strick um den Hals und führte sie heim wie ein Pferd. Zu Hause tat er sie in den Stall, band sie an die Krippenstange und warf ihr ein Bund Heu hin.

»Nun, was hast du jetzt verdient, mein Sohn?« fragte die Mutter, als er hereinkam.

»Jetzt, Mutter, hab' ich mir ein Mädchen verdient«, sagt er.

»Ei der Tausend!« sagt die alte Frau, »das ist das allerbeste! Wo ist sie?«

»Nun, liebe Mutter, ich hab' sie in den Stall geführt, dort festgebunden und ihr Heu gegeben.«

»Aber, aber, mein Sohn, auch diesmal hast du falsch gehandelt! Ein Mädchen solltest du an der Hand fassen und mit ihr schön reden. Ruf sie ins Haus herein!«

Sie sind in den Stall gegangen und haben sie hereingeholt; haben sie um Entschuldigung gebeten, den Priester gerufen und Hochzeit gehalten.

Und wenn sie nicht gestorben sind, dann leben sie noch heute.

39. Der Mann aus dem Paradies

Es war einmal ein Mann, der fuhr oft mit Getreide auf den Markt. Seine Frau ärgerte sich, daß immer nur der Mann hinging. Sie zankte mit ihm, denn sie wollte auch einmal auf den Markt gehen. Sagt der Mann: »Dann geh halt du!« und ließ sie mit einer Fuhre Weizen und dem Knecht losziehen.

Sie mochten sich etwa fünf Kilometer vom Dorf entfernt haben, als sich die Frau besann, daß sie ja den Preis des Weizens nicht wußte.

»Kehr um und frag den Meister, wie wir den Weizen verkaufen sollen!«

Der Knecht kehrte um und rief zum Fenster hinein. Der Meister antwortete ihm, sie sollten den Weizen zum Tagespreis verkaufen.

Na, sie kommen auf den Markt, und gleich tritt ein Händler auf sie zu:

»Wie gebt ihr den Weizen?«

»Zum Tagespreis«, sagt die Frau.

Der Händler entfernte sich, um nach dem Tagespreis des Weizens zu fragen, und als er zurückkam, sagte er, der Weizen stünde jetzt so: die eine Hälfte auf Kredit, die andere Hälfte auf Wartezeit.

»Also gut, steht er so, dann geb' ich ihn auch so«, sagt die Frau. »Und wann bekomme ich das Geld?«

»Am letzten Marktag.«

»Wie werden wir uns wieder erkennen?«

»Ich geb' Euch meinen schlechten Mantel, Ihr gebt mir Euren Pelz zum Tausch, so finden wir einander wieder.«

Die Frau legte ihren Pelz ab und reichte ihn dem Händler. Der Händler gab ihr dafür seinen schlechten Mantel.

Zuhaus fragt der Bauer:

»Wie habt ihr den Weizen verkauft?«

»Zum Tagespreis«, antwortet die Frau.

»Und wo ist das Geld?«

»Geld ist keins da, weil der Weizen jetzt eben so steht: die eine Hälfte auf Kredit, die andere Hälfte auf Wartezeit.«

»Und wann wirst du das Geld bekommen?«

»Am letzten Markttag.«

»Wie erkennst du dann den Händler wieder?«

»Ich hab' meinen Pelz gegen seinen Mantel getauscht, und so finden wir einander wieder.«

»Na, so eine Närrin hab' ich noch nicht gesehen! Ich zieh' jetzt in die Welt hinaus und komme nicht eher zurück, als bis ich nicht eine gleiche Närrin wie dich gefunden habe.«

Und der Mann zog in die Welt hinaus. Wie er durch einen dunklen Wald kam, sah er ein Licht und ging darauf zu. Er klopfte an und trat mit einem Gruß ein:

»Gott gebe Euch einen guten Abend!«

Ein altes Weib empfing ihn. Sie fragte:

»Was führt Euch her?«

Der Mann erwiderte:

»Ich komme geradewegs aus dem Paradies.«

»Ach, seid Ihr dort nicht meinem Sohn begegnet?«

»Ei gewiß! Er handelt mit Knochen und Lumpen. Ganz zerlumpt ist der Arme, auch sein Mantel ist schäbig, und den Karren muß er selber ziehen.«

»Ach Onkel, kehrt Ihr noch dahin zurück?«

»Ja freilich, morgen früh muß ich wieder dort sein.«

»Ich hab' ein graues Pferd, würdet Ihr's nicht für ihn mitnehmen?«

»Warum auch nicht? Alles was Ihr wollt.«

»Drei Weißbrote sind mir noch von den Feiertagen zurückgeblieben, will dazu noch drei Gänse braten, und dann hab' ich auch etwas gespartes Geld, von dem mein Mann nichts weiß. Nehmt es für meinen Sohn, daß er sich ein bißchen rühren kann. Na, da fällt mir noch ein, mein Mann hat eine Frau um ihren Pelz geprellt, nehmt ihn auch mit für meinen Sohn, daß er nicht friert, der Arme.«

Der Mann legte sich nieder, um ein wenig auszuruhen, während die Frau daranging, den Braten zuzubereiten. Sie schlachtete die Gänse und richtete alles für die Wegzehrung. Am Morgen stand der Mann auf, sattelte das Pferd und zog von dannen. Kaum war er fort, kam der Händler nach Hause.

»Komm, komm schnell, hab' Nachricht von unserem Sohn!«

»Geh, bist gar verrückt geworden?«

»Glaubst es nicht? Schau, ich hab' ihm das Pferd geschickt. Der Arme handelt mit Knochen und Lumpen, muß den Karren selber ziehen! Auch die Weißbrote hab' ich ihm geschickt, und die drei Gänse und ein wenig gespartes Geld, von dem du nichts weißt. Ach ja, auch den Pelz, um den du jene Frau geprellt hast.«

»Wer war das, du Unglückselige, wem hast du das alles gegeben?«

»Es war ein Mann aus dem Paradies, er ist geradewegs ins Paradies zurückgegangen.«

Der Händler eilte sogleich dem Manne nach.

Der Mann bemerkte ihn schon von weitem und band das Pferd an einen Baum. Am Rande des Waldes war ein Baum, der stand so als wollte er umfallen. Der Mann stemmte sich gegen diesen Baum und stützte ihn. Kam der Händler und fragte:

»Habt Ihr nicht einen Mann auf einem grauen Pferd hier vorbeikommen sehen?«

»Gewiß, ich hab' ihn gesehen! Aber umsonst geht Ihr ihm nach, er ist so stark, daß er keinen Menschen fürchtet.«

»Sagt, Euch fürchtet er auch nicht?« fragt der Händler.

»Mich fürchtet er schon.«

»Dann seid so gut und holt mir diesen Mann zurück. Ich gebe Euch dafür hundert Pengö.«

»Ich kann nicht gehen, ich bin dazu verdammt, diesen Baum da zu stützen; mein Vater, meine Mutter und meine Geschwister, alle müßten sonst sterben.«

»Ich werde ihn solange stützen«, sagte der Händler. »Geht nur, holt ihn mir zurück! Er hat meine Frau um viele Sachen geprellt.«

Der Mann bestieg das Pferd und ritt damit nach Hause.

Zuhaus sagte er zu seiner Frau:

»Ich bin wieder heimgekommen, denn ich habe Menschen getroffen, die noch närrischer sind als du.«

Der Händler wartete auf die Rückkehr des Mannes. Als es ihm zu lange wurde, sprang er auf. Da sah er, daß der Baum nicht umfiel; jetzt erst erkannte er, daß ihn der Mann zum Narren gehalten hatte.

Wer's nicht glaubt, überzeuge sich selber!

40. *Der alte Mann und der Kotzen*

Es war einmal ein knausriger junger Mann und dieser knausrige Mann hatte auch ein knausriges Weib, und die hatten einen alten, alten Vater. Dieser alte Vater war so alt, daß ihm immer die Hand zitterte, wenn er die Suppe aß und den Löffel vom Teller zum Munde führte. Alles floß aufs Tischtuch herab, und er führte nur den leeren Löffel zum Munde.

Unlängst, als er den Löffel mit Suppe aus dem Teller füllte, zitterte ihm wiederum die Hand; er ließ den Teller fallen, und der zerbrach. Da geriet die junge Frau in fürchterlichen Zorn über ihren Schwiegervater. Sie überredete ihren Mann, den Alten aus dem Hause zu jagen, ihm den Weg zu weisen, damit er bei ihnen keinen Mist mehr mache. Der junge Mann konnte sich nicht dazu entschließen, aber die Frau lag ihm so lange in den Ohren, daß er sich darein schickte.

Nun gingen sie auf den Markt, der junge Mann und die junge Frau, und erstanden dort zwei neue Kotzen. Sie hatten nämlich beschlossen, die beiden Kotzen dem Alten um die Schulter zu legen und ihn so fortzuschicken. Wo immer ihn die Nacht überrasche, solle er sich den einen Kotzen unterlegen und sich mit dem andern Kotzen zudecken, damit er in der Nacht schlafen könne.

Allein sie kamen nach Hause, und weder der junge Mann noch die junge Frau konnten es über sich bringen, dem Alten den Weg zu weisen. Sie hatten aber einen Sohn, so alt wie unser Evchen, und den betrauten sie damit. Sagt der Vater zu ihm:

»Mein Sohn, da nimm diese zwei Kotzen, sie sind recht handlich zusammengelegt. Wir gehen jetzt aufs Feld arbeiten, und sobald du denkst, wir könnten schon auf dem Felde sein, sollst du deinem Großvater die Kotzen um die Schulter legen; dann nimm ihn bei der Hand und führe ihn auf die Straße hinaus. Sag ihm: straßauf oder straßab! Er soll fortgehen und nicht mehr zurückkommen.«

Der Knabe tat wie ihm geheißen. Aber als die Eltern aus dem Hause waren, bedachte er sich anders und nahm nur einen von den beiden Kotzen. Den legte er dem Großvater um die Schulter, führte ihn hinaus auf die Straße und sagte:

»Großvater, geht wohin Ihr wollt, straßauf oder straßab, aber kommt nicht mehr zurück, denn hier ist kein Platz für Euch!«

Der Alte weinte ein wenig, nahm sodann die eine Richtung und ging fort, mit dem Kotzen über der Schulter.

Der Mann und die Frau kamen abends vom Felde heim und merkten sogleich, daß ein Kotzen noch da war. Sie blickten herum, aber der Alte war nicht mehr da. Darauf nahmen sie sich den Jungen vor:

»Was ist mit deinem Großvater geschehen?«

»Nun, ich tat, wie ihr mir sagtet.«

»Wie denn?«

»Ich legte ihm den Kotzen über die Schulter und wies ihm den Weg, daß er fortgehe und nicht mehr zurückkommen solle, weil wir ihn hier nicht brauchen.«

»Und warum hast du ihm nicht auch diesen Kotzen umgelegt?«

Der Junge schwieg eine Weile, dann aber sagte er:

»Wißt Ihr, lieber Vater, warum ich es nicht getan habe? Es kam mir in den Sinn, daß auch Ihr einmal so alt sein werdet wie er, und daß ich Euch dann ebenfalls den Weg weisen muß. So brauche ich keinen Kotzen mehr zu kaufen, Ihr könnt dann mit diesem Kotzen fortgehen.«

Der Mann und die Frau sahen sich an, schämten sich sehr und begannen zu weinen. Rasch holte der Mann das Pferd aus dem Stall, bestieg das Pferd und erreichte den Alten am Ende des neunten Dorfes. Er bat ihn um Verzeihung, setzte den Alten aufs Pferd und führte dieses am Halfter, bis sie nach Hause kamen. Zuhaus ließen sie ihn fortan immer bei Tische sitzen, das Kind aber lehrten und erzogen sie so, daß es die Alten ehren und die Erwachsenen achten solle. Denn was du andern tust, wird dir gleich vergolten. Es verdroß sie nie wieder, wenn ein Teller zerbrach oder wenn die Suppe überfloß. Was immer auch geschah, sie blickten mit liebevollen Augen auf den Alten, lebten ehrsam und leben noch heute, wenn sie nicht gestorben sind.

41. Der Tod und der Schafhirte

Einmal war's, keinmal war's, noch weiter als siebenmal sieben Länder war ein Schafhirte, der Sommer wie Winter, sein ganzes Leben lang die Schafe auf der Weide hütete.

Einmal war er wieder mit seinen Schafen auf der Wiese – eine schöne große Schafherde hatte er! – und während er die Schafe hütete, kam der Tod – weiß Gott, woher der kam! – kam vorbei und sah den Schafhirten auf seinem Stab gestützt die Schafe hüten. Er trat näher, blieb bei ihm stehen und sah, wie sich der Schafhirte am Anblick seiner Schafe weidete.

Und da der Tod sah, daß der Schafhirte dabei so vergnügt war, dachte er, diese Schafe müßten was Besonderes sein, wenn sich jener an ihnen so sehr weidete.

Sagt der Tod zu dem Schafhirten:

»Du, gib mir auch ein Schaf!«

»Ja was willst du damit anfangen?«

»Was ich damit anfangen will? Und du, was machst du denn?«

»Ich weide mich an ihnen.«

»Na also, das will ich auch«, sagt er, »will auch was haben, mich daran zu weiden.«

»Hm«, sagt der Schafhirte, »ich gäb' es gerne, allein so und so ...«, dreht und wendet er die Sache ...

Der Tod aber sagt:

»Schlag es mir nicht ab«, sagt er, »wenn du mir kein Schaf gibst, nehm' ich dich dafür!«

Da erschrak der Schafhirte.

»Oh!« sagte er, »nimm mich nicht, lieber geb' ich dir ein Schaf! Na, welches willst du haben?«

Sagt der Tod: »Welches du für das beste hältst.«

Nun denn, weil ihm der Tod gedroht hatte, ihn mitzunehmen, war der Schafhirte sehr verängstigt. Er ließ seinen Blick über die Herde schweifen, wählte das schönste Schaf aus, und mit drei weit ausholenden Schritten – so wie die Schafhirten zu schreiten pflegen – ging er hin und fing es ein.

»Schau her«, sagte er zu dem Tod, »komm und schau nur, was für ein Schaf ich dir da eingefangen habe!«

»Na, jetzt gefällst du mir«, erwiderte der Tod.

Damit die Sache aber auch ihre Wirkung habe, sagte der Schafhirte:

»Ich will es dir nach Hause tragen, wohnst du weit von hier?«

»Nein, es ist nicht weit.«

»Ich will es dir nach Hause tragen«, sagt er, »sonst hab' ich's dir umsonst gegeben, wenn du es doch nicht tragen kannst.«

Damit hob er das Schaf auf, lud es sich um den Nacken und trug es so. Der Tod schritt voran und er hinterdrein.

Zu Hause angelangt, hob der Hirte behutsam das Schaf herunter.

Sagt der Tod zu dem Schafhirten:

»Ich zeig' dir jetzt einen Haufen Garnknäuel«; und prahlend fuhr er fort:

»Schau, jedes dieser Garnknäuel ist ein Menschenleben. Wenn das Garn auf einem Knäuel zu Ende geht, muß der betreffende Mensch sterben.«

Der Schafhirte hatte gleich begriffen und sagte:

»Ach, sei so gut und zeig mir auch mein Garnknäuel, ich will sehen, wieviel Garn noch darauf ist.«

Der Tod suchte es heraus.

»Das hier ist deines!«

Es war ein dickes Knäuel, noch viel Garn war darauf.

Als der Schafhirte sah, daß noch soviel Garn auf seinem Knäuel war, wußte er sogleich, daß er noch nicht sterben sollte. Er nahm das Schaf, lud es sich wieder auf den Rücken und lief mit ihm davon.

Der Tod blickte ihm nach und sagte:

»Ei, zum Kuckuck! Hätt' ihm besser ein Knäuel mit wenig Garn gezeigt, dann wäre er nicht mit dem Schaf davon.«

Na, es war nun mal geschehen, und der Schafhirte trug das Schaf zurück. Es blieb sein und nicht des Todes.

Dieser Schafhirte lebt noch heute, wenn er nicht gestorben ist.

42. Der betrogene Wolf

Einmal war's, keinmal war's, jenseits von siebenmal sieben Ländern, hier in Klein-Solymos war ein Mann, Ohm Gergö Róka genannt. Dieser Ohm Gergö Róka hielt sich ein Pferd, einen Hammel und ein Schwein. Allein er gab ihnen den Winter durch nichts zu fressen, und so waren sie im Frühjahr ganz abgezehrt, nichts als Haut und Knochen. Da trieb er sie zum Tor hinaus und sagte:

»Marsch hinaus, sollen euch die Wölfe fressen! Warum seid ihr im Winter nicht fett geworden?«

Aber wie hätten sie denn fett werden können, wenn er ihnen doch nichts zu fressen gab?

Draußen vor der Flurgrenze von Tegehajtó hörte sich dies ein Wolf mit an, und wie sie so gehen, das Pferd an der Spitze, stellt sich ihm der Wolf entgegen und sagt:

»Halt, bleib stehen, daß ich dich fresse! Dein Meister hat's ja gesagt, ich soll dich fressen.«

»Du kannst mich fressen, wenn du willst«, sagt das Pferd, »aber siehst du's denn nicht, bin ja nichts als Haut und Knochen; was frißt du schon an mir? Wart doch ein Weilchen! Jetzt geh' ich auf die Bergweide, auf der Bergweide werde ich dick über den Sommer, dann hast du einen guten Happen an mir zu beißen.«

Na, er läßt das Pferd gehen. Nach ihm kommt das Schwein.

Sagt der Wolf zu diesem:

»Halt, bleib stehen, daß ich dich fresse! Dein Meister hat's ja gesagt, ich soll dich fressen.«

»Was willst du schon an mir fressen, bin ja nichts als Haut und Knochen? Wart doch ein Weilchen! Jetzt geh' ich auf die Bergweide, auf der Bergweide werde ich fett und komme mit sechs knusprigen Ferkeln zurück. Dann hast du an mir einen guten Happen zu beißen.«

Er läßt auch das Schwein ziehen. Kommt der Hammel; er stellt sich vor ihm hin und sagt:

»Halt, bleib stehen, daß ich dich fresse! Dein Meister hat's ja gesagt, ich soll dich fressen.«

»Was willst du schon an mir fressen?« sagt der Hammel, »bin ja nichts als Haut und Knochen! Wart doch ein Weilchen, ich geh' jetzt auf die Bergweide. Auf der Bergweide werde ich fett, du hast dann einen guten Happen an mir zu beißen.«

Auch den läßt er ziehen.

Nun fraß der Wolf den ganzen Sommer über keinen Bissen, sparte seinen Bauch für jene Tiere auf. Er lag faul im Gebüsch herum, wechselte von einem Strauch zum andern, so ging's den ganzen Sommer lang.

Als die Tiere an einem herbstlichen Tag erwachten, denn es war Herbst geworden, machten sie sich auf den Heimweg. Jetzt ging das Schwein voran mit seinen sechs Ferkeln – es waren wirklich schöne Ferkel! Der Wolf unter dem Strauch sieht das Schwein auf dem gleichen Weg heimwärts ziehen, und freut sich schon auf den guten Happen. Er kommt aus dem Gebüsch hervor und geht dem Schwein entgegen.

»He du«, sagt er, »schön von dir, daß du mich nicht angeschwindelt hast. Hab' meinen Bauch für dich aufgespart, jetzt will ich mich an dir sattfressen.«

Sagt das Schwein:

»Wenn ich dich anschwindeln wollte, hätt' ich nicht den gleichen Weg heimwärts genommen. Allein etwas stimmt trotzdem nicht.«

Sagt der Wolf: »Was denn?«

»Weißt du«, sagt das Schwein, »auf der Bergweide war weit und breit kein Mensch, und wir konnten die Ferkel nicht taufen. Ungetauft kann man sie aber nicht gut verzehren, man muß sie vorher taufen.«

Sagt der Wolf: »Und wo tauft ihr die Ferkel?«

Das Schwein antwortete ihm, hier gleich im Dorf würde sie der Pfarrer taufen.

Sagt der Wolf:

»Geh also mit ihnen, laß sie taufen und komm dann zurück.«

Gut; sie gehen, das Schwein voran, die Ferkel hinterdrein. Da dreht sich das Schwein plötzlich um und sagt zu dem Wolf:

»Komm her, ich will dir ins Ohr flüstern, wie sie getauft werden, damit du's auch weißt.«

Der Wolf kam zu dem Schwein und hielt ihm sein Ohr hin, damit es ihm die Taufnahmen der Ferkel zuflüstere. Das Schwein war in übermütiger Laune, und wie ihm der Wolf sein Ohr hinhielt, schnappte es zu und zerrt das Ohr hin und her. Jetzt machten sich auch die sechs Ferkel dran, sie zerrissen es schier in Stücke. Der Wolf konnte sich nur mit Mühe losreißen und entfliehen. Na, die waren also fort, und jetzt kommt der Hammel. Der Wolf geht dem Hammel entgegen und sagt zu ihm:

»He du, wenigstens du sollst mich nicht beschwindeln, denn das Schwein hat mich beschwindelt!«

Sagt der Hammel:

»Wenn ich dich beschwindeln wollte, hätte ich nicht den gleichen Weg heimwärts genommen.«

»Na, so bleib stehen, daß ich dich fresse, hab' dann wenigstens an dir zu fressen.«

Sagt der Hammel:

»Weißt du was? Wenn du mich zerkaust, tut's mir weh, aber du hast dann auch Zahnweh davon. Stell dich da in den Graben und sperr dein Maul auf, so kann ich in dein Maul hineinspringen, und du verschlingst mich in einem. Dann tut's weder mir noch dir weh!«

Der Wolf stellt sich in den Graben und sperrt das Maul auf. Der Hammel aber nimmt mit gesenktem Sterz hinterwärts einen weiten Anlauf, schießt los – gibt dem Wolf einen Tritt, daß der davon dreimal kopfüber purzelt –, setzt über den Wolf hinweg und rennt davon.

Jetzt aber kommt das Pferd. Der Wolf geht ihm entgegen.

»He du«, sagt er, »daß wenigstens du mich nicht beschwindelst, denn die andern zwei haben mich beschwindelt!«

Sagt das Pferd:

»Wenn ich dich beschwindeln wollte, hätt' ich nicht den gleichen Weg heimwärts genommen.«

»Nun denn, bleib stehen, daß ich dich fresse.«

Sagt das Pferd zu ihm:

»Kannst mich zwar fressen, nur etwas stimmt nicht ganz.«

»Was denn?«

»In Andrásfalva hat ein Mädchen heute Hochzeit, und man hat mich gebeten, den Brautwagen bei der Rundfahrt durchs Dorf zu ziehen. Wart noch ein Weilchen, bis ich die Braut herumgeführt habe; dann komme ich wieder und du kannst mich auffressen.«

Sagt der Wolf:

»Das möchte ich mir auch mal ansehen, wie du die Braut herumführst.«

»Kannst ja kommen, schau dir's mal an!« sagt das Pferd.

»Aber wie komme ich hin?« fragt er.

»Setz dich auf meinen Rücken!«

Das Pferd läßt den Wolf aufsitzen und trägt ihn auf dem Rücken ins Dorf hinein. Aber im Dorf, auf dem Hof von Ohm András Dankuj – so hieß der Mann –, auf seinem Hof waren im

Sommer immer einige Männer beim Kartenspiel zu finden. Auch jetzt spielten die Männer dort Karten, als das Pferd mit dem Wolf auf dem Rücken am Tor vorbeikam. Die Männer im Hof erblicken den Wolf auf dem Rücken des Pferdes, springen auf und schreien:

»Je, der Wolf auf dem Pferderücken! Je, der Wolf auf dem Pferderücken!«

Der eine griff nach dem Knüppel, der andere nach der Hacke, der packte eine Axt, jener eine Stange oder sonst was. Das Pferd verlangsamte seinen Lauf, damit sie es einholen könnten. Sie holten es ein. Nur mit knapper Not konnte ihnen der Wolf entkommen, sie hätten ihn sonst ganz niedergemacht.

War da ein Mann mit einer verstümmelten Hand – er hieß Ohm Peti Kalányos –, und der pflegte im Wald von Tegehajtó Baumstrünke zu spalten. Da sieht er den Wolf am Pfarrhaus vorbei in den Wald flüchten und gerade auf sich zu rennen. Im Nu verzog sich Ohm Peti Kalányos hinter einen großen Baum, damit ihn der Wolf nicht sehe.

Der Wolf kam und legte sich just neben diesen Baum nieder, die Augen gegen das Dorf gerichtet. Er fängt mit sich selbst zu reden an:

»Recht geschieht mir! Der Teufel hol' meinen Kopf, wenn ich schon keinen Verstand hab'! Hau einer nur tüchtig rein!«

Kaum hat er ausgesprochen, haut von hinten Ohm Peti Kalányos mit dem Axtstiel rein, daß Gott erbarm'.

»Zum Teufel!« sagt der Wolf, »nicht einmal spaßen kann man heutzutage!«

43. *Klein-Marci*

Einmal kam eine Zigeunerin ins Haus und sagte zu der Hausfrau: »Bäuerin, ich geh' auf einen Sprung in die Nachbarschaft, wollt Ihr mir solange mein Busen-Spindelchen[1] aufbewahren?«

»Schon gut, Zigeunerin«, sagte die Frau, »leg's nur vor den Backofen.«

[1] Die Märchenerzählerin erläutert: Mit »Busen-Spindelchen« meint die Zigeunerin die Spindel, die sie aus dem Busen hervorzieht.

Während die Zigeunerin fort war, heizte die Bäuerin den Backofen ein, und die Spindel geriet versehentlich mit ins Feuer. Die Zigeunerin kommt zurück und sagt:

»Busen-Spindelchen, Weizenkorn ... Weizenkorn ist mein!«

Und sie nahm das Weizenkorn mit, das sie vor dem Backofen fand. Sie kam in ein anderes Dorf, ging auch dort in ein Haus und bat um ein Plätzchen für's Weizenkorn.

»Leg's in die Ecke«, sagte die Hausfrau und dachte nicht weiter daran.

Während die Zigeunerin fort war, pickte das rote Hähnchen in der Küche das Weizenkorn auf. Die Zigeunerin kommt zurück und sagt:

»Busen-Spindelchen, Weizenkorn, rotes Hähnchen ... rotes Hähnchen ist mein!«

Und sie nahm das rote Hähnchen mit.

Bald darauf trat sie wieder in ein Haus und bat um ein Plätzchen für's rote Hähnchen.

»Tu's in den Stall«, sagte die Hausfrau.

Aber im Stall war ein kleines Füllen, dieses kleine Füllen zertrat das rote Hähnchen. Die Zigeunerin kam zurück, sah, was geschehen war, und sagte:

»Busen-Spindelchen, Weizenkorn, rotes Hähnchen, kleines Füllen ... kleines Füllen ist mein!«

Und sie nahm das kleine Füllen mit.

Sie ging und ging und kehrte dann wieder in einem Haus ein; dort bat sie um ein Plätzchen für's kleine Füllen.

»Schon gut, Zigeunerin«, sagte die Hausfrau, »kannst es am Baum anbinden.«

Klein-Marci, das Söhnchen der Bäuerin, spielte mit dem kleinen Füllen. Dabei löste sich der Strick, das kleine Füllen sprang davon – man konnte es nicht wieder einfangen.

Die Zigeunerin kommt zurück, sieht, was geschehen ist, und sagt: »Busen-Spindelchen, Weizenkorn, rotes Hähnchen, kleines Füllen, Klein-Marci ... Klein-Marci ist mein!«

Sie steckte Klein-Marci in den Sack, hob ihn auf den Rücken und zog weiter. Sie ging und ging und kam in ein anderes Dorf. Hier kehrten sie bei Klein-Marci's Taufmutter ein. Die Zigeunerin bat um ein Plätzchen für den Sack, dann ging sie fort. Die Bäuerin beachtete den Sack nicht sonderlich – auf einmal aber hört sie Klein-Marci's Stimme:

»Taufmutter! Taufmutter!«

»Wo bist du, Klein-Marci?« fragte die Taufmutter.

»Hier, im Sack der Zigeunerin, nehmt mich heraus!«

Seine Taufmutter öffnete den Sack, und weil die Zigeunerin gerade zurückkam, steckte sie statt Klein-Marci flugs den Bodri-Hund hinein.

Die Zigeunerin bedankte sich für's Plätzchen, nahm den Sack auf den Rücken und zog fort.

Der Hund im Sack aber, der strampelte und heulte so sehr, daß ihn die Zigeunerin kaum zu besänftigen vermochte.

»Nicht strampeln, Klein-Marci! Bald sind wir draußen im Buchenwald, machen ein Feuer aus Buchenholz und spielen zu zweit.«

Als sie in den Wald kamen, band die Zigeunerin den Sack auf. Hopsa! Im Nu war der Hund auf und davon. Er läuft noch heute, wenn er inzwischen nicht schon zu Hause ist. Und die Zigeunerin ruft bis auf den heutigen Tag:

»Klein-Marci, bleib doch stehen! Klein-Marci, lauf doch nicht fort!«

44. Der Baum zum Himmel und zur Hölle

Es waren einmal ein Zigeuner und zwei arme Männer. Zu dritt gingen sie in den Wald und sammelten Holz. Während sie das Holz zusammenklaubten, sprachen sie davon, was sie sich zu Hause wünschten, was jeder gerne hätte, wenn er heimkomme.

»Ich hätte nichts dagegen«, sagte der eine arme Mann, »wenn mich daheim auf dem Tisch ein warmes Rundbrot und eine Schüssel voll Würste erwarteten.«

Dann fragt er den andern:

»Und du, was hättest du gerne?«

»Ich möchte eine Schüssel mit Topfenkuchen auf dem Tisch finden.«

»Und du, Zigeuner«, sagt er, »was wünschest du dir?«

»Was? Von mir aus sollen daheim zwölf Kinder sein.«

Sie machten sich mit dem Holz auf den Heimweg. Wie sie ins erste Haus eintreten, sehen sie auf dem Tisch ein warmes Rundbrot und eine Schüssel voll Würste. Da erschrak der Zigeuner – sicher werden bei ihm daheim zwölf Kinder sein!

Sie kommen in das zweite Haus, und da steht wirklich eine Schüssel mit Topfenkuchen auf dem Tisch, genau wie sie es gesagt hatten.

Kommt der Zigeuner nach Hause, da schreien schon die Kinder, es wimmelt von Kindern! Er will seinen Hut in einem Winkel legen, aber ein Kind ist da; will ihn in einen andern Winkel tun, aber auch dort ist ein Kind. Er trägt ihn zum dritten Winkel hin – wieder ein Kind! Insgesamt waren es zwölf Kinder. Hei, da grämte sich der Zigeuner entsetzlich. Er ging hinaus und blickte zum Himmel auf.

»Daß mich doch der siebengehörnte Teufel als Ofenheizer in die Hölle nehme!«

Im selben Augenblick packte ihn ein siebengehörnter Teufel; der kam gerade über die Felder daherspaziert, nahm ihn und trug ihn wie der Wirbelwind hinab in die Hölle.

Die Frau und die Kinder blieben zurück und wußten nicht, wo der Zigeuner hingekommen war.

Mit der Zeit wuchsen die Kinder heran. Da sagt einmal das kleinste der Zigeunerkinder, der Zsiga:

»Du Mutter, haben wir auch mal einen Vater gehabt?«

»Freilich habt ihr einen gehabt, Kinder«, sagt sie, »allein wie ihr zur Welt gekommen seid, ging er hinaus und seitdem ist er verschwunden, als wenn ihn der Erdboden verschluckt hätte.«

»Mutter«, sagt Zsiga, »ich will gehen und nach meinem Vater suchen. Bis ans Ende der Welt geh' ich ihm nach, ja sogar in den Himmel will ich hinaufgehen und ihn suchen.«

Der Zigeunerjunge schulterte seinen Ranzen und machte sich auf den Weg. Er zog durch siebenmal sieben Länder, durchwanderte die ganze Welt, aber seinen Vater fand er nicht.

Wie er so im Walde herumirrte, erblickte er einen riesigen Baum. Die Wurzeln dieses Baumes reichten bis in die Hölle hinab, seine Spitze aber reichte bis in den Himmel.

Der Zigeunerjunge ließ sich sechs eiserne Bundschuhe machen, die zog er über die Füße. Dann ließ er eine Axt anfertigen, mit der schlug er Löcher zu beiden Seiten in den Baum. Und so kletterte er hinauf. Als er in dem Geäst anlangte, war jedes einzelne Blatt so groß, daß ein ganzes Dorf darauf Platz gehabt hätte. Der Zigeuner suchte überall nach seinem Vater, doch er fand ihn nirgends. So kletterte er weiter aufwärts, stieg immer höher und höher, bis er in den Himmel kam.

Das Tor zum Paradies war verschlossen, der heilige Petrus war der Torschließer. Sagt der heilige Petrus zu dem Zigeuner:

»Was willst du hier, du Zigeuner?«

»Ich suche meinen Vater«, sagt er.

»Was, hier im Paradies soll dein Vater sein? Du, da kann er nicht herein, ein Zigeuner kommt nicht ins Paradies!«

Der Zigeunerjunge nahm seine Mütze und schleuderte sie hinein.

»O je!« rief er, »bitte laßt mich ein, ich will bloß meine Mütze holen.«

So ließ ihn denn der heilige Petrus ein.

»Na, beeile dich und komm sofort zurück!«

Drinnen hob der Zigeuner die Mütze auf und warf sie noch weiter hinein, warf sie immer weiter ins Innere des Paradieses. Da sah er auf einmal einen großen Platz. Mitten auf dem Platz stand ein kugelförmiger Armstuhl, und daneben reihten sich zwölf Fußschemel. Der große Armstuhl in der Mitte war Gottes Sitz, die zwölf Schemel waren für die Engel bestimmt.

Ohne viel Federlesen setzte sich der Zigeuner in den Armstuhl. Von da überblickte er die ganze Welt. Es traf sich gerade, daß ein anderer Zigeuner das kleine räudige Ferkel seiner Mutter stahl. Zsiga sprang vom Stuhle auf, ergriff einen Fußschemel und schleuderte ihn hinab. Jedoch die Entfernung war zu groß, und so traf er den Dieb nicht.

Wie er sich nun die weite Welt beschaute, kam der liebe Gott nach Hause, und als Er den Zigeunerjungen gewahrte, sagte Er:

»He du Spitzbub, wie kommst du denn her? Wie hast du gewagt da hereinzukommen? Wer hat dich denn hereingelassen?«

Und man vertrieb den Zigeuner aus dem Paradies.

»Daß mein Vater nicht im Paradies ist, das weiß ich nun. Auch auf Erden ist er nicht, so muß er sicher in der Hölle sein.«

Darauf kam der Zigeuner vom Baum herab. Unter der Wurzel des Baumes befand sich ein großes Loch, durch dieses Loch stieg er hinunter, stieg in der Finsternis immer tiefer und tiefer, bis er auf einmal unten in der Hölle anlangte. Herrje, gab es da Teufel die Menge! Der Vater des Zigeuners heizte gerade den Ofen ein, er war Ofenheizer bei den Teufeln.

Als der Junge eintraf, war der König der Teufel nicht zu Hause.

Die Teufel fragten ihn:

»Was willst du hier, Zigeuner?«

»Damit ihr's nur wißt, ich bin um meinen Vater gekommen!«

»Deinen Vater geben wir aber nicht heraus.«

»Schön, wenn ihr meinen Vater nicht herausgebt, so baue ich hier eine Kirche, und ihr könnt dann weder rein noch raus.«

Und schon fing der Zigeuner an, den Platz schrittweise abzumessen.

»Was machst du da, Zigeuner?« – »Ich messe den Boden ab.«

Da entstand ein großes Geschrei, so erschrocken waren sie, daß sie nun wirklich nicht mehr hinaus könnten. In ihrer Not wußten sich die Teufel keinen Rat. Schließlich gaben sie ihm seinen Vater heraus – soll er ihn haben!

Aber der Zigeuner war ein gescheiter Kopf! Die Tochter des Königs ist ja auch da unten! – den Namen des Königs weiß ich nicht, aber es war dessen Tochter –, die hatten die Teufel genau wie seinen Vater geholt.

»Gebt auch die Königstochter heraus!«

»Nichts da! Die geben wir nicht«, sagten sie.

Sogleich nahm er den Spaten zur Hand und begann zu graben. Schon beklebte er den Fensterrahmen mit Lehmerde. Da erschraken die Teufel und gaben ihm auch die Königstochter heraus.

So brachen sie denn auf: der Zigeuner mit seinem Vater und mit der Königstochter.

Kommt der König der Teufel – Pluto – nach Hause und blickt umher.

»Wo ist der Zigeuner? Wo ist die Königstochter?«

»Ho! Der Zsiga wollte hier einen Palast bauen, damit wir Teufel weder raus noch rein können.«

»Ach was«, sagte der Teufelskönig, »das kann er ja gar nicht. Geh nur, mein Sohn mit der Schleuder, geh ihnen nach!«

Der Teufel nahm die zentnerschwere Schleuder und trug sie, als wär' sie so leicht wie eine Gerte. Als er den Zigeuner einholte, sagte er:

»Gib die Königstochter zurück, weil« – sagt er – »weil wir wetten müssen.«

»Mir ist's recht, wetten wir halt!«

Sagt der Teufel: »Na, was gilt die Wette?«

»Wetten wir: Wer die Schleuder am weitesten hinaufwirft, dem gehört die Königstochter.«

»Gut, Zigeuner! Sonst darfst du nur deinen Vater mitnehmen, die Königstochter aber nicht. Also los, wirf die Schleuder hinauf!«

»Nein«, sagt der Zigeuner, »wirf du zuerst.«

Der Teufel ergriff die Schleuder und warf sie so hoch, daß sie durch die Wolken brach und die Sterne streifte. Als die Schleuder herunterkam, dröhnte der ganze Himmel, barst schier auseinander. Der Zigeunerjunge vermochte die Schleuder nicht einmal von der Stelle zu bewegen. Er kratzte sich am Kopf und starrte zum Himmel hinauf.

Der Teufel machte Augen:

»Was ist denn los?«

»Du«, sagt er, »droben im Himmel ist mein Bruder der Schmied. Was denkst du, wenn ich ihm die Schleuder hinaufwerfe, wie gut er sie dort brauchen kann!«

Der Teufel erschrak. »Heiliger Gott, wirf sie nur ja nicht hinauf! Nimm lieber die Königstochter, aber meine Schleuder wirf mir nicht hinauf!«

Der Teufel kehrte um, und sie setzten ihren Weg fort.

Als der Teufel nach Hause kam, fragte ihn Pluto:

»Du, was ist passiert?«

»Er wollte meine Schleuder in den Himmel hinaufwerfen, auf keinen Fall geb' ich sie her!«

»Ach was, er wär' ja gar nicht imstande gewesen, sie in den

Himmel hinaufzuwerfen, er hat nur ein großes Maul. – Geh jetzt, du mit der Peitsche!«

Einen Zentner wog der Stiel dieser Peitsche, einen halben Zentner die Schnur allein.

Als der Peitschenteufel den Zigeuner einholte, rief er:

»Halt, Zigeuner! Gib die Königstochter zurück!«

»Ja, so einfach geht das nicht, erst müssen wir wetten.«

»Gut, wetten wir halt.«

»Wer mit der Peitsche lauter knallt, dem soll das Königsfräulein gehören. Du mußt aber zuerst knallen«, sagte der Zigeunerjunge zu dem Teufel.

Und der Teufel ließ die Peitsche so laut knallen, daß alles weitum, ja die Erde selbst erbebte, so laut war der Knall.

Jetzt nahm der Zigeuner die Faßreifen hervor und fing an sich damit den Kopf zu bereifen. Der Teufel guckte bloß.

»Was tust du da?«

»Bei mir gibt's einen solchen Knall, daß davon jeder Kopf, der nicht mit Reifen versehen ist, auf der Stelle zerplatzt.«

»Oh!« rief der Teufel, »bitte, leg auch meinem Kopf Reifen um!«

Der Zigeuner legte dem Teufel die Reifen um den Kopf, so wie man einem Gaul den Hafersack umlegt, dann hieb er mit aller Kraft auf den Kopf drein.

»O weh!« rief der Teufel, »nimm lieber die Königstochter, nur schlag mir den Kopf nicht entzwei!«

Auch der kehrte um, auch den hatte der Zigeunerjunge hereingelegt.

»Na, jetzt geh du, mein Sohn mit der Eisengabel!«

Damit schickte Pluto den Teufel mit der Eisengabel. Der machte sich mit seiner zweizinkigen Gabel auf den Weg.

»Gib die Königstochter zurück!«

»So einfach geht das nicht«, entgegnete Zsiga, »wir müssen vorher wetten.«

Ein dichter Zaun befand sich zwischen ihnen. Der Zigeuner nahm einen Eisenspieß, indes der Teufel mit der zweizinkigen Gabel in den Zaun hineinstach. Die Gabel drang aber nicht weit durch den Zaun. Der Zigeuner hingegen stach mit dem Spieß hinein. Wie er mit dem Spieß hineinfuhr, geriet er so in Wut, daß er dem Teufel kreuz und quer den Bauch zerstach. Da sagte der Teufel: »Nimm die Königstochter!« und trollte sich.

Nun schickt Pluto einen andern Teufel:

»Du Schneider, jetzt eil du dem Zigeuner nach!«

Im Fluge eilte der Schneiderteufel dem Zigeuner nach. Der Junge befand sich schon nahe der Grenze, als ihn der Schneider ereilte.

»Halt, du Zigeuner, gib die Königstochter her!«

»Ich geb' sie dir, wenn wir wetten. Wer schneller ein Paar Hosen näht, dem soll die Königstochter gehören.«

Sie gingen in ein Haus hinein; aber der Teufel nahm einen gar zu langen Faden und mußte deshalb nach jedem Stich durchs Fenster hinausspringen, so lang war der Faden. Dann sprang er wieder hinein, machte einen Stich, sprang wieder hinaus und wieder hinein. Inzwischen aber hatte der Zigeuner seinen Zwirn eingefädelt, nähte flink und war bald fertig. In der Zeit, da der Teufel seine Nadel einfädelte und ständig durchs Fenster hinaus- und hineinsprang, machte es der Zigeuner viel flinker, und so ging er als Sieger hervor.

Darauf schickte Pluto den Schweinehirtteufel.

»Geh jetzt du, mein Sohn Schweinehirt!«

Der Schweinehirt brach auf. Die andern waren schon an der Grenze, unter der Wurzel des Baumes angelangt und befanden sich bereits auf dem Wege von der Unterwelt in die Oberwelt. Sie begaben sich nun auf ein herrschaftliches Gut, und der Zigeunerjunge sagte zu dem Schweinehirtteufel:

»Wetten wir: Wer von uns beiden mehr Schweine austreibt, dem soll die Königstochter gehören. Mir fallen die Schweine mit den gekringelten Schwänzen zu, dir die Schweine mit den geraden Schwänzen.«

»Gut so«, sagte der Teufel.

Der Teufel faßte nach einem Schwein, das war zufällig geradschwänzig. Er frohlockte. Nun stupste er die Schweine hin und her, aber er fand im ganzen bloß drei geradschwänzige, und die waren noch räudig dazu. Der Zigeuner hatte unterdessen alle Schweine ausgetrieben, die drei räudigen ließ er dem Teufel.

»Na«, sagt der Teufel, »die Königstochter sei dein!«

Sie kamen nun aus der Unterwelt heraus, und die Königstochter nahm den Zigeuner mit zu ihren Eltern. Ihr Vater war der Mongolenkönig – oder weiß der Teufel, was er gewesen ist!

Na, machten die aber ein Riesenklimbim! – So groß war die Freude, daß die verlorene Königstochter wieder da war. Dem Zigeuner füllten sie den Ranzen mit soviel Geld, daß er's gar nicht zu tragen vermochte. So gab man ihm einen Wagen obendrein, einen Wagen voll Gold, sechs Scheffel Gold waren es!

Von dem Geld ließ er sich einen großen Palast bauen.

Und wenn sie nicht gestorben sind, leben sie noch heute mitsamt den zwölf Zigeunerkindern.

45. *Heblebleb!*

Der Zigeuner fing einen Hasen im Feld und trug ihn zur Stadt nach Hause. Auf dem Weg traf er den Bürgermeister. Der fragt ihn:

»Wo trägst du den Hasen hin, Zigeuner?«

Er sagt:

»Nach Hause.«

»Möchtest du ihn nicht verkaufen?«

»Warum nicht?«

»Wieviel willst du für ihn haben?«

»Zwei Forint.«

Er bezahlte den Preis.

»Geh, trag ihn zu meiner Frau, sie soll ihn zum Mittagessen braten. Weißt du aber auch, wo wir wohnen?«

»Ja gewiß«, sagte der Zigeuner und ging weiter. Da traf er den Oberstadtkommandanten. Auch der fragt ihn:

»Wo trägst du den Hasen hin, Zigeuner?«

»Nach Hause.«

»Möchtest du ihn nicht verkaufen?«

»Warum nicht?«

»Wieviel willst du für ihn haben?«

»Zwei Forint.«

Er bezahlte den Preis.

»Geh, trag ihn zu meiner Frau, sie soll ihn zum Mittagessen braten. Weißt du aber auch, wo wir wohnen?«

»Ja gewiß«, sagte der Zigeuner und trug den Hasen weiter.

Da traf er den Unterstadtkommandanten. Fragt der:

»Wo trägst du den Hasen hin, Zigeuner?«

»Nach Hause.«

»Möchtest du ihn nicht verkaufen?«

»Warum nicht?«

»Wieviel willst du für ihn haben?«

»Zwei Forint.«

Er bezahlte den Preis.

»Geh, trag ihn zu meiner Frau, sie soll ihn zum Mittagessen braten. Weißt du aber auch, wo wir wohnen?«

»Ja gewiß.«

Der Zigeuner ging weiter. Er dachte bei sich: Jetzt hab' ich ihn dreimal verkauft, die drei Herren haben den Preis bezahlt, und meine Kinder haben den Hasen noch gar nicht gesehen. Na, hängen muß ich sowieso! Und er trug den Hasen heim zu seinen Kindern. Sie brieten ihn zum Mittagessen, für's Geld kauften sie den Wein dazu.

Es trafen sich aber der Bürgermeister, der Oberstadtkommandant und der Unterstadtkommandant.

Sagt der Bürgermeister: »Kommt, eßt bei mir zu Mittag!«

Wie sie sich dem Haustor nähern, erblickt sie die Frau.

»Der Teufel hol' meinen Mann! Er weiß ja, daß heute Waschtag ist, und bringt mir noch Gäste ins Haus!«

Rasch eine Kümmelsuppe und Eierspeis'!

Als sie gegessen hatten, sagte der Oberstadtkommandant:

»Kommt, eßt bei mir zu Mittag!«

Wie sie sich auch hier dem Haustor nähern, erblickt sie die Frau:

»Der Teufel hol' meinen Mann! Er weiß ja, daß heute Waschtag ist, und bringt mir noch Gäste ins Haus!«

Rasch eine Zwiebelsuppe und Eierspeis'!

Als sie gegessen hatten, sagte der Unterstadtkommandant:

»Jetzt kommt und eßt bei mir zu Mittag!«

Auch hier, wie sie sich dem Haustor nähern, erblickt sie die Frau.

»Der Teufel hol' meinen Mann! Er weiß ja, daß heute Waschtag ist, und bringt mir noch Gäste ins Haus!«

Rasch eine Kartoffelsuppe und Eierspeis'!

Als sie gegessen hatten, fragte der Unterstadtkommandant seine Frau:

»Wo ist der Hase?«

Sagt die Frau:

»Was für ein Hase?«

Sagt der Unterstadtkommandant:

»Hab' dem Zigeuner einen Hasen abgekauft, hab' ihn hergeschickt, daß du ihn zubereitest.«

Die Frau aber sagte, sie habe nichts gesehen.

Darauf sagte der Bürgermeister, er hätte sie ebendarum zum Mittagessen eingeladen.

Darauf fiel der Oberstadtkommandant ein, auch er habe dem Zigeuner einen Hasen abgekauft.

Na, so hat der also alle drei begaunert. Nachmittags ließen sie ihn holen. Als der Zigeuner kam, traf er den Amtsdiener. Der fragt ihn:

»Was ist los, Zigeuner?«

»Ach laßt nur, sie hängen mich bestimmt!«

»Warum denn, Zigeuner? Sag's nur heraus!«

»Das war so: Hab' den Hasen dreimal verkauft, dem Herrn Bürgermeister, dem Herrn Oberstadtkommandant und dem Herrn Unterstadtkommandant. Alle drei bezahlten den Preis, und ich hab' den Hasen meinen Kindern heimgebracht.«

»Ich kann dir einen guten Rat geben, Zigeuner, aber nur, wenn du das Geld mit mir teilst.«

»Meinetwegen könnt Ihr das ganze Geld haben.«

»Hältst du eine Ohrfeige aus?«

»Auch zwei halt' ich aus.«

»Wenn sie dich fragen, wo der Hase ist, sag bloß: Heblebleb!«

Der Zigeuner ging hinein.

Sie fragten ihn:

»Wo ist der Hase, Zigeuner?«
»Heblebleb!«
Da saß die Ohrfeige schon. Sie fragten ihn abermals:
»Wo ist der Hase, Zigeuner?«
»Heblebleb!«
Da hatte er auch schon einen Tritt in den Hintern.
»Scher dich in des Teufels ... loch!«
Draußen fragt ihn der Diener:
»Wie ist's gegangen, Zigeuner?«
»Hebleblebleb!«
»Wo ist das Geld, Zigeuner?«
»Heblebleblebleb!«
»V ..., der dir's geraten hat!«
»Heblebleblebleb!«
So ist der Zigeuner wieder einmal heil davongekommen.

46. Sándor Rózsa

Sándor Rózsa ist Roßhirt gewesen, doch wegen irgendeiner Sache ist er dann ein Betjar geworden. Keineswegs war er aber so, wie das Gerücht über ihn umlief, kein Räuber- oder Mörder-Betjar. Gewiß scheute er auch vor Raub und Mord nicht zurück, doch von alldem, was man ihm zuschrieb, hat er nicht halb soviel begangen. Meistens waren es gemeine Strolche, die ihre Räubereien in seinem Namen verübten. Man nannte sie Fußlappenbetjaren.

Anfangs zum Beispiel – um nicht morden zu müssen oder bei Bauern und kleinen Leuten zu stehlen – pflegte Sándor Rózsa, wenn er von einem der üblichen Zechgelage der Grafen, Barone oder Herzoge erfuhr, seine Bande um sich zu scharen, das betreffende Schloß zu umzingeln und dann mit seinen Kollegen ins Schloß einzudringen. Gerade wenn das Zechen und Grölen im schönsten Gange war, kam er mit seinen Kollegen, jeder von ihnen mit zwei Maschinenpistolen bewaffnet. Ein Stoß, die Türe flog auf, sie sprangen hinein, und Sándor Rózsa rief:

»Hände hoch, oder ihr seid des Todes!«

Sie erschraken freilich, alle diese Barone und Grafen, hielten die Hände hoch und wagten nicht einmal, nach ihren Waffen zu greifen. Die Betjaren brachten nun ein Leintuch herein und breiteten es in der Mitte des Hauses aus.

»Na, ihr Herren, heraus mit den Geldbeuteln und Goldsachen! Legt alles dorthin!«

Haufenweise fielen die Armbänder, die goldenen Uhren und die Geldbörsen auf das Tuch, denn jeder zitterte um sein Leben.

Und dann sagte Sándor Rózsa:

»Jetzt folgt die Taschendurchsuchung! Bei wem wir noch Geld oder Gold finden, der muß seine Haut lassen!«

Na, wenn in der einen oder anderen Tasche noch etwas war, nahm er's auch noch weg. Und dann sagte Sándor Rózsa zu den Kollegen:

»Auf! Packt das Leintuch zusammen, nehmt die Ware auf den Rücken, los! Daß sich hier eine Stunde lang keiner aus dem Schloß hinauswage, oder er ist ein Kind des Todes!«

Die Herren waren nur zu froh, sich drinnen verkriechen zu können, sie dachten gar nicht daran, sich hinauszuwagen. So trugen sie denn das Geld ungestört fort. Einen ganzen Monat, oder noch länger, hatten sie nun Geld zu leben, und wenn sie nachher noch die Goldsachen verwerteten, reichte ihnen das Geld für lange Zeit.

Nun, solche Raubüberfälle hat er verübt. Bei Bauern raubte er selten einmal; vielleicht, wenn er bei einem ein besonders schönes Füllen sah oder davon hörte, dann freilich, dann hat er's ihm weggenommen, denn sein Kollege brauchte ja auch eines. Zum Beispiel trug sich dies bei einem Bauern zu – einem gewissen Onkel Répás –, der ein ausnehmend schönes Füllen besaß. Die Betjaren redeten in einem fort von diesem schönen Füllen, und so machte sich Sándor Rózsa einmal auf und ging allein zu dem Bauer. Er stellte sich selbst als Bauer vor und fragte ihn:

»Onkel Répás, man sagt, Ihr habt da ein besonders schönes Füllen zu verkaufen?«

»Na ja, ich hab' zwar eins«, sagt er, »aber ich beabsichtige noch nicht, es zu verkaufen.«

»Könnt' ich's mal sehen?«

»Gerne«, sagt er, »Ihr könnt es Euch ansehen, wenn Ihr wollt.«

Er besah sich nun das Füllen von allen Seiten und sagte dann:

»Tja, man müßte es hinauslassen, man müßte das Füllen ins Freie führen und es sich draußen mal ansehen. He, was ist denn das, warum ist dieses Quereisen an der Stalltüre?«

»Wegen Sándor Rózsa und seiner Bande«, sagt der Bauer. »Die treiben manchmal ihr Unwesen, und auf solche Füllen haben sie's besonders abgesehen.«

»Na und«, sagt er, »kann dieser Sándor Rózsa das Füllen durch dieses Quereisen nicht herausbringen?«

»Gewiß nicht«, sagt der Bauer. »Ich glaube nicht, daß er's so herausbringen kann.«

Darauf sagt er:

»Ich hab' aber gehört, daß dieser Sándor Rózsa imstande ist, ein Füllen auch durch ein solches Quereisen hinauszuführen. Ihn hält nichts zurück, was immer an der Stalltüre angebracht ist.«

»Nein«, sagt der Bauer, »das da kann er gewiß nicht wegführen.«

Darauf sagt Sándor Rózsa:

»Schaut her, Onkel Répás, wie ich gehört habe, macht er's so . . .!«

Er nahm das Füllen und führte es zur Stalltüre. Dann hob er einen Vorderfuß des Füllens über das Quereisen, danach den andern. Nun langte er nach hinten, strich mit der Halfterleine ein wenig über das Füllen, und dieses sprang über das Quereisen hinaus. Mit einem Satz war Sándor Rózsa auf dem Rücken des Füllens.

»Schönen Dank, Onkel Répás! Seht, so führt Sándor Rózsa das Füllen über's Quereisen hinaus! Ja, ich bin's, Onkel Répás, Gott segne Euch!«

Damit sprengte er mit dem Füllen davon, und schon war's weg.

Ja, solche Sachen hat Sándor Rózsa gemacht!

47. *Der pfiffige Alte*

War einmal ein alter Mann und seine Frau. Sie hatten eine Kuh, und die gab ihnen alle Tage einen großen Melkkübel Milch. Da meinten sie, wenn sie die Kuh verkauften, könnten sie gutes Geld dafür bekommen. In der Nachbarschaft war Markt, und sie trieben die Kuh zum Markt. Auf dem Wege wurden sie von drei Männern angesprochen:

»Wie gebt ihr diese Ziege?«

Der Alte wunderte sich.

»Das ist doch keine Ziege! Ihr seht ja, es ist eine Kuh!«

Aber die drei Männer beharrten dabei.

»Freilich ist das eine Ziege! Ihr seid alt, Gevatter, und seht nicht mehr gut!«

Na, der Alte und seine Frau gingen weiter, so auch die Kuh und die drei Männer. Sie kommen zum Markt, doch für die Kuh fand sich kein Käufer. Da stellten sich die drei Männer wieder ein und fragten ihn abermals:

»He, Alter, wie gebt Ihr die Ziege?«

Der Alte fuhr sie zornig an:

»Hab's schon einmal gesagt, es ist keine Ziege, sondern eine Kuh!«

Aber die drei Männer redeten und redeten so lange auf ihn ein, daß er zuletzt selber glaubte, eine Ziege auf den Markt gebracht zu haben. Nun begannen die drei um die Ziege zu feilschen und kauften sie ihm schließlich für dreißig Forint ab. Der Alte wollte eben mit den dreißig Forint nach Hause gehen, da sieht er, daß die drei Männer sein Vieh feilbieten und auf die Frąge nach dem Preis, dreihundert Forint für die Kuh verlangen. Sie verkauften sie auch für soviel. Jetzt erst merkte der Alte, daß er hereingelegt worden war: sie hatten ihm eingeredet, daß seine Kuh eine Ziege sei. Er überlegte nicht lange und ging zu den drei Männern hin.

»Gevatter, komm mit mir! Ich zahl' euch einen Trunk auf das gute Geschäft, daß ich die Ziege so gut verkauft habe!«

Sie kamen denn auch mit. Auf dem Wege ging der Alte in drei verschiedene Schenken hinein, gab jedem Schenkwirt zehn Forint, wenn die drei kämen, sollten sie ihnen alles vorsetzen, solange das Geld reiche. Wenn es aufgebraucht sei, sollten sie ihm einen Wink geben.

Sie setzen sich zum Trinken in die erste Schenke. Man bringt den Wein, der Zigeuner spielt auf. Auf einmal winkt der Schenkwirt: die zehn Forint sind aufgebraucht. Da erhebt sich der Alte, wirft seinen breitkrempigen Hut zu Boden und ruft nach dem Wirt:

»Was bin ich Euch schuldig?«

Sagt der Schenkwirt:

»Gar nichts, ist ja alles bezahlt!«

Sie gingen in die zweite Schenke, dort geschah alles genauso, auch in der dritten. Die drei Männer wurden nicht klug daraus. Sie fragten den Alten, wie denn das zugehe? Der Alte sagte, er habe einen Hut, wenn er den zu Boden werfe, bezahle er alles.

»Wollt Ihr ihn verkaufen?«

»Hm, für gutes Geld, warum nicht?«

Sie kauften ihm den Hut für tausend Forint ab. Der Alte ging nach Hause, jene aber in die Stadt und geradewegs ins Kaffeehaus. Dort zechen sie, lassen sich Speisen und Getränke noch und noch auftragen und den Zigeuner bis zum Morgen aufspielen. Wie sie gehen wollen, schlägt der eine den Hut zu Boden und ruft:

»Was sind wir schuldig?«

»Neuntausend Forint!« sagt der Kellner.

Da dachten sie, daß der Mann den Hut nicht richtig zu Boden geworfen hätte, und so warf ihn jetzt der andere zu Boden, warf ihn so fest hin, daß er entzweiging. Auch dieser fragte:

»Was sind wir schuldig?«

»Neuntausend Forint«, sagte der Kellner abermals.

Sie wollten es nicht glauben. Nun warf der dritte den Hut zu Boden, aber so, daß er in hundert Stücke auseinanderfiel, dann fragte er:

»Was sind wir schuldig?«

Der Kellner sagte auch diesmal nur:

»Neuntausend Forint! Wenn ihr's nicht bezahlt, lassen wir euch einsperren!«

Mit großer Mühe zahlten sie schließlich, beschlossen aber, den Alten aufzusuchen, er solle ihnen das Geld zurückgeben. Der Alte sah sie kommen, legte sich ins Bett und befahl seiner Frau ihnen zu sagen, daß er gestorben sei.

So war es auch. Die drei Männer stellten sich ein und suchten nach dem Alten. Die Frau wies auf das Bett:

»Seht, er ist gestorben!«

In der Ecke stand der große Stock des Alten. Einer der Männer ergriff ihn.

»Na, wenn er gestorben ist, so will ich dem alten Hund noch eins verpassen!«

Damit versetzte er dem Alten einen zünftigen Hieb; der Alte sprang auf.

»Ei, das hast du gut gemacht, daß du mir mit dem Stock eins versetzt hast! Ich war ja schon tot, aber so ein Stock ist das, selbst einen dreihundertjährigen Toten kann er auferwecken!«

Die drei Männer bereden sich miteinander:

»Das wär' was, ihm den abzukaufen!«

Sie wenden sich zu dem Alten:

»Wollt Ihr diesen Stock verkaufen, Gevatter? Wir würden ihn gerne kaufen. Und wegen des Hutes sind wir Euch nicht mehr böse!«

»Hm«, sagt der Alte, »für zwölftausend Forint geb' ich ihn.«

Sie fanden dies etwas teuer, kauften ihn aber trotzdem.

Wie sie in eine königliche Stadt kommen, sehen sie, daß an den Häusern Fahnen niederhangen. Sie fragen, warum? und man sagt ihnen, darum, weil die Tochter des Königs gestorben ist.

Sogleich gingen sie mit dem großen Stock zum Königshof, dort erklärten sie, sie könnten die Königstochter gegen eine Belohnung auferwecken, denn sie seien darin bewandert.

Am Königshof freute man sich sehr und sagte ihnen, sie würden eine hohe Belohnung erhalten, wenn sie die Tote auferweckten. Sie gingen also zu dem toten Mädchen hinein, schickten aber alle Leute hinaus. Der eine nahm den Stock und gab dem Mädchen einen festen Hieb; sie wachte freilich nicht auf. Da nahm der zweite den Stock zur Hand und schlug so fest auf die Tote ein, daß die schier entzweibrach, aber erwacht ist sie trotzdem nicht. Auch der dritte verdrosch sie gehörig, so daß ihr der Kopf entzweiklaffte, allein auch davon erwachte sie nicht.

Sie sahen nun, daß sie die Tote zwar schändlich zerschlagen hatten, aber nicht erwecken konnten, und daß es ihnen übel ergehen werde, wenn man sie erwischt.

Es blieb ihnen nur die Flucht. Sie machten sich eiligst davon, der eine so, der andere so, und liefen was sie konnten, denn sie fürchteten erwischt zu werden.

Wie sie so laufen, sehen sie den Alten am Waldesrand Pech sieden. Sie fragen ihn, was er da mache, und der Alte sagt:

»Wer vom Feind verfolgt wird, dem schlag' ich davon eine Kelle voll auf den Rücken, und niemand kann ihn je einholen.«

Sie baten den Alten flehentlich, wenn er ihnen schon soviel angetan und sie mit dem Stock so hereingelegt habe, so solle er doch jetzt nicht zulassen, daß man sie fange; er möge doch jedem von ihnen eine Kelle Pech auf den Rücken schlagen.

Sagt der Alte:

»Ich will es für euch tun, zieht eure Hemden aus!«

Das taten sie, und der Alte schlug jedem von ihnen eine Kelle siedendes Pech auf den Rücken.

»Na, aber jetzt lauft zu!«

Sie liefen so schnell sie nur konnten. Als sie merkten, daß sie niemand verfolgte, hielten sie an. Wie tat doch der Rücken weh! Das siedende Pech hatte ihnen das Fleisch ganz wundgeätzt.

»Ha, dieser Alte! Wenn wir ihn finden, schlagen wir ihn tot!«

Sie schimpften fürchterlich. Auf ihrer Flucht kamen sie an ein Wasser, und dort am Ufer des Wassers saß der Alte.

Sie schrien ihn an:

»Was treibst du da, du alter Hund?«

»In diesem Wasser ist des Königs Geld, er hat's hineinfallen lassen! Ich würde es herausholen, wenn ich's nur könnte!«

Sie wollten gerade zuschlagen, doch als sie dies vernahmen, ließen sie ab von ihm und stiegen ins Wasser. Das war aber sehr tief, und sie ertranken drin.

So hat ihnen der Alte für die Kuh heimgezahlt.

48. Der Zauberhengst

Einmal war's, keinmal war's, siebenmal sieben Länder und weiter war ein König. Dieser König hatte drei Töchter. Nun aber kam ein Befehl von einem andern Königreich, von einem mächtigeren Königreich kam ein Befehl, jeder König müsse einen Sohn hergeben, damit er dort ein Jahr lang diene.

Aber gelt? – dieser König konnte niemanden schicken, weil er ja keinen Sohn, sondern drei Töchter hatte.

»Wen soll ich nur schicken?« Er spekulierte, verhandelte und beriet sich ununterbrochen, auch mit seiner Frau und seinen Töchtern besprach er sich.

»Wen soll ich jenem König schicken, ihm ein Jahr lang zu dienen?«

Sagt die größere Tochter:

»Lieber Vater, laßt mich gehen.«

»Schweig still, mein Kind!«

»Ich geh' aber«, sagt sie.

»Gut, mein Kind, geh also! Wann bist du zur Reise bereit?«

»In drei Tagen! Drei Tage, und ich bin bereit.«

»Gut.«

Die Tochter rüstet sich zur Reise, sie wählt sich ein schönes Pferd aus, ein Schwert, ein Kleid – ein königliches Kleid –, und am Morgen des dritten Tages zieht sie sich an und besteigt das Pferd.

»Na Vater, Gott befohlen und auf Wiedersehen!« damit brach sie auf. Nachdem sie aufgebrochen war, ging der Vater eilends ins Haus, nahm ein Bärenfell, rannte damit zu einer Brücke und kroch unter die Brücke. Kaum war er unter die Brücke gekrochen, kam die Tochter auf dem Pferd herangeritten. Jetzt kroch er im Bärenfell unter der Brücke hervor. Als er hervorkroch, erschrak das Pferd mit dem Mädchen, und das Mädchen lief heim mit dem Pferd. Der Vater war aber schon zu Hause, denn er hatte den kürzeren Weg genommen.

»Nun, meine Tochter, konntest nicht fort, nicht wahr?«

»Nein, mein lieber Vater, ich erschrak vor dem Bären.«

»Schon gut, meine Tochter, so gehst du eben nicht.«

Sagt die zweite, die mittlere Tochter:
»Laßt mich gehen, lieber Vater.«
»Ist's deiner Schwester nicht gelungen, so dir noch weniger!«
»Ich geh' aber.«
»Gut, dann mach dich fertig!« sagt er.
So machte sich auch diese reisefertig, aber der Vater brach eine halbe Stunde früher auf und kroch wiederum im Bärenfell unter die Brücke. Als das Mädchen hinkam, kroch er unter der Brücke hervor und stellte sich dem Pferd in den Weg. Das Pferd machte kehrt und husch! – zurück nach Hause.
Na, als sie heimkam, war der Vater schon zu Hause.
»Du konntest nicht fort, nicht wahr, meine Tochter?«
»Nein, mein lieber Vater.«
Die jüngste Tochter aber saß da und sann und sann.
»Mein Vater«, sagt sie, »laßt mich fort, laßt mich gehen.«
»Du kannst nicht gehen, mein Kind!«
»Ich geh' aber doch, mein Vater.«
»Also gut.«
Das Mädchen machte sich für die Reise bereit. Wie sie sich da und dort umtut, an Haus und Stall vorbei hin- und hergeht, erscheint plötzlich eine alte Frau vor ihr.
»Du Mädchen«, sagt sie, »du willst zu diesem und diesem König ziehen? Aber sieh dich vor! Nimm aus dem Stall das schlechteste Pferd und dieses Pferd füttere drei Tage lang mit süßer Milch. Dann nimm von deinem Vater die königlichen Gewänder und sein Schwert, das er noch als Bräutigam getragen hat.«
Gut. Das Mädchen tat so, ging in den Stall und besah sich die Pferde. Sie sagte:
»Wie denn, diesen dürren Gaul soll ich nehmen, dieses Schindaas?«
Sie stieß es fort.
»Stoß mich nicht fort, du Mädchen«, sagte das Pferd, »ich werde dir noch gut zustatten kommen. Möchtest du nicht mit mir reisen?«
»Nun ja.«
Sagt das Pferd:

»Dann gib mir drei Tage lang süße Milch zu trinken, und ich werde dir zeigen, wer ich bin.«

Sie fütterte es nun drei Tage lang mit süßer Milch und dann, eines Tages sagt das Pferd zu ihr:

»Hör zu, Mädchen«, sagt es, »jetzt führ mich hinaus.«

»Sie nimmt es und führt es hinaus. Draußen sagt das Pferd:

»Sattle mich.«

Sie sattelte es.

»Setz dich auf mich.«

Sie saß auf.

»Wie soll's gehen, wie der Gedanke, wie der Wind oder wie's am besten ist?«

»Wie's am besten ist.«

Das Pferd erhob sich in die Luft, drehte sich oben dreimal herum und kam wieder herunter.

»Weißt du«, sagte es, »ich habe vierundzwanzig Flügel.«

»Das hab' ich nicht gewußt«, sagte das Mädchen.

»Na, ich werde dein Reisegefährte sein; mach dich also morgen früh zum Aufbruch bereit!«

Am andern Tag in der Frühe war das Mädchen zum Aufbruch bereit. Sie kleidete sich in ein königliches Gewand und nahm das Schwert des Vaters, das er noch als Bräutigam getragen hatte. Sie nahm das Schwert und bestieg das Pferd.

»Los denn!«

Sie verabschiedete sich von ihrem Vater, von der Mutter, von den Schwestern, von jedermann. Sprach das Pferd:

»Bei der Brücke sieh dich vor, denn bei der Brücke stellt sich uns ein Bär in den Weg. Aber stoß ihm das Schwert nicht in den Hals oder gar in den Kopf! Schwing es bloß an ihm vorbei! Ich werde zur Seite springen, so kannst du das Schwert an ihm vorbei schwingen.«

Na, sie kommen an die Brücke, und da stellt sich ihnen ein Bär in den Weg. Wie sich ihnen der Bär in den Weg stellt, rennt das Pferd knapp an ihm vorbei, das Mädchen aber haut mit dem Schwert drein, haut drein und schneidet ihrem Vater den kleinen Finger ab. Da zog der Vater das Bärenfell vom Rücken und sagt:

»Na, meine Tochter, ich sehe, du bist deiner Aufgabe gewachsen!«

Nun gut. Sie nahm Abschied von ihm und zog fort, zog dahin und fort und fort durch siebenmal sieben Länder. Einmal aber geriet sie in ein hohes Gebirge. Als sie an das hohe Gebirge herankamen, war zwischen den Bergen gerade eine Balgerei im Gange: je zwei Berge balgten sich Kopf gegen Kopf, und nur um zwölf Uhr hielten sie eine halbe Stunde Rast. Da sagte das Pferd:

»Herrin, junge Herrin, bis zwölf Uhr müssen wir hier warten, um zwölf Uhr halten diese Berge eine halbe Stunde Rast, dann erst können wir das Gebirge überschreiten.«

So warteten sie denn. Um zwölf Uhr unterbrachen die Berge ihre Balgerei, und sie konnten nun das Gebirge überschreiten. Nachdem sie das Gebirge überschritten hatten, zogen sie wieder durch siebenmal sieben Länder. Da erblickten sie zwei Riesen, die rangen miteinander; sie waren schon ganz in Schweiß gebadet. Sagt der eine Riese zu dem Mädchen:

»Du Königssohn, komm her und schneide meinem Widersacher den Hals ab! Dafür bekommst du Geld und Gold soviel du nur brauchst.«

Der andere aber sagt:

»Du Königssohn, komm, schlag jenem den Kopf ab! Dafür bekommst du von mir einen Schimmelhengst, der hat achtundzwanzig Flügel.«

Sie berät sich mit ihrem Pferd.

»Sag, welchem von ihnen soll ich den Kopf abschlagen?«

Sagt das Pferd:

»Dem, der Geld verspricht und nicht dem andern! Der den Schimmelhengst verspricht, dem sollst du den Kopf nicht abschlagen, denn von ihm bekommen wir ein Pferd, und dieses Pferd ist mein jüngerer Bruder, wir sind Geschwister.«

Gut so. Der Königssohn ging auf sie zu, zog das Schwert und schlug jenem den Kopf ab, der Geld versprochen hatte.

»Na, jetzt kommt mit nach Hause!«

Sie gehen mit nach Hause, und wie sie daherkommen, hat sie von ferne schon die Mutter des Riesen, das alte Weib, bemerkt.

»Huh, mein Söhnchen, bist deinem Widersacher entronnen? Huh, mein Söhnchen, wie bist du entkommen?«

Sagt der Riese:

»Ach Mutter, seht, dieser Königssohn hat mich erlöst. Dieser Königssohn hat meinem Widersacher den Kopf abgeschlagen, ich hab' ihm dafür den Schimmelhengst mit den achtundzwanzig Flügeln versprochen.«

»Gut so, mein Sohn«, sagt sie, »das ist in Ordnung.«

Doch das alte Riesenweib, die Mutter des Riesen, merkte bald, daß dies kein Mann sein konnte, sondern ein Mädchen war.

Sie merkt es und sagt zu sich selbst:

»Heute nacht mach' ich die Probe drauf.«

Sie richtete dem Mädchen ein Bett in der Kammer, und dem Sohn richtete sie in einer anderen Kammer ein anderes Bett. In der Nacht nahm sie zwei Blumen und legte sie dem Mädchen zu Häupten; ihrem Sohn legte sie ebenfalls zwei Blumen zu Häupten.

»So werde ich morgen wissen, ob es ein Junge oder ein Mädchen ist«, denkt sie bei sich.

Der Morgen kommt; in der Morgendämmerung schaut das Mädchen auf das Kopfkissen neben sich, schaut aufs Kopfkissen und sieht zwei Blumen darauf. Ei, nun merkt sie, was das alte Riesenweib vorhat.

Gut. Sie nimmt die Blumen, trägt sie in die andere Kammer zu dem Riesen hinüber und legt sie dem Riesen aufs Kopfkissen, legt sie hin – und schon sind sie verwelkt.

Später kommt die alte Frau nachschauen und sieht, daß die Blumen zu Häupten ihres Sohnes verwelkt sind. Da sagt sie bei sich:

»Ich weiß nicht recht, es scheint mir aber doch ein Mädchen zu sein.«

Das Mädchen geht zu ihrem Pferd in den Stall und fragt:

»Liebes Pferdchen, wie wird das nun sein? Was sollen wir tun?«

Sagt das Pferd:

»Warte noch, junge Herrin, sie werden dich im Blumengarten spazieren führen. Du aber schau die Blumen nicht an, sag ihnen, du brauchst keine Blumen.«

Das Mädchen geht, und sie führen sie in den Garten, führen sie hin, und das alte Weib, die Riesenmutter, zeigt auf die Blumen:

»Schau nur, wie schön diese Blumen sind! Schau die schönen Blumen an, meine Tochter!«

»Mir sollt ihr keine Blumen zeigen, ich brauche keine Blumen, brauch' bloß das, was mir gebührt. Zahlt mich aus, gebt mir das Pferd heraus, und wir ziehen weiter!«

Da ging die alte Frau zu ihrem Sohn und beriet sich mit ihm. Sie führten das Pferd heraus und gaben ihr das Pferd, das ihr versprochen ward, als sie den andern Riesen tötete.

Nun brachen sie auf, brachen auf und zogen fort – zwei Pferde und ein Mädchen.

Sie ziehen dahin; erst nach einer guten Weile spricht ihr altes Pferd zu ihr und sagt:

»Junge Herrin, von hier weiter wird dich mein Bruder tragen. Ich gehe jetzt zurück, woher ich gekommen bin. Du kannst dich ganz auf ihn verlassen, denn er wird alles für dich tun, so wie ich alles für dich getan habe.«

Nun gut. Sie nahm also Abschied von ihrem Pferd, und mit dem Pferd, das sie von dem Riesen bekommen hatte, setzte sie den Weg fort. Sie zogen weiter, zogen durch siebenmal sieben Länder. Da schaut einmal das Mädchen vom Rücken des Pferdes hinab und sieht etwas auf der Erde schimmern.

»Wart mal, mein Pferdchen.«

»Was ist los?« fragt dieses.

»Warte, ich hab' hier was gesehen.«

»Ich weiß, was du gesehen hast«, sagt das Pferd, »ein Goldhaar hast du gesehen.«

»Ja«, sagt sie.

»Heb's auf! Zwar, wenn du's aufhebst, wird es dich reuen, doch wenn du's nicht aufhebst, wird es dich ebenfalls reuen.«

Gut. Das Pferd hielt an. Das Mädchen stieg ab, hob das Goldhaar auf, wickelte es sorgfältig in ihr Taschentuch und tat es in ihre Tasche, tat's in die Tasche und sagte:

»Nun können wir weiterziehen.«

Sie machten sich wieder auf und zogen durch siebenmal sieben

Länder, zogen dahin, bis sie zu jenem König kamen, bei dem die Königssöhne aus aller Welt versammelt waren, um ihm ein Jahr zu dienen.

Als sie eintrat, richteten alle Königssöhne ihre Blicke auf sie. Sie reichte jedem die Hand, und alle betrachteten sie als Mann und nicht als Mädchen.

Jetzt läßt sie der König zu sich rufen:

»Bist du nun auch gekommen, Sohn dieses und dieses Königs?«

»Ja«, sagt sie.

Und dann greift sie in die Tasche, nimmt ihr Taschentuch heraus, faltet das Taschentuch auseinander und zeigt dem König das Goldhaar.

»Huh!« ruft der König. »Du hast dies Goldhaar gefunden, so mußt du nun auch dessen Herrin herbringen.«

Na, das war eine schwierige Sache, allein das Pferd war ja so klug, daß sie von ihm Rat holen konnte. Sie ging in den Stall und fragte es:

»Mein Pferdchen, wie wird das nun sein?«

»Das wird so sein: geh und sag dem König, der König soll dir von seinen schönsten Gewändern drei Kleider geben, ein goldenes Kleid, ein silbernes Kleid und ein seidenes Kleid. Auch ein kleines Schiff soll er dir geben, damit du hinfahren kannst, wo du hinfahren mußt.«

Also gut. Der König willigte ein. Sie setzte sich auf ihr Pferd, und nun zogen sie weit fort. Viele Länder ließen sie hinter sich, bis sie dort ankamen, wo sie ankommen sollten. Und wie sie dort ankommen, ist ein großes Wasser vor ihnen. Sagt das Pferd:

»Na, meine Herrin, hier machen wir jetzt Halt und rasten.«

Sie machten gleich dort Halt und rasteten, und als sie gerastet hatten, sprach das Pferd:

»Sag, wo hast du diese Kleider?«

»Die hab' ich hier«, sagt sie.

»Na, so nimm sie hervor!«

Sie nimmt die drei Kleider hervor, und das Pferd sagt:

»Jetzt geh in die Stadt und hol ein Schiff, ein kleines Schiff. Das goldhaarige Mädchen und ihr Riesengemahl wohnen jenseits des Wassers, auf Menschenfüßen kann man nicht hinüber.«

Na gut. Sie ging in die Stadt und verlangte ein Schiff; das brachte sie dahin, trug die drei Gewänder, die schönen Frauenkleider auf das Schiff, und dann fuhren sie mit dem Schiff hinüber an das jenseitige Ufer des Wassers. Drüben angekommen, geht sie mit den Kleidern auf dem Arm vor das Tor und ruft aus:

»Wer kauft schöne Gewänder, schöne Frauenkleider?«

Der Riesengemahl war nicht daheim, er war auf der Jagd. Kommt die alte Frau herausgesprungen.

»He, wir wollen welche kaufen!« Und sie ruft: »Schwiegertochter, geh und schau, was für Kleider da feilgeboten werden!«

Die geht hin und schaut sich die Kleider an.

»Ach Mutter!« ruft sie, »kommt nur her, seht, was für schöne Kleider da feilgeboten werden!«

Die geht nun auch hin, und wie beide auf dem Schiff sind und sich die Kleider anschauen, fährt das Schiff langsam an. Als das goldhaarige Mädchen es wahrnahm, war das Schiff bereits am diesseitigen Ufer des Wassers angelangt.

Na, wie sie da angelangt sind, faßt sie das Mädchen sanft am Arm und sagt:

»Kommst du mit mir, oder ... soll ich dir mit dem Schwert den Kopf abschlagen?«

Sie erwidert: »Ich komme mit dir.«

Nun setzten sich beide auf das Pferd, und das Pferd erhob sich in die Luft – weiß Gott, wie hoch hinauf!

Zur selben Zeit, da sich das Pferd in die Luft erhob, schlug daheim im Stall der Hengst des Riesengemahls mit den Füßen aus, daß die Stallwände schier auseinanderbrachen. Da kommt der Riesengemahl vom Felde gelaufen, rennt von der Jagd nach Hause.

»Was ist los, mein Pferd, was ist los?«

Sagt das Pferd:

»Man hat die Herrin geraubt!«

»Welche Richtung haben sie genommen?«

»Die da!«

»Ereilen wir sie?«

»Das ist nicht sicher«, sagt das Pferd.

»Wir müssen sie ereilen, auch wenn ich dich zuschanden reite!«

Er sprang aufs Pferd und setzte ihnen nach – trab, trab, trab ...

Erst eine gute Weile später wiehert das Pferd des Riesen dem andern zu:

»Halt an, lauf nicht so schnell! Der Riese reitet mich zuschanden, er macht mich ganz kaputt!«

Und jenes erwidert:

»Trag ihn noch ein Stück höher hinauf, dann wirf ihn ab und komm mit uns!«

Das Pferd tat so, hob ihn recht hoch hinauf, und als es ihn abwarf, zerschellte er zu Staub. Gut. Es ließ sich dann niedergehen und zog mit den andern fort. Das goldhaarige Mädchen setzte sich auf diesen Hengst, die andere auf den ihren. So zogen sie dahin, bis sie zu dem König kamen. Als der König die schöne goldhaarige Frau erblickte, fiel er in Ohnmacht.

Er sagte:

»Darauf hab' ich gewartet, nun hat's Gott erfüllt! Schon morgen halten wir Hochzeit.«

»Woher denn!« entgegnete das goldhaarige Mädchen, »nein, morgen dürfen wir nicht Hochzeit halten. Der mich gestohlen und hergebracht, der muß vorher in die andere Welt ziehen und von dort die neunundneunzig Stuten holen. Diese neunundneunzig Stuten müssen gemolken werden – zwei Wannen voll. Dann setze ich mich in die eine Wanne Milch, du in die andere, und so halten wir Hochzeit!«

Wieder ließ er die Königstochter rufen:

»Nun, mein Sohn«, sagt er, »du mußt jetzt in die andere Welt ziehen und von dort die neunundneunzig Stuten holen. Die mußt du dann melken, damit ich und das goldhaarige Mädchen in den zwei Wannen Milch baden und Hochzeit halten können.«

Das Mädchen geht zu ihrem Pferd, und dieses sagt:

»Ei Mädchen«, sagt es, »das ist ein schwieriges Problem. Der König begehrt nicht Geringes, aber wir werden auch das vollbringen. Geh und sag ihm, er soll dir zwölf Büffelhäute geben, diese zwölf Büffelhäute werde ich auf den Rücken nehmen. Einen Spaten und eine Eisenschaufel nehmen wir auch noch mit.«

Gut. Sie ging hin und sagte es dem König. Der König gab sogleich den Befehl; man brachte die zwölf Büffelhäute und legte sie dem Pferd auf den Rücken. Nun saß das Mädchen auf, nahm noch eine Schaufel, eine Eisenschaufel, und einen Spaten mit, und fort ging's!

Sie machten sich auf den Weg und zogen lange dahin, bis sie in die andere Welt gelangten, wo sich die neunundneunzig Stuten befanden.

Sprach das Pferd:

»Paß auf, Mädchen, wir sind angekommen! Du mußt hier eine Grube graben, so tief, daß meine Füße Platz drin haben. Mit dem Leib bleib' ich draußen, nur die Füße müssen in der Grube stehen. Wenn ich einmal wiehere, vernimmt es der Hengst bei den neunundneunzig Stuten und hält sofort im Laufen inne. Wenn ich abermals wiehere, antwortet er mir, und wenn ich ein drittes Mal wiehere, dann ist er schon hier. Drei Tage lang werden wir raufen, doch du bleib oben auf dem Baum, steig ja nicht herab, rühr dich nicht vom Fleck!«

Gut, so geschah's denn auch. Sie kamen an, und das Mädchen machte sich daran, eine Grube zu schaufeln. Das Pferd stieg hinein und wieherte einmal. Darauf blieb der Hengst gleich dort stehen, wo er weidete. Schon beim zweiten Wiehern kam er gerannt, und sie fingen an zu raufen. Das eine riß dem andern die Büffelhäute herunter, das andere riß diesem das Fleisch vom Leibe. Und als sämtliche Büffelhäute heruntergerissen und vom andern die Haut und das Fleisch, ja schon die Knochen herausgezerrt waren, da fiel der Hengst, der Hengst jener neunundneunzig Stuten, auf die Knie, fiel auf die Knie und sagte:

»Ich bin dein, führ mich, wohin du willst, mach mit mir, was du willst!«

Jetzt kam das Mädchen vom Baum herunter.

»Kleine Herrin, setz dich auf meinen Rücken, los!« sagte ihr Pferd. Der Hengst wieherte, die neunundneunzig Stuten scharten sich um ihn, und so wurden alle zusammen zum Königshof geführt. Auf dem königlichen Hof angelangt, sollten nun die neunundneunzig Stuten bis zum Morgen gemolken sein. Zwei große Wannen voll Milch sollten es sein, damit in jeder Wanne ein Mensch baden könne. Nun gut. Sie fragte ihr Pferd:

»Was tun wir jetzt, mein Pferdchen? Wie schaffen wir's, diese Stuten da zu melken?«

Sagt das Pferd:

»Weißt du, wie du's machen sollst? Geh und flehe zum lieben Gott, Er möge uns einen kniehohen Regen bescheren. Den hauch' ich dann an, daß er zu Eis gefriert. So können sich die Stuten nicht fortbewegen, und du vermagst sie zu melken.«

Also betete das Mädchen zum lieben Gott, betete und flehte so lange, bis der liebe Gott – sie hat wohl auch sonst ihre Verdienste gehabt! – bis Er einen guten Regen bescherte, das Wasser reichte gerade bis zu den Knien. Jetzt kam das Pferd, hauchte das Regenwasser an und kühlte es so sehr ab, daß den Stuten die Füße bis an die Knie zufroren. Morgens waren die zwei Wannen Milch gemolken, in jeder Wanne konnte nun ein Mensch baden. Der König erhob sich am Morgen und fragte:

»Ist alles in Ordnung?«

»Alles ist in Ordnung.«

»Wohlan denn«, sagt er, »so laß uns Hochzeit halten!«

»Nein, wir halten nicht Hochzeit«, sagt sie, »und so lange halten wir nicht Hochzeit, bis der, der mich gebracht und die Stuten aus der anderen Welt geholt hat, bis der nicht geht und die Goldkrone aus der Basilika stiehlt. Solange die Goldkrone nicht hier ist, halten wir nicht Hochzeit.«

Schön, da muß also diese Krone hergeschafft werden. Jetzt sagt das Pferd:

»Hör zu, junge Herrin, weißt du, wie wir's machen? Wir gehen bis zur Basilika, dort sind neunundneunzig Mönche mit ihrem Lehrer auf dem Vorplatz versammelt. Im Portal aber steht ein Wächter. So Gott hilft, hauche ich meinen warmen Atem über den Wächter, daß der sogleich einschläft. Du rennst dann hinein, reißt die Krone vom Altar herunter, nimmst sie und bringst sie heraus. Danach setzt du dich auf meinen Rücken, und wir fliegen durch die Luft davon.«

So war es auch. Sie gingen bis vor die Basilika. Und wirklich, dort auf dem Vorplatz der Basilika waren die Mönche mit ihrem

Lehrer zum Unterricht versammelt, im Portal aber stand der Wächter. Das Pferd hauchte ihn leise an, ganz lauwarm, worauf der Wächter, an die Mauer gelehnt, sogleich einschlief. Nun ging das Mädchen hinein, riß die Krone an sich, dann kam sie heraus, setzte sich aufs Pferd und husch! – weg waren sie.

Da rennt der Wächter hin zu dem Lehrer und ruft:

»Hochwürden, die Goldkrone aus der Basilika, man hat sie gestohlen!«

»Was? Wie ist das möglich? Wer hat sie gestohlen? Wie hat man sie gestohlen?«

Er blickt herum, doch auf der Erde sieht er nichts. Wie er hinaufschaut, sieht er oben das Pferd im Fluge enteilen, und auf seinem Rücken ist ein Mensch. Da sagt er:

»Mein Fluch über dich, möge Gott ihn erfüllen! Bist du ein Mann, so werde zum Weibe! Bist du ein Weib, so werde zum Manne!«

Da spürte das Mädchen, daß es zum Manne geworden war.

Sie erreichten den Königshof, ließen sich nieder und trugen die Krone hinein. Als das goldhaarige Mädchen die Krone aus der Basilika erblickte, wußte sie bereits, daß das Mädchen zum Manne geworden war.

Der König sagte:

»Na, morgen halten wir Hochzeit!«

Darauf sagte das goldhaarige Mädchen:

»Es sei denn.«

Am Morgen aber sagte sie:

»Der König setze sich in diese Wanne Milch, ich setze mich in die andere.«

Das goldhaarige Mädchen führte sodann ihr Pferd an die Wanne des Königs heran. Und als sich der König in die Stutenmilch setzte, um drin zu baden, blies das Pferd eine solche Siedehitze in die Milch, daß der König drin mit Haut und Haar zerkochte.

»So, jetzt klaub die Knochen heraus und setz dich hinein! Du sollst drin baden, du sollst mein Gemahl sein, nicht er! Du hast um mich gekämpft und gerungen, nicht er!«

Er setzte sich auch gleich hinein. Ein Priester kam, die Goldkrone war ja schon da, und so begingen sie die Hochzeit. Sie veranstalteten ein schönes Hochzeitsfest, an dem viele teilnahmen.

Hier ist's aus, geschwind lauf raus!

49. *Grünpeter*

Hinter siebenmal sieben Ländern, ja noch weiter, dort wo das kurzschwänzige Ferkel wühlt, war einmal ein großer Bauernhof. Auf diesem Bauernhof lebte eine Familie: ein kleiner Junge, ein kleines Mädchen und die Eltern.

Doch ihr Mütterchen starb, der Mann heiratete wieder und brachte eine Stiefmutter heim. Die Stiefmutter aber sann stets nur darauf, sie zu töten. Einmal, als die Kinder aus der Schule kamen und mittagessen wollten, da hatte ihre Stiefmutter eine gute Fleischsuppe gemacht, aber Gift hineingetan. Und als sich die Kinder an den Tisch setzten, kam eine Taube, eine weiße Taube, aufs Fenster geflogen und sprach:

»Kinder, von dieser Suppe sollt ihr nicht essen, weil Gift drin ist! Geht fort, wohin eure Augen schauen!«

Die Kinder fingen an zu weinen und brachen hungrig auf. Grünpeter nahm diesen Weg, die Fee Ilona den andern.

Wie Grünpeter so einherschreitet, hört er auf einmal rufen:

»Grünpeter, Grünpeter, komm doch her!«

Ein Fischlein rief ihn; es war aus dem Meer aufs Trockene geraten und ging schier zugrunde.

»Heb mich auf, Grünpeter, wirf mich zurück ins Meer! Für deine gute Tat erwartest du Gutes!«

Nun, das Bürschlein tat es recht gerne und zog dann weiter. Wie der arme Junge so einherschreitet, hört er wieder rufen:

»Grünpeter, Grünpeter, komm doch her!«

Ein kleines Vögelchen rief ihn. Das war hinter den andern Vögeln zurückgeblieben und bat ihn flehentlich:

»Grünpeter, heb mich auf den Zweig hinauf, ich kann dann mit den andern Vögeln weiterziehen.«

Grünpeter hob es auf den Zweig hinauf, und das Vögelchen sprach: »Ich danke dir, für deine gute Tat erwartest du Gutes!«

Er ging weiter, ging fort und fort. Da hört er wieder rufen: »Grünpeter, Grünpeter, komm doch her!«

Diesmal war's ein Rosenbusch, der ihn rief. Er war schon ganz verdorrt und bat ihn gar schön, er möchte ihn doch begießen. Das tat er denn auch.

»Na, Grünpeter, für deine gute Tat erwartest du Gutes!«

Grünpeter aber machte sich wieder auf den Weg, wanderte und wanderte, bis er in eine große Stadt kam. Als er die Stadt erreichte und sich dem königlichen Tor näherte, riefen die Leute:

»Komm, komm, Grünpeter, schon sind neunundneunzig Köpfe am Pfahl, deiner wird der hundertste sein!«

Da erschrak Grünpeter, doch ging er gleichwohl hin. Er erfuhr, daß die Tochter des Königs gerne heiraten würde, aber nur den Jüngling will sie zum Manne, der sich vor ihr so verbirgt, daß sie ihn nimmer zu entdecken vermag.

Grünpeter kam ins Schloß, und nachdem er das Abendbrot gegessen hatte, befahl man ihm, sich am nächsten Morgen so zu verbergen, daß ihn die Königstochter nicht entdecken solle. Wenn es ihm nicht gelingt, wird ihm der Kopf abgeschlagen. Kann er sich aber so verbergen, daß ihn die Königstochter nicht entdeckt, so wird sie ihm gehören mitsamt dem halben Königreich.

Nun denn, Grünpeter erwachte am Morgen und brach auf. Er weinte still vor sich hin und dachte traurig: Lieber Gott, kaum der Stiefmutter entronnen, was widerfährt ihm da wieder! Wo soll er sich nur verbergen?

Da kommt ihm der Fisch entgegen.

»Warum weinst du, Grünpeter?«

»Ich weine«, sagt er, »weil der König gesagt hat, wenn ich mich drei Tage hintereinander frühmorgens nicht verbergen kann, ohne daß mich seine Tochter entdeckt, schlägt er mir den Kopf ab.«

Der Fisch sperrt das Maul auf und sagt:

»Kriech da hinein, Grünpeter!«

Grünpeter kroch hinein, das Fischlein versteckte sich am Grunde des Meeres und vergrub sich dort noch in den Sand.

Die Königstochter kam auf den Hausflur hinaus, rieb sich die Augen und rief:

»Komm, Grünpeter, komm heraus aus dem Maul des Fisches, am Meeresgrund im Sand eingegraben!« Ja, sie hatte ihn erspäht.

Grünpeter kam ans Ufer, stieg traurig aus dem Bauch des Fisches und kehrte zurück in den königlichen Palast.

Am Morgen darauf brach er wieder auf und zog traurig dahin.

»Wo soll ich mich nur verbergen?« fragte er, »wo soll ich mich nur verbergen?«

Da kommt ihm das Vögelchen entgegen.

»Warum weinst du, Grünpeter?«

»Ach, wenn ich mich nicht verbergen kann, ohne daß mich die Königstochter entdeckt, schlägt man mir den Kopf ab!«

Aber das Vögelchen breitete seine Flügel aus und sagte:

»Komm, kriech unter meine Flügel!«

Dann stieg es auf und flog mit ihm bis hinter die Sonne.

Die Königstochter trat auf den Hausflur, rieb sich die Augen und hatte ihn auch schon entdeckt.

»Komm, Grünpeter, komm hervor hinter dem Rücken der Sonne, unterm Flügel des Vogels!«

Der Vogel flog herab und ließ Grünpeter unterm Flügel heraus.

Wieder ging Grünpeter traurig nach Hause. Am nächsten Morgen brach er von neuem auf; jetzt aber weinte er gar sehr.

»Ach, zweimal ist's mir noch irgendwie gelungen, heute aber weiß ich wirklich nicht mehr, wie mich zu verbergen. O weh! O weh! O weh! Wie wird's mir noch ergehen?«

Da kam ihm der Rosenbusch entgegen.

»Warum weinst du, Grünpeter, warum weinst du denn? Mußt nicht weinen, ich werde dich schon gut verstecken!«

Sie gingen an den königlichen Palast heran, und genau vor dem Hausflur, wo die Königstochter zu spähen pflegte, dort stellte sich der Rosenbusch auf und sagte zu Grünpeter:

»Komm, versteck dich hier mitten in meinem Laub!« Dann blühte er auf und ward noch prachtvoller als die Sonne.

Die Königstochter kommt heraus, reibt sich die Augen und späht weit über Meere, Länder und Himmel – aber Grünpeter ist nirgends zu sehen.

»Mein Vater, von Grünpeter ist nichts zu sehen, ich kann ihn nirgends entdecken!«

»Reib dir die Augen, du Hund!« sagt der Vater, »möchtest wohl gerne heiraten, was?«

Sie schaut wieder, reibt sich die Augen, schaut und schaut und späht nach ihm, aber sie sieht ihn nirgends. Auf einmal ist sie des Spähens müde und fängt an zu rufen:

»Grünpeter, komm hervor, wo immer du auch bist! Ich kann dich nirgends entdecken!«

Da endlich trat Grünpeter aus dem Rosenbusch hervor. Gleich darauf hielten sie Hochzeit, und er bekam das halbe Königreich.

Die Hochzeit dauerte drei Wochen und drei Tage. Ich war auch dabei, hab' auch gezecht, bekam sogar ein Stück von einem Knochen! Die Nudelsuppe hat mich schier umgeworfen.

50. *König Matthias und Toldi*

Unter König Matthias schlugen sich die Ungarn viel mit den Türken herum. König Matthias und der Türkenpascha suchten ständig Händel miteinander. Nun war es vor Zeiten Brauch, daß sich die Könige, wie weiland König Salomon, zauberkundige Diener hielten. Auch König Matthias hatte einen solchen zauberkundigen Diener, er hieß Toldi. Dieser Bursche war von sich so eingenommen, daß er den König einfach mit »du Matyi!« anredete. Es kam deshalb zum Streit zwischen ihnen, schließlich war König Matthias doch ein König. Er ließ Toldi festnehmen und in einen Steinwall einmauern, befahl aber, in der Mauer eine kleine Öffnung zu lassen, damit Toldi gerade noch atmen könne.

Und wieder einmal erinnerte sich der Pascha seines Zwistes mit König Matthias. Er sandte ihm einen Stab und verlangte, daß König Matthias antworte, welche Hälfte des Stabes die leichtere und welche die schwerere sei.

König Matthias berief den hohen Rat, jedoch vergebens, denn keiner wußte die Antwort auf die Frage, welche die schwerere und welche die leichtere Hälfte des Stabes sei. Darüber entstand ein großer Lärm am königlichen Hof, der Lärm drang sogar bis zu Toldi.

Die Köchin war Toldis Liebchen, und als sie ihm das Essen brachte, fragte er sie:

»Sag, Liebste, was ist das für ein Lärm am königlichen Hof?«

Die Köchin sagte:

»Sie lärmen deshalb, weil der Pascha einen Stab gesandt hat und verlangt, daß man ihm antworte, welche Hälfte die schwerere und welche Hälfte die leichtere sei.«

»Nun, Liebste«, sagte er, »geh und sag ihnen, sie sollen Wasser in eine Wanne gießen, den Stab hineinwerfen, dann wird die schwerere Hälfte absinken und die leichtere oben bleiben. Aber verrate ihnen nicht, daß du's von mir weißt! Sag, es hätte dir so geträumt.«

Und so geschah's auch. Der Rat machte einen Heidenlärm, aber sie hatten noch immer nichts herausgefunden. Die Köchin kam herein und trat vor den König:

»Königliche Majestät, darf ich auch ein Wort sagen? Es soll bewahre niemanden beleidigen!«

Und dann sagte sie:

»Nach dem Mittagessen legte ich mich nieder und schlief ein. Da träumte mir, man müsse Wasser in eine Wanne gießen und den Stab hineinlegen. Die leichtere Hälfte bleibt dann oben, die schwerere sinkt ab. So ist es mir im Traum erschienen.«

Dies kam ihnen sehr gelegen, denn nun konnten sie endlich die Frage des Paschas beantworten.

Kurze Zeit darauf schickte der Pascha drei Fohlen. Das eine war genau so groß wie das andere, eines sah genau so aus wie das andere. Kein Mensch hätte unterscheiden können, welches das älteste, welches das jüngste und welches das mittlere Fohlen war. Abermals entstand ein Riesenlärm am Hof. Als die Köchin mit dem Mittagessen kam, fragte Toldi wiederum:

«Was ist das für ein Lärm am königlichen Hof?«

Die Köchin sagte es ihm:

»Oho!« rief er, »geh und sag ihnen, sie sollen ein Bündel Weizen, ein Bündel Roggen und ein Bündel Hafer ausstreuen! Doch sag es so, als wäre es dir selbst eingefallen.«

Und so geschah es auch. Sie streuten ein Bündel Weizen, ein Bündel Roggen und ein Bündel Hafer aus. Dann ließen sie die drei Fohlen darauf los. Das älteste vertrieb die andern zwei vom Weizen, das mittlere vertrieb das jüngste vom Roggen. Dem jüngsten Fohlen blieb der Hafer übrig. Das wurde dem Pascha schriftlich mitgeteilt, und so konnte er nicht gegen sie ziehen, denn wie er's verlangt hatte, wußten sie ihm zu sagen, welches das älteste, welches das mittlere und welches das jüngste Fohlen war.

Allein wieder kam ein Brief vom Pascha. König Matthias solle ihm den besten Musikanten des Ungarlandes schicken, oder aber ein Stück Fleisch vom eigenen Hintern, zwei Pfund schwer.

Der beste Musikant im ganzen Ungarland war Matthias selber.

Er überlegte:

»Wenn ich hingehe, nimmt mir der Pascha das Leben; wenn ich zwei Pfund Fleisch aus meinem eigenen Hintern herausschneide, muß ich ebenfalls sterben. Was soll ich jetzt tun?«

Da kam ihm der zauberkundige Toldi in den Sinn, vielleicht war der noch am Leben? Er ging sogleich hin, wo Toldi im Steinwall eingemauert war.

»Lebst du noch, Toldi?«

Toldi erwiderte:

»Ich lebe freilich, aber nur noch ein bißchen!«

König Matthias ließ die Maurer holen. Er befahl ihnen, Toldi auszugraben, ohne daß auch nur ein Stäubchen auf ihn fiele. Als dies geschehen war, führte er ihn ins Schloß, ließ für ihn einen Ochsen und ein Schwein schlachten und ein großes Faß Wein anschlagen.

»Iß und trink und stärke dich«, sagte er. Dann tat er ihm kund, wohin sie beide ziehen müßten. Toldi aß und trank, aber von den Speisen aß er bloß die Suppe. König Matthias wunderte sich und sagte:

»Iß doch auch das Fleisch, nicht bloß die Suppe!«

Daraufhin nahm Toldi einen Teller mit Suppe und goß die Suppe an die Wand; die fette Brühe blieb fast bis zum letzten Tropfen an der Wand kleben. Dann nahm er eine Handvoll von den Fleischstücken und warf sie ebenfalls an die Wand. Das Fleisch fiel herunter.

»Hast du gesehen, Matyi?«

Der sagte:

»Ja, ich hab's gesehen. Also gut, tu wie du willst.«

Toldi aß und trank nun wie es ihm beliebte. Als er sich kräftig genug fühlte, meldete er es dem König. König Matthias sagte:

»Nun komm in den Stall und suche dir den besten Hengst aus.«

Sie gingen in den Stall. Toldi packte die Hengste der Reihe nach am Schwanz und schüttelte sie. Da setzten sich alle auf den Schwanz. Er sagte:

»Wo ist mein Grauer?«

»Ach«, sagte König Matthias, »der ist irgendwo draußen auf dem Misthaufen.«

»Laß ihn hereinbringen und auffüttern.«

Er ließ ihn hereinbringen und auffüttern. Bald war auch der Graue genügend bei Kräften.

»Komm jetzt in die Waffenkammer und suche dir die beste Waffe aus!«

Sie gingen in die Waffenkammer. Toldi knickte die Waffen, wie die Frauen Blumenstengel zu knicken pflegen.

»Wo ist denn meine Waffe, wo ist meine Flinte?«

»Ach«, sagte König Matthias, »irgendwo brüten die Hühner darauf.«

»Laß meine Flinte holen und laß sie putzen!«

Als auch dies getan war, sagte er:

»So, jetzt ziehen wir nach dem Türkenland.«

Sie bestiegen den Grauschimmel und zogen nach dem Türkenland, zu dem türkischen Pascha. König Matthias trat ein, nicht aber Toldi; der lief fort. Der Pascha empfing Matthias und ließ ihm ein Gastmahl vorsetzen. Er sagte:

»Na, Matthias, iß und trink, nachher kommt noch die schwarze Suppe!«

Ihr könnt euch denken, wie Matthias gegessen und getrunken hat – nicht gerade mit großem Appetit! Nach dem Gastmahl fragte ihn der Pascha:

»Na, Matthias, welchen Tod wählst du dir, um aus dieser Welt zu scheiden?«

Matthias entgegnete:

»Mir ist's egal, auf welche Weise du mich umbringst. Doch gewähre mir vierundzwanzig Stunden Gnadenfrist in der Armsünderzelle.«

Dies wurde ihm gewährt. Man schloß ihn in einen Holzsarg ein, den legte man noch in einen Eisensarg und verschloß diesen ebenfalls. Dann stellte man ihn in eine Zelle.

Dem Matthias brummte es im Kopf, zwickte es im Hintern, daß sich Toldi so an ihm rächte, weil er ihn hatte einmauern lassen. Allein als es Mitternacht schlug, rasselte es an der Türe und Toldi trat ein. Er fragte ihn:

»Matthias, lebst du noch?«

Matthias gab die gleiche Antwort wie Toldi damals, als ihn Matthias gefragt hatte:

»Ich lebe freilich, aber nur noch ein bißchen!«

Darauf ging Toldi hin, riß den Deckel vom Sarg, und Matthias stieg heraus. Der Grauschimmel stand bereits unter dem Schlafzimmerfenster des Paschas. Matthias und Toldi gingen hinein, packten den Pascha und seine Frau mitsamt dem Bett, in dem sie schliefen, und luden alles auf den Rücken des Grauschimmels. Dann saßen sie selber noch auf. Toldi fragte den König:

»Wie geschwind sollen wir reiten, wie der Wind oder wie der Gedanke?«

Matthias antwortete:

»So wie du willst.«

Bei Tagesanbruch war der Pascha mit seiner Frau schon in Buda, auf König Matthias' Burg. Man trug sie beide hinein mitsamt dem Bett, in dem sie schliefen.

Am Morgen krähten die Hähne. Die Frau erwachte und sagte zu dem Pascha:

»Du, steh auf, da ist was nicht geheuer, ich höre ungarische Hähne krähen.«

Der Pascha sagte:

»Ach, laß mich in Ruhe, laß mich schlafen.«

Aber die Frau ließ den Pascha nicht in Ruhe. Wieder hörte sie die Hähne krähen und wieder weckte sie ihn. Der Pascha brummte nur:

»Laß mich doch schlafen.«

Als aber die Hähne zum dritten Mal krähten, erwachte auch der Pascha. Jetzt merkte auch er, daß es ungarische Hähne waren, die da krähten. Er sagte zu seiner Frau:

»Wahrhaftig, jetzt sind wir in Gefahr!«

Da trat König Matthias ins Zimmer.

»Guten Morgen, Pascha!«

Der Pascha erwiderte:

»Guten Morgen denn, doch ist dies kein guter Morgen!«

»Na, beruhige dich, kriegst auch ein Morgenessen.«

Er ließ ihm ein Morgenessen vorsetzen.

»Schau, da ist der schwarze Kaffee!«

Dann fragte er ihn, welchen Tod er wähle, um aus dieser Welt zu scheiden – genau wie der Pascha ihn gefragt hatte.

Und der Pascha antwortete ebenso:

»Mir ist's egal, wie du mich umbringst. Doch sei auch du gnädig und gewähre mir vierundzwanzig Stunden in der Armsünderzelle.«

Matthias gewährte es ihm, allein den Pascha holte nicht einmal der Teufel. Als die vierundzwanzig Stunden verstrichen waren, ging Matthias zu ihm hinein.

»Na, Pascha, wie willst du sterben?«

Da flehte der Pascha um sein Leben, und Matthias ließ ihn laufen.

Solange der Türke Türke bleibt und der Ungar Ungar, wird der Türke stets in der Schuld des Ungarn sein. Wieviel diese Schuld ausmacht, wissen wir freilich nicht, aber sie ist bis auf den heutigen Tag nicht getilgt.

51. Der Zigeuner und der Teufel

Einmal war's, keinmal war's, jenseits des Operenzenmeeres; was jenseits war, war nicht diesseits, was diesseits war, war nicht jenseits; ein entsetzlich großer Pappelbaum war dort, an jedem seiner Zweige hingen neunundneunzig Weiberröcke, in der Tasche eines jeden Weiberrocks war ein Märchenbuch. Wie ich just vorbeiging, blies mir der Wind ein Märchenbuch herab, daraus hab' ich dies Märchen gelernt.

Na ja, hab' auch einmal einen grauhaarigen Hengst gehabt, den rollte ich zusammen und legte ihn mir als Kopfkissen unter. Ich schüttelte den Nußbaum, die Haselnüsse plumpsten herab und ich konnte die Pflaumen zusammenklauben. Hab' auf einem großen Ackerstück Rüben gepflanzt, und wie ich gegen Herbst hingehe, sehe ich einen Mann von meinem Rübenfeld den Rettich pflücken. Oha! da bin ich zornig geworden. Ich hob einen Kürbis auf, gab ihm einen Seitenhieb in die Melone, und heraus kullerte eine Menge Gurken.

Also da war einmal an irgend einem Ort ein Teufel, der konnte keinen Knecht mehr bekommen, weil er seine Knechte jedesmal totschlug. Einmal aber stellte sich ein Zigeuner ein, der bereit war, in den Dienst des Teufels zu treten. Dieser nahm ihn auch auf, drei Tage sollten für ein Jahr gelten. Kurz und gut, er einigte sich mit dem Zigeuner und nahm ihn in seinen Dienst.

Als es Abend wurde – im Hausflur stand das Bett für den Zigeuner bereit – sagte der Teufel:

»Zigeuner, da ist dein Bett, leg dich schlafen!«

Der Zigeuner legte sich schlafen; doch er war nicht dumm: als der Teufel ebenfalls schlafen gegangen war, stieg er aus dem Bett und legte Holzklötze hinein. Dann lauerte er von weitem darauf, was in der Nacht geschehen werde.

In der Nacht kam der Teufel und hatte einen gewaltig großen Eisenstock bei sich. Mit diesem holte er zu einem gnadenlosen Schlag aus – über die ganze Länge des Bettes. Er schaute gar nicht, wo er hinschlug – wer darunter lag, der mußte sterben.

Nun, der Zigeuner lauerte von weitem. Als der Teufel gegangen war, nahm der Zigeuner die Holzklötze aus dem Bett und trug sie fort, dann schlüpfte er selber unter die Decke.

Am Morgen kommt der Teufel, und der Zigeuner springt munter aus dem Bett.

»Nun, mein Teufelsmeister, was gibt es heut' zu tun?«

Je! der Teufel machte große Augen.

›Ist der so stark?‹ dachte er bei sich. ›Hab' doch bisher noch jeden auf einen einzigen Hieb totgeschlagen. Na wart nur, morgen in der Nacht schlag' ich dich sicher tot!‹

Laut sagte er: »Heute haben die Weiber Waschtag, du mußt ihnen Wasser aus dem Brunnen schöpfen.«

Gut, der Zigeuner ging also zu dem Brunnen. Allein der Schöpfeimer war so schwer, daß er ihn nicht von der Stelle rücken konnte – so ein gewaltiger Eiseneimer war das! Was tun? Der Teuf . . . der Dingsda . . . der Zigeuner ergriff eine Hacke und fing an, die Erde rings um den Brunnen aufzuhacken. Wie der Teufel sieht, daß der Zigeuner anstatt Wasser zu schöpfen die Erde rings um den Brunnen aufhackt, geht er zu ihm hin.

»Was treibst du da, Zigeuner?«

»Ja was denkst du eigentlich«, sagte er, »soll ich mich mit diesem kleinen Eimer abmühen? Ich hebe den Brunnen ganz aus; kann ihnen dann soviel Wasser schöpfen, wieviel sie nur brauchen.«

»Hör auf, Zigeuner, laß meinen Brunnen stehen, gieß ihn ja nicht aus!«

»Na«, sagte der Zigeuner, »wenn's dir nicht paßt, dann schöpf nur selber!«

Der Teufel zog nun mit aller Kraft den vollen Eimer herauf, der Zigeuner aber schaute nur zu.

Wieder war es Abend geworden, und der Teufel dachte bei sich:

»Heute nacht schlag' ich dich tot, Zigeuner, leg dich nur nieder.«

Der legte sich nieder, doch als der Teufel zu Bett gegangen war, stand er auf und bereitete die Holzklötze vor, denn er dachte sich, daß jener in der Nacht wieder mächtig dreinhauen werde. Er legte also die Holzklötze ins Bett und eine Decke darüber. Kommt der Teufel heraus und haut zweimal so gewaltig drein wie er nur kann.

»Na«, denkt er, »jetzt hab' ich dich totgeschlagen, Zigeuner!«

Als der Morgen dämmerte, trug der Zigeuner die Holzklötze fort und legte sich selber ins Bett. Wie der Teufel kommt, springt der Zigeuner wieder munter aus dem Bett.

»Na, mein Teufelsmeister, was gibt es heut' zu tun?«

»Heute«, sagte er ... Herrje, wie der Teufel verdutzt dastand! ›Nach zwei solchen Hieben ... dieser Zigeuner muß ja furchtbar stark sein, daß ich ihn nicht totschlagen konnte!‹

»Heute«, sagte er, »heute gehen wir in den Wald Holz fällen.«

Da machte der Zigeuner einen Schnitzer:

»Wo ist die Axt?« fragte er.

»Waa ...s? Du brauchst eine Axt dazu?« sagte der Teufel.

Schnell besann sich der Zigeuner, nahm einen Knäuel Bindfaden und der Teufel ... nein, der Zigeuner nahm den Bindfaden mit. So gingen sie zum Holzfällen in den Wald.

Im Wald packte der Teufel einen Baum und drehte ihn mitsamt der Wurzel heraus. Der Zigeuner konnte freilich nichts dergleichen tun; er band den Strick ans Ende des Waldes und tat so, als ob er den ganzen Wald umschnüren wollte. Der Teufel sagte:

»Was treibst du da, Zigeuner?«

»Ja, was denkst du dir eigentlich, soll ich mit dem bißchen Holz herumwursteln? Ich binde den Wald mit dem Strick zusammen und trage ihn ganz nach Hause!«

»Nicht doch, der Wald gehört ja nicht mir«, sagte der Teufel, »bloß dieses Stück da gehört mir!«

»Na, wenn's bloß so wenig ist, trag's nur selber nach Hause, mit so wenig geb' ich mich nicht ab.«

Kurz und gut, den ganzen lieben Tag mußte der Teufel das Holz schleppen, indes der Zigeuner herumspazierte.

Der Abend kam und der Teufel dachte sich:

»Jetzt schlag ich ihn bestimmt tot!«

In der Nacht aber ... abends nahm der Zigeuner wieder die Holzklötze hervor, tat sie ins Bett, deckte sie zu und schlich sich fort ... in der Nacht kam der Teufel mit dem gewaltigen Eisenstock. Er hieb dreimal so mächtig drein, daß alle vier Füße des Bettes auseinanderfielen.

»Na jetzt, Zigeuner«, sagte er bei sich, »jetzt bist du endlich tot. Hab' dich totgeschlagen und muß dir keinen Lohn auszahlen.«

Frühmorgens aber nimmt der Zigeuner wieder die Holzklötze aus dem Bett und legt sich selber hin. Der Teufel kommt, und er springt wieder munter aus dem Bett.

»Mein lieber Meister, was gibt es heut' zu tun?«

Herrje! Jetzt mußte der Teufel scharf nachdenken. ›Donnerwetter, der ist ja entsetzlich stark, den kann ich ja gar nicht umbringen!‹ »Heute«, sagte er, »heute gehen wir auf den Berg und pflücken Kirschen. Dort in der Kammer ist der Eisenscheffel, geh und nimm ihn mit!«

Der Zigeuner geht in die Kammer, allein der Eisenscheffel ist so schwer, daß er ihn nicht von der Stelle rücken kann. Er sagt:

»Weißt du was, mein lieber Meister, weil du doch schwächer bist als ich, ist's besser, du trägst jetzt den leeren Scheffel; auf dem Rückweg trag' ich den vollen.«

Also gut. Sie gingen den Berg hinauf, und der Teufel trug den schweren Eisenscheffel. Als sie oben ankamen, packte der Teufel einen Kirschbaum am Wipfel und bog ihn ganz zur Erde nieder; auf diese Weise pflückte er die Kirschen vom Baum. Der Zigeuner konnte freilich nichts dergleichen tun, schämte sich aber auf den Baum zu klettern. Auf einmal packte er einen Zweig, den der Teufel gerade niederhielt, und sagte:

»He, schau her, so muß man Kirschen pflücken!«

Er fing an Zigeunerräder zu schlagen, wie der Blitz ging's um den Berg herum.

»Was treibst du da, Zigeuner?« fragte der Teufel.

»Ja, was denkst du dir eigentlich, ich müßte mich ja schämen, mit so einem Häuflein Kirschen nach Hause zu kommen! Ich nehme gleich den ganzen Berg mit.«

»Ach, nicht doch, Zigeuner, der Berg gehört ja nicht mir! Laß ab, bloß dieser Garten gehört mir.«

»Na, wenn's bloß so wenig ist, dann trag die Kirschen selber nach Hause, ich trag' sie nicht.«

Kurz und gut, sie gingen nach Hause, und damit war das Jahr um.

»Also Zigeuner«, sagte der Teufel, »reich mir den Scheffel her.«

Er füllte ihn bis zum Rand mit Silbermünzen.

»Da hast du deinen Lohn, Zigeuner, nimm ihn!«

Der Zigeuner dachte nach, wie er den wohl mitnehmen könnte. Er war ja nicht einmal imstande, den leeren Eisenscheffel zu tragen, und jetzt gar mit all dem Geld drin. Da fing er plötzlich an, rings um das Haus herum eifrig den Boden aufzugraben. Sagt der Teufel:

»Was treibst du da, Zigeuner?«

»Meinst vielleicht«, sagt er, »ich würde mich nicht schämen, mit dem Kleingeld da nach Hause zu kommen? Ich nehme gleich dein ganzes Haus mit Sack und Pack mit.«

»O Zigeuner, hör auf!«

»Na, wenn du bloß das Geld hergeben willst, mußt du's mir auch tragen«, sagte er.

Und so trug ihm der Teufel das Geld nach Hause, trug es keuchend, denn auch ihm fiel es schwer. Blies er die Luft aus, lief der Zigeuner voraus, atmete er die Luft ein, lief der Zigeuner zurück.

Da sagte der Teufel:

»Zigeuner, was treibst du denn?«

»Ich überlege gerade, ob ich heimgehen soll oder vielleicht zurück zu dir nach Hause.«

»Ach nein, geh nicht zu mir zurück, komm laß uns zu dir gehen!«

Na gut, sie gingen also dorthin. Als sie den Hof betraten, kam ihnen ein ganzer Schwarm Zigeunerkinder entgegengerannt. O je, der Teufel bekam eine Heidenangst, daß ihn die vielen Zigeunerkinder in einem Nu aufessen könnten. Schnell legte er das Geld hin und sagte:

»Du Zigeuner, probieren wir mal, wer der Stärkere ist.«

»Einverstanden, mein Teufelsmeister«, erwiderte der Zigeuner, »da nimm diese Säcke, füll sie bis oben mit Sand, und dann werfen wir sie auf den Dachboden hinauf.«

»Einverstanden.«

Na, der Zigeuner machte es schlau. Er füllte eilends zwei Säcke mit Spreu, während der Teufel den dritten Sack – den mittleren – mit Sand füllte. Dann packte der Zigeuner einen Spreusack und schleuderte ihn hinauf. Jetzt kam der Teufel mit dem Sandsack an die Reihe. Er zerrte ihn hin und her, ächzte und stöhnte und konnte ihn nicht von der Stelle rücken. Nun ergriff der Zigeuner den zweiten Spreusack und rief:

»He, schau her, so muß man den hinaufwerfen!«

»Na«, sagte der Teufel, »weiß schon, daß du stärker bist als ich. Laß uns noch miteinander raufen, so zeigt es sich dann wirklich, welcher von uns beiden der Stärkere ist.«

»Einverstanden, mein Teufelsmeister, raufen wir halt miteinander.« Der Zigeuner holte einen Hammer und eine große Axt aus dem Hause.

»Na, mein Teufelsmeister, dir geb' ich die große Axt, kriech damit in den Schweinekoben hinein. Ich bleibe mit diesem kleinen Hammer draußen, so werden wir miteinander raufen.«

Der Teufel kroch in den Schweinekoben. Drin begann er um sich zu schlagen und zu hauen, allein die Axt verfing sich in dem Koben. Da steckte er den Kopf hinaus, flugs schlug der Zigeuner mit dem Hammer zu, daß es dem Teufel nur so vor den Augen flimmerte. Der Teufel machte sich aus dem Staub, lief wie der Wind nach Hause und hat sich seitdem nie wieder in die Nähe des Zigeuners getraut.

Und so ist's zu Ende.

52. Der himmelhohe Baum

Einmal war's, keinmal war's, jenseits des Operenzenmeeres, diesseits der Glasberge, aber doch weiter als die Kleienschober, da war einmal ein König, der hatte eine schöne Tochter.

In seinem Garten stand ein himmelhoher Baum. Einmal erhob sich ein gewaltiger Wirbelsturm, das Ungewitter riß die Königstochter mit sich fort und entführte sie auf die Burg des neunköpfigen Drachen.

Der König hatte einen Traum, und als er erwachte, ließ er verkünden, wer ihm die Tochter wiederbringe, dem solle das Königreich gehören. Es meldeten sich viele Herzöge, Grafen und Barone, doch sie gelangten nicht einmal bis zur Hälfte des Weges.

Der König hatte in seiner Stadt einen Schweinehirten. Unter den Schweinen war auch ein kleines räudiges Ferkel; um dieses kümmerte sich aber keiner der Hirten, nur Klein-János. Einmal fing das Ferkel an zu reden und sagte zu ihm:

»Klein-János, weißt du, daß der Wirbelsturm das Königsfräulein auf den himmelhohen Baum entführt hat? Weißt du, daß viele Herzoge, Grafen und Barone ausgezogen sind, daß sie nicht einmal bis zur Hälfte des himmelhohen Baumes gelangten und umkehren mußten? Geh und tritt vor den König und sag ihm, er soll den Büffel mit den stumpfen Hörnern schlachten lassen, er soll dir sieben Paar Bundschuhe und sieben Anzüge bestellen und für sieben Wochen Wegzehrung geben. Dann mach dich auf, den himmelhohen Baum zu erklimmen.«

Klein-János trat vor den König.

»Erlauchter König! Mein Leben und mein Sterben leg' ich in deine Hand. Laß mich auf den himmelhohen Baum klettern, damit ich das Königsfräulein zurückbringe.«

Neben dem König saß der Hofnarr, von dem holte sich der König Rat:

»Was sagst du dazu, Narr?«

»Soviel nur, mein Herr: jag mich fort und mach diesen Bengel da zum Hofnarren!«

Da schrie der Hirtenknabe:

»Ich will's euch trotzdem zeigen, daß ich das Königsfräulein zurückbringe!«

Darauf sprach der König:

»Geh also, aber wenn du sie nicht zurückbringst, sollst du vom Baum herunterfallen, daß dir jedes Glied im Leibe in tausend Splitter zerbricht.«

Allein Klein-János ging nicht kopflos daran, den himmelhohen Baum zu erklimmen, er nahm auch seine kleine Axt mit. Wo er keinen Ast fand, schlug er eine Stufe in den Stamm, und so gelangte er immer höher und höher hinauf. Schon war das siebente Paar Bundschuhe um die Füße gebunden, als er zu jenem hinausragenden Ast kam, von dem ihm das Ferkel gesprochen hatte. Da sah er eine Burg, die sich auf diamantenen Füßen drehte. Siebentausend Fenster hatte diese Burg und auch an Treppen genau siebentausend.

Er denkt sich, hier wird er hineingehen. Wie er aber die Treppenstufe betreten will, fällt er immer wieder zurück. Als sich gerade die Treppe nach vorne drehte, schlug er seine kleine Axt hinein, hielt sich daran fest und konnte nun die Treppe ersteigen. Auf der obersten Stufe angelangt, wen erblickt er da zu allererst? Es war die Königstochter. Verwundert rief sie aus:

»Klein-János, wie gelang es dir nur herzukommen, wo nicht einmal ein Vogel herkommt?«

»Ich bin den himmelhohen Baum hinaufgeklettert, um das Königsfräulein zu holen. Jetzt aber kommt mit mir zurück nach Hause!«

Da kam der neunköpfige Drache heraus.

»Was willst du hier, du Menschensding?«

Sprach das Königsfräulein:

»Das ist mein kleiner Diener, er ist gekommen, um mir auch hier oben zu dienen.«

»Na«, sagte der Drache, »hier wirst du keine andere Arbeit haben, als den schlechten Gaul dort im Schuppen zu füttern und zu tränken. Du mußt aber stets das Gegenteil von dem tun, was er sagt.«

Der Gaul war übel dran; er lag nur noch auf den Bodenplanken und konnte gar nicht aufstehen. Sogleich gab er ihm Heu und Hafer und fütterte und striegelte ihn. Plötzlich begann der Gaul zu reden und sprach:

»Klein-János, geh hinunter in den Keller, dort findest du ein Schwert und einen Sattel. Bring beides herauf, dann gehen wir auf die Jagd.«

Sie zogen durch den riesigen Wald.

»In diesem Wald haust ein Wildeber. Im Kopf dieses Wildebers ist ein Hase, im Kopf des Hasen sind sieben Pferdebremsen. Wenn wir die sieben Pferdebremsen vernichten, ist es auch mit dem Drachen aus.«

Na, sie zogen durch den riesigen Wald. Da stürzte ihnen plötzlich ein Wildeber mit mächtigen Hauern entgegen. Klein-János dachte bei sich:

»Jetzt brauch' ich mich nicht selbst umzubringen, gleich wird mich dieser Wildeber verschlingen.«

Er sprang vom Pferd herunter und hieb dem Wildeber den Kopf entzwei. Wie der Kopf des Wildebers auseinanderfiel, schlüpfte der Hase heraus. Im selben Augenblick hatte ihn das fünffüßige Pferd niedergestampft, und Klein-János spaltete auch ihm den Kopf entzwei. Da fiel die Schachtel heraus. Drinnen summten die Pferdebremsen wie auf einer großen Dorfversammlung. Als auch die Pferdebremsen vernichtet waren, begab sich Klein-János frohgemut nach Hause. Der Drache lag schon im Sterben.

Sprach Klein-János:

»Für deine Sünden laß einen Krug Wein springen!«

Sie tranken aus.

»Noch einen Krug Wein für die Sünden deines Vaters und deiner Mutter. Sag dann nicht, daß du durstig ins Jenseits gelangt bist! Und jetzt her mit dem Schwert! Jetzt mußt du sterben!«

Da sagte der Drache zu ihm:

»Töte mich nicht, mein lieber Meister, denn ich bin besoffen wie die gelbe Erde.«

Damit ließ sich der Drache auf den Rücken fallen, so lang er war, und schlief ein. Klein-János nahm das Schwert und schlug dem Drachen alle neun Köpfe ab.

Er freute sich, denn nun konnte er vergnügten Herzens mit der Königstochter zusammenleben.

Aber einmal fing Klein-János zu grübeln an:

»Was wird aus uns im Herbst, wenn vom Baum die Blätter fallen? Dann fallen wir ja auch hinunter, daß uns jedes Glied im Leibe in tausend Splitter zerbricht!«

Das fünffüßige Pferd wußte, warum sein lieber Herr so betrübt war, und sagte zu ihm:

»Packt alles zusammen, was ihr braucht, dann setzt euch auf meinen Rücken und macht die Augen zu.«

Noch hatten sie die Augen nicht ganz zugemacht, da waren sie auch schon am Hofe des alten Königs. Klein-János sprang vom fünffüßigen Pferd und hob das Königsfräulein herunter. Er selber saß aber wieder auf und jagte wie der Wind davon, bis er das obere Ende der Stadt erreichte – in so lumpigen Kleidern wollte er sich nicht mit der Königstochter zeigen!

Am Ende der Stadt stieg er vom fünffüßigen Pferd, ließ sich einen großen Palast bauen und kaufte sich einen Spiegel, der bis zum Boden herabreichte. Danach ließ er den Schneider kommen und sich Kleider machen. Mit den neuen Kleidern betrachtete er sich im Bodenspiegel, ob er auch herrschaftlich genug aussehe. Und dann ging er hin und hielt um die Hand des Königsfräuleins an.

Zuerst begegnete er dem König. Der König aber sagte, seine Tochter wolle er niemandem zur Frau geben, solange er nicht wisse, ob ihr Lebensretter noch lebe oder tot sei.

Da kam die Königstochter herzu.

»Liebster Klein-János! Du hast mir das Leben gerettet, dir allein will ich ein treues Weib sein, bis sich der Sarg über mir schließt!«

Wer's nicht glaubt, überzeuge sich selbst davon!

53. Schlangenbruder

Einmal war's, keinmal war's – war einmal eine Witwe, die hatte einen Sohn, der noch zur Schule ging. Er bastelte sich einen Leinenzügel für ein Vierergespann, und eines Samstagmorgens bat er die Mutter um vier Kreuzer für ein Schreibheft; damit ging er in die Schule. Bald entließ man die Kinder zum Spiel ins Freie. Er spannte vier Buben in seinen Viererzügel, die andern liefen hinterdrein. Hinter der Kirche fanden sie eine Schlange. Seine Spielgefährten wollten sie totschlagen, er aber schenkte ihnen seinen vierspännigen Zügel, auch die vier Kreuzer, die ihm die Mutter gegeben hatte, und blieb bei der Schlange zurück, um sie vor den Kameraden zu beschützen.

Nun waren sie allein; da fing die Schlange an zu sprechen, sie nannte ihn ihren Bruder:

»Was für Leute Kind bist du, mein Bruder?«

»Bin der Sohn einer armen Frau.«

»So komm mit mir, laß uns in das Haus meines Vaters ziehen. Ich krieche in Gestalt einer Schlange quer durch die Stadt, am Ende der Stadt wart' ich dann auf dich.«

Und sie trafen sich dort. Die Schlange rollte sich zusammen

und verwandelte sich in einen goldhaarigen Hengst; der kniete nieder und nahm den Knaben auf den Rücken. So reisten sie nun, sie waren beide erst 12 Jahre alt. Als sie 16 Jahre alt wurden, erreichten sie den riesigen Wald, wo die Eltern der Schlange wohnten. Die Schlange verbarg ihren Bruder im Gebüsch einer Bachweide und sagte:

»Warte hier, komm erst herein, wenn ich dich rufe, denn mein Vater ist eine blutfleckige Schlange. Du bist ein stattlicher Mann geworden, laß mich ihm vorher sagen, wie alt wir waren, als wir einander an Bruders Statt annahmen.«

Er berichtete dem Vater, wie sich alles zugetragen und wie er zu einem Bruder gekommen war. Der Vater entgegnete:

»Warum hast du ihn nicht mitgebracht? Du weißt ja, wir sind reich und hätten ihn für seine Tat belohnt.«

»Nun, ich gestehe, er ist hier. Daß du ihn aber nicht verschlingst, wenn ich ihn hereinrufe! Ich weiß, ich bin dein Lieblingssohn, der einzige deiner 12 Söhne, den du großgezogen hast. Aber ich bin schon 20 Jahre alt und fürchte mich vor nichts mehr! Ich gehe also und rufe meinen Bruder herein.« Als ihn der Schlangenvater erblickte, verschlang er ihn auf der Stelle. Schreiend warf sich der Sohn zu Boden. Da steckte sich der Schlangenvater den Finger in den Schlund und spie den Jungen wieder aus. Der war jetzt siebenmal schöner als zuvor. Nun schlossen sie Freundschaft miteinander.

Einige Jahre vergingen. Einmal aber sagte der Junge zu seinem Schlangenbruder:

»Ich möchte heim zu meiner armen alten Mutter.«

Der andere beschwor ihn zu bleiben:

»Geh nicht fort, mein Bruder! Nun ja, du bist ein Mann geworden ... also geh meinetwegen. Wir werden es meinem Vater sagen.«

Sie sagten es dem Vater, und der versprach dem Jungen vierzehn Ochsenkarren voll Gold. Der Schlangenbruder beriet ihn jedoch anders:

»Was er auch versprechen mag, nimm nichts an als die goldene Taschenuhr, die er im Schrank verborgen hält.«

Der Schlangenvater aber sagte:

»Nimm lieber, was ich dir gebe. Mit der goldenen Uhr kannst du Hungers sterben!«

Doch er konnte nichts tun, der alte Schlangenvater, er mußte mit der goldenen Uhr herausrücken, wie schwer es ihm auch fiel. Nun statteten sie den Jungen zur Reise aus. Über die Reisekleider zog er einen Szürmantel, die beiden Ärmel zugebunden. Mit spärlichem Reisegeld versehen brach er auf. Bald blieb ihm nichts davon. Da kamen ihm die Worte des alten Schlangenvaters in den Sinn.

»Ein feiner Bruder war mir sein Sohn! Wie hat er mich doch betrogen!«

Müde und hungrig ließ er sich am Wegrand nieder. In seinem Zorn zog er die goldene Uhr aus der Tasche und schlug sie zu Boden. Da sprangen 42 Riesen heraus.

»Was befiehlst du, lieber Herr?«

»Schafft mir was zu essen, ich sterbe vor Hunger!«

Im selben Augenblick stand ein reichgedeckter Tisch vor ihm, daran hätten sich gut und gerne auch zwölf sattgegessen. Er aß sich satt, dann schlug er die Schachtel abermals zu Boden. Die 42 Riesen sprangen heraus:

»Was befiehlst du, lieber Herr?«

»Könnt ihr mich heimbringen? Es ist ziemlich weit bis zu meiner Heimatstadt!«

»Wie geschwind soll es denn sein, wie der Wind oder wie der Gedanke?«

»Nun, mir genügt's, so geschwind wie der Wind!«

Die Riesen ermahnten ihn noch, die Schachtel gut aufzubewahren, damit sie ihm nicht abhanden komme, dann wirbelte ein Sturmwind daher und hob ihn in die Luft. Es ging sehr geschwind, bald erkannte er seine Heimatstadt.

»Ich bin angelangt«, sagte er, »hier könnt ihr mich niederlassen.«

Sie gingen auf den Kirchhügel nieder. Sogleich machte er sich auf nach dem Hause seiner Mutter. Die alte Mutter lebte noch. Er trat mit einem Gruß ein. Die Mutter erwiderte den Gruß: »Seid willkommen, erlauchter Königssohn, Gott hat Euch hergeführt!« – »War auch selber drum bemüht, alte Mutter! Ich bin sehr hungrig; ob Ihr wohl so gut wärt, ein paar Nocken für mich zu kochen?« – »Ach, erlauchter Königssohn, womit denn? Ich hab' doch nichts dazu! Seht, diesen Unterrock nähe ich für die Nachbarin, die gibt mir dafür ein wenig Öl und etwas Mehl. Erst muß ich ihr aber den Unterrock bringen.«

»Schaut doch in der Kammer nach, ob nicht was zu essen drin ist!«

»Da ist nichts drin, bloß die alten Rattenlöcher. Ich will's mal bei der Nachbarin versuchen, vielleicht hält sie ihr Versprechen ...« Doch die Nachbarin gab ihr nichts, erst müsse sie ihr den Unterrock bringen.

In der Zwischenzeit aber, während die Mutter fort war, schlug er hinterm Haus die Schachtel zu Boden.

Die 42 Riesen sprangen heraus.

»Was befiehlst du, lieber Herr?«

»Seht die schäbige Kammer meiner Mutter! Geschwind macht Ordnung drin, füllt sie mit Lebensmitteln! Auch etwas Holz sollt ihr im Hof aufstapeln!«

Die alte Frau kam zurück und bemerkte schon vom Haustor aus das aufgestapelte Holz im Hof. Sie wußte gleich, daß nur der Königssohn, der bei ihr eingekehrt war, das schöne Holz bestellt haben konnte. Als sie ins Haus trat, bat er sie wiederum, sie möchte doch ein paar Teignocken für ihn kochen.

»Ich hab' nichts von der Nachbarin bekommen!«

Der Königssohn meinte, sie sollte gleichwohl in der Kammer nachschauen, vielleicht wär' doch was drin.

»Ich will Euch selber die Tür öffnen.«

Als er die Türe öffnete, sah sie die Speisekammer so angefüllt wie bestimmt keine zweite in der ganzen Stadt. Nun bereitete sie mehrerlei Gerichte zu und stellte alles auf den Tisch. Dann lud sie den Königssohn dazu ein:

»Bitte, wenn Ihr's nicht verschmäht ... hab' getan, was Ihr verlangt.« Der Königssohn setzte sich zu Tisch.

»Kommt auch Ihr, alte Mutter, setzt Euch ebenfalls her und eßt mit mir!«

»Nein, ich esse auf dem Ofenbänkel, so bin ich's gewohnt, wenn's was zu essen gibt.«

»Kommt nur, schämt Euch nicht! Ich möchte auch einiges von Euch erkunden. Sagt, ist's schon lange her, daß Ihr verwitwet seid? Habt Ihr denn keine Kinder?«

»Und ob, bitte schön! Ich hatte einen Sohn, aber mit 12 Jahren ist er von der Schule fort und verschwunden. Unser König hat überall nach ihm suchen lassen, doch gefunden haben wir ihn noch immer nicht!« Er küßte ihr die Hand und umarmte sie.

»Ich bin Euer Sohn, liebe Mutter! Nun sagt mir aber, Mutter, ist Erzsi, des Königs Tochter, noch ein Mädchen oder schon eine verheiratete Frau? Wir sind zusammen zur Schule gegangen, sie war allerdings zwei Jahre jünger als ich ...«

»Sie ist noch ein Mädchen«, sagte die Mutter.

»Oh, liebe Mutter, dann will ich Euch in ein schönes Gewand kleiden; geht hin zu dem König und berichtet ihm, daß der verlorene Sohn heimgekehrt ist. Sagt ihm, ich hätte Euch zu seiner Majestät gesandt, Ihr sollt für mich um seine Tochter anhalten.«

Die Mutter sagte:

»Mir fehlt der Mut dazu, mein Sohn!«

»Habt nur Mut, liebe Mutter! Unser König ist ein guter König, er freut sich bestimmt, daß ich heimgekehrt bin. Noch mehr aber wird sich Erzsike freuen, wenn sie hört, daß ich wieder da bin.«

So ging sie denn, die alte Frau, und trat vor den König hin. Sie sagte, in welcher Sache sie gekommen sei, und wurde herzlich empfangen. Der König antwortete ihr:

»Deinen Sohn kennen wir zwar nicht, aber er soll nur kommen.« Erzsike war auch dabei.

»Lieber Vater, laßt mich hingehen, ich will ihn mir ansehen!« – »Nein, das erlaube ich nicht, er kommt ja sowieso her!«

Die Mutter ging nach Hause und erzählte ihrem Sohn voll Freude: »Sie haben mich furchtbar nett und herzlich empfangen. Der König läßt dir sagen, du sollst deine Aufwartung machen.«

»Morgen will ich's tun.«

Damit nahm er die Schachtel und schlug sie zu Boden. Die 42 Riesen sprangen heraus.

»Was befiehlst du, lieber Herr?«

»Eine extra feine Soldatenuniform und einen prächtigen Schimmel, gezäumt und gesattelt!«

Er schwang sich auf den Schimmel und machte sich auf die Reise zu dem König. Als er einen Hügel erstieg, gewahrte ihn Erzsi vom Hofe her.

»Lieber Vater, ein schmucker Soldat kommt hergereist!«

Er näherte sich dem königlichen Tor, und schon eilte das viele Gesinde herbei, ihm das Tor zu öffnen. Er aber flog auf seinem Schimmel über das Tor hinweg und landete genau vor der Veranda. Erzsike streckte ihm beide Arme entgegen:

»In meinen Armen heb' ich ihn vom Pferd herunter!«

Nun kamen auch der Vater und die Mutter; so groß war die Freude, daß sie ihn förmlich auf den Armen ins Haus trugen. Sie ließen ihn auch gleich an der Mittagstafel Platz nehmen, denn es war gerade Mittagszeit. Erzsike zog ihren kleinen Schemel herzu und schaute ihm fortwährend zwischen die Augen. Lange verweilte der junge Herr bei ihnen, sie plauderten über dies und jenes. Als er sich verabschieden wollte, sagte Erzsike:

»Verlaßt mich nicht, mein Teurer! Hab' schon den Priester herbeschieden, damit er uns traut. Ich sehe ja, daß ich Euch gefalle, aber Ihr gefallt mir noch viel mehr!«

Allein der König sprach:

»So geht das nicht, liebe Kinder! Ich weiß ja noch gar nicht, mein junger Bruder, ob Ihr auch vermögend genug seid. Das Mädchen kann Euch nur unter einer Bedingung angehören: Seht Ihr durchs Fenster den Hügel drüben, etwa drei Kilometer von unserem Haustor entfernt? Steht dort morgen früh ein Meierhof wie der meine, dann könnt Ihr Erzsike haben.«

Erzsike brach in Tränen aus:

»Lieber Vater, stellt doch nicht solche Bedingungen! Geht's nicht anders, so brenne ich mit ihm durch, wenn er mich mag!«

Indessen hatte der junge Herr den Schimmel bestiegen und war fortgereist. Erzsike aber blieb tief betrübt zurück.

»Lieber Vater, tut doch was, ich sterbe um ihn! Was schert mich sein Vermögen! Ein Meierhof wie der unsrige kann doch in einer Nacht nicht erbaut werden.«

Vor dem Fenster, wo ihr Vater auf jenen Hügel gewiesen hatte, richtete sich Erzsike ihr Bett zur Nacht. Der schmucke junge

Mann war unterdessen auf der Kuppe des Hügels angelangt und schlug dort seine Schachtel zu Boden.

Die 42 Riesen sprangen heraus:

»Was befiehlst du, lieber Herr?«

»Eine schwierige Sache, auch ihr seid da machtlos. Aber wenn es nicht gelingt, ist mein Leben dahin. Auf diesem bloßen Rasen soll bis zum Sonnenaufgang ein Haus erstehen, so schön wie das des Königs.«

Inzwischen beobachtete Erzsike unentwegt den Hügel, auf den ihr Vater gewiesen hatte. Und ehe noch der Morgen graute, sah sie, daß es vollbracht war.

»Von seinem Tor zu unserm führt ein steinerner Wall, zu beiden Seiten stehen in vier Reihen die verschiedenartigsten Bäume, und allerlei Vögel zwitschern und jubilieren darin!«

Sie sprang auf:

»Lieber Vater, liebe Mutter, kommt doch und schaut selber! Das Haus steht fertig da, bald muß auch der Bursche kommen! Seht zu, daß der Priester zur Stelle ist, und die Herzoge, die Barone und alle übrigen Hochzeitsgäste! Wenn er kommt, heirate ich ihn sofort, denn ich hab' ihn lieb!«

Gegen 8 Uhr morgens kam er auf dem gleichen Schimmel geritten, der ihn schon einmal hergebracht hatte, damit ihn auch jedermann wieder erkenne. Nach seiner Ankunft traten sie sogleich vor den Traualtar. Der Bursche gefiel nicht nur Erzsike so gut, auch ihr Vater und die Mutter waren von ihm entzückt: ein so schmucker Bursche; er hat in einer einzigen Nacht eine solche Residenz erbaut!

Nach der Hochzeit wurden sie von den Eltern mit allem Nötigen ausgestattet, und dann zogen sie in das neue Haus ein. Sie hatten Freude aneinander, in sechsjähriger Ehe schenkte ihnen der liebe Gott drei hübsche Knabenkinder.

Aber eines Tages ging der König mit seinem Tochtersmann und seinen Herzögen auf die Jagd. Lange vorher hatte ein roter Ritter um Erzsike geworben und ihr versprochen, er werde sie heiraten, sobald er den Oberstenrang erhalten habe. Und jetzt war es so weit; er kam also in das Haus des Königs und erkundigte sich bei der Königin nach Erzsike.

»Mein Lieber, die ist ja schon über sechs Jahre verheiratet, hat sogar schon drei hübsche Knabenkinder! Dort drüben wohnen sie, auf jenem Hügel, Ihr könnt ihn von hier gut sehen.«

Der Oberst ging hin. Er traf Erzsike allein, reichte ihr die Hand und küßte ihre Hand. »Nein, das hätte ich wirklich nicht gedacht, daß Erzsike nicht auf mich warten würde! Jetzt hab' ich schon den Oberstenrang, und wir könnten heiraten.«

»Ach bitte, wie ich meinen Mann erblickte, war ich gleich schrecklich verliebt. Wir kannten uns noch von der Schule her.«

Der Oberst wollte wissen, wie es mit seinem Vermögen bestellt sei.

»Nun, diese schöne Residenz besitzt er, hat sie in einer einzigen Nacht erbaut.«

»Wie ist das möglich? In einer einzigen Nacht . . . einen so schönen Meierhof? Weiß denn niemand, woher er diese gewaltige Kraft hat? Es braucht ja gut drei Jahre, bis so ein Meierhof erbaut ist.«

Erzsike erzählte ihm, daß das Haus in der Tat vom Abend bis zum nächsten Morgen fertig dastand. Ihr Mann besitze nämlich eine goldene Uhr; wenn er die zu Boden schlägt, springen 42 Riesen heraus, und die tun alles, was er ihnen befiehlt.

Darauf sagte der Oberst:

»Könntet Ihr ihm diese Uhr nicht wegnehmen? Seid so gut, stehlt die Uhr von ihm und gebt sie mir. Wir würden dann gemeinsam ein neues Leben anfangen.«

»Es läßt sich gut machen, wir schlafen ja im gleichen Bett, und die Schachtel trägt er stets bei sich in der Innentasche.« Der Oberst verbarg sich im Haus. Als Erzsikes Mann von der Jagd heimkam, war er so müde, daß er sich gleich schlafen legte. Erzsike stahl die goldene Schachtel aus seiner Tasche und gab sie dem roten Ritter. Der schlug die Schachtel sofort zu Boden, da sprangen die 42 Riesen heraus:

»Zu Befehl, Herr Oberst!«

»Ich befehle euch, daß ihr uns alle mitsamt dem Schloß, so wie es dasteht, bis zum Morgengrauen auf eine Meeresinsel versetzt. Euer gewesener Herr soll in seinem Szürmantel hier auf dem Rasen liegen bleiben.«

Als dieser am Morgen erwachte, fand er nichts als den bloßen Rasen vor. Er suchte seine goldene Uhr, allein sie war fort. »Mein Gott, so bin ich denn wieder ins ärmliche Los meiner Kindheit zurückgefallen?«

Er ging zu dem König, seinem Schwiegervater, und zu seiner Schwiegermutter. Er tat ihnen recht leid, und der König sagte:

»Mein Sohn, wie sehr du auch deine Frau liebst, dein Vermögen hättest du ihr dennoch nicht verraten sollen. Hättest es besser geheimgehalten.«

Die Königin meinte, kein anderer könne es gewesen sein als der rote Ritter. Der habe nun den Oberstenrang erlangt und sei gekommen, Erzsike zu heiraten. Da entgegnete Erzsikes Mann:

»Gebt mir etwas Geld und eine Kutsche; ich geh' sie suchen und will sie suchen, so lange ich lebe!«

Sie gaben ihm etwas Geld auf die Reise, und in der Kutsche brach er auf. Er reiste durch siebenmal sieben Länder, bis er den Abendstern erreichte. Den fragte er, ob er nicht eine Residenz gesehen hätte, so und so schaue sie aus, mit drei Blitzableitern auf dem Dach. Der Abendstern sagte:

»Ich hab' sie nicht gesehen; ich gebe dir aber eine Maus, die Maus wird dich zum Morgenstern geleiten. Erkundige dich bei ihm!«

Allein auch der sagte:

«Ich hab' sie nicht gesehen; doch ich gebe dir eine Katze, sie wird dich zum Mond geleiten. Der Mond war von Sonnenuntergang bis Sonnenaufgang am Himmel; frag ihn, möglicherweise hat er etwas gesehen.«

Er fragte auch den Mond, ob er was gesehen hätte; der Mond antwortete:

»Ja gewiß, ich hab' sie gesehen. Ich gebe dir diesen Hund, er wird euch alle ans Meeresufer geleiten. Von dort ist schon das Haus zu sehen.«

Sie gelangten glücklich ans Ufer des Meeres. Die drei Tiere beschlossen, erst abends hinüberzugehen: die Maus auf dem Rükken der Katze, die Katze auf dem Rücken des Hundes. So zogen sie denn auch übers Meer. Als sie drüben ankamen, war die Nacht hereingebrochen, und alles schlief schon.

Die Katze sagte zu dem Hund:

»Du mußt hier auf uns warten, komm nicht mit ins Haus! Drin hat's einen Haufen ungewaschenes Geschirr, du machst ja nur Lärm damit, und man hört uns dann.«

Die Katze und die Maus schlichen sich ins Haus; die Katze schlüpfte durch den Rauchfang hinein, die Maus durch das Schlüsselloch. Es war die Maus, die die goldene Uhr in der Tasche des Obersten fand. Sie schob sie ganz behutsam an die Bettkante, während die Katze auf den Hinterpfoten danebenstand und darauf lauerte, die Schachtel zu fassen. Aber der Hund war ihnen nachgefolgt und schnüffelte in der Küche herum. Die Katze sprang auf ihn zu und stieß ihm die Krallen in den Hintern. Drauf lief er winselnd zum Meeresstrand zurück und wartete dort auf seine Gefährten. Als die Katze wieder ins Schlafgemach kam, konnte sie die Schachtel schon mit dem Maul fassen. Sie traten nun lautlos den Rückweg zum Meeresstrand an, wo sie der Hund erwartete.

»Die goldene Uhr ist wieder da, wie wird sich doch unser Herr darüber freuen! Eilen wir, sie ihm zu bringen!«

Aber der Hund sagte zu der Katze:

»Gib die Schachtel her!«

»Nein, ich geb' sie dir nicht. Was ein Hund ist, tut wie ein Hund! Wie willst du sie denn festhalten? Mit dem Maul etwa? Springt dir, wie neulich, ein Fischlein vor die Schnauze, so schnappst du gleich danach und läßt die Schachtel fallen – dann haben wir unseres Herrn Wunsch nicht erfüllt!«

»Gebt die Schachtel her, sonst trag' ich euch nicht übers Meer!«

Sie mußten sie wohl oder übel hergeben, denn sie hatten Angst, an diesem fremden Ort noch länger zu verweilen, wo man sie bei Tagesanbruch bestimmt totschlagen würde. Und so bekam er die Schachtel.

Die Maus stieg auf den Rücken der Katze und die Katze auf den Rücken des Hundes. Sie hatten gerade die Mitte des Meeres erreicht, als ein Weißfischlein just vor ihnen in die Luft schnellte. Der Hund schnappte nach dem Weißfischlein und ließ die Schachtel aus dem Maul fallen. Die beiden anderen merkten es zwar, wagten aber doch nichts zu sagen, aus Furcht, er würde sie abschütteln. Drüben angekommen, traten sie traurig vor ihren Herrn. Am traurigsten war der Hund.

Der Herr hatte noch zwei hausgebackene Pogatschen bei sich, die brach er in drei Teile und gab jedem davon. Jedoch der Hund fraß nichts und ging traurig zurück an den Meeresstrand. Unter einem Ginsterbusch legte er sich nieder, den Kopf gegen das Wasser gewandt. Eben ging die Sonne auf, da vernahm er plötzlich ein Plätschern im Wasser. Er schaute hin und sah nicht weit vom Ufer ein goldenes Kreuz aus dem Wasser blinken. Mit diesem goldenen Kreuz spielte ein gewaltiger Walfisch – es war der König der Fische. Wie der Walfisch unter Wasser tauchte, sprang der Hund hinein, ergriff das Goldkreuz, das an der Wasseroberfläche schwamm, und lief damit zu seinem Platz unter dem Ginsterbusch. Jetzt tauchte der Walfisch aus dem Wasser auf und wollte nach dem Kreuze haschen, aber das Kreuz war nicht mehr da.

Der Hund fing an zu bellen:

»Hier ist dein Kreuz, ich hab's bei mir!«

Der Walfisch verlegte sich aufs Bitten:

»Sei doch so gut und gib's mir zurück.«

»Wozu brauchst du es denn?«

»Es ist meine königliche Krone, ich bin der König der Fische!«

»Du kannst deine Krone wieder haben, nur mußt du vorher dein ganzes Armeekorps hier versammeln. Ich bin im Meer geschwommen und trug eine Schachtel im Maul. Da sind zwei Weißfischlein vor mir in die Luft geschnellt; ich schnappte nach ihnen, dabei fiel mir die Schachtel aus dem Maul. Laß meine Schachtel suchen, dann sollst du zum Tausch dein Kreuz dafür haben.«

Der König der Fische ließ sogleich seinen Dudelsackpfeifer rufen und befahl ihm, die Trompete zum Appell zu blasen. Als alle Offiziere versammelt waren, befahl der König sämtlichen Kompaniekommandanten, ihre Kompanien abzuzählen. Ein Hauptmann der Fußtruppen, es war ein Hecht, meldete:

»Von meiner Kompanie fehlen zwei Mann.«

»Geht sofort und sucht nach ihnen! Sicher spielen sie mit der goldenen Schachtel, drum sind sie nicht zum Rapport erschienen. Wer die Schachtel herschafft, darf die beiden Weißfische auffressen!«

Der Hauptmann selber war es, der sie fand. Er fraß die beiden Weißfischlein auf, dann brachte er die Schachtel seinem König. Der König trug sie bis an den Rand des Wassers, dort zeigte er sie dem Hund.

»Da ist deine Schachtel, nun zeig mir auch mein Kreuz und laß uns tauschen!«

Der Hund aber sagte:

»Ich fürchte mich, zu nahe an dich heranzukommen, denn du könntest mich verschlingen. Leg die Schachtel dorthin, wo das Kreuz gewesen ist, und dann warte ein bißchen. Ich werde inzwischen mit dem Kreuz ein Stück am Ufer entlanggehen, dabei behalten wir uns aber stets im Auge. Du kannst dann an das Kreuz herankommen, während ich auf die Schachtel zugehe.«

Und als der Hund bellte, eilte der Walfisch in jene Richtung, während der Hund auf die Schachtel zulief, die der Walfisch an den Rand des Wassers gelegt hatte. Der Hund nahm die Schachtel und kehrte damit zurück zu seinem Platz unter dem Ginsterbusch. Der Walfisch tat einen Sprung, packte sein Kreuz und freute sich unbändig, daß er wieder damit spielen konnte. Sie bedankten sich noch gegenseitig, daß keiner geschwindelt hatte. Jetzt begab sich der Hund frohgemut zu seinem Herrn und legte ihm die Schachtel zu Füßen. Da war der Herr wie neugeboren. Geschwind wusch er die Schachtel, trocknete sie, und dann schlug er sie zu Boden.

Die 42 Riesen sprangen heraus:

»Was befiehlst du, lieber Herr? Hast nicht gut achtgegeben auf uns! Dein Glück, daß wir in die Hände des Fischkönigs gefallen sind!«

»Nun, ich befehle euch jetzt nichts anderes, als daß mein Haus mit meiner Familie drin auf den alten Platz zurückversetzt werde!«

»Und was soll mit dem Obersten geschehen? Was sollen wir mit ihm machen?«

»Macht mit ihm, was ihr wollt!«

Sie zerrissen ihn in drei Stücke, seine Leiche spießten sie auf die drei Blitzableiter.

Nun hielten sie Einzug ins Schloß, wo er seine Kinder und Erzsike wiederfand. In Tränen aufgelöst bat ihn Erzsike um Vergebung: »Irgendwas muß mir dieser Oberst zu trinken gegeben haben, daß ich die Schachtel für ihn stahl!«

»Es sei dir alles vergeben, Liebste! Aber zur Strafe mußt du mir jedes einzelne Haar auf dem Kopf hundertmal küssen.«

In der Zwischenzeit waren sie zu Hause angelangt. Der König und die Königin eilten herbei und waren außer sich vor Freude, als sie die wunderbare Residenz wieder erblickten.

»O wie gut, daß ihr wieder da seid, liebe Kinder!« rief der König. »Jetzt ruht euch erst mal aus, bis ich die Herzöge, die Barone und die Grafen benachrichtigt habe. Ich laß' auch den Priester rufen, dann könnt ihr eure Hochzeit wiederholen!«

So geschah's, ein Märchen war's.

54. Schön-Ibronka

In einem Dorf war einmal ein schönes Mädchen; alle nannten sie Schön-Ibronka. Dic Mädchen und Burschen trafen sich in der Spinnstube, gruppenweise kamen und gingen sie. Jedes Mädchen hatte einen Liebsten, nur Schön-Ibronka hatte keinen. Dabei war sie das schönste Mädchen im Dorf. Eine Zeitlang wartete sie, dachte sich, es würde schon einer kommen. Einmal aber verschnappte sie sich:

»Ach, wenn mir der liebe Gott doch einen geben wollte, und wär's selbst ein Teufel!«

Abends ist die Jugend wieder in der Spinnstube beisammen, da kommt plötzlich ein junger Bursche herein; er trägt ein zottiges Wollkleid und eine Kranichfeder am Hut. Er kommt herein und setzt sich gleich neben Schön-Ibronka.

Nun ja, wie's bei den Jungen so üblich ist: sie plauderten über dies und jenes und erzählten sich, was sie wußten. Einmal aber ließ Schön-Ibronka von ungefähr ihre Spindel zu Boden fallen. Sogleich bückte sie sich danach, aber auch der Bursche bückte sich, um die Spindel für Schön-Ibronka aufzuheben. Doch wie Ibronka nach ihr griff, kam ihre Hand an seinen Fuß heran. Da spürte sie, daß es ein Pferdefuß war. Na, Schön-Ibronka wurde stutzig; sie nahm die Spindel an sich. Dann brachen alle gemeinsam auf; bevor sie sich aber trennten, plauderten sie noch ein Weilchen miteinander. Und als sich der Bursche verabschiedete, umarmten sie sich, wie's bei jungen Leuten eben üblich ist. Dabei kam ihre Hand an ihn heran, da war unter seinem Kleid nichts zu spüren. Jetzt war sie richtig erschrocken.

Im Dorf lebte ein altes Weib, zu der ging sie und sagte zu ihr: »Hört, Muhme, gebt mir einen Rat. Ihr kennt ja das Gerede im Dorf: nur Schön-Ibronka hat keinen Liebsten, wo doch jedes Mädchen einen hat. Lange hab' ich gewartet, und dann hab' ich mich einmal verschnappt: wenn mir der liebe Gott doch einen geben wollte, und wär's selbst ein Teufel! Am gleichen Abend ist ein Bursche gekommen, im zottigen Wollkleid mit einer Kranichfeder am Hut. Er hat sich gleich zu mir gesetzt. Nun, wir plauderten miteinander, wie's bei jungen Leuten schon so üblich ist, erzählten uns dies und jenes. Irgendwie hab' ich nicht achtgegeben, und die Spindel fiel mir aus der Hand. Sogleich bückte ich mich, um sie aufzuheben, aber auch er bückte sich danach. Irgendwie kam meine Hand an seinen Fuß heran, da merkte ich, daß es ein Pferdefuß war. Mir ist das aufgefallen und ich bin stutzig geworden. Und dann hab' ich ihn hinausbegleitet, denn diesmal war das Spinnen bei uns zu Haus. Bevor wir uns trennten, plauderten wir noch ein wenig. Zum Abschied umarmten wir uns, wie's bei jungen Leuten eben üblich ist. Dabei kam meine Hand an ihn heran, doch unter seinem Kleid war nichts zu spüren. Jetzt war ich aber sehr erschrocken. Sagt mir doch, was ich tun soll!«

»Schau«, sagte die Alte, »probier's mal so: Geht immer anderswohin zum Spinnen, einmal in dieses Haus und einmal in jenes. Wir werden sehen, ob er dir überall nachgeht.«

Sie probierten es auf diese Weise, gingen immer anderswohin zum Spinnen, machten die Runde durchs ganze Dorf. Aber er erschien an allen Orten. Darauf ging sie wieder zu der Alten:

»Er ist mir überall nachgegangen, Muhme! Ich seh' schon, ich kann ihm nicht entrinnen. Wie wird das noch werden? Ich weiß nicht einmal, wer er ist noch woher er kommt, und ihn danach zu fragen, schäme ich mich.«

»Nun, weißt du, was ich dir jetzt rate?« sagt sie. »Geh zu einem dieser kleinen Mädchen im Dorf, die erst lernen, mit der Spindel umzugehen – vorläufig wickeln sie nur die Spulen auf. Verschaff dir dort eine solche Garnspule, und wenn du sie hast, dann sag deinen Freundinnen, sie sollen diesmal bei euch zu Hause spinnen. Wenn dann alle aufbrechen, um heimzugehen, mußt du ein wenig zurückbleiben. Begleite ihn hinaus und plaudere noch ein Weilchen mit ihm. Aber während du mit ihm plauderst, nimm das eine Garnende und knüpf es an eine Zottel seines Wollkleides. Dann, wenn ihr schon Abschied genommen habt, laß die Garnspule abrollen, wie lange es nur geht. Sobald er stehen bleibt, wird sich auch die Spule nicht weiter abwickeln. Jetzt aber mußt du sie neu aufwickeln, indem du vorwärts schreitest, immer dem Garn nach.«

Na, sie kamen diesmal zum Spinnen in ihr Haus. Die Garnspule lag bereit. Alle hatten sich schon eingefunden, nur ihr Liebster verspätete sich. Die anderen glaubten, er werde nicht mehr kommen, und fingen an, sie zu necken.

»Ibronka, dein Liebster kommt nicht mehr!«

»O doch«, sagt sie, »er wird schon kommen! Sicher hat er noch was zu tun.«

Auf einmal hören sie, wie sich die Türe öffnet. Alle horchen: wer mag das sein?

Nun, es war Ibronkas Verlobter. Er grüßte und setzte sich wieder zu Ibronka. Sie plauderten miteinander, wie's bei jungen Leuten üblich ist, erzählten sich dies und jenes. Bald war's auch schon Zeit aufzubrechen.

»Wir müssen gehen, es ist bald Mitternacht!«

Nach diesen Worten blieben sie nicht mehr lange, sie erhoben sich, und ein jeder klaubte seine Sachen zusammen.

»Gott gebe euch eine gute Nacht!«

Sie verlassen das Haus, eins nach dem andern. Draußen verabschieden sie sich, und jeder geht seinen Weg nach Hause.

Die beiden aber blieben nahe beieinander stehen und plauderten noch ein Weilchen. Dabei knüpfte sie unbemerkt das Garnende an eine Zottel seines Gewandes. Nun, lange haben sie nicht geplaudert, denn die Luft war kühl.

»Geht hinein, Liebste«, sagte er zu Ibronka, »sonst erkältet Ihr Euch. Wenn das Wetter wärmer wird, können wir länger plaudern.«

Sie umarmten sich.

»Gute Nacht!«

»Gott mit Euch!«

Der Bursche entfernte sich mit festen Schritten; Ibronka aber fing an, das Garn abzuwickeln. Hurtig dreht sich die Spule. Schon merkt sie, daß nicht mehr viel drauf ist, die Spule dreht sich aber immer noch. Da auf einmal geht's nicht weiter. Sie verharrt noch ein bißchen, doch die Spule bewegt sich nicht mehr. Nun fängt sie an, die Spule wieder aufzuwickeln; beherzt schreitet sie vorwärts. Die Spule wächst und wächst in ihrer Hand. Sie denkt, es kann nicht mehr weit sein. Wo führt sie das Garn nur hin? – Geradewegs zu der Kirche!

»Na«, denkt sie, »hier muß er irgendwo sein.«

Doch das Garn führt sie bis an den Kirchhof. Sie geht auf die Kirchtüre zu, da sieht sie ein Licht durchs Schlüsselloch. Na, sie bückt sich, schaut durchs Schlüsselloch – und wen sieht sie dort? Ihr Liebster war's! Sie schaut: was macht er nur dort? Herrje! der ist gerade dabei, einem Toten den Kopf entzweizusägen. Sie sieht, wie er den Totenkopf entzweischneidet, so wie man eine Melone entzweischneidet. Und dann nimmt er aus dem Kopf das Gehirn heraus und macht sich artig dran, es aufzuessen. Da überfiel sie schreckliche Angst, sie riß das Garn entzwei und rannte zurück nach Hause. Aber ihr Liebster hatte sie bemerkt und eilte ihr nach. Wie sie ganz erschöpft zu Hause ankommt und die Türe hinter sich verschließt, da ruft ihr Liebster schon zum Fenster hinein:

»Schön-Ibronka, was hast du durchs Schlüsselloch gesehen?«

»Nichts hab' ich gesehen!«

»Bekenne, sonst stirbt deine Schwester!«

»Nichts hab' ich gesehen! Wenn sie stirbt, begraben wir sie!«

Ihr Verlobter ging fort.

In aller Frühe lief sie zu der alten Frau. Sie war voller Angst, denn ihre Schwester war gestorben.

»Ach liebste Muhme, helft mir doch!«

»Was ist denn passiert?«

»Ach, hab' getan, wie Ihr sagtet.«

»Na, und?«

»Oh, denkt Euch nur, wo mich das Garn hingeführt hat! – zur Kirche hat es mich geführt!«

»Was hat er denn dort gemacht?«

»Ach, denkt Euch nur, er hat einen Totenkopf entzweigesägt, so wie man eine Melone entzweischneidet. Wie ich schau', was da herauskommt, da nimmt er das Gehirn aus dem Kopf heraus und macht sich artig dran, es aufzuessen. Ich war ganz entsetzt, hab' das Garn zerrissen und bin Kopf über Fuß nach Haus gerannt. Aber er muß mich bemerkt haben, denn wie ich zu Hause ankomme und das Haustor hinter mir verschließe, ruft er schon zum Fenster hinein: ›Schön-Ibronka, was hast du durchs Schlüsselloch gesehen?‹ – ›Nichts hab' ich gesehen!‹ – ›Bekenne‹, sagt er, ›sonst muß deine Schwester sterben.‹ Darauf antwortete ich: ›Wenn sie stirbt, begraben wir sie – hab' nichts durchs Schlüsselloch gesehen!‹«

»Nun denn«, sagt die Alte, »ich rate dir jetzt: leg deine Schwester in die gute Stube!«

Am nächsten Abend – sie war nicht mehr zum Spinnen gegangen – kam ihr Liebster wieder ans Fenster:

»Schön-Ibronka, bekenne, was hast du durchs Schlüsselloch gesehen?«

»Nichts hab' ich gesehen.«

»Bekenne«, sagt er, »sonst stirbt deine Mutter!«

»Wenn sie stirbt, begraben wir sie – hab' nichts durchs Schlüsselloch gesehen.«

Ihr Liebster entfernte sich wieder, sie aber begab sich zur Ruhe. Sie legten sich schlafen; am nächsten Morgen war die Mutter tot.

Sie lief zu der alten Frau:

»Liebste Muhme, was wird noch werden? Nun ist auch meine Mutter tot!«

»Macht nichts, leg sie ebenfalls in die gute Stube.«

Kommt der Abend, und wieder erscheint ihr Liebster und ruft hinein:

»Schön-Ibronka, bekenne, was hast du durchs Schlüsselloch gesehen?«

»Nichts hab' ich gesehen.«

»Bekenne«, sagt er, »sonst stirbt dein Vater!«

»Wenn er stirbt, begraben wir ihn – hab' nichts durchs Schlüsselloch gesehen!«

Ihr Liebster entfernte sich vom Fenster und ging fort, sie aber legte sich nieder. Sie grübelte über ihr Los – was wird noch werden? Aber dann überkam sie der Schlaf und sie schlief ein. Doch es ließ sie nicht ruhen. Bald erwachte sie wieder und grübelte von neuem: ›Was für ein Los ist mir noch bestimmt?‹ – Am Morgen war ihr Vater tot.

»Weh mir, jetzt bin ich ganz allein, nur ich bin noch geblieben!« Sie legte auch den Vater in die gute Stube, dann eilte sie zu der alten Frau:

»Muhme, o Muhme, tröstet mich in meinem großen Kummer! Sagt, was wird mir noch widerfahren?«

»Weißt du, was? Ich seh' es schon: jetzt wirst du sterben. Aber noch heute sag deinen Freundinnen, sie sollen alle dabei sein, wenn du stirbst, denn sterben mußt du. Sag ihnen, sie sollen dich weder durch die Türe noch durchs Fenster zum Friedhof hinaustragen.«

»Wie denn anders?«

»Sie sollen ein Loch durch die Wand brechen, durch dieses Loch sollen sie den Sarg hinausstoßen. Doch dürfen sie nicht den direkten Weg zum Kirchhof nehmen; sie müssen deinen Sarg auf Umwegen, kreuz und quer durch die Gärten zum Friedhof tragen. Und nicht auf dem Friedhof sollen sie dich begraben, sondern draußen im Friedhofgraben!«

Sie kam nach Hause und rief die Freundinnen zusammen. Wieder ist es Abend, und wieder erscheint ihr Verlobter.

»Schön-Ibronka, bekenne, was hast du durchs Schlüsselloch gesehen?«

»Nichts hab' ich gesehen.«

»Bekenne«, sagt er, »oder du stirbst jetzt selber!«

»Wenn ich sterbe, wird man mich begraben – hab' nichts durchs Schlüsselloch gesehen!«

Ihr Liebster am Fenster machte kehrt und ging seines Weges. Nun sagte sie es den Freundinnen, und sie besprachen die Sache. Einige glaubten wirklich, daß sie sterben müsse, die anderen jedoch glaubten es nicht. Endlich beruhigten sie sich und legten sich schlafen. Wie sie aufstehen, merken sie, daß Ibronka tot ist. Die Freundinnen besorgten schnell einen Sarg, überlegten nicht lange, brachen ein Loch in die Wand und schaufelten ein Grab draußen im Kirchhofgraben. Durch die Öffnung in der Wand stießen sie den Sarg hinaus und trugen ihn lange, lange.

Aber nicht auf den Wegen trugen sie ihn, sondern kreuz und quer von Garten zu Garten, bis sie den Friedhof erreichten. Draußen im Friedhofgraben haben sie Schön-Ibronka begraben. Dann gingen sie zurück, mauerten das Loch in der Wand wieder zu und harrten der Dinge, die da kommen würden.

Nun war sie also begraben. Abends kommt ihr Verlobter und gibt der Türe einen Tritt:

»Du Türe, hat man hier Schön-Ibronka hinausgetragen?«

»Hier nicht!«

Er geht ans Fenster und rüttelt daran:

»Du Fenster, hat man hier Schön-Ibronka hinausgetragen?«

»Hier nicht!«

Er kommt zu dem Weg:

»Du Weg, hat man hier Schön-Ibronka auf den Friedhof getragen?« – »Hier nicht!«

Er kommt zum Friedhof:

»Du Friedhof, ist hier Schön-Ibronka begraben?«

»Hier ist sie nicht begraben!«

»Wohlan denn«, sagt er, »so binde ich mir Eisenschuhe um die Füße, nehme einen Eisenstock in die Hand und wandere so lange, bis ich sie finde.«

Und er zog von dannen.

Bald aber erblühte am Straßenrand eine herrliche Rose auf ihrem Grab. Ein Königssohn kam in der Kutsche vorbeigefahren, die Rose gefiel ihm und er sagt zu dem Kutscher:

»He, halt an! Geh, pflück mir die Rose von jenem Grab!«

Der Kutscher macht halt, springt vom Kutschbock hinunter, geht hin zu der Rose und will sie brechen. Aber es gelingt ihm nicht. Er faßt noch fester zu, doch auch so geht es nicht. Jetzt packt er sie mit aller Kraft, umsonst, er kann sie nicht brechen. »Ei, du Esel, nicht einmal eine Rose kannst du brechen? Komm, setz dich auf den Kutschbock und halte die Zügel! Ich selber werde sie pflücken.«

Der Kutscher setzt sich zurück auf den Kutschbock, und der Königssohn springt hinunter. Kaum hat er die Rose angefaßt, bleibt sie in seiner Hand.

»Schau her, du Tölpel«, sagt er zu dem Kutscher, »wie hast du an ihr herumgezerrt und sie doch nicht brechen können. Ich aber hab' sie kaum angerührt, da ist sie mir in der Hand geblieben.«

Na, sie setzten ihren Weg fort und fuhren im Galopp nach Hause. Der Königssohn trug die Rose an seiner Brust. Zu Hause steckte er sie an den Spiegel im Speisezimmer, um sie beim Essen immer anzusehen.

Und nun ist die Rose dort. Beim Nachtessen läßt der Königssohn einige Speisereste auf dem Tisch liegen.

»Das ist grad gut für mich«, denkt sie bei sich.

Immer wieder verschwinden die Speisereste vom Tisch. Einmal fragt der Diener:

»Erlauchter Königssohn, hat es Euch beliebt, auch die Speisereste aufzuessen?«

»Gewiß nicht«, sagt er.

»Da muß sie wer anders gegessen haben«, meint der Diener. »Ich werde dem nachgehen, vielleicht war's die Katze.«

Sie ahnten ja nicht, daß es die Rose war.

Da sagte der Königssohn:

»Tu erst einige Speisen auf den Tisch und stell dich dann auf die Lauer.«

So geschah es auch; der Diener stellte sich auf die Lauer. An die Rose dachte er überhaupt nicht, und als er sah, wie sie herunterstieg, wollte er es kaum glauben. Die Rose aber stieg herunter, schüttelte sich, und plötzlich stand ein so herrlich schönes Fräulein da, daß man in der weiten Welt und weitum im ganzen Ungarland keine ihresgleichen fände.

Na, sie setzte sich zu Tisch, aß artig das Nachtmahl auf, trank auch ein Glas Wasser dazu, und dann schüttelte sie sich, ward von neuem eine Rose und begab sich zurück an den Spiegel.

Der Diener konnte den Morgen kaum erwarten; er eilte zu dem Königssohn aufs Zimmer:

»Na, Majestät, ich hab's! Es ist die Rose!«

»Da muß ich aber selber sehen, ob das wahr ist! Deck heute abend ordentlich den Tisch und laß auch Speisen drauf. Diesmal komm' ich mit.«

Nun sind beide auf der Lauer; der Königssohn hat sich just unterm Spiegel hingesetzt. Da sieht er, wie die Rose herunterfliegt, sie schüttelt sich und verwandelt sich wieder in ein wunderschönes Fräulein. Sie nimmt den Stuhl, setzt sich darauf, und dann greift sie zu und fängt artig an zu nachtmahlen. Als sie gegessen hatte, schenkte sie sich noch ein Glas Wasser ein. Sie trinkt aus und will sich gerade wieder schütteln, aber da packt sie der Königssohn und zieht sie zu sich auf den Schoß.

»Du schöne Herzliebste, ich bin dein und du bist mein, der Spaten und die große Glocke trennen uns allein!«

»Das geht aber nicht«, entgegnet Schön-Ibronka.

»Wieso nicht?« sagt er, »warum nicht?«

»Die Sache hat ihren Haken!«

Der Königssohn dringt in sie, macht ihr den Hof und will, daß sie sein Weib werde. Erst sträubt sie sich; doch schließlich sagt sie zu ihm:

»Gut, ich will dein Weib sein, aber du darfst mich niemals zwingen, in die Kirche zu gehen.«

Der Königssohn gelobte es ihr.

»Warum auch nicht. Wir können trotzdem gut auskommen. Ich werde halt allein zur Kirche gehen, dich aber will ich nie dazu zwingen.« Und so heirateten sie. Die Zeit verstrich, und Ibronka wurde schwanger. Sie kamen gut miteinander aus, der Mann ging zur Kirche, sie aber ging nie. Die Jahre vergingen, ein Tag folgte dem andern. Wieder wurde sie schwanger, nun hatten sie schon zwei schöne Knabenkinder. Die wuchsen langsam heran, das eine war fünf Jahre, das zweite schon sechs Jahre alt. Jetzt ging er immer mit den Kindern zur Kirche. Doch wohl war's ihm nicht dabei. Jedermann kam mit der Frau in die Kirche, nur er allein mit den Kindern. Die Leute hielten es ihm vor:

»Majestät, warum kommt Ihr ohne Euer Weib?«

»Bei uns ist das die Mode«, sagte er.

Aber er fühlte sich beschämt durch ihren Spott, und eines Sonntags, wie er sich wieder bereit macht, in die Kirche zu gehen, sagt er zu seiner Frau:

»Hör du, komm doch auch mal mit in die Kirche!«

Die Frau aber sagt:

»Hör du, was hast du mir gelobt?«

»Ach, soll das ein ganzes Leben lang so sein? Ich kann das ewige Gespött nicht mehr anhören. Und selber nicht zu gehen, das kann ich den Kindern nicht antun, sie gehen ja so gerne zur Kirche. Was ich dir damals gelobt habe, ist schon lange her – vergessen wir's lieber!«

»Gut, mir soll's recht sein. Aber ich sage dir, das bringt noch Unheil über uns! Doch wenn du so sehr darauf beharrst, so will ich mitkommen, ich mach' mich gleich fertig.«

Sie gingen also zusammen. Die Leute hatten ihre Freude dran und sagten:

»So ist's recht, Majestät, Mann und Frau gehören zusammen.«

Die Messe ging dem Ende zu; schon ist sie zu Ende, da kommt ein Mann herein, die Eisenschuhe an den Füßen ganz verschlissen, der Eisenstock in der Hand bis auf die Hälfte abgewetzt.

Er ruft:

»Schön-Ibronka, hab' gesagt: Eisenschuhe um die Füße, Eisenstab in der Hand, so such' ich dich, bis daß sie ganz verschlissen sind. Nun ist es soweit, aber ich hab' dich auch gefunden. Heute abend hol' ich dich!« Darauf verschwand er.

Auf dem Heimweg fragte der König seine Frau:

»Was hat dir der Mann angedroht?«

»Das wird sich schon zeigen. Heute abend wirst du hören, was er damit meint.«

Gespannt erwarteten sie den Abend. Es dämmerte schon. Auf einmal ruft er zum Fenster hinein:

»Schön-Ibronka, was hast du durchs Schlüsselloch gesehen?«

Da hob Schön-Ibronka zu erzählen an:

»Ich war ein Mädchen im Dorf, es gab keine schönere – doch den Toten sag' ich's, nicht den Lebenden! – Jedes Mädchen hatte einen Liebsten – doch den Toten sag' ich's, nicht den Lebenden! – Einmal verschnappte ich mich, wenn mir Gott doch einen Liebsten geben wollte, und wär's selbst ein Teufel! Das Wort war mir nur so entschlüpft, doch abends in der Spinnstube erschien ein Bursche im zottigen Wollkleid, mit der Kranichfeder am Hut. Er kommt herein und setzt sich zu mir. Wie's bei den Jungen üblich ist, beginnen wir miteinander zu plaudern. Da geschah's unversehens – doch den Toten sag' ich's, nicht den Lebenden! – ich ließ meine Spindel zu Boden fallen. Schnell griff ich danach, aber mein Liebster ebenfalls. Irgendwie kam ich mit der Hand an seinen Fuß heran. Da spürte ich – doch den Toten sag' ich's, nicht den Lebenden! – ich spürte, daß dieser Fuß ein Pferdefuß war. Ich erschrak heftig – doch den Toten sag' ich's, nicht den Lebenden! – daß mir der liebe Gott nun wirklich einen Teufel zum Liebsten gab.«

Jener aber steht unterm Fenster und schreit fürchterlich:

»Schön-Ibronka, was hast du durchs Schlüsselloch gesehen?«

»Später, als wir nach Hause gingen, umarmten wir uns, wie's bei jungen Leuten üblich ist. Dabei kam meine Hand an ihn heran, aber unter seinem Gewand war nichts zu spüren. Da bekam ich Angst. Eine Muhme im Dorf fragte ich um Rat, und sie riet mir, was ich tun sollte – doch den Toten sag ich's, nicht den Lebenden! –«

Jener aber steht unterm Fenster und schreit fürchterlich:

»Schön-Ibronka, was hast du durchs Schlüsselloch gesehen?«

»Mein Liebster nahm Abschied und ging fort. Ach, wär' er nie gekommen! – doch den Toten sag' ich's, nicht den Lebenden! – Die alte Frau gab mir den Rat, immer anderswohin zum Spinnen zu gehen, ob er mir auch überall nachkommen würde? Aber er ist mir überall nachgekommen. Ich klagte ihr meinen Kummer – doch den Toten sag' ich's, nicht den Lebenden!«

Jener aber steht unterm Fenster und schreit:

»Schön-Ibronka, was hast du durchs Schlüsselloch gesehen?«

»Und die Frau gab mir den Rat, ich sollte mir eine Garnspule beschaffen und das Garnende an eine Zottel seines Gewandes knüpfen. Aber als ich ihm sagte: ›Nichts hab' ich gesehen!‹, da sagte er: ›Bekenne, sonst stirbt deine Schwester!‹ Sag' ich: ›Wenn sie stirbt, begraben wir sie – hab' nichts durchs Schlüsselloch gesehen!‹ Am nächsten Abend ist er wieder gekommen, und wieder fragt er, was ich gesehen habe – doch den Toten sag' ich's, nicht den Lebenden!«

Jener aber steht unterm Fenster und schreit:

»Schön-Ibronka, was hast du durchs Schlüsselloch gesehen?«

»Es starb meine Schwester, und es kam der nächste Abend. Und wieder schrie er zum Fenster herein – doch den Toten sag' ich's, nicht den Lebenden! – ›Bekenne, sonst stirbt deine Mutter!‹ – ›Wenn sie stirbt, begraben wir sie!‹ Und der nächste Abend kommt, wieder ruft er: ›Schön-Ibronka, bekenne, was hast du durchs Schlüsselloch gesehen? – abends muß dein Vater sterben!‹ – ›Wenn er stirbt, begraben wir ihn – hab' nichts durchs Schlüsselloch gesehen!‹ Am nächsten Tag sagt' ich's den Freundinnen, daß ich sterben müsse; doch nicht durch die Türe sollten sie mich tragen, nicht durchs Fenster und nicht auf den Wegen; und nicht auf dem Friedhof sollten sie mich begraben.«

Jener aber schreit unterm Fenster:

»Schön-Ibronka, bekenne, was hast du durchs Schlüsselloch gesehen?«

»Meine Freundinnen brachen ein Loch durch die Wand, auf weglosen Wegen haben sie mich zum Friedhof getragen, im Graben neben dem Friedhof haben sie mich begraben – doch den Toten sag' ich's, nicht den Lebenden!«

Jetzt schrie er gewaltig unterm Fenster – die ganze Burg erbebte davon –, fiel um und war tot.

Mutter, Vater, Schwester standen auf, so lange hatten sie geschlafen.

Und hier ist auch das Ende.

55. Janko Eisenstock

Einmal war's, keinmal war's, war einmal in der weiten Welt ein armer Mann, der hatte eine Frau und eine wunderschöne Tochter, so wunderschön, daß sie als Siebenländerwunder galt. Ein Jammer, daß die Leute so arm waren wie die Kirchenmaus. Sie besaßen rein gar nichts, keine Wohnung, kein Stück Acker, kein Stück Vieh. Sie arbeiteten im Taglohn für die Herrschaft und fristeten ihr armseliges Dasein vom kargen Lohn für die harte Arbeit.

Einmal sagte der arme Mann zu seiner Frau:

»Hör Frau, für so wenig Geld will ich mich nicht länger plagen, will nicht länger Not leiden. Ich ziehe jetzt in die weite Welt, vielleicht kann ich mich irgendwo als Kutscher oder Knecht verdingen. Von dem, was ich hier verdiene, können wir nicht leben, wir können uns ja gar nichts anschaffen. Ich will so lange wandern, bis ich eine gute Stelle finde, dann laß' ich's euch wissen, und ihr kommt mir nach. Jetzt geh und tu was zum Beißen in meinen Ranzen, damit ich aufbrechen kann. Wer weiß, wo ich mich verdinge und wie's mir ergehen wird?«

Ach, sie weinten und jammerten, die Frau und die Tochter, aber alles umsonst, denn was er sich einmal vornimmt und sagt, das führt er auch aus. Es blieb ihnen nichts anderes übrig, als mit dem wenigen, was sie besaßen, seinen Ranzen zu füllen. Er nahm Abschied von seiner Familie, wünschte gute Nacht und zog fort.

Er wanderte und wanderte über Berg und Tal, über Hecken und Gräben, fort und fort. Einmal kommt er an einen riesigen Wald, und am Rande des Waldes ist ein kleines Dorf. Wie er sich dem Dorfe nähert, hört er von der Dorfmitte her ein lustiges Singen und Musizieren.

»Ei», denkt er bei sich, »hier scheinen sich die Leute auch werktags zu amüsieren. Sicher haben sie sich gut verdingt und verdienen viel Geld. Ich geh' mal hin, will sehen, was sie so vergnügt macht.«

Er ging dem Klange der Stimmen nach, mußte aber nicht lange gehen, weil er bald dort war. Mein Herr und Schöpfer! Das ganze Dorf war auf den Beinen, alles hatte sich vor der Dorfschenke versammelt. Sogar die Kranken waren ausgerückt; der eine stützte sich auf seine Krücken, der andere auf einen Stock, manche stützten sich gegenseitig, etliche standen an den Gartenzaun gelehnt, andere wiederum saßen auf Fuhrwerken – alles was noch nicht gestorben war, war da versammelt: Alt und Jung, Burschen, Mädchen und Kinder. Sie hatten auch die Hunde mitgebracht, und die Hühner, Gänse und Enten, die winzigen Küchlein, Gänslein und Entlein, und kleine und große Kaninchen. Die Straße und der Platz vor der Schenke waren gedrängt voll, nicht einmal eine Sacknadel hätte da noch Raum gefunden. Und er sieht, wie sich die Menge an den teuersten Speisen gütlich tut, die Leute trinken Bier, Wein und Schnaps wie Wasser, dazu singen sie so laut, daß der Platz schier zusammenbricht. Einige haben sich zum Tanz erhoben, hüpfen und stampfen um die Wette. Auch die Hunde machten mit, schlugen ihre Hinterpfoten zusammen, daß ihnen die Knöchel nur so krachten. Die Katzen schnalzten dazu, die Gänse schlugen mit den Flügeln, die Enten umfaßten sich und tanzten einen wilden Reigen, daß die Erde unter ihnen nur so dröhnte. Und wie die Hennen mit den Hähnen herumwirbelten! – die ganze Welt drehte sich mit ihnen. Ja, auch die winzigen Entlein und Küchlein und die Kaninchen – sie waren alle so ausgelassen, man hätte nicht einmal mit einem Spieß an sie herankommen können! Plötzlich bemerkten sie den fremden Mann. Dem war's vor Hunger schon grün und blau vor den Augen. Und so zerlumpt war er, daß er fast schon nackt war. Als die Zecher den Fremden erblickten, sprangen ihrer hundert auf und liefen auf den armen Mann zu. »Ei«, denkt er bei sich, »die sind noch imstande mir die Haut abzuziehen! Ach, wozu bin ich nur hergekommen? Diese ausgelassenen Kerle treiben noch Schindluder mit mir. Besser, ich mach' mich gleich aus dem Staube!«

Er wollte sich davonschleichen, aber schon packten ihn die Burschen am Kragen, hängten sich an ihn, zerrten ihn an den Haaren, an den Kleidern, wo sie ihn nur fassen konnten, und schleppten den armen Alten zu der Schenke. Sie schimpften gehörig und schalten ihn aus: nicht soviel Verstand habe er wie ein Küken, alle Welt sei hier freigehalten, zum Kuckuck! warum wolle er denn nicht mitmachen?

»Setzt Euch zu uns, eßt und trinkt mit uns, Ihr müßt ja nichts dafür bezahlen! Und wenn Ihr erst richtig in Stimmung kommt, lassen wir die Musikanten zum Tanz aufspielen. Amüsiert Euch nur nach Lust und Laune, Janko Eisenstock bezahlt alles, er gibt heut' ein lustiges Fest. Und wenn ihr kein Geld habt, sagt's nur frei heraus, wir verschaffen auch Euch welches!«

»Heda Gesellen! in diesen schlechten Kleidern kommt uns der Mann nicht an den Tisch! Holt ihm doch einen rechten Anzug und ein Paar Stiefel!«

Wohlan, frisch drauf los! Einige Burschen entfernten sich, während die anderen sich anschickten, den Fremden zu entkleiden. Und dann zogen sie ihm neue Kleider und feines Schuhzeug an, alles von Janko Eisenstock spendiert. In den neuen Kleidern sah er aus wie ein schmucker Jüngling, schön wie eine Mohnblume. Nun führten sie ihn in die Schenke. Drinnen sieht er einen hübschen ranken Gesell, seine schlanke sehnige Gestalt dreht sich im wirbelnden Tanz, dabei wirft er mit Silber-, Gold- und Kupfermünzen um sich, daß alle in der Runde bis an die Knie im Gelde waten. Der Alte denkt sich: Wenn es den andern erlaubt ist, das Geld aufzulesen, will er sich auch daranmachen; er kann's ja wirklich brauchen, hat ja keinen Kreuzer von zu Hause mitgenommen. Na, er macht sich dran, füllt die Taschen, den Wams und den Ranzen mit allerlei Geldstücken und will gerade zur Türe hinaus, doch da wird er angehalten. Der hübsche ranke Gesell vertrat ihm den Weg und sagte zu ihm:

»Hör an, du armer Mann, ich warte schon lange auf dich! Ich weiß, du hast eine weltberühmte Tochter von zauberhafter Schönheit. Nur um eines bitte ich dich: Gib mir deine Tochter zum Weibe! Dafür werde ich dich und deine ganze Familie glücklich machen. Ich bin der Königssohn des Landes, wo Milch, Butter und Honig fließt! Mein Name ist Janko Eisenstock – die Leute nennen mich so, weil mein Kopf so stark ist, daß ich selbst Eisen auf ihm biegen kann. Ich weiß, daß du ausgezogen bist, einen Dienst zu suchen. Jetzt aber mußt du dich nicht mehr verdingen, denn ich will dir soviel Geld und Kleider schenken, wieviel 21 Ochsenkarren zu fassen vermögen. Versprich mir nur deine schöne Tochter zum Weibe und du wirst nie mehr Not leiden.«

›Ei‹, denkt sich der Alte, ›in Gottes Namen denn! Muß mich wenigstens nicht mehr um Nahrung und Kleidung sorgen, und auch Geld hab' ich dann genug.‹ Und so versprach er dem unbekannten Burschen die Tochter zum Weibe.

Na schön, Janko Eisenstock verließ darauf die Schenke; aber keine Viertelstunde verstreicht, kommt er wieder zurück und sagt zu dem armen Mann:

»Nun, mein lieber Vater, guckt doch mal zum Fenster hinaus, was sehen Eure Augen?«

Der Alte guckt und guckt – mein Gottessohn! – vor der Schenke reihen sich 21 Karren hochbeladen mit allerlei Geldstücken, mit Purpurgewändern in sämtlichen Regenbogenfarben, eins schöner als das andere, mit feinstem Schuhwerk: hohen Schaftstiefeln, Patentschuhen, Gummibundschuhen, Tuchpantoffeln, kurz so vielerlei, daß alles zu beschreiben ganz unmöglich ist. Genug soviel: es waren 21 Karren mit allen möglichen Dingen beladen. Und da stand auch eine gummirädrige Kutsche für den Alten bereit, damit er auf der holprigen Straße nicht durcheinandergerüttelt werde. Jedem Karren waren vier Schweizer Kühe der Simmentaler Rasse vorgespannt, vor der Kutsche aber standen vier kräftige Schimmelhengste, die fähig wären, die Kutsche bis an die Wolken hinaufzutragen. Bei jedem Fuhrwerk war ein Kutscher, und sämtlichen Kutschern ward von Janko Eisenstock befohlen, nichts von all den Dingen zurückzubringen, nichts außer ihren Peitschen.

Nun bewirtete er den Alten noch reichlich, kredenzte ihm die feinsten Getränke, und dann forderte er ihn auf, genau nach sieben Tagen in der gummirädrigen Goldkutsche wiederzukommen. Er solle dann die Tochter und die Frau mitbringen, damit man gleich Hochzeit halten könne. Jetzt aber auf nach Hause! Er müsse nur dem kleinen weißen Hund auf dem Fuße folgen, denn dem sei aufgetragen, ihnen den Weg zu weisen.

Na schön, der Alte besteigt die goldfedernde, samtgepolsterte prachtvolle Kutsche und – o Wunder der Wunder! – als er sich auf den Sitz niederließ und die Kutsche anfuhr, da – mein Herr und Schöpfer, steh mir bei! – da erklang in der Kutsche eine so herrliche Musik, daß das bloße Zuhören eine Lust war. Doch kaum waren sie sieben Meilen in schnurgerader Turmrichtung dem kleinen weißen Hund nachgefolgt, da machte es plötzlich hopp! – die Pferde standen still, und der Kutscher sagte zu ihm: »Na, steig aus und öffne dein Tor! Wir wären daheim.«

Der Alte blickt nach rechts, blickt nach links – wahrhaftig, sie stehen vor seinem Haustor. Also schön, er steigt aus der Kutsche und öffnet das Tor. Die Frau und die Tochter kamen herbeigeeilt, und als sie die prächtige Kutsche, gefolgt von 21 vollbepackten Ochsenkarren, in den Hof einfahren sahen, rissen sie vor Staunen Mund und Augen auf. Was haben die wohl auf unserem Hof zu suchen? Hat ja keiner um Quartier gebeten! Neben der Kutsche aber steht ein Mann, dem Hauswirt wie aus den Augen geschnitten. Die Frau trat auf ihn zu:

»He Gevatter, habt Ihr jemanden um Quartier gebeten, da Ihr so dreist in unseren Hof einfahrt? Drei Jahre ist's her, daß der Hauswirt fort ist, seitdem hat kein Mann seinen Fuß in dies Haus gesetzt!«

Da entgegnete der Alte, denn in den prächtigen Kleidern hatten sie ihn nicht erkannt:

»Das tut nichts, gute Frau, geht nur hinein, richtet ein feines Nachtessen für 25 Personen. Wir werden's bezahlen.«

Nun gut, die Frau geht hinein und bereitet mit der Tochter zusammen das Essen. Sie denkt, vielleicht findet sich unter ihnen ein rechtschaffener Bursche für das Mädchen und vielleicht auch ein rüstiger Witwer für sie selber. Drei Jahre lang hat sie auf ihren Gatten gewartet, nein, sie will nicht länger ohne Mann bleiben. Wenn einer nur ein Wort der Liebe zu ihr spräche, würde sie ihn gewiß nicht fortschicken. Sie will nicht länger ein Witwendasein führen.

Inzwischen war das Nachtessen angerichtet, und die Kutscher hatten die vielen Sachen schon von den Karren abgeladen. Sie verstauten sie in Stall und Scheune, in Schuppen und Kammern, in Laube und Hühnersteige – vom Dachboden bis hinunter zum Keller war alles vollgepfropft mit Lebensmitteln, Kleidern und Schuhen. Das viele Geld aber brachten sie ins Innere des Hauses; dann setzten sie sich zu Tisch und langten zu. Während sie aßen, fragte der Hauswirt seine Frau:

»Sagt, Frau Gevatterin, wo ist denn Euer Mann?«

»Oh, laßt nur, fragt nicht! Schon seit drei Jahren ist er fort, und wir haben noch immer keine Nachricht von ihm. Wir wissen nicht einmal, ob er lebt oder gestorben ist. Seither hat er sich nicht mehr sehen lassen. Bis heute hab' ich gewartet, vielleicht kommt er doch mal heim. Aber es scheint, daß ich vergebens auf ihn warte; ich will auch nicht mehr ohne Mann leben.«

»Wohlan denn, Frau, wenn Ihr ohne Mann nicht mehr leben wollt, so nehmt doch mich zum Hauswirt! Ich bleibe gerne, wenn ich Euch recht bin!«

»Ihr wärt schon recht, aber ob ich Euch gefalle? Ihr besitzt ja so vielerlei und habt so viel Geld, daß ich doch nur Eure Dienerin sein könnte.«

»No, was ich besitze, zählt wirklich nicht. Wenn Ihr mich liebt, soll alles was ich gebracht habe, uns beiden gehören.«

Die Frau erwiderte nichts, sondern sah sich den Mann nun etwas genauer an, und bald hatte sie ihn auch wiedererkannt. Sie wagte aber nicht zu sagen, daß er ihrem Ehemann glich.

Jetzt sagte der Fremde:

»Nun, Frau, wollt Ihr einschlagen? Ich bleibe als Hauswirt hier bei Euch, und schon heute abend halten wir Hochzeit!«

Da aber konnte sich der Mann nicht mehr zurückhalten und sagte ihr die reine Wahrheit:

»Weib, was fällt dir denn ein, du willst doch nicht noch einmal heiraten?«

Die Frau fiel ihm um den Hals, und nun herzten und küßten sie sich überglücklich. Da betrat die Tochter das Haus, und als sie sah, daß sich ihre Mutter und der fremde reiche Mann küßten, war sie sehr erstaunt. Doch die Mutter rief ihr zu:

»Tritt näher, meine Tochter, denn dies ist dein Vater!«

Jetzt erkannte ihn auch die Tochter und fing nun selber an, den Vater zu herzen. So waren sie also wieder vereint.

Der Mann erzählte, wo er gewesen und wie's ihm ergangen war und daß die vielen Sachen, die er gebracht hatte, Geschenke seines zukünftigen Schwiegersohnes seien.

»Wir sollen ihm unsere Tochter zur Frau geben! Wie ich sehen konnte, ist der Bursche sehr reich, denn er streut so viel Geld unter die Armen, daß sie's kaum aufzulesen vermögen. Ich hab' mir gedacht, wenn sie ihn heiratet, wird sie wenigstens keine Not mehr leiden, wir aber können schon mit dem, was er mir als Vorschuß gegeben hat, ganz gut leben.«

Als das Mädchen hörte, daß sie ihr Vater jenem reichen Manne versprochen hatte, stürzten ihr die Tränen wie ein Platzregen aus den Augen. Sie versuchten sie zu trösten, sagten ihr alles Gute, so und so sei die Sache, wie fein sie es immer haben werde, sie müsse keine Not mehr leiden, könne fortan in Milch und Butter baden und in samtenen Seidengewändern wandeln, ja nicht einmal die Topanken an ihren Füßen kämen je mit Schmutz in Berührung, denn von nun an würde sie stets nur auf seidenbestickten Linnen schreiten. Allein was sie auch sagten, das Mädchen hörte gar nicht hin, weinte und weinte Tag und Nacht, aß nicht und trank nicht und schlief nicht. Ohne Unterlaß ging sie jammernd und klagend im Hof auf und ab, den ganzen Tag und die ganze Nacht. Sie wußten sich bald keinen Rat mehr, was mit der Tochter anzufangen, denn auf diese Weise verlor sie ihre Gesundheit und Kraft und sogar den Verstand. Immerzu rief sie schluchzend, der Vater habe sie dem Teufel verkauft, ein Mensch könne ja gar nicht so viele Schätze, so großen Reichtum besitzen.

Doch alles Weinen, Jammern und Klagen half ihr nichts, denn die sieben Tage waren bald um, die Kutscher ergriffen sie und hoben sie auf den Wagen. In der prachtvollen Kutsche fuhren auch die Eltern mit. Genau auf den siebenten Tag langten sie bei der Schenke des Janko Eisenstock an. Das ganze Dorf war zum Empfang des schönen Mädchens ausgerückt. Allein das schöne Mädchen hatte ihre Augen so ausgeweint, daß man kaum noch erkennen konnte, daß dies das siebenländerberühmte schöne Mädchen war.

Als Janko Eisenstock merkte, wie sich das Mädchen grämte, veränderte er sich so, daß niemand in diesem Gesellen den Janko Eisenstock vermutet hätte. Er zog ärmliche Kleider an, trat vor das Mädchen hin und sprach:

»Weine nicht, du schöne zarte Blume! Janko Eisenstock hat sich bereits vermählt und wird dich nicht heiraten, weil du deine Schönheit verweint hast. Aber wenn du mich magst, so komm und sei mein Weib! Zwar bin ich sehr arm, doch können wir gleichwohl ein schönes Leben führen.«

Nun herrschte große Freude, daß Janko Eisenstock auf das Mädchen verzichtet hatte. Am meisten freute sich das Mädchen, sie ahnte ja nicht, daß der zu ihr sprach kein anderer war als der reiche Bursche Janko Eisenstock. Dieser neue Bursche aber gefiel ihr so sehr, daß sie ihm sogleich das Jawort gab. Am selben Tag hielten sie Hochzeit. Als das Hochzeitsfest vorüber war, nahmen sie Abschied von den Eltern, und die traten den Heimweg an. Das junge Paar aber begab sich ans Meer, denn dort auf der gelben Zuckerinsel hatte der Bursche seinen Wohnsitz. Als sie das Ufer des Meeres erreichten, sagte Janko zu dem Mädchen:

»Blick umher, mein trautes kleines Weib! Dies ist mein Reich: das weite Meer und die hohen Berge ringsherum und das Innere der Berge. Sieh dort mitten im Meer das schloßartige, gelbgestrichene schöne Gebäude! Es ist das Schilderhaus, das zu meiner Wohnung hinabführt, denn ich wohne auf dem Grunde des Meeres. Dort unten hab' ich meine prächtige, auf Schwanenfüßen kreiselnde Burg, damit niemand weiß, wo ich wohne. Und jetzt laß uns hingehen!«

Er zog aus der Tasche ein siebenfarbiges Taschentuch, hielt es an drei Zipfeln hoch und blies dreimal hinein, dann warf er es ins Wasser des Meeres. Im gleichen Augenblick ward daraus ein hübsches kleines Tauchboot und – bei Gott! – dem Boot waren sieben goldgefiederte Schwäne vorgespannt; die kamen nun ans Meeresufer herangerudert. Sprach der namenlose Bursche:

»Na, meine Perlenblume, laß uns den Kahn besteigen! Sobald wir zu Hause ankommen, will ich dir meinen Namen verraten.«

Sie stiegen beide in den Kahn, die Schwäne zogen sanft an, und sie glitten dahin. Unversehens waren sie bei der gelben Zuckerinsel vor dem Wachspalast angelangt. Dort stiegen sie rasch aus dem Kahn und schritten durch das Tor der wächsernen Burg. Dieses Tor war von dreiköpfigen Drachen bewacht, aber der fremde arme Bursche flüsterte den Drachen irgend etwas zu, und so taten sie ihnen nichts zuleide. Als sie ans zweite Tor kamen, sprangen ihnen drei siebenköpfige Löwen entgegen. Aber auch die taten ihnen nichts, denn der unbekannte Bursche hob nur leicht die linke Hand, und davon wurden auch die Löwen sogleich zahm. Von hier gelangten sie an das dritte Tor. Hier standen neunköpfige Tiger auf Wacht. Doch die taten ihnen auch nichts, weil der Bursche ihnen irgendwas zugeraunt hatte. Auf diese Weise erreichten sie den Eingang zur Unterwelt. Da schrieb der Bursche mit seiner linken Hand eine dreizehnstellige Zahl in den Staub, dazu den Namen »Janko« und dann noch ein großes »E«, worauf sich das Tor der Unterwelt vor ihnen auftat.

Das schöne Mädchen erschrak, weil sie nun doch die Gattin des Janko Eisenstock geworden war. Allein durch die drei Tore, bewacht von riesigen dreiköpfigen Drachen, von siebenköpfigen Löwen und neunköpfigen Tigern, gab es kein Zurück mehr. Jetzt war nichts mehr zu machen, sie mußte mit Janko Eisenstock weiterziehen. Bald kamen sie zu dem Milchbrunnen, von dort ging's zum Buttersee, dann zu dem Zuckerfelsen. Danach erreichten sie das Mannabad und schließlich das kreiselnde Schloß. Durch die Regenbogentüre traten sie ein und befanden sich nun im Schloß des Janko Eisenstock. Dieses Schloß drehte sich auf sieben Schwanenfüßen und war von einem so blendenden Glanz erfüllt, daß sie sich die Augen zubinden mußten. So schritten sie auf den riesigen Divan zu, und während sie sich umfingen, gestand ihr der Bursche, daß er Janko Eisenstock sei, der Königssohn der Unterwelt. Ach, da fing das Mädchen bitterlich zu weinen an. Nun gab sie sich auch zu erkennen: sie sei die siebenländerschöne Juliska, aber weil sie die Gattin des Teufels geworden – so sagte sie –, werde sie nie wieder so schön sein wie sie gewesen. Hätte ihr Vater gewußt, daß er sie dem Teufel gab, so hätte er sie gewiß nicht aus dem Hause gelassen. Aber nun war nichts mehr zu machen, es mußte wohl so sein! Und sie vergoß bitterliche Tränen. Vergebens tröstete sie Janko, vergebens beteuerte er ihr, daß sie es bei ihm gut haben werde und keine Not mehr leiden müsse, wenn sie nur auf ihn hörte, Juliska grämte sich und weinte nur noch mehr. Einmal aber sagte Janko:

»Na Juliska, wir gehen uns jetzt die Welt anschaun, ich will dir mein Reich zeigen und alle Schätze darin. Bestimmt wirst du dann nur noch vor Freude weinen.«

Gut. Janko trat vor die Türe und stieß einen Pfiff aus, darauf erschien ein Stier mit gewaltigen Hörnern. Janko hob Juliska auf den Rücken des Stieres, saß selber auf und nahm sie auf den Schoß. Dann pfiff er abermals, und der Stier schoß mit ihnen davon, jagte über Hecken und Gräben, bis sie zuletzt unter einem Baum anhielten. Auf diesem Baum wuchsen leckere Palatschinken, Äpfel im Schlafrock, Krapfen und Schmalzküchli, gefülltes Kraut, in Milch geschmorte Pflaumen und gebackene Gurken; jedes Wurzelende des Baumes aber war mit kleinen Fäßchen behangen, gefüllt mit den allerbesten Getränken. Das war Jankos Mittagmahlbaum. Nun, sie ließen sich unter ihm nieder und aßen und tranken nach Lust und Laune. Aber Juliska war immer noch traurig. Auf einmal sieht sie unweit des Baumes unter einem roten Marmorsteinfelsen eine klare Wasserquelle hervorsprudeln. Sie sagt zu Janko:

»Laß mich an die Quelle gehen, ich sterbe vor Durst.«

»Na gut, geh und trink, aber versuch ja nicht zu entfliehen! Wo immer du auch bist auf diesem ganzen Erdenrund, ich finde dich wieder und hole dich zurück!«

Juliska ging zu der Quelle und trank von dem Wasser. Als sie getrunken hatte und gerade umkehren wollte, da hörte sie plötzlich eine Stimme aus dem roten Marmorgestein, und die sprach:

»O Juliska, du schönes Mädchen, gib mir eine Handvoll Wasser, ich sterbe vor Durst!«

Juliska blickt auf und sieht in einem Steinloch eine weiße Todeseule, die um Wasser bittet. Also gut, Juliska geht hin, schöpft mit beiden Händen Wasser und gibt der Eule zu trinken. Da sagt die Eule:

»Sei bedankt für deine Gefälligkeit! Für die gute Tat kannst du nur Gutes erwarten.«

Darauf verkroch sich die weiße Eule wieder in ihr Felsloch, Juliska aber fing von neuem bitterlich zu weinen an. Da geriet Janko in fürchterlichen Zorn, packte sie und nahm sie wieder auf den Schoß. Die andere Hand hob er an den Mund und stieß einen grellen Pfiff aus. Wieder erschien der wilde Stier, und auf seinen Rücken jagten sie zurück zu dem kreiselnden Schloß. Neben dem Schloß befand sich eine Höhle aus schwarzem Marmorgestein. In diese Höhle führte er das Mädchen, riß ihr die Kleider vom Leibe, daß sie ganz nackt blieb, und sprach: »Weil dir der glanzvolle Palast und das gute Leben nicht gefallen, sollst du fortan allein in dieser Höhle hausen!«

Danach ging er durch die Türe hinaus und verschloß die Türe hinter sich. Von außen öffnete er das Fenster und warf ihr drei verreckte Hunde hin.

»Na, diese Hunde kannst du jetzt kochen. Die Knochen magst du essen, aber das Fleisch mußt du der Magd geben, sonst geht's dir schlecht!«

Jetzt verschloß er auch das Fenster, und es wurde drin so finster wie in einem Verlies.

Auf einmal hört sie ganz nahe ein scheußliches Winseln. Sie schaut hin und sieht eine verwahrloste alte Wildkatze dort stehen; ihre Augen funkelten im Dunkel, als brennte eine Lampe drin. Oh, wie ward ihr da angst und bange! Sie fing bitterlich zu weinen an, was wird ihr noch geschehen? Da klopfte es wieder ans Fenster. Juslika schaut auf und erblickt die großäugige weiße Todeseule, der sie beim roten Marmorsteinfelsen mit den Händen Wasser geschöpft hat. Sagt die Eule:

»Warum weinst du nur, du schönes Mädchen?«

»Oh, frag lieber nicht, du Eule! Janko Eisenstock hat mir befohlen, diese drei verreckten Hunde zu kochen, das Fleisch soll ich der Magd geben, die Knochen soll ich selber essen. Aber wie kann ich denn kochen, hab' doch weder Herd noch Feuer hier und kein Geschirr, worin zu kochen? Was soll jetzt aus mir werden? Oh, wär ich doch als Kind schon gestorben, so hätt' ich nicht dies saure bittre Los zu tragen!«

»No, darum mußt du nicht traurig sein. Schau her, nimm diesen leeren Lederbeutel, der ist aus der Haut eines toten Wolfes gemacht! Steck die drei Hunde in den Wolfslederbeutel, schnür ihn fest zu und setz dich dann drauf. Noch ehe du deine Finger siebenmal abgezählt hast, sind die drei Hunde im Lederbeutel schon gar gekocht. Schäl dann das Fleisch von den Knochen, die Knochen gib mir, das Fleisch aber wirf der Wildkatze hin. Das übrige wird meine Sorge sein! Und bist du mal wieder in der Klemme, so mußt du nur den Ringfinger deiner linken Hand an den Mund tun und an mich denken, drauf eile ich dir sofort zu Hilfe. Nun aber spute dich, bereite die Hunde zu! Bin selber schon hungrig.«

Juliska tat wie ihr die Eule gebot, und noch ehe sie die Finger siebenmal abgezählt hatte, war die Hundefleischsuppe fertig. Jetzt schälte sie das Fleisch von den Knochen und gab der Eule die Knochen mitsamt dem Beutel, das Fleisch aber warf sie der Wildkatze hin. Als alles verzehrt war, flog die Eule fort, denn sie spürte, daß Janko nahte. Er kam denn auch wie ein Wirbelwind dahergebraust – es ächzte, krächzte und stöhnte nur so in den engen Gängen. Er schritt geradewegs auf die schwarze Steinhöhle zu, öffnete die Türe und rief hinein:

»Na, hast du das Fleisch gekocht und die Knochen gegessen?« Juliska erwiderte, sie hätte ihr Teil gegessen. Darauf rief Janko:

»Gesottene Hundefleischstücke, wo seid ihr?«

Die antworteten im Chor:

»Wir sind im warmen Bauch und fühlen uns wohl!«

»Und ihr, Hundeknochen, wo seid ihr?«

»Hier sind wir, drin im warmen Bauch!«

Die Eule hatte nämlich sieben Hummeln auf dem Fenstersims zurückgelassen und ihnen eingeschärft, was sie auf Jankos Fragen antworten sollten.

So war denn alles gut gegangen, Janko merkte nicht, daß die Eule die Knochen gefressen hatte. Jetzt aber brachte er einen großen Sack voll Mohnsamen in die Höhle und befahl Juliska, die Samenkörner auf den höchsten Berggipfel hinaufzutragen. Dort solle sie die Samenkörner siebenreihig in den Boden setzen, die sieben Reihen müßten aber von der Spitze des Berges bis hinab zur Türe ihrer Höhle verlaufen. Wenn er zurückkommt, will er den Mohn bereits aufgeblüht vorfinden. Er gehe jetzt zu einem Hochzeitsgelage, dort werde er sich einen Rausch antrinken, in seinem Rausch finde er aber den Heimweg nur, wenn die Mohnblüten in sieben Reihen von der Bergspitze bis zur Höhlentüre ständen. Dies gesagt, tat er einen Bocksprung, aus seinem Mund züngelten drei Rauchringe, und weg war er, als hätte ihn die Erde verschluckt. Juliska grämte sich wiederum. Von ungefähr hob sie den Ringfinger ihrer linken Hand an den

Mund und – bei Gott! – da ist die weiße Eule wieder auf dem Höhlenfenstersims und fragt sie:

»Na, was grämst du dich schon wieder, hast doch keine Prügel bekommen?«

»Ach laß nur, mein süßes kleines Eulchen, groß ist mein Kummer! Schau, Janko hat die Tür verschlossen und verlangt gleichwohl, daß ich die Mohnsamenkörner in diesem Sack auslese, dann soll ich sie auf den höchsten Berggipfel hinauftragen und siebenreihig in den Boden setzen. Bis hierher zur Höhlentüre sollen die Reihen verlaufen; die Mohnblüten müssen aber schon aufgegangen sein, wenn er nach Hause kommt, weil er in der Nacht möglicherweise besoffen vom Hochzeitsgelage heimkehrt. Was soll ich jetzt nur tun?«

»No, darüber zerbrich dir nicht den Kopf, du schönes Mädchen. Ich helfe dir schon aus der Klemme. Reich mir mit der linken Hand eine Handvoll vom ungelesenen Mohn und eine Haarsträhne von deinem Kopf, das übrige wird meine Sorge sein.«

Nun gut, sie nahm mit der linken Hand eine Handvoll vom Mohnsamen, dann riß sie sich eine Strähne aus dem Haar und reichte beides der weißen Eule. Die sog im Nu alle Mohnkörner mit dem Schnabel auf, nahm die Haarsträhne und flog damit fort. Aber keine Viertelstunde verstrich, da kam sie schon zurück und ließ sich wieder auf das Fenstersims nieder. »Uhu!« rief sie dem Mädchen zu; das Tuch solle sie von der Türkante herunternehmen, unter die linke Achsel klemmen und sich nur getrost schlafen legen.

Juliska tat wie ihr die Eule gebot. Am andern Morgen, als sie aufwachte und zum Fenster hinausblickte, was sah sie da? Bei Gott! die Mohnblumen waren alle aufgeblüht und standen so wundervoll in sieben Reihen vor der Höhle, daß der bloße Anblick eine Lust war.

Da kommt Janko auch schon heim und macht ein solches Spektakel, daß schier das ganze Gebirge zusammenstürzt. Vor der Höhle hält er mit einemmal an und ruft hinein, Juliska solle ihm die Türe öffnen, denn er habe einen zünftigen Rausch. Jedoch Juliska entgegnete:

»Gib die Schlüssel her, du hast ja abgesperrt!«

Darauf warf Janko die sieben Schlüssel hinein, damit sie ihm die Türe öffne. Allein kein einziger Schlüssel paßte ins Schloß, wie sehr sie sich auch anstrengte, sie konnte die Türe nicht aufschließen. Janko geriet darob in fürchterlichen Zorn und schrie:

»Na, weil du nicht aufschließen kannst, sollst du sieben Jahre lang hier eingesperrt bleiben. Ich geh' jetzt und komme nicht eher zurück.«

Husch, da leg dich nieder! – macht er kehrt und rennt davon. In einer Minute war er verschwunden, als hätte ihn die Erde verschluckt.

Ach, da fing Juliska erst recht bitterlich zu weinen an. Hier muß sie jetzt elendig zugrunde gehen, kein Mensch wird sie jemals von hier befreien. Aber noch ehe sie dies zu Ende gedacht, kam die Eule wieder herbeigeflogen und sagte ihr, es lohne sich wirklich nicht zu weinen, die Schlüssel habe sie ja bei sich, sie müsse nur das Tuch unter der linken Achsel hervornehmen und es wieder an die Türkante hängen. Dann solle sie mit den sieben Schlüsseln siebenmal das Kreuz über die Türe schlagen, davon werde die Türe sogleich aufspringen.

Na, Juliska tat, wie ihr die Eule gebot, und im nächsten Augenblick sprang die Türe auf. Die Eule tat einen Ziegenbocksprung und verwandelte sich in einen Straußvogel. Der hieß Juliska die Schlüssel zusammenbinden und sie unter die linke Achsel stecken, das Tuch aber solle sie um das rechte Bein wickeln. Und jetzt dürfe sie an nichts denken, weder an Gott noch an die Menschen noch an ihr eigenes Leben, nur geschwind auf den Rükken gesetzt! – alles übrige sei seine Sorge. Na, das war rasch geschehen. Juliska setzte sich auf den Rücken des Straußvogels und hielt sich am Gefieder fest, um nicht herunterzufallen. Sie drückte sogar die Augen zu, um nur ja nichts zu sehen. Der Straußvogel rief in die Höhle hinein:

»Besen stell dich!«

Darauf stellte sich der Besen vor die Höhlentüre. Und dann sagte der Straußvogel:

»Hör, Besen! Wenn dein Herr kommt und nach Juliska fragt, sag ihm, sie badet im See des heiligen Antal und wird so lange drin baden, bis er ein Erzpriester geworden ist. Verstanden?«

Der Besen antwortete, daß er verstanden habe.

»Und jetzt zu dir, du Katzenmagd, und zu euch, ihr Zetermordio-Knechte! Werdet alle zu Stein, damit ihr nichts verraten könnt! Besen, marsch auf deinen Platz! Türe schließ dich! Alles verstumme, bis ich wiederkehre!«

Ein Flügelschlag, und himmelwärts ging's im Fluge sieben Tage und sieben Nächte ohne anzuhalten. Doch einmal sagt der Strauß: »Juliska, schau hinter dich, was siehst du da?«

Das Mädchen blickt zurück – verdammter Saumörder! – hinter ihr schlängelt sich eine Rauchsäule in die Luft, mitten drin eine Menschengestalt. Sagt der Vogel:

»No Juliska, wenn dir dein Leben lieb ist, wenn du Vater und Mutter noch wiedersehen willst, dann schneide dir sofort mit einem Federkiel aus meinem Gefieder einen Arm ab und steck ihn mir in den Schnabel, ich hab' dann mehr Kraft zu fliegen! Jankos Diener ist's, der uns verfolgt. Wenn er uns einholt, macht er uns den Garaus!«

Nun, Juliska scheute sich nicht davor, riß dem Vogel eine Feder aus dem Rückengefieder und schnitt sich damit einen Arm ab. Den steckte sie dem Vogel in den Schnabel, und im nächsten Augenblick hatten sie Jankos Diener sieben Meilen weit hinter sich gelassen.

Einmal blickt Juliska wieder zurück, es war ihr im Rücken so heiß geworden, daß sie schier zu verbrennen meinte. Da merkt sie, daß Jankos Diener wieder hinter ihnen her ist. Sie fragt den Vogel, was jetzt zu tun sei, weil sie der Diener bald einhole. Darauf sagt der Vogel, jetzt müsse sie sich geschwind ein Bein vom Stumpf abschneiden und ihm in den Schnabel stecken. Sie tat es, um nur nicht dem Diener in die Hände zu fallen. Der Vogel verschlang Juliskas Bein, und im nächsten Augenblick gelangten sie durch einen engen Tunnel an die Erdoberfläche. Aber auf einmal spürt Juliska wieder den heißen Wind im Rücken, blickt zurück, und wieder ist es der Diener, diesmal auf einem dreizehnfüßigen gespornten Schwan. Sie fragt den Strauß, was nun zu tun sei, der Diener sei ihnen auf den Fersen, und der Vogel sagt:

»Jetzt schneide dir eine dicke Haarsträhne vom Kopf und wirf sie mit der linken Hand hinter dich.«

Sie tat, wie ihr der Strauß gebot, und wie sie zurückschaute, war aus ihrem Haar ein dichter hoher Wald geworden – da konnte der Diener nicht mehr durchkommen. Nun setzten sie ihren Flug fort und flogen sieben Tage und sieben Nächte ohne anzuhalten. Einmal aber gingen sie auf die Erde nieder und landeten just auf einem Hof. Sagt der Vogel:

»Na Juliska, steig von meinem Rücken herunter, wir sind daheim, im Hause deines Vaters. Sag deinem Vater und deiner Mutter, sie sollen uns sieben Tage lang unter einer umgekippten Wanne halten, damit uns niemand sehen kann. Wenn die sieben Tage um sind, sollen sie uns aufdecken!«

Na schön; sogleich kippte man eine Wanne um und ließ die beiden sieben Tage lang darunter liegen, ohne sie auch nur ein einziges Mal aufzudecken. Als man sie endlich aufdeckte – o mein Herr und Schöpfer! – da war der Straußvogel kein Vogel mehr, sondern ein schmucker Königssohn! Den liebte Juliska nun wirklich, denn in diesen sieben Tagen unter der umgekippten Wanne hatte ihr der aus dem Straußvogel gewordene Jüngling die verstümmelten Glieder und auch den Mund so lange geküßt, bis Arm und Bein wieder angewachsen waren.

Jetzt aber gingen sie zu dem Priester und ließen sich trauen. Sie feierten ein frohes Hochzeitsfest und lebten fortan glücklich miteinander.

Sie leben noch heute, wenn sie nicht gestorben sind – hab' sie gestern noch gesehen!

56. Die drei Töchter

Eine Frau hatte drei Töchter, aber die drei Töchter hatten nur einen Freier. Die Zeit kam, da der Bursche zu den Soldaten einrücken mußte. Er ging zu der Ältesten und sagte zu ihr: »Ich muß jetzt für drei Jahre zu den Soldaten; wie wirst du um mich trauern?«

»Wie ich um dich trauern werde? Ich will mich drei Jahre lang weder kämmen noch waschen.«

Sagt der Bursche: »Dann bist du eben eine Närrin!«

Darauf ging er zu der zweiten Tochter und fragte sie das gleiche. Die antwortete:

»Wie ich in den drei Jahren um dich trauern werde? Ich will solange das Haus nicht fegen.«

Der Bursche dachte sich: »Die ist ja auch nicht bei Verstand!« und ging zu der Jüngsten.

Er fragte auch diese:

»Wie wirst du um mich trauern, denn ich gehe für drei Jahre zu den Soldaten?«

»Ich will allen Abfall auf den Bodenspeicher hinauftragen.« Der Bursche zog zu den Soldaten und blieb drei Jahre fort. Als die drei Jahre um waren, kam er nach Hause. Zuerst ging er zur ältesten Tochter, wollte sehen, wie sie aussah. Die sah so abscheulich aus, daß er sich kaum in ihre Nähe traute. Darauf ging er zu der zweiten Tochter; bei der bekam er die Türe gar nicht auf und ging wieder fort. Nun begab er sich zur Jüngsten. »Ich will doch sehen, wie sie den Abfall auf den Bodenspeicher hinaufgetragen hat.«

Das Mädchen war hübsch gekämmt und hatte ein sauberes weißes Hemd an. Die Stube war gefegt, alles war blitzblank und die Wäsche auf dem Bett frisch und rein. Dem Burschen gefiel die große Ordnung; er sagte zu dem Mädchen:

»Ich sehe, hier drinnen herrscht ja ziemlich Ordnung. Jetzt möchte ich nur noch sehen, wie du den Abfall auf den Bodenspeicher geschafft hast.«

»Dann geh und schau nach«, gab sie zur Antwort. »Ich bleibe hier.«

Der Bursche stieg die Leiter zum Dachboden hinauf, kam aber nur bis zur Bodenöffnung, weiter nicht. Er konnte nicht hinein, denn der Speicher war gesteckt voll mit Fleisch, Fett, Würsten, Schinken und Speckseiten.

Da sprang der Bursche von der Leiter herunter, faßte das Mädchen bei der Hand und führte es geradewegs zum Priester, um das Aufgebot zu bestellen. Dann heirateten sie, und wenn sie nicht gestorben sind, so leben sie noch heute.

57. Das faule Frauenzimmer

Es war einmal eine wohlhabende Bauerstochter; sie war die einzige Tochter, mehr hatten sie nicht, bloß diese einzige. Aber faul war sie, nie wollte sie das Haus fegen, alles mußte die Mutter selber tun. Dabei war sie ja schon erwachsen! Bald sprach es sich überall herum, und so kam keiner, sie zu freien. Immer wieder sagte die Mutter:

»Siehst du nicht, meine Tochter, merkst du nicht, daß kein Bursche zu dir kommt, wie zu den andern Mädchen? Die andern tanzen auf Bällen und gehen überall hin, du aber hockst ewig zu Hause, weil dich niemand haben will.«

»Laßt nur, Mutter«, sagte das Mädchen, »am Sonntag ist wieder Tanz, da will ich hingehen.«

So war's auch; das Mädchen ging hin. Die Burschen tanzten mit den andern, mit ihr aber tanzte keiner, sie stand bloß herum. Einmal war ein Bursche aus einer fremden Gemeinde dabei, und der fragte die andern Burschen über das Mädchen aus. Sie war ja recht hübsch, nur hatte ihre Faulheit sie in Verruf gebracht. Wie sich nun der Bursche erkundigt, erfährt er, daß es ein reiches Mädchen ist und daß ihr Vater ein großes Vermögen besitzt.

»Wie kommt es dann, daß ihr sie nicht zum Tanz holt wie die andern?«

Sie aber sagten nur:

»Weil sie nicht gut tanzt, sie war nie bei Tanzunterhaltungen, drum wird sie nicht geholt.«

Na, der Bursche überlegte sich die Sache, und als die Musik wieder anfing, holte er sich das Mädchen zum Tanz. Sie tanzte freilich nicht sonderlich gut, doch der Bursche führte sie geschickt, denn er verstand sich drauf. Wie die Musik aufhört, fragt sie der Bursche:

»Wem gehörst du an? Wie heißt dein Vater?«

Das Mädchen sagt es ihm und fragt dann ihrerseits:

»Und wie heißt du?«

»Ich heiße András«, sagt er. »Bitte, geh nicht nach Hause, ohne es mir zu sagen, denn ich komme mit. Sag es mir vorher, wenn du heimgehen willst.«

»Warum willst du denn zu uns kommen?«

»Nun, weil ich um dich freien will.«

Das Mädchen freute sich, nun würde auch zu ihr ein Freier kommen; die anderen spotteten ja schon über sie, daß sie keiner haben wollte. Sie lief nach Hause und sagte zu ihrer Mutter:

»Mutter, liebe Mutter, ein Bursche will zu uns kommen und um mich freien!«

Na, jetzt freute sich auch die Mutter mit dem Mädchen.

»Hör, mein Töchterchen, wenn er zu uns ins Haus kommt, mußt du dich emsig tummeln, mußt fleißig und tüchtig schaffen, damit er dich liebgewinnt. Gib dir besondere Mühe, denn es hat sich bereits überall herumgesprochen, wie faul du bist.«

Und wirklich kommt der Bursche, begleitet von zwei Kameraden. Als er zur Tür hereinkam, rief die Frau sogleich:

»Nimm nur Platz mein Sohn, bist sicher müde!«

Sie bot ihm einen Stuhl an, dann trug sie Getränke, Wein, Schnaps und Gebäck auf.

Sie aßen und tranken, dann aber sagt der Bursche:

»Ich will Euch nicht lange aufhalten, bin nur gekommen, weil ich hörte, daß Ihr eine heiratsfähige Tochter habt. Beim Tanzen hab' ich sie kennengelernt. Wollt Ihr sie mir zur Frau geben? Ich möchte sie heiraten.«

»Oh!« sagt die Mutter, »ich geb' sie dir gerne! Du bist doch ein rechtschaffener Bursche und auch sehr tüchtig. Ach, ich weiß, du wirst es sicher nicht bereuen, wenn du sie heiratest. Schau, wir besitzen auch ein hübsches Vermögen und haben bloß noch einen Sohn, ihnen beiden wird alles gehören. Mußt keine Sorge haben, sie wird reichlich ausgestattet, ich gebe ihr so viele Kleider, daß sie niemals Mangel an Kleidern haben wird. Und auch Land ist genug da«, sagt sie, »es muß bloß in zwei Hälften geteilt werden, die eine Hälfte für meinen Sohn, die andere Hälfte gehört meiner Tochter. Und das Vieh wird ebenfalls aufgeteilt.«

Gut; sie gingen noch am gleichen Tag zum Priester und bestellten das Aufgebot. Drei Wochen danach hielten sie Hochzeit. Die Tochter bekam eine Truhe voll Kleider, die Truhe war so groß, wie dieses Bett lang ist, und so voll, daß man den Deckel fast nicht zubekam.

Na, als die Hochzeit vorbei war, nahmen sie alles mit, die Kleider und das Vieh, und zogen in die andere Gemeinde, ins Haus des Burschen. Der Bursche freute sich mächtig über die reiche Braut, über die ansehnliche Mitgift, und was sie nachher noch alles von zu Hause bekommen würden.

Allein das Mädchen war auch dort nicht besser – wer vormittags schlecht ist, der ist auch nachmittags schlecht. Sie benahm sich nicht anders als zu Hause. Weder weißelte sie die Wände noch wusch sie die Wäsche – nicht umsonst war ihr Ruf so schlecht. Jeden Sonntag, wenn sie sich umzog, um ein frisches Hemd zu wechseln, da machte sie es nicht wie die andern, legte die schmutzige Wäsche nicht beiseite, um sie später – wenn sich genügend angesammelt hat – zu waschen, sondern packte das Zeug, knüllte alles zusammen und warf's ins Feuer. So machte sie es alle Sonntage. Der Mann merkte nichts davon. Hätte er nur einen Blick in die Truhe getan, so hätte er sehen können, daß ein Jahr nach der Hochzeit nichts mehr drin war, nicht ein einziges Hemd, kein einziger Unterrock!

Einmal feierte man in der Gemeinde, bei Verwandten des Burschen eine große Hochzeit. Man lud alle Verwandten dazu ein.

Sagt der Mann zu seiner Frau:

»Na Frau, wir gehen auf ein Hochzeitsfest!«

»Bei wem denn?«

»Ein Sohn meines Oheims heiratet«, sagt er.

»Ich komme nicht mit.«

»Ja warum denn nicht? Du bist jung, und wir sind noch nirgends hingegangen.«

»Man braucht ein schönes Kleid für ein Hochzeitsfest«, sagt die junge Frau.

»Du hast ja Kleider genug!« – »Hab' sie nicht mehr.«

»Wie denn? Hast du sie deiner Mutter zurückgeschickt? Die Truhe war ja so voll, daß sie zwei Männer kaum zu tragen vermochten!«

»Weißt du denn nicht, daß ich alles verbrannt habe?«

»Was?« sagt der Mann, »was hast du verbrannt?«

»Nun, meine Hemden und die Unterröcke. Hab' nur noch, was auf mir ist, und auch das ist schon schmutzig.«

Darauf sagt er:

»Wer hat dich gelehrt, die abgelegten Kleider zu verbrennen? Man legt sie beiseite, wirft sie über die Stange* oder tut sie in einen Korb, wartet einige Zeit, aber nicht allzu lange, damit sich nicht zuviel ansammelt, und dann wäscht man sie, faltet sie zusammen und legt sie zurück in die Truhe.«

»Ach«, sagt sie, »ich hab' noch niemals gewaschen, weiß nicht einmal, wie man waschen muß. Hab' mir gedacht: am besten, ich verbrenne alles, dann muß ich nicht waschen.«

»Ich will nichts davon hören! Wir werden zur Hochzeit gehen, egal, in was für einem Kleid du kommst. Noch nie sind wir ausgegangen, soll ich deinetwegen wieder zu Hause bleiben?«

»Ich geh' aber nicht in diesem schmutzigen Hemd!«

Der Mann ging hinaus und kam mit einem Bund Stroh zurück. Er teilte das Stroh in zwei Teile, zog die Frau bis auf die nackte Haut aus und warf das Stroh über sie; mit der zweiten Hälfte deckte er sie zu. Dann band er das Stroh an drei Stellen zusammen, an den zwei Enden und um die Hüfte.

»Schau, Frau, jetzt leg' ich dich auf den Karren und decke dich mit einem Kotzen zu, damit dich niemand sieht. So gehen wir zu deinem Vater und zu deiner Mutter; du wirst dort etwas zum Anziehen verlangen.«

»Gut«, sagt sie, »dann können wir auch auf die Hochzeit gehen.«

Sie kamen an. Im Garten standen die Heuschober aufgeschichtet, dorthin steckte er seine Frau. Dann trat der junge Mann allein ins Haus. Der Vater und die Mutter freuten sich, Besuch von Tochter und Schwiegersohn zu bekommen, und die Mutter fragte sogleich:

»Wo ist meine Tochter?«

»Sie ist auch gekommen. Dort hinten im Garten ist sie, bei den Heuschobern!«

Die Mutter fragt ihn:

»Warum ist sie nicht mit hereingekommen?«

* Im alten Szekler Bauernhaus hängte man über solche an den Deckenbalken befestigten Stangen die Stiefel und anderes Zeug

Er sagt:

»Sie will, Ihr sollt herauskommen, weil sie mit Euch zu reden hat.«

Die Mutter geht hinaus und ruft:

»Wo bist du, mein liebes Töchterchen?«

»Hier im Stroh bin ich! Hab' meinem Mann gesagt, ich will nicht aufs Hochzeitsfest gehen, weil ich kein passendes Kleid habe. Und da hat er mich in ein Bund Stroh gesteckt und zusammengebunden. Gebt mir doch bitte eins von Euren Kleidern!«

»Wie viele Kleider soll ich dir noch geben?«

»Liebe Mutter«, sagt sie, »hab' sie ja alle verbrannt!«

»Warum denn?«

»Hab' mir gedacht, muß sie dann nicht waschen. Sowie ich die Kleider ablegte, hab' ich sie gleich ins Feuer geworfen. Da sind sie verbrannt.«

Jetzt kommt auch der Mann heraus und sagt:

»Seht, Mutter, so eine Tochter habt Ihr mir zur Frau gegeben! Die vielen Kleider hat sie alle in einem Jahr kaputt gemacht. Na«, sagt er, »hab' Euch die Tochter zurückgebracht, ich brauch' sie nicht mehr. Ihr könnt auch die Mitgift wieder haben, ich geb' Euch alles zurück. Seid glücklich mitsamt Eurer Tochter und Eurem ganzen Vermögen – ich brauch' nichts davon, bin froh, wenn ich meine Frau los werde!«

»Ach, mein Sohn, warum nur? Ich will Euch neue Kleider geben!«

»Ich brauch' nichts, hab' genug von Eurer Tochter, mit der kann man ja nicht leben!«

Damit ging der Mann nach Hause und ließ seine Frau bei ihren Eltern zurück. Sie ist noch immer dort. Der Mann aber heiratete eine andere, und wenn sie nicht gestorben sind, so leben sie noch heute.

58. Mein furchtbar starker Großvater

Ich hatt' einen furchtbar starken Großvater. Der war so stark, daß man seinesgleichen in sieben Ländern suchen konnte. Mein furchtbar starker Großvater war aber auch ein sehr reicher Mann. Er besaß sechs Ochsen, sechs Weizensäcke und einen schönen Garten. Die sechs Ochsen gehörten zwar einem andern, auch die sechs Weizensäcke gehörten nicht ihm, der schöne Garten aber gehörte seinem Nachbarn.

Einmal sagte mein furchtbar starker Großvater zu mir:

»Hör mein Sohn, geh und trag diesen Weizen zur Mühle.«

Ich machte mich also dran, spannte die Säcke vor den Karren, lud die Ochsen auf den Karren, und so zog ich zur Mühle. Jawohl, aber als ich zur Mühle kam, war die Mühle nicht zu Hause, nur der Müller war da. Frag' ich den Müller:

»He, wo ist die Mühle?«

Sagt der Müller drauf:

»Tja, die Mühle ist in den Wald gegangen, Erdbeeren pflücken.«

»Was soll ich jetzt machen?«

Der Müller erwidert:

»Geh und such sie! Vielleicht findest du sie irgendwo im Wald beim Erdbeerpflücken.«

So bin ich denn aufgebrochen, aber vorher hab' ich beim Müller noch meinen Peitschenstiel in den Erdboden gerammt. Ich geh' und geh', da hör' ich auf einmal ein Klappern im Wald. Ich horche – was kann das wohl sein? Die Mühle war's! Mit lautem Geklapper pflückte sie Erdbeeren im Wald. Was war da zu tun? Ihr Töpfchen war ja noch kaum zur Hälfte voll! Nun, sag' ich mir, ich will ihr beim Erdbeerpflücken helfen. Wir pflückten also beide, bis das Töpfchen voll war; danach machten wir uns auf den Heimweg. Als wir zu Hause ankamen, sah ich, daß mein Peitschenstiel in der Zwischenzeit zu einem großen hohlen Baum ausgewachsen war. Aus einem Loch guckten Starmätze heraus.

Oho! – dachte ich bei mir – ich werde doch diese Stare nicht andern Leuten lassen. Will versuchen, sie herauszuholen.

Ich kletterte also auf den Baum und versuchte, die Stare in der Baumhöhle mit der Hand zu fassen; doch irgendwie hab' ich meine Hand nicht reingekriegt. Ich überlegte nicht lange und steckte meinen Kopf ins Loch; und so hab' ich mit dem Kopf die Stare herausgeholt. Als ich sie draußen hatte, wußte ich nicht, wo sie hintun. Was blieb mir übrig? Ich steckte sie mir in die Gatya *.

Wie ich mich anschicke den Baum herunterzuklettern, merke ich plötzlich, daß ich fliege – die Stare flogen mit mir. Sie trugen mich über Berge und Wälder, immer weiter und weiter. Da auf einmal fliegen wir über dem Balaton. Am Ufer des Balatons wuschen die Weiber, und als sie mich erblickten, glaubten sie, den leibhaftigen Satan zu sehen. Sie fingen an zu schreien:

»Weg von uns, Satan!«

Ich aber verstand:

»Weg mit der Gatya!«

Also entledigte ich mich der Gatya und fiel in den Balaton. Jetzt war ich erst richtig in der Klemme! Ich überlegte, was ich nun tun könnte? Da fiel mir die große Nußschale ein, die mein Großvater im Hause hatte. Ich lief geschwind nach Hause, und in der Nußschale bin ich dann aus dem Balaton herausgerudert.

Hier ist's Märchen aus,
Husch! lauf schnell nach Haus!

* bäuerliches Beinkleid

NACHWORT

Der Märchenschatz des ungarischen Volkes ist dem deutschen Leser nicht unbekannt, nahezu ein Dutzend deutschsprachige Publikationen in den letzten 150 Jahren haben ihm mannigfaltige Auslesen unserer schönsten Märchen zugänglich gemacht. Und so schien es uns nun angezeigt, dem für die Märchen der Weltliteratur bestimmten ungarischen Band die Form einer kleinen Anthologie zu geben, die dem deutschen Publikum – soweit es der beschränkte Rahmen erlaubt – eine allgemeine Übersicht über die ungarische epische Volksdichtung vermitteln soll. Dem entspricht auch die Teilung des vorliegenden Bandes in einen historischen und einen geographischen Teil.

Im historischen Teil sind von der ersten handschriftlichen Märchenaufzeichnung (1789) bis zum letzten Band der Sammlung Ungarischer Volksdichtung (1924) sämtliche ungarischen Volksmärchensammlungen von Bedeutung mit je einem charakteristischen Märchen vertreten. Der zweite Teil führt in geographischer Anordnung Märchen und ihre Erzähler aus den verschiedensten Regionen unseres Landes vor. Dabei können wir aus einem überaus reichen Material schöpfen, das in den letzten 30 Jahren mittels Stenogramm und Tonband gesammelt wurde. Um das Bild zu vervollständigen, haben wir auch Texte aus bereits erschienenen deutschsprachigen Sammlungen herangezogen, die wir allerdings dem modernen Deutsch etwas anpassen mußten.

Besonderes Gewicht legten wir auf die Authentizität der ausgewählten Märchen. Sie sind Sammlungen entnommen, die Quellenwert besitzen. Bei der Übertragung ins Deutsche war die Übersetzerin bestrebt, die Orignaltexte nicht nur wortgetreu, sondern auch in ihrem eigenen Sprachrhythmus wiederzugeben. Gewisse sprachliche Härten ließen sich dabei nicht ganz vermeiden, aber nur so erhält der deutsche Leser die Möglichkeit, die Form- und Stilentwicklung unserer Volksmärchen seit den ersten Niederschriften bis in unsere Zeit zu verfolgen und parallel damit die Unterschiede wahrzunehmen, welche in der Vortragsweise der Märchenerzähler je nach Landesgegend zutage treten.

Die ersten ungarischen Volksmärchenaufzeichnungen sind uns in Handschriften erhalten geblieben. Die Sammler und vermutlich auch die Erzähler waren auf dem Lande lebende Gutsbesitzer oder Komitatsbeamte. Aber schon im ausgehenden 18. Jahrhundert machte sich allgemein ein reges Interesse für die bäuerliche Dichtung bemerkbar. Wir wissen zum Beispiel, daß András Dugonics (1740–1818), der Verfasser des ersten ungarischen Romans, oft mitten im Trubel der Jahrmärkte auf einer Wagendeichsel sitzend alles notierte, was um ihn herum an würzigen Sprüchen und Geschichten zu vernehmen war.

Einer seiner Schüler ist György Gaál (1783–1855), Archivar der Fürsten von Eszterházy in Wien. Inspiriert durch das Sammelwerk der Brüder Grimm, trug er auf die mühsamste und umständlichste Weise 10 Jahre lang ungarische Märchen zusammen, übersetzte sie auch selber ins Deutsche, bis endlich im Jahre 1822 seine Sammlung unter dem Titel »Volksmärchen der Magyaren« in deutscher Sprache veröffentlicht werden konnte. Es ist dies die erste im Druck erschienene ungarische Volksmärchensammlung.

1825 wurde in Pest die Ungarische Akademie der Wissenschaften gegründet. Als eine ihrer Hauptaufgaben betrachtete sie das Sammeln von Volksdichtungstexten und gab durch einen öffentlichen Wettbewerb gleich den ersten Ansporn dazu. Der Aufruf der Akademie hatte einen beachtlichen Erfolg, es kam auf diese Weise ein ergiebiges Volkslied- und Volksmärchenmaterial zusammen. Mit der Herausgabe der Volksdichtungstexte wurde der namhafte Dichter und Ästhet János Erdélyi (1814–1868) betraut. In einer begleitenden Studie umriß er das Ziel, daß sich seiner Ansicht nach die Publikationen von Texten der Volksdichtung zu setzen hätten: Sie sollten einerseits dazu beitragen, den Wortschatz der ungarischen Sprache zu bereichern und ihre Ausdrucksfähigkeit zu erhöhen, anderseits aber auch bewirken, daß die derbe bäuerliche Sprache einen feinen Schliff erhalte. Im übrigen sah er in der Volksdichtung die Vorläuferin und das Vorbild der nationalen Dichtung und eine der Urquellen unserer nationalen Geschichte. Das Sammeln dieser Texte sei für die wissenschaftliche Erkenntnis der bäuerlichen Klasse unerläßlich und auch für den sozialen und kulturellen Aufstieg des Bauerntums von außerordentlicher Bedeutung.

Ein Preisausschreiben der Akademie der Wissenschaften im Jahre 1842 bezweckte – nach dem Beispiel der Grimmschen Mythologie – die Abfassung einer ungarischen Mythologie. Arnold Ipolyi (1823–1886), der nachmalige Bischof von Nagyvárad, übernahm die Ausführung dieses Werkes. Mit Hilfe eines Sammlerteams gelang es ihm, mehr als tausend Volksmärchen, Sagen und Bräuche aufzuzeichnen; anhand dieses reichen Materials schrieb er die »Ungarische Mythologie« (Magyar mythológia. Pest, 1853).

Durch die Schönheit der volksdichterischen Schöpfungen tief beeindruckt, wandte sich János Kriza (1811–1875), unitarischer Bischof von Kolozsvár, der szeklerischen Volkssprache und Folklore zu. Die eigenen dichterischen Ambitionen hintanstellend, setzte er seine ungewöhnliche Organisationsfähigkeit und seine ganze schriftstellerische Begabung ein, um die Lieder, Balladen und Märchen seines geliebten Szekler Volkes in möglichst authentischer und möglichst vollendeter Form dem großen Publikum zu erschließen. Seiner Sammlung haben wir das erste ungarische Volksmärchen zu verdanken, das wahrscheinlich nach dem unmittelbaren Vortrag eines hervorragenden bäuerlichen Märchenerzählers an Ort und Stelle aufgezeichnet wurde (s. Text Nr. 9).

Der bedeutende ungarische Romancier Mór Jókai (1825 bis 1904), dessen Name auch außerhalb Ungarns Berühmtheit erlangte, richtete als Herausgeber der Wochenzeitschrift »Üstökös« (Komet) einen Aufruf an seine Leser, fleißig Anekdoten und Scherzgeschichten im Volke zu sammeln und sie der Redaktion des Blattes einzusenden. Eine Auswahl der eingesandten Texte, ergänzt mit seinen eigenen lokalen Aufzeichnungen, veröffentlichte Jókai in einem Sammelband, der ungemein populär wurde. Viele dieser Märchen fanden Eingang in die Schulbücher und ebenso ins ständige Repertoire unserer Anekdotenerzähler.

János Arany (1817–1882), Ungarns größter Dichter in der zweiten Hälfte des 19. Jahrhunderts, stellte besonders hohe Anforderungen an die Person des Märchensammlers: Der Sammler »muß vor allem auch selbst die Kunst des Märchenerzählens beherrschen. Indem er mitten im Volke lebt, sich in den bäuerlichen Spinnstuben und an den Lagerfeuern der Hirten so natürlich bewegt, als wäre er dort aufgewachsen, hat er sich nicht nur die Sprache des Volkes und seine typischen Redewendungen vollends zu eigen zu machen, er muß darüber hinaus in seine ganze Sinnes- und Vorstellungswelt eindringen und sich seine Art des Erzählens mit unverwischbaren Lettern ins Gedächtnis prägen« (Szépirodalmi Figyelö/Belletristischer Beobachter/Pest, 1861–62. Nr. 1–4).

Die Ideen Aranys bildeten die Grundkonzeption aller Märchensammlungen seiner Zeit. Vom gleichen Geiste beseelt, wirkte sein Sohn László Arany (1844–1898), der in gemeinsamer Redaktion mit Pál Gyulai (1826–1909) die bedeutsame »Sammlung Ungarischer Volksdichtung« (Magyar Népköltési Gyüjtemény/MNGy/) begründete. Sie war bis zum ersten Weltkrieg das zentrale Forum der ungarischen Märchenforschung, ein Vorbild für die Sammler, die es sich zur Ehre anrechneten, ihre eigenen Aufzeichnungen in diesen Bänden publizieren zu können. Bis heute zählen jedoch die von László Arany selbst gesammelten und veröffentlichten Märchen zu den am schönsten vorgetragenen ungarischen Volksmärchen. Fast jedes Jahr erscheint eine hübsch illustrierte Auswahl für Kinder, während die Gesamtausgabe in den Pfennigheften der »Billigen Bücherei« (Olcsó Könyvtár) zahlreiche Auflagen erreichte und zu einer Quelle des lebendigen Volksmärchenguts wurde (s. Text Nr. 44).

An die von János Arany gegebenen Richtlinien hielt sich auch Elek Benedek (1859–1929), unser Märchenerzähler und -Publizist mit der breitesten Massenwirkung. Zur Jahrtausendfeier der Landnahme der Magyaren (1896) veröffentlichte er seine umfangreiche Sammlung »für die kindlichen Leser in den herrschaftlichen Häusern gleichwie für das ungebildete Volk in den bäuerlichen Hütten« unter dem Titel »Magyar mese- és mondavilág« (Ungarische Märchen- und Sagenwelt). Die fünf Bände dieses Werkes erreichten im Zeitraum von 30 Jahren sieben Auflagen und eine Verbreitung von anderthalb Millionen Exemplaren. Die Texte Benedeks, erschienen als kleinere oder größere Märchenbände, fanden Verwendung in Kinder- und Schullesebüchern ebenso wie in den gängigen Schundheften und sind oft dramatisiert und verfilmt worden. So ist es auch kein Wunder, daß der Name Elek Benedek für den gebildeten und ungebildeten Leser gleichermaßen mit dem Begriff des ungarischen Volksmärchens verschmolzen ist. So manche ungarische Volksmärchenredaktion hat sich seiner Texte als Quelle bedient (s. Nrn. 37 und 52); ihr klarer Satzbau, die schön proportionierte Konstruktion und die würzige szeklerisch-ungarische Sprache trugen wesentlich dazu bei, daß sich die in unseren Tagen notierten ungarischen Volksmärchen durch ihre gefällige Form und natürlich-schöne Erzählweise auszeichnen.

Aus der langen Reihe der Märchensammler möchten wir noch zwei Namen nennen:

Béla Vikár (1859–1945), Parlamentsschreiber, der Übersetzer der Kalewala, war der erste Ungar, ja der erste Europäer überhaupt, der mittels Phonograph und Stenogramm Volksdichtungstexte sammelte, die auch für unsere Begriffe als authentisch gelten können.

Lajos Kálmány (1852–1919), Pfarrer einer Szegeder Landgemeinde, hat die erste Märchensammlung herausgegeben, die ausschließlich das Repertoire eines einzelnen hervorragenden bäuerlichen Märchenerzählers umfaßt.

Zum Abschluß dieses gedrängten Überblicks sei noch auf eine bemerkenswerte Dokumentensammlung hingewiesen. Sie ist das Werk der Gymnasialschüler der Stadt Nagyszalonta, die unter der Leitung ihres Lehrers Zsigmond Szendrey und tätig unterstützt von Zoltán Kodály (für das Volksmusikmaterial) den Folklore-Elementen nachspürten, von denen die Dichtkunst Jànos Aranys, des großen Sohnes dieser Stadt, befruchtet wurde. Die »Nagyszalontaer Sammlung« (Nagyszalontai gyüjtemény. MNGy XIV.) zeigt nicht bloß die Volkslieder- und Märchen auf, die Arany offensichtlich gekannt und in seinen Werken verwendet hat; sie macht vor allem deutlich, daß diese hohe Dichtung nur deshalb zur allgemeinen Volkslektüre werden konnte, weil sie auf den ästhetischen Prinzipien der Volkskunst fußt und das bäuerliche Leben jener Zeit in realistischer Weise darstellt.

Damit haben wir die überragenden Gipfel der ungarischen Märchenforschung abgeschritten und können nun am Ende dieser Epoche feststellen, daß sie allein von der Persönlichkeit des Sammlers, von seinen Vorstellungen, Zielsetzungen und nicht zuletzt von seinem schriftstellerischen Talent geprägt war. Der reiche Märchenschatz, der in diesem Zeitabschnitt Allgemeingut wurde, trägt den Stempel der Sammler, die ihn gehoben haben. Der Märchenerzähler aber, wenngleich sein Name, Beruf, Geburts- und Wohnort den Texten beigefügt sind, bleibt stets im Hintergrund. Nur János Kriza und Lajos Kálmány lenkten die Aufmerksamkeit auch auf ihre Märchenerzähler, auf deren dichterische Qualitäten und eindrucksvolle Vortragskunst.

Im zweiten Abschnitt der ungarischen Volksmärchenforschung vollzieht sich eine grundlegende Wandlung: Der Sammler tritt immer mehr zurück und stellt die Persönlichkeit des Märchenerzählers mit seinen Zuhörern und dem dörflichen Milieu, aus dem die Märchen ihre sich stets erneuernde Lebenskraft schöpfen, ins Rampenlicht der Öffentlichkeit.

Das Volk, in seinen Individuen ungebildet, als Gesamtheit jedoch fähig, wahre ästhetische Kunstwerke zu schaffen, erregte seit jeher die Phantasie der Volksdichtungsforscher. Für die Brüder Grimm ist die Volksdichtung eine kollektive Schöpfung. In poetischer Vision vergleichen sie jedes schöne Märchen und Volkslied mit einem durch die Jahrhunderte hindurch im stetigen Fluß des Wassers makellos geschliffenen Kieselstein.

Nach Auffassung der geographisch-historischen Schule der Finnen vermittelt uns das Bauerntum die Dichtung ferner Zeiten und Gegenden in unveränderter Form, allein mit Hilfe des wunderbaren Erinnerungsvermögens schriftunkundiger Menschen.

In den Jahrzehnten nach dem ersten Weltkrieg drang auch bei einem Teil der ungarischen Intelligenz die Anschauung durch, daß das Bauerntum der Träger unserer wertvollsten Kulturüberlieferungen sei, von dem allein eine Erneuerung des Bildungsstandes der Nation erhofft werden könne. Die hervorragendsten Gestalten des ungarischen Geisteslebens: Béla Bartok, Zoltán Kodály, Attila Jószef und Zsigmond Móricz schöpften aus den Quellen der ungarischen Volksdichtung und Volksmusik und schufen ihre Werke nach den gleichen ästhetischen Prinzipien. Ihr Beispiel machte Schule bei unseren Bühnenautoren, Choreographen und Kunstgewerblern, die immer wieder auf die Volkskunst zurückgreifen.

Damit aber die Bauernschaft die ihr zugewiesene bedeutsame Rolle erfüllen kann, ist es vor allem notwendig, sie gründlich kennenzulernen. Wir wollen hier nicht von den zahllosen Studenten- und Jugendbrigaden berichten, die für Tage, Wochen, ja oft Monate auszogen, um in den Weilern und Dörfern der verschiedensten Landesgegenden die bäuerliche Lebensform zu erforschen; ebensowenig können wir hier eine Aufzählung all jener künstlerischen und wissenschaftlichen Werke geben, die auf dem Boden der neuerworbenen Erkenntnisse entstanden sind. Eine Forschungsrichtung aber, die aus dieser Bewegung, namentlich aus der besonders aktiven Jugendgruppe des Szegeder Kollegiums hervorging, müssen wir erwähnen, weil sie für die ungarische Märchenforschung von einschneidender Bedeutung geworden ist.

Wir denken dabei an die von Gyula Ortutay begründete »Neue Sammlung Ungarischer Volksdichtung« (Uj Magyar Népköltési Gyüjtemény) und an alle für diese Folge bestimmten Sammlungen, aber auch an die vielen anderen, die zwar außerhalb derselben, jedoch nach den gleichen Richtlinien erstellt und publiziert wurden. Der erste Band der Neuen Sammlung ist unter dem Titel »Mihály Fedics erzählt« von Ortutay selbst herausgegeben. Wir lernen das Repertoire eines in der bäuerlichen Gemeinschaft lebenden schöpferischen Künstlers kennen, seinen wandelvollen Lebenslauf und sein persönliches Verhältnis zu den eigenen Märchen. Die Konzeption dieses Bandes gleicht der ihm vorangegangenen Studie von Asadowski: »Eine sibirische Märchenerzählerin«. In der Einführung weist Ortutay darauf hin, daß die Analyse der Märchentexte, ihrer Handlungen, Typen und Motive nur einen Aspekt der Märchenforschung erfassen könne. Zur Deutung und Auswertung der in unserer Zeit aufgefundenen Märchen sei es zudem unumgänglich, den Märchenerzähler selbst in unsere Forschungen einzubeziehen, da er es ist, der die von uns aufgezeichneten Märchen schöpferisch formt. Darüber hinaus müssen wir seine unmittelbare Umwelt kennen: die zuhörende Gemeinschaft, die solche Märchen verlangt und in ihrer Art zu deren Ausgestaltung beiträgt, und den weiteren sozialen Hintergrund, der den Nährboden bildet, aus dem der Brauch des Märchenerzählens erwächst.

Diese Gedankengänge gaben zu erregten Diskussionen Anlaß, die noch heute andauern. Aber die neuen Gesichtspunkte lassen bereits ihre Spuren in allen jüngeren Sammelwerken erkennen. Heute können in sämtlichen ungarischen Folklore-Monographien, sei es auf dem Gebiete der Volksdichtung, der Volksmusik oder des Volkskunstgewerbes, mehr oder weniger ausgeprägte Versuche beobachtet werden, sich mit dem Wirken des völkischen Kunstschöpfers (Neuschöpfers) auseinanderzusetzen, die zwischen seiner Person, seinem Werk und seiner Umwelt waltenden Beziehungen zu ergründen und die ästhetischen Qualitäten der bäuerlichen Kunstschöpfung auszuwerten. (Lange herrschte der Irrglaube, daß zum Beispiel ein Volksmärchen nur dann künstlerischen Wert besitzen könne, wenn es von einem fähigen Schriftsteller umgearbeitet wird.)

Und nun sei auch verraten, daß wir uns bei der Auswahl der vorliegenden Märchen von den gleichen Gesichtspunkten bestimmen ließen. Wir wählten vorwiegend Texte, die möglichst deutlich die Art des Denkens und die ethische Grundeinstellung des Märchenerzählers widerspiegeln, die uns Einblick in sein persönliches Glaubensbild gewähren und uns die Umwelt spürbar machen, aus der seine Märchen ihre Lebenskraft schöpfen.

Die ungarische Bauernschaft, in deren Mitte unsere Untersuchungen in den dreißiger Jahren begannen, machte in der jüngsten Vergangenheit im Zuge der Verbürgerlichung und Verstädterung eine tiefgreifende Wandlung durch, und dies gleichsam vor unseren Augen: Sie ist heute schon anders als zu Beginn unserer Forschungen. Dadurch ist uns die Möglichkeit gegeben, die geistige Kultur einer nunmehr geschichtlich völlig abgrenzbaren gesellschaftlichen Schicht zu untersuchen, die anhand ihrer Relikte und mit Hilfe des Gedächtnisses der vor dem zweiten Weltkrieg bereits erwachsenen Generation noch über etliche Jahrzehnte hinaus unmittelbar erforscht werden kann.

Man muß nämlich wissen, daß das ungarische Bauerntum während des ganzen von unseren Märchen umfaßten Zeitraumes, ähnlich wie die Bauernschaft der übrigen Völker des Donau-Karpathen-Beckens, in fast unverändert gebliebenen Verhältnissen lebte. Existenzgrundlage bildeten die Tierzucht (in sinkender Tendenz) und der Getreideanbau (in steigender Tendenz). Obschon sich die einzelnen Schichten der bäuerlichen Gesellschaft nach Besitz und Vermögen scharf voneinander abgrenzten, muß das Bauerntum jener Zeit vom kulturellen Gesichtspunkt aus gesehen als nahezu homogene Klasse betrachtet werden. Noch zwischen den zwei Weltkriegen vollzog sich infolge des niedrigen Standes der Mechanisierung die Verbürgerlichung der Landbevölkerung in weit geringerem Maße, als dies in West- oder Nordeuropa geschah.

In die Monotonie des einförmigen, sich stetig wiederholenden mühseligen Tagwerks brachten nur die kirchlichen Feste, die diversen Familienanlässe und Jahrmärkte einige Abwechslung. Die strenge Gebundenheit und Unabänderlichkeit der für die Viehzucht und den Ackerbau erforderlichen Arbeitsvorgänge sowie die unerbittliche Abhängigkeit vom Wechsel der Witterung bestimmten den Rhythmus des Lebens. Vom Wetter hing es auch ab, welche Reihenfolge und welches Tempo die jeweiligen Arbeiten erhielten. Einmal war voller Einsatz aller Kräfte notwendig, dann wiederum folgten aufgezwungene lange Ruhepausen. Diese wurden mit Arbeiten ausgefüllt, die im geschlossenen Raum unter Dach verrichtet werden konnten. An den langen Wintertagen war man mit Entkörnen der Maiskolben, mit Spinnen und Federschleißen beschäftigt, hinzu kam noch das in Lohnarbeit übernommene Tabakbündeln. Zu solchen Verrichtungen brauchte man weniger körperliche Kraft als endlos viel Zeit. Bei der Monotonie des Arbeitsprozesses bestand aber immer die Gefahr, daß die Leute bisweilen einnickten. Und so war bei solchen Gelegenheiten die Person äußerst willkommen, welche es verstand, mit würzigen Geschichten die in ermüdender eintöniger Arbeit abgestumpften Menschen aufzufrischen. Der gute Sänger, Märchenerzähler oder Possenreißer war denn auch sehr geschätzt. Man beschenkte ihn, und oft bezahlte man ihn sogar, damit er die Gesellschaft wachhalte. Der Ehrenplatz bei solchen häuslichen Arbeitsanlässen war stets dem beliebten Märchenerzähler reserviert, der Platz, wo er allen gut sichtbar war und von wo aus er alle im Auge behalten konnte. Der gewiegte Erzähler achtet nämlich sorgfältig darauf, niemanden im Rücken zu haben und in den eigenen Bewegungen nicht etwa durch einen Tisch oder durch Armlehnen gehemmt zu werden. Die Zuhörer sitzen in der Runde um ihn herum. Die Luft ist vom leisen Schnurren der Spinnräder, vom rhythmischen Geräusch des Maisentkörnens oder Federschleißens und nicht zuletzt von gespannter Erwartung erfüllt. Der Märchenerzähler läßt seinen Blick in die Runde schweifen, dann beginnt er mit natürlicher Stimme zu erzählen. Nach den ersten Worten weiß man schon, welches Märchen an der Reihe ist. Trotzdem hört alles gespannt zu, und tatsächlich, bald hat er sie alle in seinem Bann; aber es ist nicht Magie – der Zauber der Kunst hält sie gefangen. Auf die Worte des Märchenerzählers schwinden die Wände der niedrigen Bauernstube, das Dorf versinkt mit seinen vielfältigen Alltagssorgen, und alle sprengen gemeinsam mit dem Märchenhelden durch das wunderbare Reich der happy-end-Abenteuer. Der gute Märchenerzähler versteht es nicht nur, seine Geschichten mit Worten, Mimik und Gesten anschaulich und fesselnd vorzutragen, er ist sogar fähig, die Gedanken und Empfindungen seiner Zuhörer förmlich zu regieren. Manche improvisieren geradezu eine kleine Theatervorstellung: Tonfall, Tempo und Gesichtsmimik, hie und da eine charakteristische Bewegung lassen erkennen, ob gerade ein Mann spricht, oder eine Frau, ob sie jung oder alt sind, ob die Ereignisse rasch aufeinanderfolgen oder langsam abrollen.

Der Vortrag eines schön ausgesponnenen Zaubermärchens dauert ungefähr eine Stunde. Endlich gewinnt der Held das halbe Königreich und die Hand des wunderschönen Königsfräuleins. Nun wird das Hochzeitsfest begangen. Selbstverständlich nimmt auch der Märchenerzähler daran teil, schmaust und trinkt fröhlich mit, schwingt auch das Tanzbein nach Noten, und zum Schluß besteigt er seinen strohbeflankten, kürbislampenköpfigen

Rappen und reitet nach Hause in sein Dorf, um den Zuhausgebliebenen von den Ereignissen zu berichten.

An der Flurgrenze trifft er den Nachbarn. Der fragt ihn:

»Wo warst du, Gyuri?«

»Bei einem Hochzeitsfest.«

»Was bringst du von dort?«

»Einen Ranzen voll Suppe.«

»Bekomm' ich auch davon?«

Der Märchenerzähler schöpft eine große Kelle, aber sein Rappe strauchelt, und die heiße Suppe ergießt sich über den Kopf des Nachbarn.

»Seht her, seitdem hat er einen Kahlkopf!« damit reißt er dem zunächst Sitzenden die Mütze vom Kopf. Die Zuhörer brechen in schallendes Gelächter aus, der Nachbar bekommt einen roten Schädel, und der Zauber ist zu Ende.

Ich fragte einen, ob er das Gehörte auch glaube. Solange er zuhöre, so sagte er, glaube er es, aber einmal zu Hause, da denkt er: ›Ach, das ist ja alles Lüge‹. Doch muß es wohl irgendwo in weiter Ferne, irgendwann in alten Zeiten wahr gewesen sein!

Wenngleich also einige Zweifel aufkommen, ob sich diese märchenhaften Ereignisse auch wirklich zugetragen haben – was übrigens für die ästhetische Wirkung völlig gleichgültig ist – so erfährt dadurch die Realität des Märchens doch keinerlei Einbuße. Betrachten wir zum Beispiel die Geschichte von Prinz Aschenbrödel (Nr. 13). Die allgemein bekannte Handlung – national und international katalogisiert – spielt in einem Palocer Dorf. Der König ist eigentlich ein wohlhabender Landwirt, dessen Fenster auf die Heuwiese blickt, und dem »unbekannte Täter« fortwährend sein Heu stehlen. Er schickt also der Reihe nach seine drei Söhne, die Wiese zu bewachen. Ein ebenso habliches Bauernhaus ist das des andern Königs, dessen Tochter den Fichtenzweig mit den rituellen Hochzeitszeichen zum Fenster hinaussteckt. Das Wettspringen der Freier ist noch zur Zeit der Aufzeichnung dieses Märchens ein wohlbekannter Palocer Hochzeitsbrauch gewesen (das Wettspringen der Brautführer). In solcher Umgebung wirken der im Aschenwinkel kauernde jüngste Sohn, die Zauberhengste und der Glasberg nicht wie unvorstellbare Phantasmagorien. Von den Eltern beschämt, von den Brüdern verachtet, vollbringt der Aschenjunge seine drei übermenschlichen Taten und erhält in aller Öffentlichkeit seine Belohnung; damit aber ist ein Wunschtraum erfüllt, der uns allen in der Seele lebt, unabhängig von Zeit, gesellschaftlicher Situation und Daseinsform. Und darin liegt das Geheimnis der sich stets erneuernden Wirkung des Märchens.

Anhand der kleinen Landkarte sei nun ein Blick auf die Märchenflora des ungarischen Sprachgebietes getan. Wir beginnen den Spaziergang in Szabolcs-Szatmár (Zentralpunkt: Nyiregyháza), und dies aus zwei Gründen: Einmal, weil hier in den Dreißigerjahren die moderne, unmittelbar an die Person des Erzählers gebundene Märchenforschung ihren Anfang nahm, und zweitens, weil diese sanfthügelige sandige Landschaft auch heute noch ein wahres Paradies für den Sammler ist. Noch heute haben zahlreiche Dörfer ihre eigenen ausgezeichneten Märchenerzähler, und manchmal nicht nur einen. Unter den Märchenerzählern aus Szabolcs heben wir drei Persönlichkeiten hervor: László Korpás, Tabakarbeiter, Mihály Fedics, Gutsknecht, und András Daskó, Herrschaftskutscher. Alle drei waren vom Feenmärchen geradezu besessen. Als alte Männer, da die Sammler auf sie stießen, war ihr Leben bereits unlösbar mit ihrer Märchenwelt verwoben. Ihre Texte wurzeln zwar in der bäuerlichen mündlichen Überlieferung, aber sie sind gleichzeitig auch Ausdruck ihrer persönlichen Erlebnisse, ihres eigenen Sehnens. So verrät uns zum Beispiel das Märchen »Die drei Söhne des alten Mannes«, wie gut der Erzähler mit Pferden umzugehen wußte und daß ihn, als noch schmukken jungen Kutscher, die noble Tochter seines einstigen Gutsherrn vermutlich nicht ohne Gefallen betrachtet haben mochte.

Nun überschreiten wir einen unsichtbaren Feldrain und gelangen in eine völlig verschiedene Welt. Der Sandboden macht fruchtbarem schwarzem Ackerland Platz, die endlos weiten Kartoffel- und Tabakfelder weichen wohlgehegten Apfel- und Pflaumengärten. Wir befinden uns in Szatmár, wo fast ein jeder geschickt zu erzählen weiß. Die Anwohner der sich mitten durchs Dorf hinziehenden »Großen Straße« erzählen sich Anekdoten, die Schäfer, Fischer und Korbflechter am ärmlichen Dorfrand erzählen sich Märchen. Einen einheitlichen Stil zeigen die drei Märchenerzähler aus der Gemeinde Tyukod: P. Kis Miklós, Landarbeiter, Zsigmond Beczö, Korbflechter, und Lajos Erdös, Gestütshirte. Ihr Repertoire besteht aus schön aufgebauten und rhythmisch vollendeten Feenmärchen. Als Stimmungsmacherin der weiblichen Spinnstuben ist Frau József Kiss bekannt. Zwar vertragen ihre erotisch »pikanten« Märchen die Druckerschwärze nicht, doch muß man es ihnen lassen, daß sie in Struktur, Form

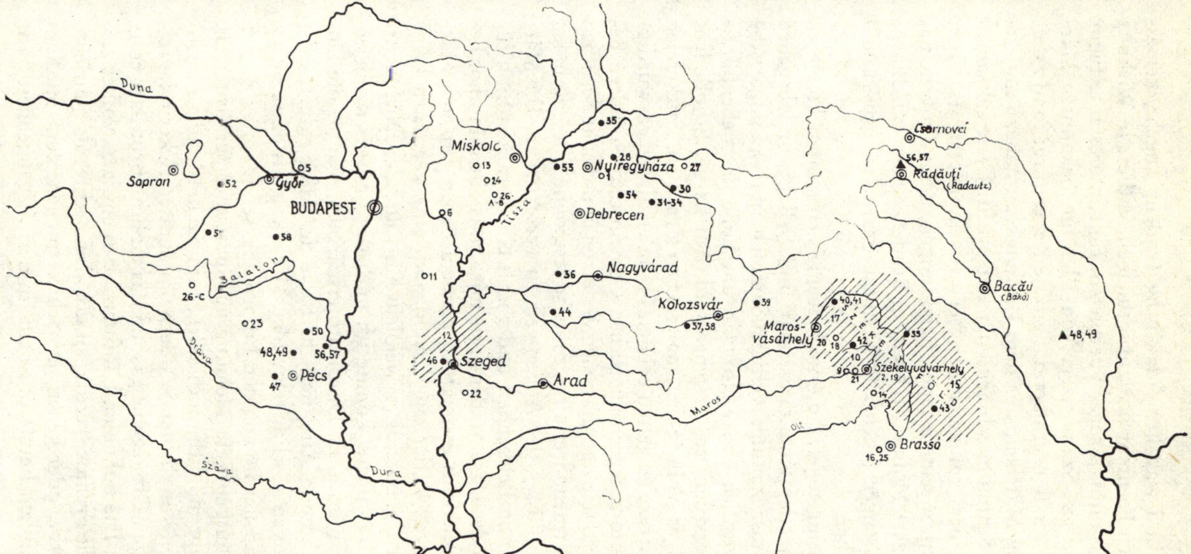

◎ Geographische Knotenpunkte zur Orientierung

Sammelgebiete ohne nähere Ortsangaben

∘ Im I. Teil erwähnte Sammelorte

• Im II. Teil erwähnte Sammelorte

▲ Herkunftsorte der Csángó-Szekler Märchenerzähler

Die Zahlen 1–58 entsprechen den Nummern der Märchen

und Sprache, und was ihre didaktische Tendenz angeht, keineswegs hinter den Feenmärchen zurückbleiben, ja diese in Wirkung und Beliebtheit oftmals sogar überbieten. Eine interessante Figur war Lajos Ami aus Szamosszeg. Von allen uns bekannten Märchenerzählern verfügte er über das größte Repertoire: rund zweihundertfünfzig Märchen, was dem Umfang von nahezu anderthalb Tausend Schreibmaschinenseiten entspricht. Diese seltsamen Feenmärchen des halbzigeunerischen Analphabeten (s. Text Nr. 29) sind nicht seine eigenen Erfindungen, denn ähnliche hat der Lehrer József Molnár von seinem Bruder, einem Maschinenschlosser in Csenger (ebenfalls Komitat Szatmár), gehört und niedergeschrieben.

Wir überspringen jetzt die noch wenig erforschten kleineren Märchengebiete der Komitate Bihar und Szilágy und begeben uns nach Kalotaszeg, unter welchem Sammelnamen 42 ungarische Dörfer nordwestlich von Kolozsvár, am Fuße des siebenbürgischen Erzgebirgszuges zu verstehen sind. Auf karger Scholle lebt hier ein fleißiges Volk. Seine malerischen Trachten, Stickereien und Holzschnitzereien gelten bei den Fremden als Sehenswürdigkeiten. Die Kalotaszeger bäuerlichen Gemeinschaften halten beharrlich an ihren selbstgeschaffenen Gesetzen und den äußerlichen Erscheinungsformen ihrer alten Bräuche fest, ohne sich jedoch den kulturellen Einflüssen der Außenwelt zu verschließen. Ihr Märchengut zeugt von Belesenheit und verrät einen starken Sinn für die Realitäten des Daseins, denen sie mit kraftvollem Humor begegnen. Hier stieß ich erstmals in meinem Leben auf eine Märchenfigur. Es war weder ein Kobold noch eine Fee, auch keine Hexe, nur ein einsames altes Weiblein am Ende des Dorfes. Als man mich zu ihr führte, konnte ich mich des Lachens kaum erwehren. Gestern noch, im Drachentötermärchen, war sie die Unterkunft gewährende Alte, und ihr hatte der Honigschnaps des Königsfräuleins so köstlich gemundet. Mir war's, als hätte sie soeben die Schnapsflasche von den Lippen abgesetzt.

Eine solch ausgeprägte Neigung zu Spott und Gelächter ist, wenn überhaupt möglich, noch stärker im Szeklerland zu beobachten. Auf den von dichten Wäldern umsäumten Äckern des felsigen vormaligen Grenzgebietes muß das tägliche Brot hart erarbeitet werden. Die Söhne und Töchter dieses emsigen Volkes ziehen gerne in die Fremde, verdingen sich als Knechte, als Fuhrleute und im Gewerbe, oder gehen, je nach Vermögen, zum Studium auf höhere Schulen. Letzteres scheint in der Vergangenheit nicht selten gewesen zu sein, denn in ihrem reichen Märchengut finden wir häufig Spuren aus gedruckten Quellen des 16. und 17. Jahrhunderts. So sind die Äsopschen Fabeln in der Übersetzung von Gáspar Heltai (»Száz fabula«, Kolozsvár, 1566) und die »Dreiteilige Historie« (»Hármas história«, Kolozsvár 1695) des siebenbürgischen Magnaten János Haller (bestehend aus dem Roman von Alexander dem Großen, der Gesta Romanorum und der Geschichte des Trojanischen Krieges) in der mündlichen Überlieferung der Szekler noch heute lebendig.

Ähnlich wie Szabolcs-Szatmár und das Szeklerland ist die Gegend von Szeged ein fruchtbarer Märchenboden. Die verkehrsreiche Universitätsstadt in der Ungarischen Tiefebene wird von den weit umliegenden Dörfern und Gehöften mit Obst, Gemüse und Geflügel versorgt. Ein tiefer Katholizismus vereint sich hier mit der Betjarenromantik eines Sándor Rózsa, aber auch mit einem gesunden kaufmännischen Sinn. Der Märchenerzähler János Tombácz ist ein wohlhabender Bauer-Bürger. Er bearbeitet seine modernst eingerichteten Obstgärten, jedes Glied seiner Familie fährt im eigenen Auto zur Bezirkshauptstadt, aber trotz aller Modernität ist er genau wie seine begeisterten Zuhörer bis auf den heutigen Tag der bäuerlichen Weltschau verhaftet geblieben.

Unseren Weg beschließen wir mit der Region jenseits der Donau, mit Transdanubien, dem am meisten verbürgerlichten und daher am wenigsten »märchenproduzierenden« Gebiet. Hier ist die Heimat der vorbildlich bestellten Felder, der guten Weine, scherzhaften Märchen, Renaissancenovellen, Schildbürgerschwänke, Anekdoten und Witze. Auch Erzähler und Publikum finden sich zur Genüge. Eine eigenartig archaische Note erhält diese Gegend durch die Dörfer der aus der Bukowina und der Moldau umgesiedelten Szekler und Csángós. Die Umgesiedelten empfinden den großen Kulturunterschied als bedrückend und sind – vornehmlich die Moldowenen unter ihnen – mit allen Kräften bestrebt, sich anzupassen und zu verschmelzen, doch durfte dies wohl nur den schon hier Aufgewachsenen gelingen. Die ältere Generation bewahrt noch die mitgebrachte Aberglaubenswelt und ihre Dichtung. János Janku zum Beispiel ist fest davon überzeugt, daß gewisse Märchenhelden tatsächlich zauberkundig waren, und Frau István Gaál hat ihre Kinder mit Feenmärchen großgezogen, deren Texte sie freilich auf den kindlichen geistigen Anspruch zuschnitt. Aus dem Repertoire von Frau József Palkó und Frau Lajos Sebstyén haben wir zwei Märchen ausgewählt, die uns besonders die Rolle der weiblichen Märchenerzähler vor Augen führen: Sie sind die Lehrmeisterinnen der Mädchen und jungen Frauen, denen sie den richtigen Umgang im Leben beibringen.

Nachdem wir den ungarischen Märchenschatz in seiner landschaftlichen Differenziertheit aufgezeigt haben, möchten wir zum Abschluß noch die allgemeinen Charakterzüge unserer Märchen zusammenfassen. Welches sind die Merkmale der ungarischen epischen Volksdichtung, die sie mit dem europäischen und im besonderen mit dem deutschen Erzählgut verbinden, und durch welche Charakterzüge unterscheidet sie sich?

Der in den letzten 150 Jahren aufgezeichnete Motivbestand unserer Märchen kann zum größten Teil ohne weiteres als den allgemeinen europäischen Geistesströmungen zugehörig betrachtet werden. So wirkt beispielsweise der Einfluß der italienischen Renaissance in erstaunlichem Maße noch heute fort. Vom Deutschen her hat zweifellos die Sammlung der Brüder Grimm unsere Märchenerzähler am stärksten und unmittelbarsten beeinflußt. Neben den Märchen von János Kriza, Mór Jókai, László Arany und Elek Benedek gehören die Grimmschen Märchen zur allgemeinen Volkslektüre in Ungarn. Hauptsächlich sind es unsere weiblichen Märchenerzähler, die immer wieder daraus schöpfen. Den deutschen Märchen ist der Einzug der verfolgten, leidgeprüften weiblichen Heldin in die ungarische Märchenwelt zu verdanken. Die Märchen von der weißen und schwarzen Braut, vom Brüderchen und Schwesterchen, vom Aschenputtel und vom Mädchen ohne Hände sind sicherlich durch die Grimmsche Sammlung bei uns volkstümlich geworden.

Ein wesentlicher Unterschied besteht indessen in der typischen Ausarbeitung der allgemein bekannten Märchenelemente. Zum Teil ist dies zweifellos darauf zurückzuführen, daß die sozialen Verhältnisse in Ungarn eine andere Entwicklung als in den westeuropäischen Ländern genommen haben. Einen weiteren Grund sehen wir in der andersartigen Welt des Aberglaubens, die selbst von den abergläubischen Vorstellungen unserer nächsten Nachbarvölker abweicht. Die hier vorgeführten Glaubenssagen (Texte Nr. 6, 7 und 35) zeigen dies deutlich, und stärker noch die zur östlichen Schicht unseres Märchenguts gehörenden Texte (s. »János Csorha, der Zaubermann«, »Klein Klaus König«, »Gabelhorn« etc.).

Die Dynamik unserer Volksmärchen, ihre frischen und einfallsreichen Dialoge und ihre erstaunliche Fähigkeit, internationale Typen und Buchmärchen zu akklimatisieren, lassen sich durch den Umstand erklären, daß sich bei uns der Brauch des Märchenerzählens vor einer zuhörenden Gemeinschaft noch relativ lebendig erhalten hat. Zu den nationalen Charakterzügen der ungarischen Volksmärchen gehören das Pathos und ein damit nur scheinbar unvereinbarer urwüchsiger Humor. Der straffe formale Aufbau und die in rhythmischer Epik dahinfließende Sprache aber zeugen vom bemerkenswerten Formgefühl unserer Märchenerzähler und von ihrer sicheren Handhabung der ungarischen Sprache.

Zusammenfassend können wir sagen, daß sich uns das Märchen, von einem guten bäuerlichen Erzähler vorgetragen, als anspruchsvolles und oftmals als vollendetes Kunstwerk darbietet. Dem Dichter-Erzähler aber ist es sein ureigenstes Mittel, seine persönlichen Lebenserfahrungen, Gefühle und Gedanken in Worte zu fassen, die sich im jahrhundertelangen Gebrauch nach ungeschriebenen Gesetzen zu einer dichterischen Sprache geformt haben. Das allen europäischen Völkern gemeinsame Erzählgut und die übersinnlichen, in ihrem Ursprung höchstwahrscheinlich glaubens- und gesellschaftsgeschichtlich bestimmten Märchenmotive dienen ihm nur dazu, der eigenen Aussage Gestalt zu geben.

*

Ich erachte es als meine vornehme Pflicht, jenen zu danken, die mir bei der Arbeit an diesem Märchenband ihre wertvolle Hilfe angedeihen ließen. Vor allem war es der von uns allen schmerzlich betrauerte, hochverehrte Herr Prof. Dr. Friedrich von der Leyen, der noch kurz vor seinem Tode die Durchsicht dieser Märchen vornahm und mir aus seiner reichen Erfahrung manch weisen Rat erteilte. Ferner möchte ich den Herren Prof. Dr. Max Lüthi, Zürich, und Prof. Dr. Gyula Ortutay, Mitglied der Ungarischen Akademie der Wissenschaften, Budapest, für ihre wertvollen Hinweise meinen Dank aussprechen.

Dr. Bertalan Andrásfalvy, Prof. Sándor Bálint, Prof. Antal Békefi, Dr. András Béres, Dr. Sándor Erdész, Gabriella Kiss und Dr. Sándor Makra haben mit ihren handschriftlichen Texten wesentlich zur Bereicherung dieser Anthologie beigetragen.

Dr. Agnes Kovács

ANHANG

Abkürzungen

AaTh	Antti Aarne – Stith Thompson, The Types of the Folktale. Second Revision. Helsinki 1961. FFC 184
BP	Johannes Bolte – Georg Polivka, Anmerkungen zu den Kinder- und Hausmärchen der Brüder Grimm I–V. Leipzig 1913–1932
BN	Berze Nagy, János: Magyar népmesetipusok I–II. (Ungarische Volksmärchentypen). Redigiert und mit Einführung versehen von István Banó. Pécs 1957
MNK	Magyar Népmesekatalógus (Ungarischer Volksmärchenkatalog). Red.: Agnes Kovács (in Vorbereitung)
MMMV	Elek Benedek, Magyar mese- és mondavilág (Ungarische Märchen- und Sagenwelt) I–V. Budapest 1894–1896
MA	Lajos György: A magyar anekdota története (Die Geschichte der ungarischen Anekdote). Budapest 1934
MNGy	Magyar Népköltési Gyüjtemény (Sammlung Ungarischer Volksdichtung). Red.: László Arany und Pál Gyulai
UMNGy	Uj Magyar Népköltési Gyüjtemény (Neue Sammlung Ungarischer Volksdichtung). Red.: Gyula Ortutay
EA	Ethnologisches Archiv des Ethnographischen Museums
MTA	Magyar Tudományos Akademia Kézirattára (Handschriftenarchiv der Ungarischen Akademie der Wissenschaften)
RMK	Régi Magyar Könyvtár (Alte Ungarische Bibliothek). Red.: Gusztáv Heinrich
Ethn.	Ethnographia (Zeitschrift der Ungarischen Ethnographischen Gesellschaft). Budapest 1890–
Kom.	Komitat (ungarischer Verwaltungsbezirk)

Interpunktion zur Zusammensetzung der Typen

+	Verknüpfung zweier oder mehrerer Märchentypen in vollständig geschlossener Form, ohne Bestehen eines logischen Zusammenhanges (vgl. Nrn. 44 u. 51).
–	Verknüpfung zweier Märchentypen durch Aneinanderkoppelung der Anfangs- oder Endepisode, wobei der ur-

sprüngliche Teil eventuell ausgelassen wird (vgl. Nrn. 24 u. 53).

~ Elemente zweier Typen kommen vermischt in einem Märchen vor (vgl. Nr. 17).

Anmerkungen

1. Historischer Teil

1 Das ungläubige Königsfräulein. A sárospataki kéziratos népmesegyüjtemény (Die Sárospataker handschriftliche Volksmärchensammlung). Sárospatak 1931. 54–56. AaTh 852, BP II. 506 ff. (Grimm Nr. 112) Narr. D. Mateyffy, sign. V. Megyer 19.9br. 789. P. St. Szilcz; 2 Red. 7–7 Var. – In der ref.-theol. Bibliothek zu Sárospatak ist die älteste uns bekannte handschriftliche ungarische Märchensammlung aufbewahrt. Sie wurde von den Sárospataker Studenten unter Leitung ihres Professors József Gulyás redigiert und aus eigenen Mitteln zur Vierhundertjahrfeier der Alma Mater herausgegeben. Die Handschrift enthält 8 Märchentexte, aufgezeichnet von István Szilcz, einem Grundbesitzer aus Vasmegyer (Kom. Szabolcs).

2 Das trauernde Weib erhängt ihren toten Gatten. Ethnographia XXXVII. (1926). 153. AaTh 1510. – János Szeles, Stadtnotar von Udvarhely, widmete seine literarischen Schriften (handschriftliche Sammlung von Versen, Märchen und lustigen Historien) dem ersten Literaturinstitut in Erdély (Siebenbürgen) – der Ungarischen Gesellschaft für Sprachpflege – am 19. Tag im Monat Sankt Georg des Jahres 1794. Die Handschrift befand sich 1926 im Besitz der Bibliothek des Piaristengymnasiums zu Kolozsvàr. István Hársing hat daraus sechs Texte mit Anmerkungen von Sándor Solymossy veröffentlicht (Ethnographia XXXVII–XXXIX). Nach Solymossy soll das Märchen »Die Witwe von Ephesus« in Ungarn durch das beliebte Volksbuch »Die Historie des Pontianius« (Historia septem sapientum; 1. ung. Ausgabe: Bécs (Wien), 1573 – RMK 5. – XIV. Vidua) Verbreitung gefunden haben. – Lajos György ergänzte die Parallelen von Solymossy mit einer Reihe literarischer und volkstümlicher Varianten (MA 118–124. Nr. 60); neuerdings hat Linda Dégh eine Variante bei den Szekler Siedlern aus der Bukowina aufgezeichnet.

3 Der Kantor und der Glöckner. András Dugonics: Magyar példabeszédek és jeles mondások (Ungarische Sprichwörter und weise Sprüche). I–II. Szeged 1820. I. 122. – Erläuterung der Redewendung »Der Verstand stockt«. Vorläufig ohne Typuszahl, zwischen AaTh 1800 und 1849, im Ungarischen ohne nahe Variante.

4 Die geizige Bäuerin. Georg von Gaál: Märchen der Magyaren. Wien 1822. 276–289. AaTh 1537. – Eine einzige Variante des vorliegenden

Textes kennen wir aus dem Gebiet jenseits der Donau (Transdanubien), Gegend von Zirc (Kom. Veszprém), aufgezeichnet von Antal Békefi.

5 Die redende Weintraube, der lachende Apfel und der klingende Pfirsich. G. Stier: Ungarische Sagen und Märchen. Aus der Erdélyischen Sammlung übers. von – –. Berlin 1860. 56–60. (János Erdélyi: Népdalok és mondák [Volkslieder und Sagen] I–III. Pest 1846–1848. II 343–345). Einsender: Ferenc Eperjessy, Pusztamonostor (Kom. Komárom) MNK 425 C I^{X}. BN 434^{XX} BP II. 229 ff. (Grimm Nr. 88). – Das Märchen »Die Schönheit und das Tier« hat im Ungarischen drei Redaktionen: AaTh 425 C, MNK 425 C I^{X} und MNK 425 C II^{X} mit 24 Varianten (9, 9, 6). Unser Märchen ist das volkstümlichste. Es ist in der Bearbeitung von Elek Benedek im ganzen ungarischen Sprachraum verbreitet (MMMV I/1 242–247, ferner in Schundausgaben).

6 János Csorha, der Zaubermann. Ipolyi Arnold népmesegyüjteménye (Die Volksmärchensammlung des Arnold Ipolyi). Red.: Lajos Kálmány. Budapest 1914 (MNGY XIII. 168–170). Aufgezeichnet von János Debreczeni. Jászberény (Kom. Szolnok), Mitte 19. Jhdt. Glaubenssage. – AaTh 313 H^{X} + AaTh 329. 8 Var. BP III. 365 ff. (Grimm Nr. 191, s. auch Märchen Nr. 49). – Unser Märchen ist eine erweiterte Variante von AaTh 329. Die Verflechtung mit dem »Táltos«-(Zaubermann-) Glaubenskreis ist logisch: der Held und die Heldin besitzen Eigenschaften, über die gemäß dem Volksglauben der »Zauberkundige« verfügt (Verwandlungskunst – Fernschauen). Die Märchenerzähler der moldowenischen Csángó-Szekler sind noch heute überzeugt davon, daß die Helden gewisser Märchen »Zauberkundige« waren.

7 Die hufbeschlagene Frau Körmöndi. László Merényi: Eredeti népmesék (Originale Volksmärchen) I–II. Pest 1861. II. 157–168. Glaubenssage. BN 335^{XX}. – Merényi erzählt hier in novellistischer Form eine landläufige Glaubenssage und zeigt dabei eine Reihe von Eigenschaften auf, die für Hexen bezeichnend sind. Gleichzeitig beschreibt er ein Verfahren, das dem »Zauberkundigen« auf die Spur der Hexe verhilft. (Zu den Attributen der bösen Hexe gehören die Geheimhaltung und das Abstreiten ihrer Hexennatur. Der »Zauberkundige« aber ist mit der Fähigkeit ausgestattet, die Hexe zu entlarven, den verursachten Schaden aufzuheben, sie zu bestrafen und eventuell auch zu töten.) Iván Balassa erwähnt in seiner Karcsaer Sagensammlung 53 Varianten, die in großen Zügen mit unserer Sage übereinstimmen (UMNGy XI. 549 bis 550. Anm. 124).

8 Wunderliche Dörfer. Mór Jókai: A magyar nép élce szép hegedüszóban (Der ungarische Volkswitz im schönen Geigenton). 10. Aufl. Budapest 1904. 77–80 1. (1. Aufl.: A magyar nép adomái / Anekdoten des ungarischen Volkes. Pest 1854). MNK 1248 I^{X} (BN 1244): 25 Var.; MNK 1340^{X} V.; 4 Var.; – AaTh 1290: 15 Var.; AaTh 1310: 12 Var.; MNK 1283^{X} V. (BN 1347^{X}, AaTh 1534 A^{X}): 11 Var.; MNK 1228 I^{X} (BN

1228, s. AaTh 1157): 6 Var.; MNK 1339 C I^{X} (BN 1324^{X}): 2 Var.; AaTh 1296^{X}: 3 Var.; MNK 1306^{X} VI.: 4 Var.; MNK 1283^{X} II.: 1 Var.; MNK 1283^{X} I.: 5 Var. – BP III. 205 ff. – Die Schildbürgerschwänke, in der ungarischen Folklore »Ratotiaden« genannt (nach der Gemeinde Gyulafi-Rátót, Kom. Veszprém), gehören zur populärsten Kunstgattung unserer epischen Volksdichtung. Besonders in der transdanubischen Region, in Szatmár und im Szeklerland, sind diese kurzen Spottgeschichten beliebt.

9 Prinz Brennessel. János Kriza: Vadrózsák (Wilde Rosen). Sammlung Szekler Volksdichtung. I. Band. Kolzsvár 1863. 472–477. Erzählt von Tamás Róka (Puskás), Landarbeiter; aufgezeichnet von Gergely Marosi, Gymnasiallehrer in Székelykeresztur. AaTh 545 B. BP III. 487 (Grimm Nr. 214). – Es ist ein außerordentlich beliebtes Märchen. Die am schönsten vorgetragenen Varianten stammen aus dem Szeklerland und aus Szabolcs-Szatmár. Tamás Róka (Puskás) schildert in dieser Geschichte die wunderbare Karriere eines armen Szekler Müllergesellen. Die äußere Erscheinung des Helden und auch sein innerer Habitus sind nach einer lebenden Person, sozusagen nach einem Menschentyp gezeichnet. Der Schauplatz der Handlung ist – wie die Ortsnamen verraten – eine bekannte Szekler Landschaft. Die Tatsache, daß wir von diesem Märchen vierzehn, meist selbständig ausgearbeitete Varianten kennen, beweist die Beliebtheit des Typus.

10 Die Szekler Frau und der Teufel. János Kriza: Székely népköltési gyüjtemény (Sammlung Szekler Volksdichtung) I–II. Red.: Pál Gergely und Agnes Kovács. Budapest 1956. II. 354–358. Aufgez. von Sándor Ürmösi, Udvarhelyszék. AaTh 1164 + AaTh 332 BP I. 382., 388. – Die Hauptfigur unseres Märchens, die eigenwillige Szekler Frau, mit der es nicht einmal der Teufel aufnehmen kann, ist eine beliebte Gestalt unserer scherzhaften Volksmärchen. Mitsamt dem dummen Teufel und dem schlagfertigen Soldaten ist dieses Trio vermutlich aus der Commedia dell'arte oder aus den Fastnachtspielen in unsere humoristischen Volksmärchen geraten. Für die Aufzählung der Textvarianten s. György MA 95–96. 20. Belfagor.

11 Der goldbärtige Mann. Elisabeth Sklarek: Ungarische Volksmärchen I. Leipzig 1901. 114–130. Quelle: Elegyes gyüjtések Magyarország és Erdély különbözö részeiből (Vermischte Sammlungen aus verschiedenen Teilen Ungarns und Erdélys). Red.: László Arany und Pál Gyulai. Pest 1872. MNGy I. 404–421. Das Märchen stammt aus Nagykoros; László Arany schrieb es im Dialekt der Gegend nieder. AaTh 502 (AaTh 554). BP III. 94 ff. (Grimm Nr. 136); BP I. 134, II. 19 ff. (Grimm Nr. 17, 62). – Der Typus 502 ist wie in allen seinen ungarischen Varianten auch hier nur Rahmen für das eigentliche Märchen. Neben dieser Kombination sind noch Kontaminationen mit den Typen AaTh 400, AaTh 530, AaTh 850, AaTh 560 und AaTh 314 bekannt. Die letzte ist offensichtlich ein Derivat des Grimmschen Textes Nr. 136.

12 Mitternächtlicher Tanz. Károly Török: Csongrádmegyei gyüjtés (Sammlung aus dem Komitat Csongrád). Pest 1872. MNGy II. 424–426. BN 814[X], s. AaTh 503. – Wieder ein Text, der an der Grenze zwischen Sage und Märchen liegt. Von János Berze Nagy als Märchen angesehen, reiht ihn Iván Balassa zu den Glaubenssagen ein (UMNGy XI. 530 bis 531. Anm. 43. 13 Var., meist aus den östlichen Landesteilen). Der Typus zeigt einige Verwandtschaft mit AaTh 503, mit dem er sich im Erzählgut des ungarischen Volkes nicht selten kontaminiert.

13 Prinz Aschenbrödel. Gyula Istvánffy: Palóc mesék a fonóból (Palócer Märchen aus der Spinnstube). Liptószentmiklós 1890. 86–96. AaTh 530. – Der Mittelschullehrer Gyula Instvánffy sammelte seine Märchen in den Spinnstuben von Parád, wo er als Erzieher wirkte. Das vorliegende Märchen gehört zu den populärsten ungarischen Zaubermärchentypen. In drei Redaktionen sind rund 40 Varianten registriert, darunter 17 nahe Varianten unseres Textes.

14 Schlangenhold und Tatarenstark. Die goldene Tulpe. Märchen aus Ungarn, ausgewählt von István Kormos. Budapest 1962. (Übers.: Mirza Schüching und Géza Engl; neue deutsche Fassung: Jeanette Hajdu.) Quelle: Elek Benedek: Magyar mese- és mondavilág (Ungarische Märchen- und Sagenwelt), 6. Aufl. I/2. 134–151. AaTh 318. – Aufzeichnungsort und -datum der Texte von Elek Benedek sind uns nicht bekannt. Wir nehmen an, daß er dieses Märchen von seinem Vater gehört hat. (János Benedek Huszár, Landwirt, war in seinem Dorf ein bekannter Märchenerzähler.) Wir haben es hier mit einem der großartigsten ungarischen Zaubermärchen zu tun. Registriert sind 14 vollständige Varianten aus dem ganzen ungarischen Sprachraum.

15 Der Königssohn mit den vielen Namen. Benedek MMMV 4. Aufl. V/1 267–272. AaTh 1545. – Wir kennen 3 Varianten dieses Märchens aus drei weit auseinanderliegenden Punkten des ungarischen Sprachgebietes (Szeklerland – Nagyszalonta – Komáromer Gegend) und nehmen daher an, daß es allgemein bekannt sein muß. Die bäuerlichen Varianten sind in einer erheblich »drastischeren« Sprache abgefaßt als der im bürgerlichen Milieu lokalisierte Text.

16 Der Fluch der Bettlersfrau. Régi magyar népmesék Berze Nagy János hagyatékàból (Alte ungarische Volksmärchen aus dem Nachlaß von János Berze Nagy). Red.: István Banó und Sándor Dömötör. Pécs 1960. 75–76. Antal Herrmann hat dieses Märchen 1890 von einem Csángó aus Hétfalu aufgezeichnet. MNK 765 I[X], vergl. AaTh 765. – Bekannt ist dieser Märchentypus sowohl als sog. historische Sage, die an Ort und Person gebunden ist, wie als unpersönliches und zeitloses Volksmärchen. Lajos György (MA 164 1. Nr. 141) und später Sándor Solymossy (Magyarság Néprajzi [Ethnographie des Ungarntums] I–IV. 2. Aufl. Budapest – III. 185, 222 1.) stellten die reichhaltige Bibliographie zusammen.

17 Die Schwäger der Sonne. József Faragó: A szegény ember vására

(Jahrmarkt der Armen) 56–63. Aufzeichnung eines unbekannten Szekler Märchensammlers der neunziger Jahre. Entnommen einem Beitrag zum Preisausschreiben für Szekler Volksmärchen und Volkssagen, das 1897 von der Marosvásárhelyer Zsigmond Kemény-Gesellschaft veranstaltet wurde. AaTh 552 A ∼ AaTh 471. BP III. 424 ff. (Grimm Nr. 197). – Im ungarischen Märchengut dient AaTh 552 A als Rahmen für die Typenkombinationen MNK 317^{X} (AaTh 556 F^{X}) oder MNK 317^{X} (AaTh 302 A^{X}) und kommt in diesen schön ausgearbeiteten Kombinationen überaus häufig vor. Die vorliegende Kombination ist weit seltener. Wir kennen nur zwei Varianten, beide aus dem Szeklerland.

18 Der schönste Mann der Welt. János Ősz: A csudatáska (Die Wundertasche). Budapest 1941. 24–27 1. Erzählt von György Bukló, einem Landarbeiter von Kibéd (Kom. Maros-Torda), aufgezeichnet von János Ősz. AaTh 1426^{X}. – Das Märchen vom schönsten Mann der Welt ist durch die Studie von Sándor Solymossy (Ethn. XXVII [1916] 227 ff.) in der ungarischen Folkloreliteratur bekannt geworden. Im ganzen sind drei Varianten dieses Typus aufgezeichnet, alle im Szeklerland bzw. bei den Seklern aus der Bukowina.

19 Das kluge Mädchen. Aufgezeichnet von Oszkár Majland in der Gegend von Nyárád (1909). Handschrift im Archiv des Ethnographischen Museums von Budapest, EA 1944, 716–726. AaTh 876 + AaTh 875. BP II. 349 ff. (Grimm Nr. 94) – Das Märchen vom klugen Mädchen ist eine Verschmelzung zweier beliebter Typen. Beide sind sowohl einzeln als auch in obiger Kombination im ganzen ungarischen Sprachraum bekannt. Von AaTh 875 gibt es zwei Redaktionen, die eine mit unserem Märchen identisch, die andere offenbar ein Derivat des Grimmschen Textes. Von der ersten sind 25 Varianten, von der zweiten deren zwei registriert.

20 Der Bär, der Wolf, der Fuchs und der Hase. 1903 aufgezeichnet von Miklós Jakab, Mittelschullehrer in Székelyudvarhely, im Auftrage der Kisfaludy-Gesellschaft. EA 3631 19–21. – Einer Variante dieses Märchens sind wir nicht begegnet, deshalb vorläufig ohne Typuszahl.

21 Kettenmärchen. Oszkár Majlands Sammlung aus Nagygalambfalva (Kom. Udvarhely) EA 1944. 743–747 (s. Text Nr. 19), AaTh 2022. BP I. 293 ff. (Grimm Nr. 30). – Wir haben es hier mit einem besonders schön erzählten Kettenmärchen zu tun. Text und deutsche Übersetzung wurden erstmals in der Jahresausgabe 1958 der Gesellschaft zur Pflege des Märchengutes der europäischen Völker (Von Prinzen, Trollen und Herrn Fro) veröffentlicht (130–132, bzw. 139–143). Bekannt sind noch zwei Varianten des Typus aus der Umgebung von Szeged, aufgezeichnet von Lajos Kálmány.

22 Der morgenländische Prinz und die abendländische Prinzessin. Lajos Kálmány: Hagyományok (Überlieferungen) I–II. Vác-Szeged 1914. II. 109–112. Erzählt von Milhály Borbély, Taglöhner, Egyházaskér (Kom. Torontál) Januar 1913; AaTh 900. BP I. 443 ff. (Grimm Nr. 52).

– 13 vollständige ungarische Varianten des Typus sind uns bekannt, zwei von ihnen offensichtlich Derivate des »König Drosselbart«.

23 Die Geschichte eines Schafhirten. Béla Vikár: Somogy megye népköltése (Volksdichtung im Komitat Somogy). Budapest 1905 (MNGy VI.) 294–301. Erzählt von György Kovács, Oberschäfer, Gemeinde Juta. AaTh 670. BP I. 132. – Wie die meisten der hervorragenden Märchenerzähler, gestaltet auch György Kovács seine Märchenfiguren, Situationen und Dialoge, indem er seine gewohnte Umwelt, die eigenen Lebenserfahrungen und ihm bekannte Personen miteinbezieht. Die sogenannten »wunderbaren Elemente« des Typus stimmen völlig mit seiner erklärten Auffassung vom »zauberkundigen Schäfer« (vgl. »Zauberkundige Leute«) überein. Der Märchentypus AaTh 670 ist im ganzen ungarischen Sprachbereich verbreitet. Wir halten 16 vollständige, mit dem Thompsonschen Typusbild übereinstimmende Varianten in Evidenz.

24 Tauperlen-János. Elisabeth Róna-Sklarek: Ungarische Volksmärchen. Neue Folge. Leipzig 1909. 1–12. Quelle: János Berze Nagy: Népmesék Heves és Jász-Nagykun-Szolnok megyéböl (Volksmärchen aus den Komitaten Heves und Jász-Nagykun-Szolnok). Budapest 1907. (MNGy IX.) 249–262. Erzähler ist der Bauernbursche János Ujj aus Eger (Kom. Heves), 1904. AaTh 409B^{X} – MNK 400 II^{X}; BP II. 318, 335, III. 406 (Grimm Nrn. 92, 93, 193). – Im ungarischen Volksmärchengut sind drei Redaktionen von AaTh 400 bekannt: AaTh 400, MNK 400 I^{X}, MNK 400 II^{X}. Von den drei Redaktionen sind 34 Varianten im ganzen Land verbreitet.

25 König Matthias und sein goldenes Lamm. Gyula Ortutay: Ungarische Volksmärchen. Berlin 1957. 495–497. Quelle: Antal Horger: Hétfalusi csángó népmesék (Volksmärchen der Csángós aus Hétfalu). Budapest 1908. (MNGy X.) 103–107. Erzähler: András Veres, Landwirt; AaTh 889. BP IV. 181. – Es ist bezeichnend für die Volkstümlichkeit König Mátyás' (Matthias Corvinus), daß er nicht nur als Held sog. historischer Sagen figuriert, sondern in einer Vielzahl unserer Märchen schlechthin für die Figur des »Königs« herhalten muß. (AaTh 875, 921A, 921B, 921B^{X}, 921C^{X}, 922 etc.). Im vorliegenden Typus sowie in zwei der drei bekannten Varianten steht der wahrheitsliebende Schäfer in seinen Diensten.

26 Unser Herr Christus und der heilige Peter. A-B: MNGy IX. 542–543. (s. Text Nr. 24). Erzählt von János Rágó Putyó, Besenyötelek 1904; C: Ferenc Gönczy: Göcsej népköltészete (Göcsejer Volksdichtung). Zalaegerszeg 1948. 331. Erzählt von János Tóth, Babosdöbréte (Kom. Zala), Zeit: um die Jahrhundertwende. A: AaTh 774A; B: AaTh 774B; C: AaTh 822. – Die scherzhaften Legenden um Christus und Sankt Petrus sind im ganzen ungarischen Sprachbereich und bei allen Konfessionen gleich beliebt. Ungewöhnlich ist die ethische Grundhaltung dieser Legendenreihe, die sich mit der offiziellen Kirchenlehre von den beiden heiligen Männern überhaupt nicht deckt.

27 Des Teufels Taufvater. Kocsisné Maria Szirmai Fóris: Felsötiszai népmesék (Volksmärchen der oberen Tiszagegend). Debrecen 1956. 229 bis 236. Erzählerin ist die Magd Anna Pályuk. Aufzeichnungsort: Tiszabökény (Kom. Ugocsa), Zeit: 1916. – Im Märchen der alten Amme sind nicht nur die Elemente der Glaubenssagen und die Verknüpfung mit AaTh 300 bemerkenswert, sondern auch die stilistische Ausarbeitung, welche uns die soziale Stellung der Märchenerzählerin und die Art ihrer Beziehung zu den Zuhörern verrät. Das damalige Pfarrfräulein von Tiszabökény hat 40 Jahre später mit 140 Märchen ihrer Magd und ihres Taglöhners János Furicz am IV. Landeswettbewerb für ethnographische und volkssprachliche Sammlungen teilgenommen und den ersten Preis gewonnen. Im oben erwähnten Band sind 80 Märchen ihrer Sammlung veröffentlicht.

2. Geographischer Teil

28 Die drei Söhne des armen Mannes. Erzählt von András Daskó, 72 Jahre alt, pens. Mitglied der landwirtschaftlichen Produktionsgenossenschaft, vormals Herrschaftskutscher in Kék (Kom. Szabolcs-Szatmàr). Tonbandaufnahme von Ilona Jakab und Agnes Kovács, 1957. Ortutay-Dégh-Kovács: Magyar Népmesék (Ungarische Volksmärchen) I–II. Budapest 1960. II. 640–652. AaTh 665. 5 Var. – András Daskó hat seine Märchen während der Arbeitspausen im Pferdestall von seinem Kutscherkollegen gelernt. Er ist schriftkundig, übrigens ein ausgezeichneter Tänzer. Sein Repertoire besteht aus 42 Märchen.

29 Das verschwundene Mondlicht. Erzählt von Lajos Ami, 72jähriges LPG-Mitglied in Szamosszeg (Kom. Szabolcs-Szatmár). Tonbandaufnahme von Sándor Erdész, 1958. Handschrift: EA 29–33/1962. 915–930. – Lajos Ami war der Sohn eines Zigeunerschmieds und einer ungarischen Bauerstochter. Als Kind lernte er das Märchenerzählen von seinem ungarischen Großvater. Analphabet. Für ihn war das Märchen nicht Dichtung, vielmehr Wissenschaft, die Wurzel seiner Weltanschauung. Im ganzen hat er 243 Märchen und 13 Sagen erzählt.

30 Das rote Ferkel. Erzählt von Pál Petruska, 72jähriger Landarbeiter in Rozsály (Kom. Szabolcs-Szatmár). Aufgezeichnet von András Béres, 1949. Handschrift: EA 4137. 170–176. AaTh $413A^{X}$, 2 Var. – Pál Petruska war ein Märchenerzähler für Kinder. Bloß dies eine Märchen ist uns von ihm verblieben, doch schon dieser einzige Text offenbart seine beachtlichen Fähigkeiten.

31 Als unser Herr Christus auf Erden wandelte. Erz.: Miklós P. Kiss, 46jähriger Feldarbeiter, Tyukod (Kom. Szabolcs-Szatmár). AaTh 652. BP II. 121 ff. (Grimm Nr. 76). Offensichtlich ein fernes Derivat des Grimmschen Märchens »Die Nelke«. Dieser so schön rhythmisierte Text ist aller Wahrscheinlichkeit nach lokale mündliche Überlieferung.

32 Klein Klaus König. Erz.: Zsigmond Beczö, 52jähriger Korbbinder. MNK 319^{X} + AaTh 513A. 29 bzw. 8 Var. (MNK 319^{X} = AaTh

328A^{X}) BP II. 79 ff., III. 84 ff., 556 ff. (Grimm Nr. 134 bzw. 224).

33 Gabelhorn. Erz.: Lajos Erdös, 32 J., Gestütshirte. AaTh 511 A + MNK 531^{X} (MNK 317^{X} / AaTh 556 F^{X}); (MNK 531^{X} = AaTh 465 B^{X}); s. auch Text Nr. 48. – 14 Var. – Die Texte Nrn. 31–33 sind der Tyukoder Sammlung (Kom. Szabolcs-Szatmár) von Bertalan Andrásfalvy und Agnes Kovács entnommen. Magnetophonaufnahme, 1956. Handschrift: EA 6/1963 Nrn. 7, 16 und 17. – Jahrelang bildete die Werkstatt des Korbbinders Zsigmond Beczö einen Mittelpunkt des dörflichen Märchenlebens. Neben dem Hauswirt waren Lajos Erdös und Arpád Fábian die anerkannten Märchenerzähler. An der Geschliffenheit ihrer Texte und der stilistischen Übereinstimmung merkt man die ständige und gemeinsame Märchenerzähler-Praxis.

34 Der Bucklige und der Krumme. Erz.: Frau Péter Szuromi, 54 J. LPG-Mitglied, Tyukod 1956 (s. auch die Märchen 31–33). Erstmals ungarisch und deutsch erschienen in der Jahresausgabe 1963 »Von Prinzen, Trollen und Herrn Fro«, 123–24., 127–129. Deutsche Übers.: Prof. Walter Anderson. AaTh 503. 8 Var. BP III. 324 ff. (Grimm Nr. 182). – Der Typus ist an der Grenzlinie zwischen Märchen und Sage. Er ist im nordöstlichen Teil des ungarischen Sprachgebietes allgemein bekannt.

35 Zauberkundige Leute. Erz.: *A:* Frau János Kovács, geb. Erzsébet Lengyel, 86 J., *B:* László Lénart, 46 J., *C:* Ferenc Nagy, 67 J., Feldarbeiter in Karcsa (Kom. Abauj-Zemplén). Magnetophonaufnahme von Iván Balassa, 1958–60. UMNGy XI. *A:* 104–106, *B:* 230–232, *C:* 387 bis 389. Alle drei Märchenerzähler sind Spezialisten in Glaubenssagen. László Lénart, ein nervöser, kränklicher Invalide, sticht besonders hervor durch sein reiches Repertoire und sein reges Interesse für die Kunstgattung. Bisweilen hat er seine eigenen »hexenhaften« Erlebnisse.

36 Der Sternforscher, der Dieb, der Jäger und der Schneider. Erz.: Frau Imre Bodnár jun., geb. Eszter Kovács, 23 J., Frau eines Schweinehirten in Magyarhomorog (Kom. Bihar), 1943. József Végh: Sárréti népmesék és népi elbeszélések (Sárréter Volksmärchen und Volkserzählungen). Debrecen 1944. 59–60. AaTh 653. 9 Var. BP III. 45 (Grimm Nr. 129). – Unser Märchen und sämtliche bekannten Varianten weisen eine einheitliche Struktur auf. Vermutlich wurde es durch den Grimmschen Text im ganzen ungarischen Sprachbereich verbreitet. – Eszter Kovács ist eine traditionsbewußte Märchenerzählerin, die am Ablauf der einmal erlernten Märchenhandlung nichts mehr ändert, so daß die Übernahme leicht zu erkennen ist. Ihre frische und flüssige Vortragsweise verrät große Übung im Märchenerzählen. Bezüglich des vorliegenden Textes s. Fr. v. d. Leyen: »Das deutsche Märchen« 201 ff.

37 Das lebensverjüngende Wasser. Erzählt von György Bálint Máté, 45-jähriger Landwirt in Ketesd (Kalotaszeg-Rumänien), 1941. Aus der Kalotaszeger Sammlung von Agnes Kovács. Handschrift: EA 3912. 280–286. AaTh 551. 2 Redaktionen, 18 Var. BP II. 394 ff. (Grimm Nr. 97). – Quelle unseres Märchens und seiner Varianten: László Me-

rényi, Dunamelléki eredeti népmesék (Originale Volksmärchen aus der Donaugegend) I–II. Pest 1863, bzw. die Textumarbeitung von Elek Benedek (MMMV III/I. 73–84.10). Obwohl es eine unmittelbare Übernahme ist, fügte sich das Märchen gut in das übrige Repertoire des Märchenerzählers. Die Handlung bleibt die gleiche, die stilistische Gestaltung aber ist von ihm.

38 Mihók der Tölpel. Erzählt von Márton Mihály, 72jähriger Landwirt, Ketesd (Kalotaszeg-Rumänien), 1941. Agnes Kovács: Kalotaszegi népmesék (Kalotaszeger Volksmärchen) I–II. Budapest 1944. (UMNGy V–VI.) I. 283–241. MNK 1684^{X} (AaTh 1696), 2 Red. 13 Var. BP I. 315 ff. (Grimm Nr. 32). – Aus der ersten Hälfte dieses Märchens von E. Benedek (MMMV II/1 229–236. 29) ist in Ketesd ein lehrhaftes Kindermärchen geworden. Die andere Redaktion des Typus steht der Grimmschen Variante näher.

39 Der Mann aus dem Paradies. Erzählt von Sára Szováti, 18 J. Szék (Mezöség-Rumänien), 1943. Samml.: Olga Nagy. J. Faragó-O. Nagy: Elöbb a tánc, aztán a lakoma (Erst der Tanz, dann der Schmaus). Mezöségi népmesék (Mezöséger Volksmärchen). Bukarest 1954. 153–156. AaTh 1385 + AaTh 1540, 8 Var. BP II. 440 ff. (Grimm Nr. 104). – Steht dem Grimmschen Märchen nahe, jedoch nicht unbedingt Derivat desselben. Vorzügliches Beispiel für Akklimatisierung und für Charakterzeichnung mittels Dialogen.

40 Der alte Mann und der Kotzen. AaTh 980A BP II. 135 ff. (Grimm Nr. 78).

41 Der Tod und der Schafhirte. Beide Märchen erzählte in seinem 73. bzw. 77. Lebensjahr Miklós Kocsis Barabás, Forstarbeiter im Ruhestand, wohnhaft in Magyaró (Szeklerland, oberes Marosgebiet-Rumänien), 1960 bzw. 1964. Magnetophonaufnahmen von A. Kovács. – Miklós Kocsis Barabas hat im ganzen 678 Märchen, Fabeln und Parabeln erzählt, deren literarische Quellen über das 16. Jahrhundert bis auf das Mittelalter zurückgehen. Obwohl des Schreibens und Lesens kundig, schöpfte er sie ausschließlich aus der mündlichen Überlieferung.

42 Der betrogene Wolf. Erz.: János Bágyi, Gemeindetreiber, geb. 1875, gest. 1953 in Bözöd (Szeklerland, Udvarhelyszék-Rumänien). György Bözödi: Az eszös gyermök. Bágyi János meséi (Das gescheite Kind. Märchen des János Bágyi). Bukarest 1958. 16–20. AaTh 122A BP II. 207. (Grimm Nr. 86). – György Bözödi hat 110 Märchen des alten Viehtreibers in dessen letzten Lebensjahren aufgezeichnet. Auffallend ist bei allen das starke Lokalkolorit, das auch in den schönen Illustrationen des Bandes hervortritt.

43 Klein-Marci. Erzählt von Frau Sándor Benedek, 82jährige Bäuerin, Köpec (Szeklerland, Háromszék-Rumänien), 1948. Sammler: József Gazda. József Faragó-Sámuel Konsza: Háromszéki magyar népköltészet (Ungarische Volksdichtung aus Háromszék). Marosvásárhely 1957. 23–24. AaTh 1655. 3 Var. BP II. 210 ff. – Unsere Texte Nrn. 42

und 43 sind typische Kindermärchen. Während der strengen sommerlichen Feldarbeiten ließen die jungen Ehepaare ihre Kleinkinder in der Obhut eines alten Mannes oder einer alten Frau. Mit solchen Märchen gelang es ihnen, die Kinder stillzuhalten.

44 Der Baum zum Himmel und zur Hölle. Erz.: Ferenc Komádi, 58 J., vorm. Gutsknecht, heute Fabrikarbeiter, wohnhaft in Sarkad (Kom. Békés), 1961. Akos Dömötör: Sarkadi Népmesék (Sarkader Volksmärchen). Gyula 1962. 71–75. AaTh 800 + AaTh 804 + AaTh 1063 + AaTh 1084 + AaTh 1083 + AaTh 1096 + AaTh 1036. BP I. 342 (Grimm Nr. 35). Vergl. Sklarek: Ungarische Volksmärchen 207–218: Der Zigeuner im Himmel und in der Hölle. Quelle: László Aranys ungarische Volksmärchensammlung. Budapest 1914. 273. – Nicht zum erstenmal stoßen wir hier auf das Problem, daß nämlich ein schriftunkundiger Märchenerzähler sein Märchen einer im ganzen Land verbreiteten Sammlung entnimmt (offenbar wurde ihm Aranys Märchen vorgelesen) und daß dieses Märchen zugleich aber auch aus seiner eigenen engeren Heimat stammt.

45 Heblebleb! Erzählt von Frau Imre Tákos, 56jährige Bäuerin in Kisujszállás, 1954. Aus Sándor Makra's Monographie: Kisujszállás népe (Das Volk von Kisujszállás). Handschrift: EA. AaTh 1585. – Maître Patelin hat sich in dieser Variante des 20. Jahrhunderts zu einer Zigeuneranekdote modernisiert. Die Akklimatisierung und Aktualisierung ist vollständig (die Anekdote spiegelt die sozialen Verhältnisse in der Zwischenkriegszeit).

46 Sándor Rózsa. Erz.: János Tombácz, Obstzüchter in Zsombó (Region Szeged). Tonbandaufnahme von Sándor Bálint, 1962. Volksmärchenarchiv des Ethnographischen Museums. – Sándor Rózsa war ein berühmter Betjarenführer, der mit seiner Bande auch an den 48er Freiheitskämpfen teilnahm. Angeblich soll der Großvater des Märchenerzählers diese Geschichten von einem der Bandenführer gehört haben. Der Erzähler versichert hoch und heilig, daß alles, was er erzählt, wirklich so passiert sei.

47 Der pfiffige Alte. Erz.: István Csordás, 56jähriger Schäfer in Tarcsapuszta, 1936. Sammler: János Berze Nagy. János Berze Nagy: Baranyai magyar néphagyományok (Ungarische Volksüberlieferungen in Baranya) I–III. Pécs 1940. II. 424–427. AaTh 1539. 11 Var. BP II. 1 ff. (Grimm Nr. 61). – Die Sammlung von János Berze Nagy aus Baranya kann mit derjenigen von Lajos Kálmány aus der Szegeder Region verglichen werden. Sie umfaßt das Volksdichtungsgut der Umgebung von Pécs. Hier sind die scherzhaften Märchen viel origineller und ästhetisch wertvoller als die Zaubermärchen.

48 Der Zauberhengst. Erzählt von József Janku, einem 43jährigen, in Gajcsána (Moldau/Rumänien) gebürtigen Landarbeiter. Tonbandaufnahmen von Lajos Hegedüs in Egyházaskozár (Kom. Baranya), 1947 bis 1950. Lajos Hegedüs: Moldvai csángó népmesék és beszélgetések

(Volksmärchen und Plaudereien der Moldauer Csángós). Budapest 1952. 273–280. MNK 531^{X} ~ AaTh 514 (s. auch Text Nr. 33). – Lajos Hegedüs ist ein Bahnbrecher der Volkssprachforschung mittels Tonaufnahmen an Ort und Stelle. Er hat vom Erzählgut sämtlicher ungarischen ethnischen Gruppen Tonaufnahmen gemacht. Darunter sind diejenigen der aus der Bukowina und der Moldau nach Tolna und Baranya umgesiedelten Szekler und Csángós die bedeutendsten. Hegedüs' umfangreiches Material ist erst zum kleinsten Teil im Druck erschienen.

49 Grünpeter. Erzählt 1953 in Egyházaskozár (Kom. Baranya) von Frau István Gaál, 23jährige Bäuerin, geb. in Gajcsána (Moldau/Rumänien). Samml.: A. Kovács. – Gyula Ortutay: Magyar népköltészet (Ungarische Volksdichtung) I–III. Budapest 1955. III. 99–101. AaTh 329. – Unter den ungarischen bäuerlichen Märchenerzählern ist die junge Mutter, die ihren kleinen Kindern regelmäßig Märchen erzählt, wohl die liebreichste Gestalt. Der vorliegende Text, obwohl im Typus übereinstimmend, weicht in seinem Ton doch grundlegend von unserem Märchen Nr. 6 ab. Die Märchenerzählerin erreichte durch den häufigen Wechsel von Tempo, Tonfarbe und Lautstärke einen riesigen Effekt bei ihren winzigen Zuhörern.

50 König Matthias und Toldi. Erzählt von József Buzsáki, 81 bzw. 83jähriger Landarbeiter in Szakcs (Kom. Tolna), 1956 bzw. 1958. Aufgezeichnet von Bertalan Andràsfalvy. Vergl. »Von Prinzen, Trollen und Herrn Fro«, Jahresausgabe 1957. 73–78, 86–91. MNK 725^{X} (= AaTh 725 + AaTh 655). 17 Var. BP I. 324. – Dieser Typus gehört zur sog. östlichen Schicht des ungarischen Märchenguts. Im Vortrag József Buzsákis wird daraus eine historische Sage von König Matthias und Miklós Toldi. (Toldi ist der ungarische Markó Králjevics.)

51 Der Zigeuner und der Teufel. Erzählt von József Mosonyi, 76jähriger Landarbeiter, Nyögér (Kom. Vas). Samml.: Gabriella Kiss, 1961, Handschrift im Besitz des Ethnographischen Museums. AaTh 1045 + AaTh 1115 + AaTh 1051 + BN 1100^{X} + AaTh 1149 + AaTh 1083. 10 Var. BP I. 148 ff. (Grimm Nr. 20), BP III. 333 ff. (Grimm Nr. 183), BP I. 160. – Die Erfahrungen, die Gabriella Kiss in Nyögér sammeln konnte, decken sich mit den Beobachtungen Sándor Makras in Kisujszállás: Die mündliche Prosadichtung hat eine lebendige gesellschaftliche Funktion, die guten Erzähler sind allgemein bekannt usw. Hingegen konnte sie kein Interesse für Feenmärchen feststellen. Die guten Märchenerzähler – so auch József Mosonyi – tragen hauptsächlich scherzhafte Märchen, Anekdoten und städtische Witze vor (vergl. Anm. Nr. 47).

52 Der himmelhohe Baum. Erz.: Géza Lócsi, Osli (Kom. Sopron). Samml.: Márton Istvánovits, 1954. Erstmals ungarisch und deutsch erschienen in »Von Prinzen, Trollen und Herrn Fro«, Jahresausgabe 1958. 133–134 bzw. 139–143. Vergl. Benedek MMMV 6. Aufl. 1/1 14–27. AaTh 468 (AaTh 302). 4 Red. 22 Var. – Wiederum ein Märchen bzw. eine Märchenredaktion, deren Ursprung mit aller Sicherheit feststellbar ist:

E. Benedeks beliebte Sammlung. »Diese Feststellung hat nach unserer ethnologischen Auffassungsart für den Gültigkeitsanspruch des Märchens selbstverständlich keinerlei Gewicht. Sie muß aber den Forscher bei der Beurteilung der direkten Herkunft des Märchens zur Vorsicht gemahnen.« (Ortutay: Nyiri és rétközi parasztmesék/Bauernmärchen aus Nyir und Rétköz/. Gyoma 1935. 18–19.)

53 Schlangenbruder. Erzählt von László Korpás, 75 J., Tabakzubereiter*. Tiszabercel, Kom. Szabolcs-Szatmàr. Aufgezeichnet von Sàndor Turi. – Gyula Ortutay: Nyiri és rétközi parasztmesék (Bauernmärchen aus Nyir und Rétköz). Gyoma 1935. 79–93.3. MNK 568^{X} – AaTh 560. 28 Var. – »... Das Märchen ist für den Zuhörer ›gläubiges‹ Erlebnis und ›literarische‹ Unterhaltung zugleich.« Beim modernen, rationell denkenden Menschen hat sich »die Beziehung zwischen Märchen- und Glaubenswelt« geändert, indem »das Märchen immer stärker als Literatur, als ›Mär‹ empfunden wird«. Der schriftunkundige Lásló Korpás identifiziert sich aber noch mit dem Weltbild seiner Märchen.

54 Schön-Ibronka. Erzählt von Mihály Fedics (geb. 1851, gest. 1939), vormaliger Gutsknecht in Bátorliget (Kom. Szabolcs-Szatmár), aufgezeichnet von Gyula Ortutay, 1936–38. Gyula Ortutay: Fedics Mihály mesél (Mihály Fedics erzählt). Budapest 1940. UMNGy I. 268 bis 277.11a. AaTh 407B. 29 Var. BP II. 126. – Ortutay unterscheidet zweierlei Märchenerzähler: den an den überlieferten Formen festhaltenden sog. reproduzierenden Typ und jenen, der den Text nach dem eigenen Geschmack und den Ansprüchen seiner Zuhörer – nötigenfalls auch improvisierend – fehllos zu gestalten versteht: den sog. schöpferischen Typ Mihály Fedics gehört zu diesem zweiten Typ. Es sei besonders auf die schwungvolle Erzählweise und die Rhythmik seiner Sprache hingewiesen.

55 Janko Eisenstock. Handschrift des András Albert, Csikszentdomokos (Szeklerland, Csik-Rumänien), 1942. Samml.: Linda Dégh. – Ortutay–Dégh-Kovács: Magyar népmesék (Ungarische Volksmärchen) I. 251 bis 269. AaTh 311. 10 Var. BP I. 398 ff. (Grimm Nrn. 46 u. 66). – András Albert hat als dritter Szekler Erzählertyp zu gelten: neben den moralisierenden (s. die Texte Nrn. 40 u. 41) und den naiven Märchenerzählern (s. Texte Nrn. 42 u. 43) ist er der Typ des Phantasten. Sein ausgedehntes Repertoire handhabt er mit unglaublicher Sicherheit. Für ihn ist das Märchen kein gläubiges Erlebnis mehr, sondern reine »Literatur«.

56 Die drei Töchter. Erzählt von Frau Anna Sebestyén (Géczi), Bäuerin (geb. 1871 in Andrásfalva, südliche Bukowina, heute Rumänien), Ka-

* Ein Beruf, der im Westen wohl unbekannt sein dürfte. Der Tabakzubereiter ist ein armer Dorfbewohner, der mit seinem Tabak-Schneidebrett von Haus zu Haus zieht, um den Bauern die im Eigenbau geernteten und getrockneten (oder auf nicht ganz gesetzlichen Wegen beschafften) Tabakblätter zum Gebrauch zu zerschneiden.

kasd (Kom. Tolna) 1950. Samml.: Linda Dégh. – Linda Dégh: Märchen, Erzähler und Erzählgemeinschaft, dargestellt an der ungarischen Volksüberlieferung. Berlin 1962. 405–406. Anm. 303. AaTh 1452A. 2 Var.

57 Das faule Frauenzimmer. Erzählt von Frau József Palkó, geb. Zsuzsanna Zaicz, 74jährige Bauersfrau (geb. in Andrásfalva, südliche Bukowina, heute Rumänien). Aufgezeichnet von Linda Dégh in Kakasd (Kom. Tolna), 1950. – Linda Dégh: Kakasdi népmesék (Volksmärchen aus Kakasd). I–II. Budapest 1955, 1960. UMNGy VIII.–IX. I. 360 bis 363.35. AaTh 902X. 2 ferne Var. – Die hochbegabte Märchenerzählerin bezog diesen in Osteuropa allbekannten Märchentypus offenbar auf einen tatsächlich geschehenen Fall. Obwohl sie schriftunkundig ist, finden wir in ihrem aus 59 Stücken bestehenden Repertoire auch Märchen von Kriza, Arany, Benedek und Grimm. (S. Linda Dégh: Märchen, Erzähler. 267–295.)

58 Mein furchtbar starker Großvater. Erzählt von Kálmán Veress, 32jähriger Schneider, Zirc (Kom. Veszprém). Aufgezeichnet von Antal Békefi, 1957. – Békefi: Bakonyi magyar néphagyományok (Ungarische Volksüberlieferungen in Bakony). Handschrift: EA P 315/1963–64. AaTh 1962. 20 Var. BP II. 506 ff. (Grimm Nr. 112). – Ein im ganzen Lande bekanntes und beliebtes Lügenmärchen, oder eher eine Feenmärchen-Parodie. (Vergl. AaTh 468.) Mit wohlbekannten Kniffen versteht es der geschickte Erzähler, das Märchen genau zu lokalisieren, das heißt den örtlichen Verhältnissen anzupassen.

*

Aus drucktechnischen Gründen sind die Nummern 53–57 an den Schluß des Bandes geraten. Ursprünglich war folgende Anordnung vorgesehen: Die Nummern 53–54 sollten zu Anfang des 2. Teils, vor dem Text Nr. 28 stehen, der Text Nr. 55 jedoch zwischen den Szekler Märchen Nrn. 40 bis 43. Die Texte 56–57 gehören in eine Gruppe mit den Märchen der Szekler-Csángós Nrn. 47–48.

Dem Band ist keine bibliographische Aufstellung beigefügt, da die Anmerkungen die genauen Quellen angeben. Hier sind auch jene Werke erwähnt, die vollständige Literaturhinweise und zusammenfassende Studien enthalten (s. Anm. zu Nrn. 25, 28 und 56).

INHALT

Die Märchen der Weltliteratur

Albanische Märchen
Altägyptische Märchen
Arabische Märchen I und II
Armenische Märchen
Märchen aus Australien
Märchen der Azteken
und Inkaperuaner
Märchen aus Bantu
Baskische Märchen
Brasilianische Märchen
Bretonische Märchen
Buddhistische Märchen
Chinesische Märchen
Dänische Volksmärchen
Deutsche Märchen seit Grimm
Deutsche Volksmärchen
Englische Volksmärchen
Eskimo-Märchen
Finnische und estnische Märchen
Französische Märchen
Griechische Volksmärchen
Märchen griechischer Inseln
Indianermärchen
aus den Kordilleren
Indische Märchen
Indonesische Märchen
Irische Volksmärchen
Märchen aus Israel
Italienische Volksmärchen
Japanische Volksmärchen
Märchen der Kabylen
Märchen aus dem Kaukasus
Märchen aus Korea
Kroatische Volksmärchen
Kurdische Märchen
Märchen aus dem Libanon
Litauische Märchen
Märchen aus Mexiko
Mongolische Märchen
Märchen aus Namibia
Märchen der Niederlande
Nordamerikanische
Indianermärchen
Norwegische Volksmärchen
Nubische Märchen
Österreichische Märchen
Märchen aus Pakistan
Märchen aus dem Pandschab
Märchen aus Papua-Neuguinea
Persische Märchen
Plattdeutsche Volksmärchen
Polnische Volksmärchen
Portugiesische Märchen
Provenzalische Märchen
Rätoromanische Märchen
Russische Volksmärchen
Schottische Volksmärchen
Schwedische Volksmärchen
Schweizer Volksmärchen
Sibirische Märchen
Spanische Märchen
Südamerikanische
Indianermärchen
Südchinesische Märchen
Südsee-Märchen
Märchen aus Thailand
Märchen aus Tibet
Märchen aus dem Tschad
Tschechische Märchen
Türkische Märchen
Ukrainische Märchen
Ungarische Volksmärchen
Märchen aus Vietnam
Westafrikanische Märchen
Zigeunermärchen

Eugen Diederichs Verlag